全国高等教育自学考试指定教材

汉语言文学专业

写作（一）

[含：写作（一）自学考试大纲]
（2013年版）

全国高等教育自学考试指导委员会　组编

主　编　徐行言
撰稿人　徐行言　吴宝玲　田卫平
　　　　吴德利　周东升　尹振海
　　　　苏喜庆

北京大学出版社
PEKING UNIVERSITY PRESS

图书在版编目（CIP）数据

写作（一）（2013年版）/徐行言主编．—北京：北京大学出版社，2013.8
（全国高等教育自学考试指定教材）
ISBN 978-7-301-22958-3

Ⅰ．①写… Ⅱ．①徐… Ⅲ．①汉语—写作—高等教育—自学考试—教材 Ⅳ．①H15

中国版本图书馆CIP数据核字（2013）第178730号

书　　　名	写作（一）（2013年版）　［含：写作（一）自学考试大纲］
	XIEZUO (YI) (2013 NIANBAN) [HAN: XIEZUO (YI) ZIXUE KAOSHI DAGANG]
著作责任者	徐行言　主编
责任编辑	任　蕾
标准书号	ISBN 978-7-301-22958-3/H·3353
出版发行	北京大学出版社
地　　　址	北京市海淀区成府路205号　100871
网　　　址	http://www.pup.cn　　新浪微博：@北京大学出版社
电子信箱	zpup@pup.cn
电　　　话	邮购部 010-62752015　发行部 010-62750672　编辑部 010-62753334
印 刷 者	河北滦县鑫华书刊印刷厂
经 销 者	新华书店
	787毫米×1092毫米　16开本　26.75印张　586千字
	2013年8月第1版　2021年3月第5次印刷
定　　　价	47.00元

未经许可，不得以任何方式复制或抄袭本书之部分或全部内容。
版权所有，侵权必究
举报电话：010-62752024　电子信箱：fd@pup.pku.edu.cn
图书如有印装质量问题，请与出版部联系，电话：010-62756370

组编前言

21世纪是一个变幻难测的世纪，是一个催人奋进的时代。科学技术飞速发展，知识更替日新月异。希望、困惑、机遇、挑战，随时随地都有可能出现在每一个社会成员的生活之中。抓住机遇，寻求发展，迎接挑战，适应变化的制胜法宝就是学习——依靠自己学习、终生学习。

作为我国高等教育组成部分的自学考试，其职责就是在高等教育这个水平上倡导自学、鼓励自学、帮助自学、推动自学，为每一个自学者铺就成才之路。组织编写供读者学习的教材就是履行这个职责的重要环节。毫无疑问，这种教材应当适合自学，应当有利于学习者掌握和了解新知识、新信息，有利于学习者增强创新意识，培养实践能力，形成自学能力，也有利于学习者学以致用，解决实际工作中所遇到的问题。具有如此特点的书，我们虽然沿用了"教材"这个概念，但它与那种仅供教师讲、学生听，教师不讲、学生不懂，以"教"为中心的教科书相比，已经在内容安排、编写体例、行文风格等方面都大不相同了。希望读者对此有所了解，以便从一开始就树立起依靠自己学习的坚定信念，不断探索适合自己的学习方法，充分利用自己已有的知识基础和实际工作经验，最大限度地发挥自己的潜能，达到学习的目标。

欢迎读者提出意见和建议。

祝每一位读者自学成功。

全国高等教育自学考试指导委员会
2011年10月

目　　录

写作（一）自学考试大纲

出版前言 ··· 5
Ⅰ　课程性质与课程目标 ··· 7
Ⅱ　考核目标 ·· 9
Ⅲ　课程内容与考核要求 ··· 10
Ⅳ　关于大纲的说明与考核实施要求 ·· 51
　附录　题型举例 ·· 54
后记 ·· 60

写作（一）

前言 ·· 63

上编　写作主体论

第一章　写作活动与写作行为 ·· 69
　第一节　写作活动的特征 ·· 69
　第二节　写作行为的诸环节 ·· 71
第二章　写作主体的修养与写作能力建构 ·· 80
　第一节　作者的素质与修养 ·· 80
　第二节　写作能力的构成 ·· 82
第三章　写作思维与写作实践 ·· 87
　第一节　写作思维 ··· 87
　第二节　努力提升中文专业学生的写作能力 ····································· 98

中编　写作过程

第四章　写作素材的积累 ·· 105
　第一节　写作素材与素材积累 ··· 105

第二节　写作素材的类型 …………………………………………… 108
　　第三节　素材积累的途径与方法 …………………………………… 111
第五章　写作动机与选题 …………………………………………………… 124
　　第一节　写作动机的激发 …………………………………………… 124
　　第二节　选题的策略 ………………………………………………… 132
第六章　聚思与立意 ………………………………………………………… 139
　　第一节　聚思的艺术 ………………………………………………… 139
　　第二节　立意的匠心 ………………………………………………… 146
第七章　运思与谋篇 ………………………………………………………… 153
　　第一节　运思的程序 ………………………………………………… 153
　　第二节　谋篇与结构 ………………………………………………… 156
第八章　表达与行文 ………………………………………………………… 166
　　第一节　叙述 ………………………………………………………… 166
　　第二节　描写 ………………………………………………………… 171
　　第三节　议论 ………………………………………………………… 175
　　第四节　抒情 ………………………………………………………… 178
　　第五节　说明 ………………………………………………………… 181
　　第六节　行文的语言方式 …………………………………………… 184
第九章　文章修改 …………………………………………………………… 194
　　第一节　主题的完善 ………………………………………………… 194
　　第二节　结构的调整 ………………………………………………… 197
　　第三节　语言的修饰 ………………………………………………… 200

下编　分体写作训练

第一部　文学写作

第十章　文学创作综论 ……………………………………………………… 209
　　第一节　文学与文学创作 …………………………………………… 209
　　第二节　文学创作的特征 …………………………………………… 212
第十一章　小说 ……………………………………………………………… 215
　　第一节　小说文体概说 ……………………………………………… 215
　　第二节　小说的文体特征与阅读策略 ……………………………… 217
　　第三节　小说的写作 ………………………………………………… 221
第十二章　诗歌 ……………………………………………………………… 235
　　第一节　诗歌文体概说 ……………………………………………… 235
　　第二节　诗歌的特征 ………………………………………………… 237

第三节　诗歌创作方法 …………………………………………… 238
第十三章　散文 ……………………………………………………………… 255
　　第一节　散文文体概说 …………………………………………… 255
　　第二节　散文的特征 ……………………………………………… 258
　　第三节　散文的创作 ……………………………………………… 258
第十四章　报告文学与纪实性写作 ………………………………………… 268
　　第一节　从报告文学到纪实文学 ………………………………… 268
　　第二节　报告文学和纪实文学的特征 …………………………… 272
　　第三节　报告文学的写作 ………………………………………… 273

第二部　学术写作

第十五章　学术思考与学术写作 …………………………………………… 282
　　第一节　学术思考与学术研究 …………………………………… 282
　　第二节　学术思考的精神 ………………………………………… 284
　　第三节　学术写作的特性 ………………………………………… 287
第十六章　文学评论 ………………………………………………………… 289
　　第一节　文学评论的特性 ………………………………………… 289
　　第二节　文学评论的选题 ………………………………………… 294
　　第三节　文学评论的写作 ………………………………………… 296
第十七章　学术论文 ………………………………………………………… 304
　　第一节　学术论文的选题策略 …………………………………… 304
　　第二节　学术论文的构思 ………………………………………… 308
　　第三节　学术论文的撰写 ………………………………………… 311
　　第四节　学术论文的形式规范 …………………………………… 320

第三部　实用写作

第十八章　实用写作综论 …………………………………………………… 327
　　第一节　实用文与实用写作 ……………………………………… 327
　　第二节　实用写作的原则 ………………………………………… 328
第十九章　公务文书举要 …………………………………………………… 333
　　第一节　公文概述 ………………………………………………… 333
　　第二节　指挥性公文写作 ………………………………………… 337
　　第三节　报请性公文写作 ………………………………………… 343
　　第四节　知照性公文写作 ………………………………………… 347
第二十章　事务文体举要 …………………………………………………… 357
　　第一节　计划、总结 ……………………………………………… 357
　　第二节　调查报告 ………………………………………………… 364

  第三节　简报及其他 ·· 369
第二十一章　新闻文体举要 ·· 377
  第一节　消息 ··· 377
  第二节　通讯 ··· 385

第四部　综合运用

第二十二章　申论 ·· 398
  第一节　申论的性质与特点 ·· 398
  第二节　申论写作的阅读理解 ·· 401
  第三节　三类申论文的写作 ·· 403
后记 ·· 417

全国高等教育自学考试指定教材
汉语言文学专业

写作（一）自学考试大纲

全国高等教育自学考试指导委员会制定

大纲目录

出版前言 ·· 5
Ⅰ 课程性质与课程目标 ··· 7
Ⅱ 考核目标 ··· 9
Ⅲ 课程内容与考核要求 ··· 10
  第一章 写作活动与写作行为 ·· 10
  第二章 写作主体的修养与写作能力建构 ························ 12
  第三章 写作思维与写作实践 ·· 14
  第四章 写作素材的积累 ·· 16
  第五章 写作动机与选题 ·· 18
  第六章 聚思与立意 ·· 20
  第七章 运思与谋篇 ·· 22
  第八章 表达与行文 ·· 24
  第九章 文章修改 ·· 27
  第十章 文学创作综论 ·· 29
  第十一章 小说 ·· 30
  第十二章 诗歌 ·· 32
  第十三章 散文 ·· 34
  第十四章 报告文学与纪实性写作 ···································· 36
  第十五章 学术思考与学术写作 ·· 38
  第十六章 文学评论 ·· 39
  第十七章 学术论文 ·· 41
  第十八章 实用写作综论 ·· 43
  第十九章 公务文书举要 ·· 44
  第二十章 事务文体举要 ·· 46
  第二十一章 新闻文体举要 ·· 48
  第二十二章 申论 ·· 50
Ⅳ 关于大纲的说明与考核实施要求 ··································· 51
附录 题型举例 ··· 54
后记 ··· 60

出版前言

为了适应社会主义现代化建设事业的需要,鼓励自学成才,我国在20世纪80年代初建立了高等教育自学考试制度。高等教育自学考试是个人自学、社会助学和国家考试相结合的一种高等教育形式。应考者通过规定的专业课程考试并经思想品德鉴定达到毕业要求的,可获得毕业证书;国家承认学历并按照规定享有与普通高等学校毕业生同等的有关待遇。经过30多年的发展,高等教育自学考试为国家培养造就了大批专门人才。

课程自学考试大纲是国家规范自学者学习范围,要求和考试标准的文件。它是按照专业考试计划的要求,具体指导个人自学、社会助学、国家考试、编写教材、编写自学辅导书的依据。

随着经济社会的快速发展,新的法律法规不断出台,科技成果不断涌现,原大纲中有些内容过时、知识陈旧。为更新教育观念,深化教学内容方式、考试制度、质量评价制度改革,使自学考试更好地提高人才培养的质量,各专业委员会按照专业考试计划的要求,对原课程自学考试大纲组织了修订或重编。

修订后的大纲,在层次上,专科参照一般普通高校专科或高职院校的水平,本科参照一般普通高校本科水平;在内容上,力图反映学科的发展变化,增补了自然科学和社会科学近年来研究的成果,对明显陈旧的内容进行了删减。

全国考委文史类专业委员会组织制定了《写作(一)自学考试大纲》,经教育部批准,现颁发施行,各地教育部门和考试机构应认真贯彻执行。

全国高等教育自学考试指导委员会
2013年3月

Ⅰ 课程性质与课程目标

一、课程性质和特点

写作课程是全国高等教育自学考试汉语言文学专业的一门重要的基础课,旨在培养中文专业学生的创作能力、理解能力、表达能力,是具有很强的综合性和实践性的核心课程。本课程作为全国高等教育自学考试汉语言文学专业的必考课之一,目的在于培养自学应考者具有必要的写作理论知识以及对于基本的文学体裁和部分应用性文体的分析、评价和实际写作能力,并特别重视培养自学应考者的独立思维与创造能力。

二、课程目标

学习本课程的自学应考者,在已经具备相当于高中毕业语文程度的基础上,应力求在以下几个方面有所提高。

1. 懂得写作与生活、做人的关系,重视陶冶思想情操,充实文化素养,从根本上提高学习写作的自觉性与积极性;

2. 学习、掌握比较系统的写作基础理论知识,用以指导阅读与写作实践,提高对优秀写作成果的分析、鉴赏能力;

3. 结合各章节的单元教学要求,认真阅读教材,学习借鉴相关的典范作品,加深对于所学写作理论知识的领会程度,增强理论联系实际的知识运用能力;

4. 结合各章节的单元教学要求进行专项练习和基本文体的写作训练,进一步提高写作思维能力和语言表达能力。

三、与相关课程的联系与区别

写作课程与中文专业开设的文艺理论、现代汉语和古代文学作品选、现当代文学作品选等课程的联系在于它将这些课程所传授的知识和理论都作为自己的基础和工具,把文学作品的阅读和各类基础理论体系的掌握都作为自己的思想武器和学习借鉴的源泉。而写作课与这些课程的最大区别,在于它更强调对本专业所学各类知识的综合运用,它并不专注于写作知识体系的建构,而更重视学生实际写作能力的提高。因此,写作课程的教学、考试内容、考核目标和考试命题,应充分体现本课程综合性和实践性强的特点,在整个高等教育自学考试汉语言文学专业的学科体系中,写作课程应担当起培养学生动手实践能力的职能。

四、课程的重点与难点

本课程的教学重点是提升学生的实际写作能力,对于自学考试考生而言,则应通过自学,在记忆和理解相关的书本知识的基础上,坚持运用这些知识指导阅读与写作的实践。为此,要求考生不仅要熟悉写作学的基础知识和基本理论,正确把握写作过程的各个环节,掌握不同文体的写作特点,更应通过大量的针对性练习,不断提升自身理解和运用写作技巧的熟练程度,使自己的写作能力和作文水平得到切实的增强,并能在考试中充分地展现出来。

本课程的难点在于,对写作知识与技能的学习不是阅读教材和记忆知识点就可以完成的,而需要在阅读与写作的实践过程中,结合自身的体验和领悟方可真正掌握。同时,写作水平又是考生综合素质的呈现,因此有赖于考生各类专业知识、认知、分析能力和思想水平的整体提升,而这个过程,如果缺乏其他课程的配合和有效的指导是较难显现成效的。

Ⅱ 考核目标

　　本大纲在考核目标中，按照识记、领会、简单应用和综合应用四个层次规定考生应达到的能力层次要求。四个能力层次是递进关系，各能力层次的含义是：

　　识记（Ⅰ）：能够对大纲各章中的知识点和基本概念，如有关写作特性、写作环节、文章体裁等方面的基本知识，以及素材、题材、小说、诗歌、主题、情节、结构、文学评论、公文等概念术语有清晰的识记和准确的理解，并能做出正确的判断。

　　领会（Ⅱ）：能对写作能力的形成、写作思维的特性与运用、文学写作与非文学写作、学术写作与应用写作的区别及其相应的规律有较深入的理解；对选材、立意、聚思、运思、谋篇布局、行文等写作环节和步骤形成自觉意识和切身体会；对分体写作中相关文类和文体的特征，如小说散文的区别，学术写作的步骤，公文写作的行文关系、原则规范等有系统的把握并能清楚地加以区分。

　　简单应用（Ⅲ）：能运用所学知识，按照课程训练要求，坚持进行作品阅读分析及实践写作过程和技巧诸环节的专项练习，并通过练习，熟练掌握观察调研、素材搜集、选题立意、聚思、运思、组织结构、叙述、描写、抒情、说理等专门技能，以及摘要、注释、关键词选择、文体格式等基本写作规范。能独立完成简单应用文体的写作。

　　综合应用（Ⅳ）：在观察生活、体验情感、思考现实、提出问题的基础上，开展不同文体的写作练习。要求将所学的知识技能融会贯通，并结合自己的生活体验和社会洞察，综合运用于写作实践，完成多种文体的习作，以切实提升学生的创作意识、批判性思考能力以及对不同文类文本的读写能力。最终使学生实际写作水平有显著提升。

Ⅲ 课程内容与考核要求

第一章 写作活动与写作行为

学习目的与要求

本章的教学目标是帮助学生了解写作活动的基本属性和写作过程的主要环节。要求学生深入理解写作活动的主要特征，全面了解写作过程三个基本阶段各重要环节的分工、相互关系、基本功能及其不同的表达方式与技巧，本章分析了写作活动的主要特征，并从操作层面对写作的准备、构思、行文三阶段中由"知"到"思"到"行"的各个环节和主要技巧分别进行了概述，以使学习者对写作过程有一个初步认识，从而激发起学习兴趣，并对写作课程的教学内容与任务有一个整体把握。

课程内容

1.1 写作活动的特征
1.1.1 综合性
1.1.2 实践性
1.1.3 主体性
1.2 写作行为的诸环节
1.2.1 准备阶段
1.2.2 构思阶段
1.2.3 行文阶段

考核知识点与考核要求

（一）写作活动的特征
识记：写作的概念及其基本性质。

领会：写作活动的主要特征。

（二）写作行为的诸环节

识记："写作行为"的操作过程及其特性。

领会：① 写作准备阶段的主要环节及其内容；② 写作构思阶段的主要环节及其相互关系；③ 行文阶段的主要技巧；④ 写作行文中不同语体的表达特性。

综合应用：按照教材讲述的步骤完成一篇习作，具体体会写作过程各环节的分工与作用。

第二章 写作主体的修养与写作能力建构

学习目的与要求

本章的教学目标是让学习者充分认识作为写作主体的作者在写作活动中的重要地位，并通过对作者应当具备的素质、修养和能力所进行的全面系统的分析，使学习者对自身需要提升的综合素质和基本能力建立起高度的自觉。

本章要求学习者深入理解并能具体说明优秀的写作者应当具备的素质和修养，全面理解并能具体说明读写能力五个要素的内涵及其在写作活动中的作用。从而让学习者懂得要想成为一个优秀的写作者需要从哪些方面进行准备和修炼。

课程内容

2.1 作者的素质与修养
2.1.1 知识准备
2.1.2 思想境界
2.1.3 价值立场与终极关怀
2.1.4 人生阅历
2.1.5 人格魅力
2.2 写作能力的构成
2.2.1 对人类情感与心理世界的体察与领悟力
2.2.2 对客观世界和生命现象的感知与想象力
2.2.3 对文本所传达的精神价值与思想哲理的洞察力与批判力
2.2.4 对文本语言形式的感受力、组合力、表现力
2.2.5 对所论对象进行逻辑梳理的判断力、分析力与思辨力

考核知识点与考核要求

（一）作者的素质与修养
识记：优秀的写作者应当具备的素质和修养。

领会：① 写作者的知识积累与准备；② 如何在阅读和写作中独立思考；③ 如何在写作中坚持健康精神价值和社会人生理想；④ 何谓体察生命之美；⑤ 作者的个性与人格魅力来自何方。

（二）写作能力的构成

识记：对写作者读写能力的基本要求。

领会：① 对人类情感与心理世界的体察与领悟力；② 对客观世界和生命现象的感知与想象力；③ 对文本所传达的精神价值与思想哲理的洞察力与批判力；④ 对文本语言形式的感受力、组合力、表现力；⑤ 对所论对象进行逻辑梳理的判断力、分析力与思辨力。

简单应用：阅读一篇文学作品或评论，对其中所表达的思想观点加以分析总结，并提出自己的不同见解。

第三章　写作思维与写作实践

学习目的与要求

本章的教学目标是通过说明写作思维的类型、特点，不同思维过程的要素及其规律，让学习者充分理解写作思维在写作活动中的意义与地位。旨在帮助学生通过对写作思维规律的深入领会，充分把握不同文体、写作不同阶段的思维特点，进而在写作过程中自觉地选择与运用思维工具。本章还对汉语言文学专业学生提升写作实践能力的途径与方法进行了初步的探讨。

本章要求学生全面理解形象思维与抽象思维、逻辑思维与灵感思维、批判性思维与创造性思维、目的思维与形式思维等不同思维模式在写作活动中的运用策略及其功效，掌握这些思维方式的应用范围、切入方式和运用技巧。同时，对汉语言文学专业学生如何通过理论联系实际的针对性练习，切实提升自己的写作能力提出了一些建议。

课程内容

3.1　写作思维

3.1.1　形象思维与抽象思维

3.1.2　逻辑思维与灵感思维

3.1.3　批判性思维与创造性思维

3.1.4　目的思维与形式思维

3.2　努力提升中文专业学生的写作能力

3.2.1　实现从模仿写作到自主写作的转变

3.2.2　直面社会，用心投入生活

3.2.3　掌握更多专业化的知识及能力

3.2.4　形成良好的练笔习惯

考核知识点与考核要求

写作思维

识记：写作思维的含义及其对于写作的意义。

领会：① 形象思维与抽象思维在写作过程中的不同作用；② 逻辑思维在写作过程中的作用及灵感思维的特征；③ 如何理解情感逻辑、性格逻辑和想象联想的逻辑；④ 批判性思维与创造性思维在写作中的运用；⑤ 目的思维与形式思维的内涵及其在写作过程中的运用。

综合应用：构思一篇作品，体会并总结在此过程中所运用的思维方式。

第四章 写作素材的积累

学习目的与要求

素材是写作创意萌生的基础,是创意成文的要件。学习本章内容,要了解素材积累的作用、特点,以及文学文体、学术文体、实用文体素材积累的不同,理解素材积累的要求,知晓写作素材积累的途径,熟练掌握素材积累方法,并根据自身的情况建立富有特点的素材存储体系库。

课程内容

4.1 写作素材与素材积累
4.1.1 素材的含义
4.1.2 素材积累在写作中的作用
4.1.3 素材积累的特点
4.1.4 素材积累的要求
4.2 写作素材的类型
4.2.1 文学写作的素材
4.2.2 学术写作的素材
4.2.3 实用写作素材
4.3 素材积累的途径与方法
4.3.1 素材积累的方式
4.3.2 自觉积累素材的途径与方法

考核知识点与考核要求

(一)写作素材与素材积累
识记:"素材"概念的含义。
领会:① 素材积累在写作中的作用;② 素材积累所具有的"自然性"、"持续性"、

"系统性"、"独特性"等特点；③ 素材积累的要求。

（二）写作素材的类型

识记：写作素材的类别。

领会：① 文学写作应注重对人、事、景物等素材的积累；② 学术写作要注重对有关的现象、事实、实物、数据、文献等素材资料的积累；③ 实用写作应注重对政策、法令、规章、制度以及有关的情况、问题、事件、事实等素材的收集。

（三）素材积累的途径与方法

识记：① 素材积累的方式：无意识"自动积累"，有意识"自觉积累"；② 观察的类别；③ 调查的类别。

领会：① 无意"自动积累"与"自觉积累"二者性质的不同；② 无意"自动积累"向有意"自觉积累"的转变；③ 阅读的分类和策略。

简单应用：① 艺术观察内容和科学观察内容的实施；② 调查的实施内容；③ 阅读集录素材的方式方法。

第五章 写作动机与选题

学习目的与要求

　　写作动机和选题属于写作过程的准备阶段，动机是从心理的角度对写作主体进行考察，选题是从题材、对象方面对作者的准备进行检测。学习本章内容要求必须了解写作动机构成的主要因素，深刻理解写作动机所具有的复杂性、主体性、社会性之特性，把握文学写作、学术写作、实用写作动机的生成，重点掌握不同类型文体选题的方法与步骤。

课程内容

5.1　写作动机的激发
5.1.1　写作动机的含义及其构成的主要因素
5.1.2　写作动机的特性
5.1.3　各类文体写作动机的生成
5.2　选题的策略
5.2.1　选题的特征
5.2.2　选题的基本要求
5.2.3　不同文体选题的方法步骤

考核知识点与考核要求

　　（一）写作动机的激发
　　识记：① 写作动机的含义；② 写作动机系统中需要、目标意图、情绪情感、意志等主要因素的含义；③ 写作动机具有"复杂性"、"主体性"、"社会性"的特性。
　　领会：① 写作动机系统中主要因素的功能；② 说明写作动机的不同类型。
　　简单应用：① 区别不同文体写作中的动机反映；② 把握文学文体写作动机的生成；③ 把握学术文体写作动机的生成；④ 把握实用文体写作动机的生成。

(二) 选题

领会：① 选题活动所具有的"剥离性"、"层级性"、"图示性"的特征；② 理解和遵守选题的基本要求。

简单应用：① 学术写作选题的方法与步骤；② 掌握文学写作的题材选择；③ 掌握实用写作选题的方法与步骤。

第六章 聚思与立意

学习目的与要求

聚思与立意是作者在写作动机生发和选题确立后，遵循着不同的文体类型的规律，所进行的写作构思活动。学习本章内容，要了解聚思与立意活动的特点，熟练掌握聚思与立意的方法，重点把握不同文体聚思立意的策略。

课程内容

6.1 聚思的艺术
6.1.1 聚思的含义
6.1.2 聚思的特点
6.1.3 聚思的方法
6.1.4 不同文体写作聚思的策略
6.2 立意的匠心
6.2.1 立意的含义
6.2.2 立意的特征
6.2.3 立意的基本方法
6.2.4 不同文体立意的策略

考核知识点与考核要求

（一）聚思的艺术

识记：聚思的含义。

领会：① 聚思具有拓展性、创新性的特点；② 想象的功能；③ 抽象的功能。

简单应用：掌握聚思的方法：① 想象的方式：黏合、联想、夸张、典型化说明；② 抽象的方法：分析、综合、比较。

（二）立意的匠心

识记：① 立意的含义；② 立意的作用。

领会：① 立意与主题的不同；② 立意具有目标性、思想性、过程性的特征。

简单应用：① 掌握立意运用"因果律"、"相似律"确定立意的基本方法；② 掌握文学写作立意的策略：设计、优选、提纯；③ 掌握学术写作立意的策略：概括、归纳和类比；④ 掌握实用写作立意的策略。

第七章 运思与谋篇

学习目的与要求

运思是将无形的观念,依据文体构造的具体法则有次序的呈现,谋篇常用文字并以纲目类型将运思成果表现出来。学习本章要了解运思的程序和特点,掌握谋篇的主要内容元素,熟练运用打腹稿、列提纲等谋篇的方法,重点掌握运思的方式和谋篇内容的表达方式。

课程内容

7.1 运思的程序
7.1.1 运思的含义和作用
7.1.2 运思的特点
7.1.3 运思的方式
7.2 谋篇与结构
7.2.1 谋篇的含义和方式
7.2.2 谋篇的内容

考核知识点与考核要求

(一)运思的程序
识记:运思的含义。
领会:① 运思的作用在于能加深作者对生活元符号意义的认识,形成写作心境的通道,是决定文章质量的关键;② 运思有序化、聚焦化、个性化的特点。
综合应用:① 掌握形象组合运思的方式以及在不同文体中的表现;② 掌握逻辑推导运思的方式。

(二)谋篇与结构
识记:① 谋篇的含义;② 段落、层次的含义。

领会：① 开头和结尾的功用和写作要求；② 段落、层次的功能。

简单应用：① 掌握标题的拟制；② 掌握开头和结尾的写作方法。

综合应用：① 掌握打腹稿、编写文字提纲两种谋篇的方式；② 掌握"过渡"、"伏笔"、"照应"、"悬念"、"巧合"、"对比"等技巧；③ 恰当的选用文章的结构模式，如纵向结构式、横向结构式、复迭式结构、串珠式结构、板块式结构、"套盒"式结构、"流动"式结构等。

第八章　表达与行文

学习目的与要求

表达与行文是思维成果"物化"过程中的第一个环节,学习本章内容,要求学习者熟练掌握叙述、描写、议论、说明、抒情等表达方法及技巧,能够通过斟酌词语、讲究语感、斟酌句子、恰当运用修辞手法,以及规范使用标点符号来提高文章表达的效果。

课程内容

8.1　叙述

8.1.1　叙述的含义

8.1.2　叙述视角与人称

8.1.3　叙述的方法和技巧

8.2　描写

8.2.1　描写的含义

8.2.2　描写的对象

8.2.3　描写的方法和技巧

8.3　议论

8.3.1　议论的要素

8.3.2　议论的方法和技巧

8.4　抒情

8.4.1　抒情的含义

8.4.2　抒情的方法和技巧

8.5　说明

8.5.1　说明的含义

8.5.2　说明的方法和技巧

8.6　行文的语言方式

8.6.1　行文的原则

8.6.2　行文的语感与技巧

考核知识点与考核要求

（一）叙述

识记：① 叙述的含义；② 叙述视角指作品叙述事物的立足点；③ 叙述人称是作者为表达内容和目的所选择的叙述身份；④ 总叙、分叙、顺叙、平叙、倒叙、插叙、追叙、补叙、逆叙等叙述方法的含义。

领会：① 第一人称叙述：以"我"的身份在文章中出现，"我"可以是作者，也可以是作品中的人物；② 第二人称叙述：作者以向人物说话的口吻，叙述"你"的言语行动，曲陈见闻感受；③ 第三人称叙述：以局外人的口吻进行全知叙述。

简单应用：① 熟练运用总叙、分叙、顺叙、平叙、倒叙、插叙、追叙、补叙、逆叙等叙述方法；② 熟练运用第一、第二、第三人称进行叙事；③ 熟练运用虚实相生法、抑扬转化法、张弛相间法、横云断岭法等叙述技巧。

（二）描写

识记：① 描写的含义；② 人物描写、环境描写、细节描写等描写的对象；③ 正面描写、侧面描写、主观描写、客观描写、静态描写、动态描写等描写方法。

简单应用：① 熟练运用正面描写、侧面描写、主观描写、客观描写、静态描写、动态描写等描写方法；② 熟练运用拟声模状法、简笔白描法、工笔彩绘法、烘云托月法等描写技法。

（三）议论

识记：① 议论的含义；② 论题的含义；③ 论点的含义；④ 论据的含义；⑤ 论证的含义。

领会：① 一段完整的议论或一篇学术论文是由论题、论点、论据、论证四个要素构成；② 议论在学术类文体、实用类文体、文学类文体中的作用。

简单应用：① 熟练运用举例论证法、引证论证、类比法、对比法、因果论证等论证方法；② 熟练运用"形象议论法"、"欲擒故纵法"、"对台唱戏法"等议论的技巧。

（四）抒情

识记：① 抒情的含义；② 抒情具有依附性、主观性、个性化的特征；③ 抒情的要求。

简单应用：① 熟练运用直接抒情的方法；② 熟练运用间接抒情的方法：一是带上感情叙事、描写、议论，一是专意为已产生的某种强烈感情寻找依托，即寓情于事，寓情于景、寓情于物、寓情于理；③ 熟练运用反复咏叹法、排比强化法、反问渲染法等抒情技巧。

（五）说明

识记：① 说明的含义；② 说明的要求。

领会：说明与叙述和描写的区别。

综合应用：熟练运用介绍说明、定义说明、诠释说明、分类说明、举例说明、图表说明、引用说明、形象说明等方法技巧。

（六）行文的语言方式

识记：① 行文语言准确性、简明性、生动性之原则；② 语感和语体感的含义；③ 语体的分类。

领会：① 文章语言准确性和模糊性的关系；② 文章语言生动性和形象性的关系；③ 文艺语体具有形象性和情感性等特征，科学语体具有概括性、抽象性、逻辑性、准确性、客观性等特征，政论语体在词语选用上多采用社会政治词汇，语言准确、规范，语体严肃性的特征。

简单应用：① 熟练掌握辨析词义、把握语体感、斟酌句子的方法；② 恰当运用积极修辞和消极修辞手法；③ 正确使用标点符号。

第九章 文章修改

学习目的与要求

修改是写作中必不可少的一个重要环节。本章对文章主题、结构和语言的修改提出比较具体的程序和办法，学习者要在深刻理解各类文体特征与写作目标的基础上，准确发现文章存在的问题，熟练掌握各种文体修改的程序，重点掌握各类文体的修改方法。

课程内容

9.1　主题的完善
9.1.1　主题修改步骤及方法
9.1.2　各类文体常见主题失误的分析
9.2　结构的调整
9.2.1　调整结构的步骤和角度
9.2.2　常见结构问题分析
9.3　语言的修饰
9.3.1　从主题角度去推敲语言
9.3.2　从文体与语境角度出发推敲语言的准确性
9.3.3　从语言的"规范性"出发修饰语言
9.3.4　从艺术性角度去润饰语言

考核知识点与考核要求

领会：文章修改的意义。
（一）主题的完善
简单应用：① 以读者的视点审阅自己的文章，能辨析主题不完善的原因；② 根据不同体类文章主题表达的要求选择合适的修改方法。

(二) 结构的调整

简单应用：① 根据主题修改情况调整结构；② 借鉴不同文体最佳结构模式调整结构；③ 按结构的美学要求调整结构，如推敲文章结构是否具有和谐美、变化美、逻辑美。

(三) 语言的修饰

简单应用：① 从主题角度去推敲语言；② 从文体与语境角度出发推敲语言的准确性；③ 从语言的"规范性"出发修饰语言；④ 从艺术性角度去润饰语言。

第十章　文学创作综论

学习目的与要求

本章的重点是理解文学的概念及文学观念的变化，理解文学创作的概念以及文学创作活动的要素，并深入理解文学创作的特征，把握文学创作这一高度个体性、审美性的精神活动。要求学生结合自身的阅读视野，以及其他汉语言文学专业基础课程，正确认识和掌握文学写作的一般规律和基本能力，使之从中学时期的范文式写作模式中脱离出来，学会利用自我创造性思维，自由地将情感性与想象力运用到文学的实践中来。

课程内容

10.1　文学与文学创作
10.1.1　文学以及文学创作的一般概念
10.1.2　文学写作的四个基本要素以及相互关系
10.2　文学创作的特征

考核知识点与考核要求

（一）文学与文学创作
识记：① 文学的一般概念；② 文学创作的一般概念。
领会：① 文学观念的演变与文学的内涵和外延的变化；② 文学创作的基本要素以及相互关系。
简单应用：① 从文学观念的演变角度，正确认识今天的文学文本现象；② 学会区别文学创作与非文学写作之间的差异性。
（二）文学创作的特征
识记：文学创作的特征，即文学创作的个人性、非功利性、情感性、个体无意识性以及文学语言的独特性。
领会：文学创作各个特征的内涵。
简单应用：结合自身阅读的文学作品，从文学创作的角度分析作品的文学性特征。
综合应用：学会利用自我创造性思维，自由地将情感性与想象力运用到文学实践中。

第十一章 小　　说

学习目的与要求

本章的重点首先是了解小说文体的基本定义、小说的要素、文体演变史和小说的类型；其次是理解小说文体的一般特征以及阅读的策略，提高对小说阅读和鉴赏的能力；最后是要充分掌握小说创作的基本理论方法，并综合运用现代叙事学理论的具体手段，创作出具有现代风格的小说文本。本章的难点为诸多小说理论知识点的掌握及运用，需要考生反复训练，多阅读经典小说作品，增加小说理论及方法的实践经验，提高小说创作的实践能力。

课程内容

11.1　小说文体概说
11.1.1　小说的各种定义、要素、演变史
11.1.2　小说文体的类型
11.2　小说的文体特征和阅读策略
11.3　小说创作的方法
11.3.1　故事情节的形成
11.3.2　人物塑造的方法
11.3.3　小说叙述的模式

考核知识点与考核要求

（一）小说文体概说
识记：① 小说的定义；② 小说的类型。
领会：① 小说的要素及地位；② 小说的演变史。
（二）小说的文体特征与阅读策略
识记：小说的文体特征。

领会：小说的阅读策略。

简单应用：掌握小说阅读的基本策略，具备良好的小说鉴赏能力。

(三) 小说的写作

识记：① 情节形成的两个条件：时间上的序列，事件之间的逻辑关系；② 人物的两种功能：行动元和角色；③ 两种人物塑造的类型：圆形人物和扁形人物；④ 叙述次序：错时模式中的回叙和预叙；⑤ 五种不同的叙述节奏；⑥ 叙述频率的几种情形；⑦ 三种类型的叙述视角：无聚焦或零聚焦、内聚焦、外聚焦；⑧ 叙述者与叙述动作的概念。

领会：① 理解事件与情节的意义；② 理解人物在叙事性文学作品中的不同地位与功能；③ 理解各种叙述技巧的内涵与功能；④ 理解现实作者、隐含作者、叙述者、人物"我"的不同关系。

简单应用：① 掌握情节形成的方法；② 掌握人物塑造的功能及类型；③ 学会以回叙或预叙的方法开篇；④ 掌握不同的叙述节奏的变化；⑤ 学会运用不同情形的小说频率的效果；⑥ 学会运用不同的叙述视角；⑦ 掌握在具体的小说文本中设置不同的叙述者身份；⑧ 学会在小说叙述中运用叙述者的声音效果。

综合应用：① 学会将一篇传统叙事风格的文本改写成具有现代叙述风格的小说；② 学会运用多变的叙事学方法进行小说创作。

第十二章 诗 歌

学习目的与要求

本章的重点首先是了解诗歌的概念变化，诗体的流变，古今诗体的类型等相关的文体知识；其次是理解现代诗歌的文体特征，提高对中西现代诗歌的阅读和鉴赏能力；最后要充分掌握现代诗歌的创作方法。综合运用各种抒情手段，选取意象以及意象的结构方式，发挥自身的想象和灵感效应，运用诗歌的节奏韵律，并能有效地进行诗歌语言的修改，最终创作出形式成熟、独具个性的现代诗歌作品。本章难点则是对一些复杂的诗歌理论技能的理解，对诗歌意象的创造和想象力的培养，以及对现代诗歌批评方法的运用。

课程内容

12.1　诗歌文体概说
12.1.1　诗歌的概念及变化，诗体的流变
12.1.2　诗歌文体的类型
12.2　诗歌的文体特征
12.3　诗歌创作的方法
12.3.1　诗歌的抒情方法
12.3.2　诗歌意象的创造
12.3.3　诗歌的想象与灵感
12.3.4　诗歌的节奏韵律

考核知识点与考核要求

（一）诗歌文体概说
识记：① 诗歌的定义及变化；② 古今诗歌的类型。
领会：诗体的流变。

(二) 诗歌的文体特征

识记：诗歌的四种基本特征。

领会：各种特征的内涵。

简单应用：掌握从特征入手阅读和鉴赏诗歌作品。

(三) 诗歌创作的方法

识记：① 抒情内容和抒情话语的概念；② 意象的概念；③ 多种节奏韵律的语言方式。

领会：① 抒情主体的条件；② 抒情话语的表现方法及效果；③ 意象的结构排列方式；④ 诗歌的想象思维和灵感现象；⑤ 现代诗歌批评的几种语义现象及方法。

简单应用：① 掌握五种提高抒情话语表现的方法；② 学会意象结构的运用；③ 学会运用现代批评方法进行现代诗歌作品的鉴赏与批评。

综合应用：① 学会运用各种抒情方法进行独立的诗歌创作；② 学会运用现代诗歌批评术语进行现代诗歌作品鉴赏。

第十三章 散　　文

学习目的与要求

本章的重点是了解散文的广义和狭义的定义，散文文体的流变以及现代散文的类型；理解散文的基本特征；深刻理解散文与小说、诗歌、戏剧等不同的"散体"特点，情思传达方式，语言特色等；掌握散文创作的一般方法，提高对散文阅读和鉴赏的能力，学会运用各种文学手段进行散文书写，形成有自身个性化的散文语言特色。本章难点在于写作者如何在自由的文字书写过程中学会个性化的笔墨，展示出"文如其人"的语言风貌。写作者需要反复练习，养成良好的写作习惯。

课程内容

　　13.1　散文文体概说
　　13.1.1　散文的定义及门类
　　13.1.2　散文的文体流变
　　13.1.3　散文文体的类型
　　13.2　散文的特征
　　13.3　散文的创作方法

考核知识点与考核要求

（一）散文文体概说
识记：① 散文的广义及狭义的定义；② 古今各种散文门类。
领会：① 散文的文体流变；② 当代散文观念之争；③ 现代散文文体的类型。
（二）散文的特征
识记：散文的基本特征。
领会：散文文体特征的内涵。
简单应用：掌握散文的阅读和鉴赏方法。

(三) 散文的创作

识记：① 文学描写的特色。

领会：① 散文与小说、诗歌不同的"散体"特点；② 散文的情思与诗歌的情感的区别；③ 散文与小说、诗歌不同的语言特色；④ 散文创作的一般方法要领；⑤ "文如其人"的语言风格。

简单应用：① 学会在事物的描写中倾注主体情思；② 学会对各种风格的散文作品的阅读和鉴赏方法。

综合应用：学会运用散文创作的一般方法独立创作散文作品。

第十四章　报告文学与纪实性写作

学习目的与要求

本章的重点是了解报告文学的定义及发展变迁，了解纪实性文学的定义及发展状况；理解报告文学与纪实文学各自的文体特性及相互联系；深刻理解报告文学写作者的素质要求；熟练掌握报告文学写作的一般程序和撰写方式，以及报告文学写作常用的开头方式及结构安排；学会运用多样化的文学手法来提高报告文学写作的水准。本章的难点在于面对周边的社会实际问题，如何具备独立地进行报告文学撰写的素质和能力。

课程内容

14.1　报告文学和纪实文学的定义

14.1.1　报告文学和纪实文学的发展变迁

14.1.2　报告文学和纪实文学的联系

14.2　报告文学和纪实文学的特征

14.3　报告文学的写作方法

14.3.1　报告文学写作者的素质

14.3.2　报告文学写作的一般程序

14.3.3　报告文学写作的文学手法

考核知识点与考核要求

（一）从报告文学到纪实文学

识记：① 报告文学的定义；② 纪实文学的定义；③ 报告文学和纪实文学的分类。

领会：① 报告文学文体的变迁；② 纪实文学的发展；③ 报告文学与纪实文学的联系。

（二）报告文学与纪实文学的特征

识记：① 报告文学的文体特征；② 纪实文学的美学特征。

领会：报告文学与纪实文学的文体特征的比较。

简单应用：掌握报告文学与纪实文学阅读和鉴赏的方法。

（三）报告文学的写作

识记：① 报告文学写作的步骤与过程；② 报告文学的撰写方式。

领会：① 报告文学写作者的素质要求；② 报告文学的开头方式；③ 报告文学的结构方式。

简单应用：① 学会按报告文学的一般程序进行写作；② 学会运用多种文学手法进行报告文学写作。

综合应用：学会运用报告文学的写作正确反映周围碰到的社会实际问题。

第十五章　学术思考与学术写作

学习目的与要求

本章主要讲授学术思考与学术写作的相互关系和基本特性，其内容是各类学术文体写作具体操作的基础。本章要求深刻理解学术思考应树立的两个意识；深刻理解学术思考的四种基本品格和四种基本精神；了解学术思考与学术写作的三个境界；理解掌握学术写作的三大特性。

课程内容

15.1　学术思考与学术研究
15.2　学术思考的精神
15.3　学术写作的特性

考核知识点与考核要求

（一）学术思考与学术研究
识记：① 学术思考的问题意识；② 学术思考的事实意识。
领会：① 学术思考"好奇"的基本品格；② 学术思考"脱俗"的基本品格；③ 学术思考"求真"的基本品格；④ 学术思考"务实"的基本品格。

（二）学术思考的基本精神
领会：① 严谨的基本精神；② 专注的基本精神；③ 理性的基本精神；④ 大胆的基本精神。

（三）学术写作的特性
领会：① 学术写作的科学性；② 学术写作的客观性；③ 学术写作的创新性。

第十六章 文学评论

学习目的与要求

本章通过文学评论一般特性、具体写作特点以及各重要写作元素和写作环节的讲授学习与操作训练，使学生掌握文学评论文章写作的特点和规律，并初步具备文学评论文章的写作能力。

本章要求学生理解文学评论跟研究性文学论文的差别；深刻理解文学评论的论述类型和文体类型的写作特点和基本要求；深刻理解文学评论的选题范围与选题角度；了解文学评论写作准备工作的特点；深刻理解并掌握文学评论常用的两种批评方法；深刻理解并掌握文学评论的写作模式；深刻理解并掌握文学评论文章主干的结构模式。

课程内容

16.1 文学评论的特性
16.1.1 文学评论与研究性文学论文
16.1.2 文学评论的论述类型
16.1.3 文学评论的文体类型
16.2 文学评论的选题
16.2.1 选题范围
16.2.2 选题角度
16.3 文学评论的写作
16.3.1 写作准备
16.3.2 文学评论的写作模式
16.3.3 文学评论的结构模式

考核知识点与考核要求

（一）文学评论的特性
识记：① 文学评论的写作目的；② 文学评论的写作内容。

领会：① 作品论写作特点；② 作家论写作特点；③ 现象论写作特点；④ 论文体文学评论写作特点；⑤ 随笔体文学评论写作特点。

（二）文学评论的选题

领会：① 文学评论的选题范围；② 文学评论的选题角度。

（三）文学评论的写作

识记：文学评论写作准备工作的特点。

领会：两种常用的批评方法。

简单应用：① 文学评论的写作模式；② 文学评论文章主干的结构模式。

综合应用：文学评论的写作实践。

第十七章　学术论文

学习目的与要求

本章从选题、构思、撰写等方面进行学术论文写作讲授，使学生通过学习思考、操作训练掌握学术论文的写作特性，并具备撰写学术论文的能力。本章要求了解学术论文选题的一般策略；理解常见思考向度及切入点；深刻理解学术论文的构思要点；重点掌握学术论文的基本架构和常见写作方法；熟练掌握学术论文的形式规范。

课程内容

17.1　学术论文的选题策略
17.1.1　选题的一般策略
17.1.2　选题的生长点
17.2　学术论文的构思
17.2.1　确立论点
17.2.2　设立论据
17.2.3　确定方法
17.2.4　理清头绪
17.3　学术论文的撰写
17.3.1　学术论文的基本架构
17.3.2　绪论的撰写
17.3.3　本论的撰写
17.3.4　结论的撰写
17.4　学术论文的形式规范
17.4.1　摘要与关键词
17.4.2　引文、注释与参考文献的撰写

考核知识点与考核要求

（一）学术论文的选题策略

识记：学术论文选题的一般策略。

领会：学术论文选题常见思考向度和切入点。

（二）学术论文的构思

领会：学术论文的构思要点。

简单应用：① 确立论点；② 设立论据；③ 确定方法；④ 理清头绪。

（三）学术论文的撰写

领会：学术论文的基本架构。

简单应用：① 绪论撰写的常见方式；② 本论撰写的常见模式；③ 结论撰写的常见内容。

综合应用：学术论文的写作实践。

（四）学术论文的形式规范

简单应用：① 摘要的撰写；② 关键词的撰写；③ 引文的撰写；④ 注释的撰写；⑤ 参考文献的撰写。

第十八章 实用写作综论

学习目的与要求

本章学习的重点是实用文、实用写作的概念和实用写作的原则。

学习本章应了解实用写作与文学写作之间的差异,深刻理解实用写作的四项原则。

课程内容

18.1 实用文及实用写作
18.2 实用写作的原则
18.2.1 实用性原则
18.2.2 真实性原则
18.2.3 规范性原则
18.2.4 时效性原则

考核知识点与考核要求

(一)实用文及实用写作
识记:① 实用文;② 实用写作。
领会:实用写作与文学写作的区别。
(二)实用写作的原则
识记:① 实用性原则;② 真实性原则;③ 规范性原则;④ 时效性原则。
领会:四种原则在写作中的作用。
简单应用:运用四种写作原则指导写作。

第十九章　公务文书举要

学习目的与要求

　　本章学习的重点是公文的分类、格式规范以及具体文种的写作。难点是具体文种的写作。

　　本章学习应了解公文的相关概念，理解公文的分类，重点掌握公文的格式规范及决定、批复、意见、报告、请示、公告、通告、通知、函等几种公文的写作。

课程内容

19.1　公文概述
19.1.1　公文的概念及分类
19.1.2　公文的格式规范
19.2　指挥性公文写作
19.2.1　决定
19.2.2　批复
19.2.3　意见
19.3　报请性公文写作
19.3.1　报告
19.3.2　请示
19.4　知照性公文写作
19.4.1　公告通告
19.4.2　通知
19.4.3　函

考核知识点与考核要求

（一）公文概述

识记：① 广义、狭义的公文概念；② 公文的分类；③ 公文的格式规范。

领会：公文的格式规范。

简单应用：① 运用不同分类标准对公文进行分类；② 识别公文的格式要素；③ 运用正确的公文格式进行写作。

（二）指挥性公文写作

识记：① 决定的概念；② 批复的概念；③ 意见的概念。

领会：① 决定的基本结构；② 批复的基本结构；③ 意见的基本结构。

简单应用：① 掌握决定使用范围及写作应用；② 掌握批复使用范围；③ 掌握意见使用范围、写作及应用。

（三）报请性公文写作

识记：① 报告的概念；② 请示的概念。

领会：① 报告的写法；② 请示的写法。

简单应用：① 掌握报告使用范围；② 掌握请示使用范围及写作。

综合应用：报告的写作及应用。

（四）知照性公文写作

识记：① 公告通告的概念；② 通知的概念；③ 函的概念。

领会：① 公告通告的写法；② 通知的写法；③ 函的写法。

简单应用：① 掌握公告通告使用范围及写作；② 掌握函的使用范围及写作。

第二十章 事务文体举要

学习目的与要求

本章学习的重点是计划、总结、调查报告、简报的写作，难点是计划概念的掌握，及调查报告的写作。

学习本章应了解计划、总结、调查报告、简报、启事、声明等常用事务文书的定义，掌握计划、总结、调查报告、简报写作的常见结构模式，重点掌握计划、总结、调查报告、简报等几种文体的写作。

课程内容

20.1 计划、总结
20.1.1 计划的写作
20.1.2 总结的写作
20.2 调查报告
20.3 简报及其他
20.3.1 简报的写作
20.3.2 启事的写作
20.3.3 声明的写作

考核知识点与考核要求

（一）计划、总结
识记：① 计划的概念；② 总结的概念。
领会：① 计划的写法；② 总结的写法。
简单应用：① 阅读并分析计划的结构特征；② 阅读并分析总结的结构特征。
综合应用：总结的写作。

(二) 调查报告

识记：① 调查报告的概念；② 调查报告的作用；③ 调查报告的特点。

领会：① 调查报告写作的两个阶段；② 调查报告的基本框架；③ 调查报告的常见结构。

简单应用：分析一份调查报告的构成、特点。

综合应用：调查报告的写作及应用。

(三) 简报及其他

识记：① 简报的概念；② 启事的概念；③ 声明的概念。

领会：① 简报的写法；② 启事的写法；③ 声明的写法。

简单应用：① 简报的格式规范与写作；② 启事的写作；③ 声明的写作。

第二十一章　新闻文体举要

学习目的与要求

本章学习的重点是消息和通讯的写作。难点是消息的导语的写作和人物通讯中人物塑造的方法及常见结构方式。

本章学习应该了解消息的概念、特点及分类，通讯的概念、特征与类型；深刻理解消息的基本构成和常见结构形式，人物通讯的写作方式及常见结构、事件通讯的写作注意事项。重点掌握消息及人物通讯、事件通讯的写作。

课程内容

21.1　消息
21.1.1　消息概述
21.1.2　消息的基本构成
21.1.3　消息的常用结构
21.2　通讯
21.2.1　通讯概述
21.2.2　人物通讯
21.2.3　事件通讯

考核知识点与考核要求

（一）消息
识记：① 消息的特点；② 消息的分类。
领会：① 消息的基本构成；② 消息的常用结构。
简单应用：① 分析消息的基本构成及结构模式；② 消息的写作。

(二) 通讯

识记：① 通讯的概念；② 通讯的特征；③ 通讯的类型。

领会：① 人物通讯概念及写法；② 事件通讯的注意事项。

简单应用：① 分析人物通讯的写作特点；② 分析事件通讯的写作特点。

综合应用：人物通讯写作。

第二十二章　申　　论

学习目的与要求

申论是近年来在中国大陆的公务员考试中采用的一种新型的命题作文形式。它通常以"给定材料"为写作素材、以"作答要求"为写作指向，要求考生在限定时间内分别完成数种不同形式的组合写作。

本章着重介绍申论写作的特点和方法，具体分析了申论材料阅读理解的基本方法以及三类申论文的写作方法，使学生懂得如何在这类考试中运用自己已经掌握的写作技能，并正确理解申论这一独特的组合文体的写作规律和基本技巧。

课程内容

22.1　申论的性质与特点
22.1.1　申论的内涵与形式要求
22.1.2　申论写作的基本特点与基本原则
22.2　申论写作的阅读理解
22.2.1　紧抓关键词语和核心语句
22.2.2　抓住主线，深挖内涵，全面深入理解材料
22.2.3　确定"作答要求"的基本类型
22.3　三类申论文的写作
22.3.1　小作文的写作
22.3.2　中作文的写作
22.3.3　大作文的写作

本章内容供考生自习了解，不纳入考试范围

Ⅳ 关于大纲的说明与考核实施要求

一、自学考试大纲的目的和作用

课程自学考试大纲是根据专业自学考试计划的要求，结合自学考试的特点而确定的。其目的是对个人自学、社会助学和课程考试命题进行指导和规定。

课程自学考试大纲明确了课程学习的内容以及深广度，规定了课程自学考试的范围和标准。因此，它是编写自学考试教材和辅导书的依据，是社会助学组织进行自学考试辅导的依据，是自学者学习教材、掌握课程内容知识范围和程度的依据，也是进行自学考试命题的依据。

二、课程自学考试大纲与教材的关系

课程自学考试大纲是进行学习和考核的依据，教材是学习掌握课程知识的基本内容和范围，教材的内容是大纲所规定的课程知识和内容的扩展与发挥。课程内容在教材中可能呈现出一定的深度或难度，但在大纲中对考核的要求则根据考生的实际情况控制在适度的范围，不过部分知识点仍要求考生在深入领会的前提下灵活掌握和运用。

三、关于自学教材

《写作（一）》，全国高等教育自学考试指导委员会组编，徐行言主编，北京大学出版社，2013年版。

四、关于自学要求和自学方法的指导

本大纲的课程基本要求是依据专业考试计划和专业培养目标而确定的。课程基本要求还明确了课程的基本内容，以及对基本内容掌握的程度。基本要求中的知识点构成了课程内容的主体部分，因此，课程基本内容掌握程度、课程考核知识点是高等教育自学考试考核的主要内容。

为有效地指导个人自学和社会助学，本大纲已指明了课程的重点和难点，在章节的基本要求中一般也指明了章节内容的重点和难点。

本课程共7学分。

根据自学考试学习对象主要为成人在职业余自学的情况，特对自学者提出以下关于本课程学习方法的建议。

（一）认真阅读、钻研教材

自学应考者应根据本大纲规定的考试内容与考核目标，认真学习《写作（一）》教

材。这本教材分上编、中编、下编三部分，上编为写作基本知识及对作者培养提高自身写作能力的提示。中编按照实际写作过程，讲述每一个写作环节的功能、规律、实际运用与训练方法。主要包含素材积累、动机激发与选题策略、聚思立意、运思谋篇、表达与行文、修改等六个环节，每个环节都力求与实践衔接，有相应的技能训练重点。下编为分体写作训练，包含文学写作、学术写作、应用写作三大部分，近20种常用文体。较为细致地分析了这些文体的特点，写作各环节的策略技巧和训练的方法。自学应考者必须充分认识教材各部分的作用，认真攻读教材，并按照教材的引导进行深入一步的思考与训练，防止偏离教材或是偏向读、写分离。

（二）结合知识学习，多读好的作品

就写作学科而言，知识或理论的产生，很大程度上都是对于前人各种实际写作成果、写作经验分析、归纳的结果。多读好的作品，可以有效地提高人们的语言感受能力和艺术欣赏水平，它能为写作实践增添营养，也能使理论学习更加生动活泼。本教材的各章各节，除援引一些精美的语言材料作为典范的案例或理论的佐证外，还涉及一些经典作品的分析。同时在部分章节的"思考与训练"中，还指定了一些要求应考者仔细阅读、借鉴的优秀范文，要求大家进行分析。这些范文因为篇幅关系，不可能都收入教材，但大都可通过图书馆、网络查阅。希望考生一定要加强对教材之外各类体裁优秀作品的阅读，并争取在认真阅读范文的基础上，完成教材要求的练习。

（三）努力将知识转化为能力

学习写作知识，一定要与阅读文章、丰富和积累语言材料紧密地结合起来。分析、回答问题时，不仅要记得住定义，讲得出道理，还要举得出例子。死记硬背知识不能算是真正的知识，只有学得活，用得活，知识才能真正成为自己实际能力和文化素养中的一个有机组成部分。

（四）勤写多练，努力提高写作能力

学习写作，非写不行。提高写作水平，首先要多观察、勤思考，丰富生活阅历；其次要多阅读、勤练笔。学习课内外的范文时，可以有意识地借鉴其中的写作方法和语言修辞技巧。提高写作能力的最有效途径，是有指导地反复进行写作—修改—再写作的实际操作训练。

五、对社会助学的要求

（一）社会助学者应根据大纲规定的考核内容和考核目标，认真钻研指定教材，明确本课程与汉语言文学专业中的汉语知识、文艺理论、作品选等课程的不同学习要求，对自学应考者进行切实有效的辅导，防止自学中的各种偏误，体现社会助学的正确导向。

（二）要正确处理基础知识和应用能力的关系，努力引导自学应考者将基础知识转化为实际应用能力。在全面辅导的基础上，要着重帮助自学应考者弄懂弄清一些基本概念的涵义，同时又要防止死记硬背概念的倾向，要帮助自学应考者学会运用有关知识去分析、评价具体作品，指导他们开展课外阅读活动，使他们能够结合阅读写作的实际领会和说明有关道理。

（三）积极引导自学应考者多写多练，防止"只学知识不动手"的现象。在以往的社会助学工作中或有这样的情况：自学应考者怕写作文，认为既花时间又难见成效；社会助学者也怕改作文，认为吃力费劲又不容易讨好。结果社会助学者光是讲，自学应考者光是听，这种情况对于学习写作其实是大为不利的。因此，希望助学者把主要的精力花在指导学生进行循序渐进的写作训练上。应有针对性地指出学生习作中存在的问题，提出具体的改进意见，并通过适时的讲评激发考生的学习兴趣。专项技能应用和大作文是"写作"考试的主要形式与内容，千万不能忽视。

建议助学辅导时间 50～60 学时。

六、关于考试命题的若干规定

（一）本课程的命题考试应根据本大纲规定的考试内容和考核目标来确定考试范围和考核要求。按一定的比例组配试卷，适当掌握试题的内容覆盖面、能力层次和难易度。具体规定如下：

1. 对自学应考者掌握需要识记的基本理论、基础知识的牢固性与准确程度的考查（在选择题中选出正确的一项或多项，辨析并改正有关表述中的错误等等），比重约占 10%。

2. 对大纲要求领会的知识、理论的考查（解释重要概念的涵义，说明有关知识、理论的运用方法，辨析有关写作知识的要点并加以说明等等），比重约占 20%。

3. 简单应用能力层次，是针对自学应考者运用知识的实际能力的考查（例如，分析、评述文章的思想内容、表达技巧、写作特点，某一专项技能的应用实践或实用文体的写作等等），比重约占 30%。

4. 对自学应考者实际写作能力的考查，要求写出 1000 字以上的文章，可以是大作文、文学评论或其他综合应用性的文章，比重约占 40%。

5. 试题要合理安排难度结构。试题的难易度可分为：易、较易、较难、难四个等级。每份试卷中，不同难易度的试题的分数比例，一般为：易占 20%，较易占 30%，较难占 30%，难占 20%。试题的难易度与能力层次不是一个概念，在各能力层次中，都存在着不同难度的试题。

同一份试卷中，各个认知能力层次的试题、不同难易度的试题所占的比例分配可以有 3%～5% 的上下浮动。

（二）本课程命题较合适的题型，有单项选择题、多项选择题、辨析题、分析论述题、专项应用小作文、大作文题等。各种题型的具体样式可参看大纲附录"题型举例"。命题时题型如有变动，将事先向社会公布，并出示新增题型的例题。

（三）本课程考试时间为 150 分钟，闭卷笔试，试题量应以中等水平的应考者能在规定时间内答完全部试题为度。

附录　题型举例

一、单项选择题（在每小题列出的四个备选项中只有一个是符合题目要求的，请将其代码填写在题后的括号内。错选、多选或未选均无分。）

1. 穿插在较长的新闻稿件中、对每个部分的主题进行概括的辅题是　　　　【　　】
   A. 引题　　　　　　　　　　　　B. 分题
   C. 副题　　　　　　　　　　　　D. 提要题
2. 某市因为修建地铁线路，需要调整两条公交汽车行驶路线，要将此事告之市民，应该使用　　　　　　　　　　　　　　　　　　　　　　　　　　　　　　　【　　】
   A. 通知　　　　　　　　　　　　B. 通告
   C. 公告　　　　　　　　　　　　D. 公报

二、多项选择题（在每小题列出的五个备选项中至少有两个是符合题目要求的。请将其代码写在题干后的括号内。错选、多选、少选或未选均无分。）

1. 下列属于公文格式要素的有　　　　　　　　　　　　　　　　　　　　【　　】
   A. 发文机关标志　　　　　　　　B. 主题词
   C. 主送机关　　　　　　　　　　D. 发文字号
   E. 标题
2. 消息的基本构成包括　　　　　　　　　　　　　　　　　　　　　　　【　　】
   A. 标题　　　　　　　　　　　　B. 导语
   C. 主体　　　　　　　　　　　　D. 结尾
   E. 必要的背景构成

三、辨析题（判断下列观点是否正确，并阐明理由。）

1. 一切写作活动都具有主体性。
2. 在写作中，形象思维和逻辑思维是矛盾的，一种文体或一篇文章的写作只能选择其中一种思维方式。
3. 立意就是确立主题。

四、分析论述题

1. 阅读席慕蓉的诗《山路》，从情感与表达两个角度进行分析。

山 路

席慕蓉

我好像答应过
要和你 一起
走上那条美丽的山路

你说 那坡上种满了新茶
还有细密的相思树
我好像答应过你
在一个遥远的春日下午

而今夜 在灯下
梳起我初白的发
忽然记起了一些没能
实现的诺言 一些
无法解释的悲伤

2. 指出下面这则公函存在的问题,并进行修改。

公 函

××大学教务处:

  首先让我们以××市公关学校的名义,向贵处表示衷心的感谢,过去为我校办学给予了很大的帮助。目前我校又面临一个很难解决的问题。
  原来事情是这样的:我校开办不久,师资力量很差,决定派××位年轻教师到贵校旁听进修一年。我校与有关部门多次商量。但××位教师进修住宿问题,至今也没有得到解决。提高教学质量的关键是师资。为提高我校教育质量,恳请贵处设法在贵校给解决住宿问题。但不知贵处是否有什么困难。如果需要我校给贵处办什么事情,请尽管提出,我校会竭力去办。再说一句,贵处如能解决我校进修教师住宿问题,我们以我校领导的名义向贵校领导深深地表示谢意。
  致以崇高的敬礼

××市公关学校
二〇××年×月×日

3. 阅读下面的文章,并为其撰写摘要及关键词。
  要求:摘要在200字以内,关键词不超过4个。

《静夜思》中的"床"指什么，看似是一个名物训释问题，其实不然。到目前为止，人们对诗中"床"的解释大体有三说：一、卧具，即睡觉的床；二、坐具，即胡床；三、井的围栏。这三个义项，《辞源》和《汉语大词典》中都有，从名物训释角度看，无论解诗者持何种看法，都是辞书解释过的，因而无所发明。出现争论的原因，是人们各自本着对诗意的理解，从文学欣赏的角度去想象李白写诗的情景——这一情景已不可"复制"，人们事实上是把自己的生活经验和情感体会移植到了李白身上。这就脱离了名物训释，而是接受美学的事了。读者对文学作品的接受是因人而异的，由此造成人们对"床"为何物的看法争论不止，但这是永远没有答案的。《重庆社会科学》2005年第5期刊有胥洪泉先生《李白〈静夜思〉研究综述》一文，介绍了这方面有代表性的看法，可以参看。

　　然而，"床"在解诗者那里虽然众说纷纭，但在李白诗中却是有答案的。十多年前，刘朝文曾撰《李白的〈静夜思〉是串珠之作》一文（《中国李白研究（1994）》，安徽文艺出版社，1996），提出"李白的《静夜思》，句句有来历"的看法。刘文"纵向发掘"，找出《静夜思》有如下来历：

　　乐府古辞《伤歌行》："昭昭素月明，辉光烛我床。忧人不能寐，耿耿夜何长。……"《古诗十九首》之《明月何皎皎》："明月何皎皎，照我罗床帏。忧愁不能寐，揽衣起徘徊。……"曹丕《燕歌行》："秋风萧瑟天气凉，草木摇落露为霜。……念君客游思断肠。慊慊思归恋故乡，……明月皎皎照我床，星汉西流夜未央。……"曹丕《杂诗》："漫漫秋夜长，烈烈北风凉。辗转不能寐，披衣起彷徨。……俯视清水波，仰看明月光。……郁郁多悲思，绵绵思故乡。……"《子夜四时歌·秋歌》之十七："秋风入窗里，罗帐起飘扬。仰头看明月，寄情千里光。"

　　以上转引刘文提到的诗作，诗句有增删，并改正了个别误字。刘文还涉及了"以霜喻月"的诗句，但所举均为唐诗例。实则李白最景慕的南朝诗人谢朓即有"夜月如霜"的句子（见《雩祭歌·白帝歌》）。郁贤皓先生选注《李白选集》（上海古籍出版社，1990）关于"疑是地上霜"句，也曾指出："梁简文帝《玄圃纳凉》诗：'夜月似秋霜。'此即化用其意。"

　　刘文的结论是："李白的《静夜思》诗是一篇用高超手法将前人名句串联改变之作。"这就是其文章题目所说的"串珠"。

　　应该说，在《静夜思》研究方面，刘文是一个重要的新观点。此文虽然措辞如"串联改变"云云未必妥当，但它在很大程度上"复原"了《静夜思》的创作过程，其基本结论是可信的。既然上引诸诗中的"床"都与睡眠相关，都是卧具，则《静夜思》之"床"也当为卧具无疑。

　　进一步，我们还需要讨论李白的《静夜思》何以与前人之诗有如许关联。其原因大概有三：

　　第一，正如薛顺雄文已经指出的，《静夜思》是一首"小乐府"。《乐府诗集》把它编在"新乐府辞"中。乐府诗的创作，有一个传统，就是要不同程度地"拟"前代的同类作品。李白是写作乐府诗的高手，他在一个题目之下，能够把前人之作融会起来，创作出抒发自己情怀的新作。刘文所举《伤歌行》、《燕歌行》、《子夜四时歌》，都是乐府诗。然而，同类作品唯《静夜思》能在后世广为流传，这正是李白的不可企及处。

第二，常人之感情活动（如思乡），原本相通；而且，诱发感情活动的外部条件也往往相同（如在"静夜"之月下，容易产生思乡之情）。这些均属于人情之常。同时，人们对客观事物的感受以及表达此感受的方式乃至所使用的语言，也有很大的共同性（如以霜喻月）。因之，李白《静夜思》诗句与前人出现许多相似处，实有其必然性。

第三，诗人在进行诗思思维、亦即将内在情感转化为外在语言之际，必然调动其文化储存（包括记忆中的前人诗句），来结撰自己的诗句。这在古诗写作中称为用典。用典或明显或隐蔽，或照搬或融化，都是将前人诗句化入自己的诗句。隐蔽的、融化式的用典往往不着痕迹，如盐之入水，但留其味而不见其形。刘文所举前人诗句（以及谢朓诗句），李白早已烂熟于心，变成了自己的语言储存。写作《静夜思》之时，这些诗句会极其自然地进入诗人的思维过程，化作诗人笔下新的诗歌语言。明白如话而又千古长新的《静夜思》，其实就是这样写成的。（改自薛天纬《〈静夜思〉的讨论该画句号了》）

五、小作文

1. 下面是宗白华的一首小诗《晨兴》，请把诗人表达的情绪转化为散文式的情思，写作400～500字的散文片断。

太阳的光，洗着我早起的灵魂。天边的月，犹似我昨夜的残梦。

2. 交通运输部、发展改革委、财政部、监察部、国务院纠风办联合制定了《重大节假日免收小型客车通行费实施方案》并呈报国务院，2012年7月24日，国务院批准了该方案，并以通知的形式批转到各省、自治区、直辖市人民政府及国务院各部委、各直属机构贯彻执行。请你根据以上材料内容，写作一份批转性通知。

要求：格式规范；用语准确；只写公文主体部分，不标注版头和版记。

六、大作文

1. 写一篇与"水"有关的散文。题目自拟，字数不少于1000字。
2. 阅读下面微型小说《儿子的鱼》，任意选取一个角度，写一篇评论。题目自拟，字数不少于1000字。

我环顾周围的钓鱼者，一对父子引起我的注意。他们在自己的水域一声不响地钓鱼。父亲抓住、接着又放走了两条足以让我欢呼雀跃的大鱼。儿子大概14岁左右，穿着高筒橡胶防水靴站在寒冷的河水里。

两次有鱼咬钩，但又都挣扎着逃脱了。突然，男孩儿的鱼竿猛地一沉，差一点儿把他整个人拖倒，卷线轴飞快地转动，一瞬间鱼线被拉出很远。

看到那鱼跳出水面时，我吃惊地合不拢嘴。"他钓到了一只王鲑，个头不小。"伙伴保罗悄声对我说，"相当罕见的品种。"

男孩儿冷静地和鱼进行着拉锯战,但是强大的水流加上大鱼有力地挣扎,孩子渐渐被拉到布满漩涡的下游深水区的边缘。我知道一旦鲑鱼到达深水区就可以轻而易举地逃脱了。孩子的父亲虽然早把自己的钓竿插在一旁,但一言不发,只是站在原地关注着儿子的一举一动。

一次、两次、三次,男孩儿试着收线,但每次鱼线都在最后关头,猛地向下游窜去。鲑鱼显然在尽全力向深水区靠拢,15分钟过去了,孩子开始支持不住了,即使站在远处,我也可以看到他发抖的双臂正使出最后的力气奋力抓紧鱼竿。冰冷的河水马上就要漫过高筒防水靴的边缘。王鲑离深水区越来越近了,鱼竿不停地左右扭动,突然孩子不见了!一秒钟后,男孩儿从河里冒出头来,冻得发紫的双手仍然紧紧抓住鱼竿不放。他用力甩掉脸上的水,一声不吭又开始收线。保罗抓起渔网向那孩子走去。

"不要!"男孩儿的父亲对保罗说,"不要帮他,如果他需要我们的帮助,他会要求的。"保罗点点头,站在河岸上,手里拿着渔网。

不远的河对岸是一片茂密的灌木丛,树丛的一半被没在水中。这时候鲑鱼突然改变方向,径直窜入那片灌木丛里。我们都预备着听到鱼线崩断时刺耳的响声。然而,说时迟那时快,男孩儿往前一扑,紧跟着鲑鱼钻进了稠密的灌木丛。

我们三个大人都呆住了,男孩儿的父亲高声叫着儿子的名字,但他的声音被淹没在河水的怒吼声中。保罗涉水到达对岸,示意我们鲑鱼被逮住了。他把枯树枝拨向一边,男孩儿紧抱着来之不易的鲑鱼从树丛里倒着退出来,努力保持着平衡。

他瘦小的身体由于寒冷和兴奋而战栗不已,双臂和前胸之间紧紧地夹着一只大约14公斤重的王鲑。他走几步停一下,掌握平衡后再往回走几步。就这样走走停停,孩子终于缓慢但安全地回到岸边。男孩儿的父亲递给儿子一截绳子,等他把鱼绑结实后,弯腰把儿子抱上岸。男孩儿躺在泥土上大口喘着粗气,但目光一刻也没有离开自己的战利品。保罗随身带着便携秤,出于好奇,他问孩子的父亲是否可以让他称称鲑鱼到底有多重。男孩儿的父亲毫不犹豫地说:"请问我的儿子吧,这是他的鱼!"

——〔加拿大〕P. 珀金斯

3. 阅读下面文字,按要求作文。

天河之东有织女,天帝之女也,年年机杼劳役①,织成云锦天衣。天帝怜其独处,许嫁河西牵牛郎,嫁后遂废织纴②。天帝怒,责令归河东,许一年一度相会。

——(明)冯应京《月令广义·七月令》

涉秋③七日,鹊首无故皆髡④,相传是日河鼓⑤与织女会于汉⑥东,役乌鹊为梁⑦以渡,故毛皆脱去⑧。

——(宋)罗愿《尔雅翼》

注：

① 机杼劳役：机，织布机；杼，即梭，织布的梭子。劳役，劳苦操作。
② 织纴：即织布。纴，织布机上的经线，织纴，就是拿纬线来贯经线的意思。
③ 涉秋：入秋。
④ 髡：古代刑法之一。剃掉头发，使成秃头叫髡。
⑤ 河鼓：即牵牛。
⑥ 汉：天汉，即银河。
⑦ 梁：桥。
⑧ 此句意为：乌鹊为牵牛郎和织女搭桥，使他们得以相会，牵牛郎和织女从它们头上走过，把乌鹊头上的毛都踩脱了。

请你根据以上两则关于牛郎织女的神话，展开想象，写一篇小小说，描绘牛郎织女的故事。

写作要求：可自主确定立意、拟定标题；字数在 1000 字以上；在不脱离基础材料的前提下，可以虚构情节，可神奇、可怪诞、可谐趣，但须合理，要具体，有细节。

后　　记

《写作（一）自学考试大纲》是根据全国高等教育自学考试汉语言文学专业（本科）考试计划的要求，由全国考委文史类专业委员会组织编写。

《写作（一）自学考试大纲》由西南交通大学徐行言教授主持编写。

全国考委文史类专业委员会于2012年5月对本大纲组织审稿。北京师范大学李怡教授担任主审，四川师范大学马正平教授、西南交通大学汪启明教授参加审稿并提出改进意见。

本大纲编审人员付出了辛勤劳动，特此表示感谢。

全国高等教育自学考试指导委员会
文史类专业委员会
2013 年 3 月

全国高等教育自学考试指定教材
汉语言文学专业

写作（一）

全国高等教育自学考试指导委员会　组编

前　言

　　写作课历来是汉语言文学专业重要的基础课,近年来,一些高校的中文系却开始讨论取消写作课的问题。原因无外乎开设写作课的必要性和写作技能的可传授性。有人认为写作能力是一个人综合素质的体现,不是靠一门写作课可以培养的,是各门课程的综合体现。也有人认为,写作是很难传授的,再多的技巧也无助于写作水平的提升,相反,只要多读勤写,可能无师自通。这样的言论后面隐含的立场显然是,写作是无规律可循的,因此也无需费力不讨好地去教与学。

　　情况果真如此吗? 笔者深不以为然。综观20世纪文坛,随着语言理论、文学理论、心理学、美学等理论学科的快速发展,形式主义、新批评、结构主义叙述学、语义学、符号学等理论的深化,写作规律的神秘面纱已经一层层被揭开,文学创作的各种技术奥秘已经被破解。以此为基础,一些全新的写作理论也开始建构起来,认识写作规律不再是遥不可及的事。国外一些高校已经开设了以培养写作能力为目标的写作专业。而中国大学中文写作课的复兴也是可以期待的。

　　接下来需要解决的是,如何把这些对于写作方法和技术的新认识、新收获转化为学生的写作能力。写作是一种实践能力,不是仅仅通过对理论的理解便可获得提升的。纵观近十年国内写作教材改革,有两个特点:一是不再局限于传统的主题、题材、结构、语言等知识元素的分别剖析,而是把重点转向对写作现象和写作行为、写作过程的综合分析上;二是广泛借鉴文艺学、美学、心理学等领域的新兴理论,透过多种学术视角,建构写作学科理论体系。这些成果对于建立写作学的学理基础和科学体系无疑具有深远的意义,但尚待解决的问题仍在于如何切实有效地提高学生的实际写作能力。

　　基于上述分析,本次重编的自学考试汉语言文学专业《写作(一)》教材,一方面借鉴了近年来国内高校写作教学体系立足写作过程研究的出发点,另一方面调整思路,不再以建构写作学理论框架或知识体系为中心,而致力于写作能力培养和新的写作训练模式的探索。

　　为此,我们搜集了大量国内外的优秀写作教材进行分析,努力寻找新的切入点和突破口。我们的目标是:一定要编出一部有自己特点的写作教材,尽可能改变长期以来汉语言文学专业写作教材与学生写作实践脱节的状况,把写作学从传统的知识体系改造为一个指导学生进行写作技能训练的体系。

　　然而,实际操作起来我们才深深地感到,要实现这样的目标何其艰难,最初的稿子一次次被我们自己"枪毙"。所幸参加本书编写的老师都很敬业,虽数易其稿,并无怨言。而今教材总算定稿,并通过了专家的初审,我们心中的忐忑才算放下一二,编写组成员也长长地舒了一口气。当然,我们深知,目前的书稿仍有诸多未尽人意之处,并未完全实现我们的初衷，尤其是训练环节的设计，仍感仓促，唯待学界同仁的评说和考生使用效果的检验。

本教材针对汉语言文学专业对学生写作能力的要求，在内容框架上以文学写作和文艺类学术写作为重点，知识上更加专门化，也希望教材在使用上更具有可操作性。在写作主体论之后，我们按照实际生活与工作中作者进入写作活动的常规程序，把知识梳理和训练过程绑在一起，分解为写作过程的专题练习和文体写作实践两部分，其中写作过程的专项训练：如观察练习、构思训练、细节描写练习等，意在帮助学生深入理解每一个写作环节的操作程序与技巧，而分体写作实践，意在使学生综合掌握每一类文体的写作规律，积累写作的实战经验。诚然，本教材目前所做的探索仅仅是一个开始，还远未达到我们的预期，我们深知要实现上述能力培养的目标并非易事，前面的路还很漫长。

针对自学考试这一特定对象而言，还有一个重要问题是如何考。即除了作文之外，还要不要有明确的知识点、考点，以及这些知识点与学生的写作能力之间应是何种关系？为了保持延续性，我们在考试大纲中仍然对相关的知识点做了规定，但我们期待对目前过分强调标准化、规范化的考试方式和题型加以改革。

除了自学考试的直接要求之外，我们适当补充了对考生将来的实际生活和工作中的应用可能有直接帮助的内容。为此，教材加强了学术论文写作部分，并增加了有关公务员考试科目"申论"的内容，以期对考生提供一些有益的借鉴。

本教材在编写过程中，汲取和借鉴了写作教学界前辈和同仁的写作学研究与教材建设成果，其中包括孙绍振先生的《文学创作论》、路德庆先生的《普通写作学教程》、马一平教授主编的《高等写作学教程系列》5卷本，以及董小玉教授主编的《现代写作教程》等诸多精品，在此谨致谢忱！在审稿过程中又得到齐森华先生、李怡教授、马正平教授、汪启明教授等专家的无私指教，谨在此一并致谢！

本书的编写分工如下：上编由西南交大徐行言教授撰稿；中编由西北大学吴宝玲教授主笔，苏喜庆博士参加了部分章节的编写；下编文学写作部分由西南交大吴德利副教授主笔，学术写作部分由北京交大田卫平副教授撰写，实用写作部分由西南交大周东升老师撰稿，综合应用部分由中国人民大学尹振海副教授和田卫平副教授共同撰写。全书最后由徐行言统稿。写作课自学考试大纲亦由徐行言主持修订。

毋庸置疑，本次自学考试《写作（一）》教材的重编只是一个初步的尝试，如何更好地解决中文系写作教学和考试中理论联系实际的问题仍有待全国同行的共同探索。同时，我们还期待对国外高校写作教学方法和教材体系更广泛地学习和借鉴。希望本书能够为汉语言文学专业的写作教学改革提供一点参考。我们也将继续思考和探索，满足全国考生需求。

最后，期望考生在使用教材过程中，结合课后阅读和写作任务自觉训练，同时在日常生活中做有心人，多多实践，只有这样才可能得到提升写作能力的实际效果。

教师采用此教材对学生进行辅导，希望能够讲练结合，先指导学生按实际写作过程展开分项训练，再进入分体综合实践。

总之，我们殷切地期待着这本教材能为考生的学习和应考提供切实有效的帮助。

徐行言
记于成都斑竹苑
2013年3月

上 编

写作主体论

第一章　写作活动与写作行为

学习提示：写作既是一种以语言文字为媒介的综合性创造活动，又是一种有着明确目的性和操作性的文化交流行为，它是人类精神生活与实践创造活动的重要组成部分，也是人类社会各个领域都不可或缺的信息记录与传播方式。本章的目标是探讨写作活动的基本属性，介绍写作过程的主要环节。

第一节　写作活动的特征

写作是一种以语言文字为媒介的文化交流行为，是人类社会各个领域都不可或缺的信息记录与传播方式。作为人类凝聚思想、表达情感、加工与传递知识的基本手段，写作是人类精神生活与实践创造活动的重要组成部分。同时，它也是我们创作文学艺术作品的重要途径，和人们日常生活工作中必备的一种基本技能。

阅读与写作是人类最基本的交流途径之一，凡接受过教育的人都有写作经验，尽管写作的目的和功用各有不同。人们通常从小学阶段便开始进行母语写作的基本练习，到中学阶段这种训练更日趋系统化并开始应用于个人生活的诸多领域，到大学阶段，不少人仍要接受针对特定学术领域和实际工作需要的专门写作训练。之所以如此，是因为在被称为信息时代的当下，语言文字表达已经成为每一个现代人获得健全生存状态的基本条件，离开了它，我们在实际生活中即便不是寸步难行，也会感到障碍重重。

对于大众而言，写作是日常生活中必备的一种基本技能——记日记，写信，写学习笔记、工作总结，乃至写短信，写博客，写便条，写情书……所有这些几乎是现代社会中大部分人都会不同程度运用的记录和传递信息、传承知识的方式，也是人们体验和表达情感的重要媒介。

对于掌握某种专门知识的技术与文化工作者，写作同时也是他们学习和工作中必不可少的工具和技能。无论知识的生产、阐发与传授，研究成果的总结、提炼，还是信息的加工、传播都离不开语言文字的媒介，也就离不开写作的参与。可以说，写作是所有科学文化领域都不得不借助的工作手段之一。

对于主要从事语言文字工作的学者、作家、记者、编辑乃至相关领域的学习者而言，写作则是他们工作的主要内容和基本工具，是他们赖以实现自身价值的技能和途径——从情感的凝聚与表达、艺术形象的描绘与塑造，到思想的提炼、理论的建构，写作都是其中不可或缺的环节，发挥着至关重要的作用。写作能力的高低在某种程度上影响了他们事业成就的高低。

总而言之，写作是大多数人生活的组成部分，它既是一项与我们的思想、情感、价值判断、表达、交流等生命活动息息相关的基本人类行为，也是一项与我们的工作成果互为表里的表达技能。对于汉语言文学专业的学习者而言，写作则可以说是其安身立命至关重要的基本技能。因此，通过系统的学习和训练，更好地掌握这一技能，对于提高我们的基本素质和实践能力都是至关重要的。

那么，人类的写作活动具有哪些主要特征呢？

一、综合性

我们说写作虽然是运用语言文字进行书面表达的行为，但它绝不只是一种纯粹的语言运用技能，而是受到多种因素影响和制约的复杂的思维与表达活动。决定写作成果水平和效用的不单是，甚至主要不是写作技巧，而是融聚着作者的思想认识、知识水平、研究思考、生活经验、情感体验、审美能力的综合表达与体现。这当中，不同类别、不同目的、不同体裁、不同对象和功能的写作活动对作者的素质、体验、知识准备和写作技能的要求各不相同。个人的日常写作主要依赖的是真实的生活经验和对基本语言规范的掌握；文学写作除了个人独特的情感体验之外，还需要感受力、想象力、精神境界的升华和丰富的表达技能；学术写作的基础是不同学术领域的专门知识与科学方法，对所论问题的深入考察与研究，对事物之间关系的科学认知，其次才是严谨的逻辑和准确清晰的阐述；应用写作则要求对写作目的和工作领域的透彻了解和正确把握，对文本涉及的对象和相关事务程序的全面认知。

因此，写作的前提是作者所具有的生活阅历、生命体验，对事物的感知与认识能力，以及对特定领域的专门知识文化水平乃至工作经验等等，接下来还需要对写作对象进行认知，对事实进行考察，对文献进行搜集，对材料进行梳理等等，最后才能进入实质性的写作阶段。因此，一篇文章或作品的好坏，一个作者写作水平的高下，所依赖的不仅是写作技能，还包括作者学识、思想、情感以及对生命感悟的综合体现。陆游教导其儿子"汝果欲学诗，工夫在诗外"，讲的正是这个道理。

二、实践性

无论何种目的和类型的写作，其实际操作过程不外乎是运用语言文字将作者的思想、情感、生活经历、工作业绩、学术研究成果或其他需要传递的信息凝结成文本的过程，因此，写作说到底是一种实践活动，写作能力是一种将个人的所思、所想、所得、所获诉诸笔端与他人交流共享的最基本的表达与沟通的技能。作为一种技能，它具有自己的操作规律和技巧，但这些规律和技能不是单靠知识学习可以习得的，而需要在不断的写作实践中才能逐步理解和掌握。否则，即便积累了丰富的生活体验、具备了相应的知识基础，也掌握了充分的写作素材，仍然未必能写出漂亮的文章；即便通过理论学习，已经对写作的技巧规律有所了解，也具备了一定的鉴赏能力和阅读经验，能够分辨文章的优劣，说出如何写好文章的道理，也只能说是具有写出好文章的可能性，仍可能出现眼高手低的情况，难以写出真正令人津津乐道的好文章、好作品。此中的关键即在于你是否能通过大量的阅读和写作实践去领悟其中的真谛，锤炼自己的写作技艺。

三、主体性

写作是一种带有鲜明个体色彩的创造性活动，每个作者的思想、情趣、风格都会通过作品抒发或流露出来，从而使文本呈现出不同的风貌。不同的作者即使面对同样的写作客体甚至同样的写作要求，最终完成的作品都会是千差万别、各不相同的——任何一个客体或写作对象一旦进入文本都会或多或少地受到作者的影响，带有作者的印记。

这是因为写作主体具有强大的主观能动性，一切写作客体，无论是自然现象、人类生活场景、思想情感，还是科学知识都只有在经过作者头脑的感知、加工、整理之后，才能诉诸语言文字的表达。因此，写作活动的整个过程，都必然受到作者的思想认识、情感情绪、意志品格、想象力、创造力等因素的支配，从写作目的的确立、素材的选择、立意构思到文本的组织结构、语言表达都离不开作者高度自觉的掌控。可以说，正是作者赋予了文本以生命和灵魂。

由于每一个写作主体在生命体验、思想、情感、心理素质、语言能力诸方面的天然差异，因此基于个体差异的写作活动必然具有鲜明的个性特征，每一篇充分发挥主体能动性的写作成果也都因熔铸了作者独特的经验、思维、才情、品格、见解和语言风格而呈现出鲜明的创造性。从这个意义上讲，每个文本都应当是独特的，不可复制的。

当然，对于不同类型不同体裁的写作而言，主体性的体现方式和实现程度又各有不同。文学写作强调作者的生命情感的灌注和创造力的自由发挥，无疑具有更加鲜明的个体性、独创性和表现力，往往更能展现作者的创造活力和独有的精神气度。科学与学术写作因其内容具有缜密的知识性和说理性，受写作客体的约束更大，在表达上更注重客观性、严谨性和逻辑性，主体在表达上的发挥空间相对较小。不过，它也并不排斥作者在剖析问题、阐发观点、组织结构和选择表达方式上的自主性，如阐释同一个观点，有的作者可能用事实来证明，有的喜欢引经据典，有的则喜欢运用比喻和比拟来说明问题，由此显示出不同主体的个性。实用写作则由于需要实现对人们不同的岗位工作、交往与生活需求的具体规划指导，写作的目的性、功用性更强，操作上更强调简明直接，在表达上更关注普适性、规范性、简洁性，尤其是公务文体和事务文体的写作，作者的身份往往是非个人化的，而是以组织的名义为某个群体代言，但仍不难看出不同的起草者或执笔人在认识水平、立场、态度和文风上的差异。

总而言之，任何一篇文章的完成都是作者心血的凝聚；同理，每一部作品的优劣成败也都与写作主体的修养、水平、能力息息相关。

第二节　写作行为的诸环节

如果说我们使用"写作活动"这个概念是将写作作为一种社会生活现象加以整体的考察，那么我们讨论"写作行为"则是从运用层面对其实际操作过程和环节加以具体化地分解和剖析。

从操作层面看，我们可以将写作过程分解为写作准备阶段、构思阶段和行文阶段三个大的步骤来考察。其中写作准备阶段包括素材的积累、写作动机触发与选题的形成等，构思过程包含聚思与立意、布局谋篇等环节，行文阶段则指从落笔起草文本到最后修改定稿的整个过程，此中融合着叙述说明、情感抒发、形象塑造、论析辩理、语言传达、修改润色诸环节。

简单地归纳就是由"知"到"思"再到"行"的过程。所谓"知"就是对社会人生的感知、感悟和知识的积累，这是写作的源泉。所谓"思"即是下笔之前的聚思、运思等构思活动，它是由素材向文本转化的中介。而"行"则是将作者的意图构想诉诸笔端，见诸文字的呈现环节。

需要说明的是，在实际写作过程中，上述环节之间并没有截然的划分，也非简单按时间顺序线性排列推进，而是相互交错、动态结合，并因文体特点和作者个人写作习惯的差异而变化无穷。有的作者可能深思熟虑，按部就班，环环相扣，循序而进，有条不紊地完成一篇文章乃至一部著作；有的作者却可能初下笔时雾里看花，千头万绪，甚至往复回环，冥思苦想，直到行文后期方拨云见日，豁然开朗；还有的作者可能灵感迸发，天马行空，下笔不休，一挥而就。即便同一个作者在面对不同的客体和写作目标时也可能采取不同的路径。而这，正是人类的写作行为因变化万千、充满神秘而魅力无穷之所在。诚然，对于学习者而言，还是必须对写作行为的基本环节有所理解，并通过有针对性的练习加以领悟，循序渐进，方可达到融会贯通、游刃有余的境界。

我们来看一看写作行为各阶段诸环节的主要内容。

一、准备阶段

所谓素材的收集其实是处在日常生活与写作行为的交叉点上。它首先指前写作阶段的积累，即个人的生活经历、阅读、学识、修养、思想见解，工作中积累的经验、思考，科学活动中开展的研究、实验、设计等等，凡此种种，人生的衣食住行、喜怒哀乐、事业家庭、工作交友，从特定角度看，都可以视为写作素材。也许当事者初无自觉，陶醉于体验中，沉淀于记忆中，一旦机缘巧合，便会成为触发灵感的源泉或支撑写作的材料。作家麦家20世纪80年代曾在部队特情部门从事技术侦察员工作8个月，这段经历十几年后成为他一系列以密码破译为题材的悬疑小说的创作源泉，成了他作品最大的亮色，相信这是他本人也始料未及的。其次，从特定的写作目标出发，有针对性地收集素材则是写作中另一条常见的途径。它包括为完成文学创作而进行的生活体验和采风，为解决学术问题而进行的文献资料收集、检索、考证、实验，为公务写作而进行的社会调查、统计分析等等。所有这一切，都是我们顺利展开写作必不可少的基础和条件。

写作准备阶段的另一个重要环节是动机与选题。

写作动机的生成是一个复杂的心理过程，有苦思而生成的，也有偶然触发的；有主动寻求的，也有被动从事的。不同的作者，不同文体的写作，动机发生的情形可谓多种多样。文学创作的动机往往源于外界新奇事物的触发和内心情感的冲击,有一定的偶然性和机遇性;学术写作的动机则与社会的需要,对问题的发现与思考,研究事物规律、探究真理的好奇心等相联系,也有的来源于新鲜事物和新作品所激发的感悟和思索;实用写作的动机除个人记述外,更多的来自职业的需要和工作的安排。

选题则是在学术写作中更为重要的问题,这是因为文学写作多是有感而发,通常不会受到题材的影响和限制,那种追随宣传要求或流行趣味而创作的应景之作多半是缺少生命力的。而学术写作选择客体的前提是发现问题,选题就是选择研究对象和研究范围。要了解一个对象是否值得去研究,不仅需要洞察社会发展的需要和学术研究的前沿,还需要推敲课题研究的意义与可行性,并且充分考察该领域的研究现状、可利用资源和前人已经取得的成果,找到自己与众不同的切入点,方能使自己对问题的探究有创意,有突破。此外,还需合理确定题目的大小深度,以及自己是否有能力完成。而这些恰恰是学术写作最重要的前提。

二、构思阶段

有了写作的动机和选题,并据此对收集的素材或前期研究进行了初步的梳理,即可进入实质性的写作阶段。而此时作者首要的任务是在头脑中对将要动笔的文章做一个整体的规划和设计,这便是通常所说的构思阶段。

首先是聚思和立意,也就是确立本次写作的核心内容,解决写什么的问题。所谓聚思就是将激发起作者创作冲动的感情、人物、事件、场景、意象、思索、困惑等凝聚到一个焦点上,使其形成一组较为清晰的形象,一段生动有趣或缠绵悱恻的故事,一个或多个人物的命运,一种可歌可泣的情感,一个动人心魄的意境或一段启迪智慧、发人深省的心灵之旅……总之,要让那些原本分散、模糊、片段、意义含混的素材和思绪变成能够进入作品的条理化的题材、内容,逻辑化的思想,并将其纳入不同体裁的轨道。立意即确立写作的主旨。王夫之《姜斋诗话》有言:"无论诗歌与长行文字,俱以意为主。意犹帅也,无帅之兵,谓之乌合。"作为写作环节的立意既包括寻找文本要表现的思想主题,也包括明确作品要讲述的核心内容或主要论题。李渔在《闲情偶寄》中论到:"古人作文一篇,定有一篇之主脑。主脑非它,即作者立言之本意也。传奇亦然。一本戏中有无数人名,究竟俱属陪宾,原其初心,止为一人而设,即此一人之身,自始至终,离合悲欢中具无限情由,无穷关目,究竟俱属衍文,原其初心,又止为一事而设。此一人一事,即作传奇之主脑也。"这里所说的一人一事显然是指作品中故事情节的核心部分。当然,我们所讨论的立意主要考虑的是作者的创作意图,不涉及评论家或读者对文本进行的见仁见智的主题分析,因为二者之间常常是难以重合的。

其次是运思与谋篇,也就是确立文本的主要表现内容、结构框架,制定写作大纲,就像一个建设项目在破土动工前先要制定设计方案,再绘制每一座建筑物的施工图。

所谓运思就是对文章进行整体设计,从主题到故事情节、人物形象到表现方式;从中心论点到分论点,到主要论据、论证思路、推理方式。这种设计常常是在头脑里完成的，古人所谓"袖手于前""成竹在胸"说的都是这个环节。对此明代戏曲家王骥德在我国早期的戏曲理论著作《曲律·论章法第十六》中即有生动的论述：

> 作曲，犹造宫室者然。工师之作室也，必先定规式，自前门而厅，而堂，而楼，或三进，或五进，或七进，又自两厢而及轩寮，以至廪庾、庖湢、藩垣、苑榭之类，前后、左右、高低、远近、尺寸无不了然胸中，而后可施斤斫。作曲者，亦必先分段数，以何意起，何意接，何意作中段敷衍，何意作后段收煞，整整在目，而后可施结撰。此法，从古之为文，为辞赋，为歌诗者皆然。①

谋篇是与运思相辅相成的构思阶段主要环节，也可以说就是运思内容的具体化。其目标是确定材料的取舍，选择作品展开的方式与顺序。其过程主要是剪裁与布局，所谓剪裁，是将素材加以梳理，理清线索，确立主干，并重新组织，根据表达之需要，剪除枝蔓，有所取舍。清代著名文论家李渔说："编戏有如缝衣，其初则以完全者剪碎，而后又以剪碎者凑成。剪碎易，凑成难。凑成之功，全在针线紧密；一节偶疏，全篇之破绽出矣。"② 所谓布局，是指统筹全局，安排好各部分之间的顺序，处理好作品中时间、空间、主线、副线、人物、环境、叙述、描写等要素的关系，形成文本表达的条理和层次，使每个部分各得其所。其内容包括叙事作品中叙述角度的确立，时间空间的运用转换，人物事件、故事情节的展开方式等等；也包括抒情作品中主人公身份的确立，意象场景的排列，情感情绪的抑扬与节奏。对于学术写作和实用写作而言，文章的叙述、说明、论证的线索，观点与材料的组织，逻辑推理的过程，论点之间的主与从、分与合的组合关系等等，都是在此阶段应当仔细斟酌的问题。

这是写作中技巧性最强的一部分，这个环节中不仅需要研究内容与主题展开的合理逻辑关系，还要充分考虑读者的理解和欣赏习惯以及作品的形式美感与趣味。总之，把读者的注意力和兴奋点引向作者精心设计的路线，使文本的内容和立意得到最充分的展现，这正是结构的作用。著名作家沈从文在借传统绘画说明短篇小说创作技巧时曾经指出：

> "似真""逼真"都不是艺术品最高的成就，重要处全在"设计"。什么地方着墨，什么地方敷粉施彩，什么地方竟留下一大片空白，不加过问。有些作品尤其重要处，便是那些空白处不著笔墨处，因比例上具有无言之美，产生无言之教。③

此中一个至关重要的步骤便是编制文章的提纲，写提纲的过程便是理清思路的过程，作者只有将对立意谋篇的思考全都了然于胸，并逐一落实到提纲里，安排妥帖，才会有行文阶段的酣畅淋漓。需要特别说明的是，在实际写作过程中，构思往往不是一次性完成的，需要在写作进程中根据遇到的问题随时调整、修正，有时甚至可能下笔之初立意并不成熟，行文过程中方逐渐清晰起来。

---

① 王骥德：《曲律·论章法第十六》，上海：上海古籍出版社，2012年，第159页。
② 李渔：《闲情偶寄》，北京：中华书局，2007年，第20页。
③ 沈从文：《短篇小说》，《二十世纪中国小说理论资料》第四卷，北京：北京大学出版社，1997年，第111页。

三、行文阶段

行文阶段的主要任务是通过具体的语言操作，实现预定的写作目标。不过，写作者仍需面对新的考验，这便是如何根据文体的特点和构思的要求合理运用各种表达技巧，使文章的内容得以充分展开。事实上，并非每个作者都能在行文过程中完整而不留遗憾地实现预定的写作意图，问题正在于有的作者在行文技巧上还运用得不够娴熟。

一个成熟的写作者需要掌握些什么样的技巧呢？写作实践中最基本的表达方式通常有叙述、描写、抒情、议论、说明等等，每一种表达方式都蕴含着若干方法和技巧，例如怎样把故事讲得有声有色，牢牢抓住读者，如何把握叙述的节奏，如何呈现作品的主题，如何进行细节刻画，如何将抽象的观念表现得生动形象，如何遵循文体的特点和人物的个性使文本的语言运用得自然而又得体等等。

关于叙述，叙事性写作在构思阶段进行谋篇布局之际已离不开对于叙述结构的考量和叙述技巧的运用，到了行文阶段则各类文体都可能运用叙述作为表达手段。这时除了组织结构所考虑的叙述视角与时空运用之外，叙述语言的风格，叙述线索的分与合、断与续，叙述内容的虚与实、详与略，叙述节奏的疏与密、张与弛，以及叙述与描写、议论的关系，都是写作中必须处理好的重要因素。此外，文学写作中的铺垫与悬念，伏笔与照应，意外与突转等等也都是常用的叙述技巧。

如果说叙述是为一篇作品搭起骨架的话，描写便是赋予作品有血有肉的生命之躯。所谓描写是指在文本中对人、境、事、情进行具体、生动、形象的摹绘。描写通常用于文学性写作中，学术写作和实用写作中涉及事物形象、环境和心理现象的时候也偶有使用。好的描写来自对事物的真切的感知和体验，要成为描写的高手首先需要成为敏锐的观察者。例如在景物描写中，最好先假定观察对象的位置——是定点的，还是移动的？与描写对象之间是怎样的关系，是面对、侧视还是背影？进而方可根据视线的角度和距离选择描写的次序，是从上往下还是从左向右，由远而近还是由外而内，或者是移步换景，按观察者行进路线顺序描写。

描写的着眼点应是使写作对象变得生动可感知，描写的关键却是写出对象的特点与相互的区别。正如别林斯基指出的："在真正的艺术品里，一切形象都是新鲜的、具有独创性的，其中没有哪一个形象重复着另一个形象，每个形象都以他特有的生命活着。"使对象生动的最常见手法是比喻和比拟，其目的在于充分调动读者的想象，引起读者的丰富联想和审美再造。毕竟凭借语言描绘出的形象只能是间接的，不可能直接诉诸读者的感官，只有激发出读者的艺术想象，让读者在自己心目中去复现乃至创造对象，才能产生更持久的魅力。使描写富有特色的另一条途径是移情，就是把作者独特的感受、体验或情绪投射到描写对象上，使之也呈现出喜怒哀乐的色彩和个性，所谓"以我观物，故物皆着我之色彩"[①]；描写的较高境界乃是创造主客体融合、情景互渗的意象与意境。

---

① 王国维：《人间词话》，上海：上海古籍出版社，1998年，第1页。

描写的手段很多，从描写对象看，包括人物描写、景物描写、场面描绘；从描绘形象的角度看，有正面描写、侧面烘托、细节刻画和暗示性描写；从描写风格看，有简单勾勒的白描和浓墨重彩的工笔等。描写技巧则更丰富，如人物描写中有肖像描写、动作描写与心理描写等技巧。好的描写，还可以通过形容达到以动写静，以画拟声，以物喻人，乃至不同感觉之间挪移互通的独特效果。

在所有描写技巧中，最能检验写作者功力的是细节刻画。巴尔扎克说过："当一切可能的结局都已经准备就绪，一切情节都已加工过，一切不可能的都已试过，这时，作者坚信，再前进一步，唯有细节将组成作品的价值。"可以说，没有细节就没有艺术，而能否把握住事物或文本中的细节乃是区分一个人是不是成熟的阅读者或写作者的标志。好的细节描写无疑能使作品的表现对象更丰满而富有感染力。

抒情是写作表达手段中相对较单纯的一种，然而，它所面对的情感世界却是无限丰富而又复杂多变的，有时甚至充满矛盾。对于写作者而言，更为重要的是体察、提炼、理解、升华各种类型的情感和正确把握表达情感的分寸与效果。因为感情生活是人类生活中最重要的内容之一，情感世界也是人类精神世界的重要组成部分。因此，认识和体察人的情感世界是我们理解人和人的社会关系的起点。文学引导人们由认识情感而理解人生，由理解情感而思考价值。托尔斯泰说："各种各样的情感——非常强烈的或者非常微弱的，非常有意义的或者微不足道的，非常坏的或者非常好的，只要它们感染读者、观众、听众，就都是艺术的对象。"《文心雕龙》称："诗人什篇，为情而造文。"可见，写作的冲动首先源于作者集聚在内心的情感，它是一种充满创造性的情感活动。所有成功的作品无不渗透着作者的喜悦和痛苦，热血与眼泪。而这当中某些负面的情绪如悲愁、哀怨、苦难似乎更能激起创作的冲动和读者的共鸣，因此有所谓"写忧而造艺""愤怒出诗人"之说，也许是因为痛苦比欢乐蕴含了更深沉更曲折的人生经验吧。

人的情感不仅有内容、倾向的不同，也有程度和色彩的差异。有的热烈而激扬，有的细腻而婉转，有的微弱而迟钝，也有的微妙而矛盾。强烈的情感可以冲破理智的桎梏，迸发出一泻千里的力量，可以突破逻辑的界限，激发起辽阔无边的幻想和想象；婉转的柔情却可以通过一颦一笑的细微变化透露出千丝万缕的思绪和衷肠。正因为如此，写作中的抒情主要是表达作者对笔下事物的情感立场和态度，它既可以直抒胸臆地迸发，也可以含蓄隐曲、委婉深致地流露，即景抒情、借事寄情都是常用的方法，此数者只要调用得宜，都同样具有真挚感人的魅力。

情感表达的内容和方式还因文体的差异而各不相同。诗歌以情感表现为中心，以情感的高度浓缩、强化乃至极化为特征。由于感情的高度强化，"内在的生活把一切外部事物都化成了自己，诗人的个性占着首要地位"（别林斯基语）。这种强化的情绪遮蔽了同样的情感因个体不同而形成的细微差别，甚至忽略了时间空间的特征，因而诗的情感表达又往往呈概括化和类型化的特征。例如对于祖国土地的情思，对于情人的倾慕，在诗歌中都常常表现得单纯而强烈，很容易激起不同时代不同文化背景读者的广泛共鸣。戏剧和戏曲中的情感表现也与此较为接近。

散文的情感表达则更接近日常生活，朴素、亲切、自然，它关注人们常规情感以内的感觉，并且着力表现在特定时空环境下特定个体的情感历程，它可以将缕缕柔情融入对环境和人物行动的娓娓道来的描述中，它力求清晰地呈现作者在情感上具体而微的体验，在情感的表达上不求夸张，而且尽量遵循感觉和知觉的准确性，以便给人以真实的感动。

至于小说，虽然也有像雨果那样在作品中直接插入抒情与议论的，但多数作者更注重与故事保持情感的距离，即在叙事中尽可能不流露作者情绪，让人物的情感与性格在情节发展中自然呈现。但由于人物之间情感态度的差异、冲突与对比，使小说所表现的情感世界层次更丰富，变化更复杂，往往形成多重情感的交织。

议论是各种不同的文体都可能运用的表达手段，是作者针对作品中提出的问题阐明观点、发表见解的重要环节，但不同的文体发表议论的特点各不相同。在学术性写作和以辨析事理为宗旨的论说文或实用文章中，作者必须在充分研究分析论题的基础上作出判断，才能发表议论。这就需要客观冷静地观察事物和现象，运用概念、判断、推理等方式，去粗取精，去伪存真，从而辨明是非，区别正误，分清曲直，有理、有据、有序、雄辩地表达作者的态度、观点和主张。议论性散文和杂文小品则往往以具体的事件或场景为"由头"，将生动具体的形象描绘与说理紧密结合，引申出对社会人生的思考与议论，如钱钟书的《窗》、东山魁夷的《一片树叶》之类即是。以记叙、抒情为主的文学性写作和具有私人性的应用体裁中，作者也可以有感而发，直接表达自己对问题的看法和主张，而无须充分的论据和论证过程。例如小说往往通过特定的人物关系和他们的命运引发具有普遍意义的思索，如雨果的《九三年》、博尔赫斯的《小径分岔的花园》即是。精彩的议论有时能起到画龙点睛的效果。

议论至关重要的是提炼观点。无论文学作品，还是杂文散论，其中所包含的意义思索与价值追问都是使文章品质得以升华的重要因素。一篇文字所蕴含的理性思索既包括对宇宙生命的深刻洞察，也可以是关于社会人生的点滴领悟，直至关于经济政治的议论，道德善恶的评说都可能成为文章的题旨和亮点。优秀的作者、经典的作品往往能由此及彼、以小见大，引发人们对宇宙万象或社会人生的思索与反省。

议论的效果还有赖于思辨的力量。对于学术写作和部分实用文体而言，作者的思想如何在作品中恰当地展开，预设的主题能否得到合理的阐发，论据和论证过程也十分重要。这就需要摆事实、讲道理，对自己掌握的材料进行由此及彼、由表及里的条分缕析、抽象概括和理论推导，对于以说理为主的文字，写作的过程实际也就是运用概念、判断对大量的感性材料进行分析概括的逻辑思维过程。当然，我们也可运用比较、类比等论证方法，但议论的关键点仍在于思想推演的过程和观点陈述的逻辑力量。

总之，充足的理据，完整的逻辑链，深入的分析与思辨，既是我们研究思考问题的必要步骤，也是我们在文本中阐发观点不可缺少的环节。不仅如此，严谨的思维，缜密的推理，雄辩的论证所放射的智慧的光芒，同样能带给我们发现的喜悦、思想的震撼和灵魂的感动。

至于说明，主要与文章中运用的知识性内容和实证材料的解说有关，也是各类写作中具有实用价值的工具性环节。只要运用合理，条理明晰，资料信息准确，描述科学规范即可。

语言运用是行文过程一个至关重要的问题，语言是一切写作的媒介。今天我们已经充分认识到，这个媒介并非只是无生命的表达工具，而是人类创造力的结晶和精神文化的重要载体，一种语言表达方式不仅渗透着与之相联系的思维与文化模式，而且意味着一种对生活的理解和阐释。古往今来，优秀作家总是把展现语言的魅力视为写作的最高追求。杜甫说"为人性僻耽佳句，语不惊人死不休"①，典型地反映了作家们在写作活动中对语言之美的不懈追求。历史上一些伟大的作家如意大利的但丁、英国的莎士比亚、德国的歌德、俄罗斯的普希金等都曾经用他们独特的语言创造推动了本民族语言的发展演进。

写作中语言表达最基本的标准是得体。因为不同的文类和文体有不同的言说方式与表达特点，这便是通常所说的语体。根据不同的写作目的，我们可以把语体分为文艺语体、科技语体、政论语体与事务语体。不同的写作目的，决定着不同语体的基本特性，并决定着它们各不相同的词汇、句式和修辞等基本特点。

文艺语体追求表达的创造性和个性，因而常常突破固有的表达模式和语言规范，被认为是"陌生化"的语言操作。文艺语体除了重视运用富有表现力的修辞手段，使表达生动形象之外，更注重表达的丰富性和高度的内涵，关注对语源的发掘利用，对民间语料和方言的吸收，语义的联想与暗示，甚至刻意制造歧义，形成多层面的语义形态，使作品所展现的形象和思想更令人回味，富有表现的张力。此外，文艺语体还特别重视展现语言艺术自身的美感，因而在遣词造句上更加讲究推敲锤炼，以表现语言的声韵之美、节奏之美、句式之美和风格之美。

科技语体追求精确、严谨、凝练，尽可能避免表达的歧义和带有主观感情色彩的修饰，因而力求用语科学准确，句式严整规范，定义界说严格，观点表述缜密，还大量采用定量分析和数据资料等客观化的材料作为论据和佐证。

政论语体通常应用于新闻报道、政治评论、思想评论、杂文、演讲报告等直接介入社会政治文化生活的文章，它需要面向大众读者和听众。因此，这类语体除了具有一般议论文所要求的严密的逻辑性之外，更注重说服力、感染力和鼓动性，比较讲究语言的技巧。今天的很多修辞技巧就是由古老的演讲术发展而来的。我们常常看到政治家们的演讲，不仅生动风趣而且不乏煽情和震撼力，其奥秘之一，就是大量使用比喻、比拟和排比句式、反问句式等修辞手段，从而产生激动人心、雄辩滔滔的效果。

事务语体则追求明白实用，要求表意明确、直接，尽量不用表意模糊的修辞手段，但重视行文的格式，常采用规范的称谓语气和习用的套语。

---

① 杜甫：《江上值水如海势，聊短述》，《杜甫诗选》，北京：人民文学出版社，1980年，第177页。

行文的最后一个环节是修改。当一篇文字成稿后，是不是必须经过修改，才算完成，这似乎是一个可以讨论的问题。人们在赞美某位作者的文才时，常常会赞其"下笔不休，一挥而就，不易一字"。这仿佛在喻示写作的最高境界是一次完成，无需修改。实际生活中的情况似乎也各不相同。有的大作家大学者对自己的作品不厌其烦地修改，十年磨一剑，甚至出版后每再版一次都要再修改。古人也有"吟安一个字，捻断数茎须"或"二句三年得，一吟双泪流"之类的总结。但也有作家、学者宣称自己的写作是灵感来袭，一次完成的。普通的作者也一样，有的才思敏捷，直接在网上写作，随写随发，也有人慎思谨言，定稿前斟酌再三。

　　如此看来，修改这个环节是因人因事而异的。有的人先想好了再写，有的人边写边改，有的人写完即改，有的人放一放再改，都无可厚非。不过，对于习作者而言，文章完成之后，多看两遍，多改两稿，肯定是有益无害的。如果此间能呈给一二知音或老师学友征询一下意见，一定可以获益匪浅。

　　上述种种，只是我们对写作各阶段主要环节的简单描述，其中各个技术环节的要义和训练方法将在后面的章节中陆续展开。

　　小结：本章分析了写作活动的主要特征，即综合性、实践性、主体性，并从操作层面对写作的准备、构思、行文三阶段中由"知"到"思"再到"行"的各个环节和主要技巧分别进行了概述，以使同学们对写作过程中的技术奥秘有一个初步的认识，从而激发起学习的兴趣。

【思考与训练】
1. 写作活动具有哪些特征？
2. 写作构思阶段有哪几个环节？
3. 你是如何理解陆游所说的"功夫在诗外"的？
4. 剪裁和布局的联系与区别何在？
5. 什么是语体？请举例说明文艺语体的特色。

第二章　写作主体的修养与写作能力建构

学习提示：人类的写作行为既然是一种创造性的精神活动，那么作为创造主体的作者无疑应当是这个活动的发动者和中心。任何一部语言文字作品，无论是文学创作还是学术著作、工作报告，其内容的优劣，表达水平的高低，都与撰写者的文化修养、精神品位、学术功力乃至语文造诣有着直接的关系。既然如此，提升自己的修养，修炼自己的功力，就应当是学习写作的第一步。本章主要对作为写作行为主体的作者应当具备的素质、修养和能力进行了全面系统的分析，以便让同学们了解，要想成为一个优秀的写作者需要从哪些方面进行自觉的准备和修炼。

第一节　作者的素质与修养

我们说每一个受过教育的人都是一个潜在的写作者，就是说写作并非少数拥有特殊禀赋者独擅的能力。但我们同时承认每个人的写作水平有高有低，并非每个人所写的文字都能打动人心，给人启迪或传达有价值的信息。究其缘由，并非仅在于写作能力的差异，更主要的还是部分习作者学识修养的不足。那么，一个优秀的写作者应当具备怎样的素质和修养呢？

首先，他应当是一个视野开阔，知识准备丰富或在某个学科领域术有专攻的人。我们已经了解，写作是一项集作者思想认识、知识水平、研究思考、生活经验、情感体验、审美能力于一体的全方位的表达行为，因此，作者具有较高的综合素质是写作的基础条件。而要提高自身的综合素质，就应当主动涉猎更广泛的知识领域，并不断积累自己的社会人生经验。古人所说的"读万卷书，行万里路"正是这个意思。陆游晚年在教导他儿子陆遹学作诗之道时，以自己的经历为例加以说明——"我初学诗日，但欲工藻绘。中年始少悟，渐若窥宏大。"[1] 可见，就诗论诗，就文论文，是写不好诗，也做不出好文章的。只有通过广泛地阅读才能积累学识，增长见识，进而提高写作者文化修养，所谓"读书破万卷，下笔如有神"[2]。"博观而约取，厚积而薄发"[3] 都是著名作家从自己的创作经验中总结的真知灼见。不过，就学术写作而言，除了丰富的知识储备之外，还需要对自己的研究领域和研究对象有更加系统的专门知识和深入钻研。

其次，一个优秀的写作者应该是一个思想者。我们说，为文不仅要塑造形象、凝聚情怀，还要汇集思考。一个勤于思考的作者，就要在平常生活的一点一滴中不忘对于自

---

[1] 陆游：《示子遹》，《陆游诗词选》，北京：中华书局，2005年，第196页。
[2] 杜甫：《奉赠韦左丞丈二十二韵》，《杜甫诗选》，北京：人民文学出版社，1980年，第14页。
[3] 苏轼：《稼说（送张琥）》，《苏轼文集》第一册，北京：中华书局，1986年，第339页。

然规律的领悟,对于社会发展的理解,对于人情世故的品味;还要学会在阅读中不断自觉地审视、剖析对象,善于发现作品中蕴含的思想性或思辨性,敏锐地觉察出不同文本在陈述同一现象时所显现的思想方法或价值立场的差异,发现其中存在的认识局限、歧义乃至谬误,分析判断其曲与直、是与非。

孔子曰:学而不思则罔。所谓思想者,一定要学会批判性反思,培养自己的问题意识和怀疑精神,对于一切书本的知识,现存的结论,乃至当下的潮流,都要敢于问一个为什么,切忌盲目迷信书本和权威。另外,思想者不是被动地接受知识,更不是人云亦云,追逐时尚,而是不趋附,不迎合,不断地发现问题、提出问题,并尽可能找到自己的答案,力求为增进人类的知识做出自己的贡献。

这样的思想者还要有创造意识——总是走在时代的前面,少一点模仿、跟潮,多一点独立思考与判断,方能见常人之所未见,言前人之所未言,从而使文章焕发出智慧和理性的光辉。作为初学者,不求建构宏大的理论或前无古人的创造,但求找寻自己对事物的独特感悟与发现,塑造自己与众不同的声音,运用个性的语言,传达自己的学术心得和艺术构思,展现自己的风采和魅力,这就是创造。若能举一反三,上升到普遍性的思考和理性的判断,凝练为诗意的表达,从中提炼出自己的一得之见、一家之言,则更加难能可贵。只要坚持这样的原创精神,你终将能够成为思想意义的创造者,科学真理的发现者。

说到底,一篇作品的思想价值,最终取决于作者对社会人生思考洞察的深度和思想境界的高低。

其三,一个优秀的作者还应当是一个健康精神价值的坚守者和捍卫者。在物欲横流、金钱至上的时代,面对世俗的种种诱惑,生存的压力,能否坚持探究生活的真谛,追问生命的意义,坚持人生的理想,是检验一个人精神境界和学术操守的试金石。

为文与为人的态度息息相关,我们倡导写作的高境界是表现真善美,而实现这一目标的前提是作者具备追求真善美的情操,并能坚守自己的价值立场和社会责任。因为,最能显示出作品境界的是作者融入其中的价值判断,以及为其价值思考提供准则和尺度的作者的社会人生理想与人格力量,还有便是作品中对自然、社会、人生的规律与意义的求索,即人们常说的终极关怀。

要做到这一点,关键在于拉开与实际生活场景的距离,超越现实的利益关系,超越作品中对一时一地具体生存状态的描绘,转而以哲学的审美的眼光去观照自然、审视社会和玩味人生,由此方能感悟到人生的种种境遇与况味,并以自己的独特视角去发现生命的价值。那些饱食终日,无所用心的人,固不可能发现自然与生命的奥秘,那些终日劳碌、汲汲于攫取金钱名利,却不论是非曲直的人,也终究会显露出思想的苍白与贫乏;只有那些执着于自己人生信念的人,那些无论穷达贫富,都坚持有所为有所守,活得有情有义有滋有味的人,那些无论面对自然美景还是人世间的创造,都能屏住呼吸,凝神静观的有心人,方可能在平凡中见出奇趣,真正在阅读和写作中实现探索人生、理解自然的目标。

其四，他应当是热爱生活，能体察生命之美的有心人。我们常说，生活是写作的源泉，这里所说的生活包括作者个人的人生体验，也包括对世间百态的观察体悟。对于写作者而言，首先要全身心地投入社会生活，不做生活的局外人，生命旅途中的顺境逆境成功挫折，一切经历都可以成为写作的财富，只有真实、真诚地面对生活中的酸甜苦辣，才能从平凡的日常生活中体会到独特的意味。其次对于周围的世界，则需要敏锐的观察与发现，自然界的一草一木，人世间的一颦一笑，都能让人怦然心动，激发出感悟、联想和想象。即使当时不能成为写作的素材，仍能滋养灵性，积淀为人生的阅历，进而丰富对世界的了解，增长见识。

其五，他应当具有健全的人格。我们常说文如其人，风格即人，此语道出写作的真谛在于作者人格的真实表达和流露。因此要写出好作品，做好人是前提。首先要做一个真实的自己，人真情挚，具有独立意志和良好的心理品质，敢爱敢恨，勇于担当，在作品中敢诉真情，讲实话，忠实于自己内心的呼唤，是成为优秀写作者的前提。其次好的作者应当是心智健全，通情达理，能够充满智慧地理解他人，处理好个人与社会的关系。这样，他写出的东西才能为读者所理解和接受，才能从情感上打动读者，道理上说服读者。再次，他应该是一个懂得自律，善于节制，勇于自我反省的人。如果只是试图通过写作来释放内心猥琐的欲望，或满足某种虚荣心，像当今某些不太健康的网络写手那样——或随意发泄，曲意迎合某些低级趣味；或不求甚解，相互模仿抄袭；或行文敷衍，不加斟酌。凡此种种不负责任的写作行为不仅不能使你成为优秀的作者，也终将被大多数读者所抛弃。

总而言之，要想成为一个出色的写作者，需要对自己进行全方位的修炼，从知识积累到生活体验，从价值关怀到思想境界，从道德情操到人格魅力，无不维系着一篇作品的价值与生命力。

第二节　写作能力的构成

如果我们已经具备了良好的综合素质与修养，是否就可以成为一个好的写作者了呢？显然还不行。我们说，写作是一项具有精神创造内涵的表达行为。因此，写作者除了具有支撑思考与创造的良好素质和专门知识外，还必须通过反复实践，将上述素质转化为擅长语言表达的实践能力。一部作品的成败既取决于文本所传达的思想力量，也离不开语言艺术的魅力。

古往今来不少作家学者都把写作技能神秘化为少数人的天赋，认为它是不可传授，也难以靠后天的努力习得的。我们不否认的确存在某些伟大的天才作家，他们对于人类情感世界的感悟和塑造艺术形象、驾驭语言文字的能力可能是一般人难以企及的。不过我们认为，人的写作才能固然有天赋的因素，但并非后天不可习得，即便具有较强的感知能力和语言天赋的人，也离不开有针对性的学习和训练。不过这种习得的过程不能只是写作知识的学习记忆，也不能单靠综合素质的培养，而是需要写作者在长期阅读优秀作品与写作实践中不断积累和磨砺,还要在反复的写作练习中去锤炼技巧,领悟规律,方可达到融会贯通、运用自如的境界。

那么,一个优秀的写作者究竟需要具备哪些能力呢?

写作的综合性质决定了对作者能力要求的全面性与丰富性,其中既包括作者的逻辑思维和语言运用能力,也包括观察力、感受力、想象力、分析思辨力、综合组织力,还离不开通过阅读汲取他人成果所要求的理解力、感悟力、判断力、分析力,以及将丰富多彩的现象世界转化为抽象符号或将抽象深奥的思想哲理转化为可感知的形象化表述的思维转换能力。

从上述认识出发,我们把学生的阅读与写作能力提炼为下列五个要素:

一、对人类情感与心理世界的体察与领悟力

一切阅读和表达的起点是对事物的认知,而写作所关注的认知对象首先是人,他既是写作的主体,又是写作活动经常表现的对象。因此,体察和理解人类复杂微妙而又变化万千的感情世界就成为阅读和写作的基本功。

毋庸置疑,感情生活是人类生活中最重要的内容之一,情感世界也构成人类精神世界的重要组成部分。因此,认识和体验人的情感世界是我们理解人和人的社会关系的起点,而阅读与写作活动则是帮助我们体察、提炼、理解、升华人类情感的纽带。

从某种意义上来说,写作是满足人类精神需要的一种方式。而在人类众多的精神需要中,情感的需要则是最原始、最自然、最强烈的需要。情感是文学最根本的原动力,文学之所以能够打动无数的读者,具有无穷的艺术魅力,其中一个重要的因素就是:文学寄托了人的情感,表现了人的情感。作家刘心武曾说:"文学实际上已构成了一种关于人类情感的准科学,因为文学的重要属性之一,便是它对情感的具体而精微的分析。"[①]

怎样才能从情感上打动读者呢?高明的作者不是一味迎合读者的期待,而是首先挖掘自己的真切体验,并力求用艺术的语言将它真挚地表现出来。聪明的读者亦然,他总是带着自己的感情经验去理解和感悟作品,与作品中的艺术形象交流和共鸣,总之,"作者所体验过的感情感染了观众或听众,这就是艺术"(托尔斯泰《艺术论》)。正所谓"缀文者情动而辞发,观文者批文以入情"[②]。

概而言之,我们的情感通过不同形式的文学性写作得到寄托、表现和升华,文学作品也由于对人类情感世界的千姿百态的艺术呈现而尽显其审美的品格与魅力。因此体察和理解人类复杂微妙的感情世界就成为阅读和写作的基本功,也成为引导我们领悟生命价值,理解人性的起点。

---

① 刘心武:《关于文学本性的思考》,《我的文学观》,上海:上海社会科学院出版社,1988年,第56页。
② 刘勰:《文心雕龙·知音》,《文心雕龙选译》,周振甫译,北京:中华书局,1980年,第300页。

二、对客观世界和生命现象的感知与想象力

我们在日常生活中要接触人和世界，要真切了解社会与自然，要与人交流自己对人对事的见闻与理解，分享自己的人生经验，都离不开对形象的感知和描述。但不同的人从各种形象中获得的体验却不尽相同。有的人感觉敏锐，能够感知自然界一草一木、人物一颦一笑的细微变化，并能从中洞悉自然与人世的奥秘，得到精神的启迪或审美的享受；也有的人想象力丰富，善于通过形象的比喻、比拟将复杂抽象的事物或道理解说得有声有色、活灵活现；然而也有人对生活中一点一滴的细枝末节视而不见，充耳不闻，对自然界各种事物在形体状貌上的特征、差异及其变化感觉迟钝，当然也就难以欣赏和传达大千世界中千姿百态的美。不过，人的感知能力是可以训练的，培养由表及里的观察事物的自觉习惯，养成善于捕捉事物细节和发现事物间差异的敏锐的感知力，乃是语文学习的重要内容之一。

写作能力的形成离不开文学修养，而文学作为一种艺术活动，以形象思维作为认识世界与表现自我的主要方式，因此，学会对各种原生态的生命现象进行观察、感知，以及由此激发的联想和想象，成为我们思考人和自然，并用语言加以描绘的基础。

有了深入的观察和独特的感受，还需要良好的表达，因为我们对形象的感知只有经过语词化才能真正精确地被主体把握住，成为可传递的信息。孙绍振在《文学创作论》中提出：一个优秀的写作者应当具备两项特殊技能。第一，他能用有限的语言信息，激起无限的想象和回忆；第二，他能用抽象的语词构成感性的形象。毫无疑问，感知和描绘形象的能力应当是构成写作能力的重要成分。

三、对文本所传达的精神价值与思想哲理的洞察力与批判力

前面说有责任感的作者应当是一个健康精神价值的坚守者和捍卫者。因为，无论文学或科学的文本，除了描绘形象之外，还必然会传达作者对社会、人生和自然的思考。这些思索的成果和思想的结晶不仅可以引导人生、启迪智慧，还可以帮助我们形成对各种社会与自然现象的批判性反思，并掌握对知识和思想的不同表达方式。一部优秀的作品之所以能打动读者，除了真切的情感、生动的形象之外，思想的魅力也是不可或缺的。

我们常说写文章需有一个立意，即作者欲表达的思想之凝聚点，而立意的深刻、新颖反映作者的胸襟与视野，也反映出作者的批判力和洞察力。无论是对自然之感悟、历史之幽思，还是道德正义的良知、人生悲欢的慨叹，只有形诸笔端，见诸文字才能发人深思，耐人寻味。此中最能显示出作品境界的则是作者融入其中的价值判断，乃至为其价值思考提供准则和尺度的作者的社会人生理想与人格力量。能否把握时代脉搏，洞悉事物的规律，关键在于作者的思想高度和认识能力。当然，读者从一部作品中获得的启迪和感悟，也与其知识准备、认识水平、理解力及领悟力密不可分。

需要特别指出的是，无论我们是要认识社会价值，发现生活的真谛，还是要理解一

部作品所表达的哲理，思想的批判力是必不可少的。人的认识千差万别，思想形形色色，社会文化发展潮起潮落，切忌盲目迷信书本和权威。无论墨守成规还是追随时尚、人云亦云，都终究会显露出思想的苍白与贫乏。只有勇于独立思考，勤于反省，并能坚守自己价值立场的人，方可真正在阅读和写作中实现探索人生、理解自然的目标。

总而言之，一篇优秀作品的价值有赖于作品所体现的价值关怀与人格力量。而我们要达到此境界，首先必须让自己活得清楚明白——在平凡的生活中努力去体察生命与自然的启示，勤于思索和追问，勇于提炼自己的真知灼见；在接受前人的创造成果和思想财富，汲取知识和智慧营养的时刻，也不忘质疑和反省，不断探求思想的真谛，寻求自身灵魂的升华与精神的洗礼。这样才能使写作产生出震撼心灵、唤起良知、启发思索或耐人寻味的思想力量。

四、对文本语言形式的感受力、组合力、表现力

中国人学习写作的主要范本是以汉语作为表达媒介的各类文本，因此，写作者对汉语的语言魅力、表达特点、形式规范及其变化的可能性，以及各种修辞手段、语体风格都应有自觉的意识和娴熟的运用。

好的作品应当是由美的语言构成的。一个写作者就是以特定语言为媒介表达自己生命体验的人。因此，一个好的作者必然是一个对美的语言有着敏锐的感觉和出色驾驭能力的语言大师。他应当善于辨析语言的色彩，把握语言表达的分寸，了解语言的声韵、节奏、句式的组合与变化；还要懂得巧妙运用不同语境对表意的影响，根据不同的表述内容和对象转换自如地驾驭语言的表述方式，例如用不同的言语表达同样的意思，或是用同样的话语表达不同的含义，再比如让不同的人说不同的话，对什么人说什么话，还可以话中有话，话外有音，言在此而意在彼等等，这些都离不开作者高超的语言功力。

要达到这样的境界，就需要在大量的经典阅读中不断汲取和借鉴，尤其在阅读典范作品时要留心去领略文章的语言技艺，这不仅是我们从阅读中获得艺术享受的重要途径，也是深入把握作品内涵和学习表达艺术的重要途径。

语言运用中还有一个值得注意的问题是作者要努力形成自己的表达风格与个性，写作既然是创造性的活动，其成果就不能千人一面、千部一腔，而应是百花竞艳、万紫千红。这对于初学者似乎要求过高，其实不然，关键在于作者要真正了解自己，表达自己，并且建立自信。胡适"五四"时代在《建设的文学革命论》一文中曾总结了四条原则：一、要有话说，方才说话。二、有什么话，说什么话；话怎么说，就怎么说。三、要说我自己的话，别说别人的话。四、是什么时代的人，说什么时代的话。只要每个作者在下笔时能坚持这几条，就完全有可能体现出自己与众不同的个性与风格。

五、对所论对象进行逻辑梳理的判断力、分析力与思辨力

无论阅读还是写作，都不仅需要理解和把握某一特定对象或观点，还需要深入认识不同对象之间的关系，正确把握各种思想观点之间的联系、区别与层次关系，以便找到阐发思想、组织文本的合理线索与思路。因此，逻辑地整理思路和表述思想的能力是不可缺少的。

从思维角度讲，写作是一种定向思维，多数作者都是怀着明确的目的进入写作的——墨子为平息天下之征伐而写《非攻》，蔡元培为兴教化而倡美育，朱自清为清理古今知识阶级的角色与精神演变而《论气节》。然而，作者这些理念是否具有思想价值，能否产生强大的说服力，首先需要通过客观冷静的推理和判断加以确认。其次，作者的思想如何在作品中恰当地展开，预设的主题能否得到合理的阐发，也需要借助逻辑的工具加以证明。尤其对于以说理为主的文字，写作的过程实际也就是运用概念、判断对大量的感性材料进行分析概括的逻辑思维过程。

任何作品，在其行文即语言表达方面，都必须讲究文思和文理。所谓文思，是指文章的总体构思，包括立意与选材，都必须有逻辑上的合理性。而文理指的是文本的结构框架，行文的脉络线索，从操作的层面看，就是要处理好语言表达的主次关系和逻辑顺序。

逻辑的力量在游说与论辩中，往往能得到更加充分的展现，因为不同观点的碰撞更能激发思想的火花，显示超然的智慧，古代的哲人尤其倾心于此道。从古希腊的苏格拉底、柏拉图到中国的孔子、孟子、庄子莫不如此。一个敏锐的思想者不光能进行正面推理，还应擅长对事物进行逆向思考，这样往往能别出心裁，提出与众不同的思想观点，更显现逻辑的力量。

毋庸置疑，一个习作者只要能够有效地对上述五大能力要素形成自觉意识和浓厚的兴趣，就等于获得了一把钥匙，从而引导作者将其生活的积累和习得的知识都纳入到一个熔炉中，经过主体的熔炼，最终凝聚为有效的读写能力。

小结： 本章对成为优秀的写作者需要具备的条件进行了较为深入的剖析，指出作者应当从知识积累到生活体验，从价值关怀到思想境界，从道德情操到人格魅力诸方面都进行自觉的修炼，才能达到一个有追求有担当的作者应当具备的精神高度。本章第二节将学生的读写能力提炼为五个要素：分别是对人类情感与心理世界的体察与领悟力，对客观世界和生命现象的感知与想象力，对文本所传达的精神价值与思想哲理的洞察力与批判力，对文本语言形式的感受力、组合力、表现力，对所论对象进行逻辑梳理的判断力、分析力与思辨力。一个习作者若能对上述五大能力要素形成自觉意识并有针对性地加以培养，也就获得了打开写作奥秘之门的钥匙。

【思考与训练】
1. 优秀的写作者应当进行怎样的自我修养？
2. 基本的读写能力具有哪几个要素？
3. 对情感的体察在写作中具有怎样的作用？
4. 为什么说"有责任感的作者应当是一个健康精神价值的坚守者和捍卫者"？
5. 提升自身读写能力的途径和方法是什么？

第三章　写作思维与写作实践

学习提示： 写作是一种以语言为媒介的创造活动。但这种活动并不单表现为一种将作者所思所想转化为语言表达的实践操作行为，而是以写作思维为起点的由认知、赋形到成文的知行转化过程。因此，作者需要通过对写作思维规律的深入领会，建立清晰的写作意识，进而展开自觉的针对性训练，才能不断提升自身的写作能力与写作水平。本章旨在说明写作思维的类型、特点，不同思维过程的要素及其规律。同时，对中文系学生如何通过理论联系实际的针对性练习，切实提升自己的写作能力提出了一些建议。

第一节　写　作　思　维

关于思维，赵仲牧先生的定义是："思维是秩序化的意识活动。即运用符号媒体，依据一定的思维程序并通过描述和解释各种秩序去解惑释疑和解答问题的意识活动。"[①] 在马正平教授主编的"高等写作学教程系列"中提出了建构"写作思维学"的课题，并且专门编写了《高等写作思维训练教程》。这使我们对写作过程中思维活动的重要性及其规律有了更深入的认识。在这里，我们并不打算对写作思维问题进行全面讨论，仅想就写作过程中几种主要的思维方式和向度及其在写作活动中的应用做一点初步探讨。这里所说的写作思维并不限于写作构思阶段的思维活动，而是伴随着从为写作做准备的阅读与选材，到构思、赋形和成文的全过程，主要关注作者写作意识的建立。

一、形象思维与抽象思维

在文学性写作中，叙事、抒情，甚至说理都离不开形象。正如别林斯基所指出的："哲学家用三段论法，诗人则用形象和图画说话，然而它们说的都是同一件事。……所不同的只是一个用逻辑结论，另一个用图画而已。"哲学、社会科学以抽象的概念、严格的逻辑论证来揭示社会生活本质，探求生活的真理；而文学则是以生动具体的感性形象来显现生活面貌，引导人们去体察生命的真谛。总之，用形象说话，通过形象表达作家的思想、感情、观点及意见，是文学的特殊性能。这种作用，是任何科学著作所不能替代的。实际上，非文学的知识也常常离不开形象。有的科学以认识形象为起点，如生物学、地质学、建筑学、地理学、医学等。另一些学科也时常将形象的比喻作为说明问题的手段，例如天文学中对于星座的描述和命名，往往与关于形象的想象相关；物理

[①] 赵仲牧：《思维的分类和思维的演化》，马正平主编：《高等写作学引论》，北京：中国人民大学出版社，2002年，第229页。

学、化学及工程学科也常常利用形象化的模型。总而言之，我们的生活经验的许多方面都是与形象息息相关的，无论我们要通过思维整理自己对世界的认知，还是运用语言传达自己的人生体验，都离不开形象的工具或手段。

丹纳在《艺术哲学》中指出：人类认识世界和表达认识的方式一共有两条路：第一条路是科学，靠着科学找出基本原因和基本规律，用正确的公式和抽象的字句表达出来；第二条路是艺术，人在艺术上表现基本原因和基本规律的时候，不用大众无法了解而只有专家懂得的枯燥的定义，而是用易于感受的方式，不但诉之于理智，而且诉之于最普通的人的感官与感情。正是这种特殊的认识或"掌握"客观世界的方式，决定了文学艺术必须通过生动具体的形象来描绘社会生活，表达主体的思想与情感。

当然，上面所说的形象还只是作为作品的内容和表达手段，而从思维现象的角度看，形象思维是基于事物之间关联性和相似性的比较而展开的思考，它最主要的形式是联想和想象。

如果说作为写作准备阶段的观察和感知主要是作者从自己的立场出发对事物形象的独特认知与发现，那么想象则是我们对形象加以深入领悟和创造的重要中介。首先我们在观察形象过程中要实现由表及里、由外而内的感知已经包含着想象的因素。我们要超越现实对象，进行科学和艺术的创造更离不开联想和想象。

所谓联想，是基于事物之间的关联性或相似性展开的由此及彼、由表及里的思维活动。这里所说的关联包括时空关系上的相近，性质上相类或对立，以及具有因果关系的事物。写作中常用的技巧比喻、象征就是从相似联想出发的。而叙事性写作中的情节便是从因果联想开始的。编织这个链条的基本手段便是将一个现成的生活画面、形象片断、事件或人物关系视为结果去探求它的原因，或将它作为原因去推测其发展的可能性乃至下一个结果，而联想和想象，正是完成这一过程不可或缺的中介。普希金有一首诗作《一朵小花》生动地为我们演绎了这一过程——

在一本书里我发现一朵小花。/它早已枯萎，也失去了清香，/于是在我心里/就发生了一个奇异的幻想。

在什么地方，什么时候，它摇首弄风？/它开得很久吗，是开在哪一个春天？/它是给亲爱的手，抑是被陌生的人摘下？/它放在这里究竟是为了什么原因？

是为了纪念温存的会见？/抑是为了不可避免的别离？/抑是为了孤独的散步/在寂静的森林田野之间。/他，或者是她还活着吗？他们现在究竟在哪儿栖身？/他们现在究竟在哪儿栖身？/抑是他们也早已枯萎，/正像这无人知的小花！

倘若诗人把这些联想中的困惑都通过进一步的想象给出自己的答案，那么一个哀婉动人的故事就诞生了。

想象和联想是密切相关的思维活动，二者常常互为表里，相依相伴。

艺术想象是塑造文学形象不可或缺的中介和手段。文学作品中描绘的艺术世界，无论是自然景物、社会生活场景还是人物形象，都不可能是现实的照搬或记录，而是在作者对世界观察、感知的基础上，通过想象完成的创造。想象的一个重要作用，是将我们从观察、感知等现实体验和联想、幻觉中获得的个别的意象、画面、形象、情境、事件编织成故事、意境，实现由生活素材向文学题材的转化。对此作家王蒙曾有过更通俗的阐发：一个人也好，一件事情的发生也好，它是由生活的许多因素造成的。我们的想象力能够对这些因素进行新的排列组合，因而使这一件事一个人展现一种新的面貌，甚至展现一种奇观！尽管不是生活里实有的，但是又是可能的，合乎逻辑的，这就叫作想象。

通过想象的中介，作者可以在没有关系的事物间建立联系。如象征派、未来派的作品往往喜欢采用远取譬，致力于寻找那些表面差异很大的事物之间的相似性。马里内蒂说："类比不是别的，是一种深切的爱，把表面看来迥然不同的、相距遥远的，甚至相互对立的事物联系起来。只有通过极广泛的类比手法，才能形成一种容纳物质生活的多色彩、多声部和多形态的合奏式风格。"[1]

文学写作者还拥有无中生有的幻想与虚构的权力。文学的想象不仅能虚构出人间可能发生但实际并未存在过的人和事，还可以创造出完全超越人类经验的幻想世界和怪诞形象。在我们熟知的文学经典中，屈原可以上叩天庭之门，但丁可以下睹地狱之苦，杜丽娘可以死而复生，窦娥之冤可使六月下大雪。卡夫卡可以让人一夜之间变成了甲壳虫，而在宗璞的《蜗居》中，既有那些背负着蜗牛壳忧心忡忡生活的人，也有把头颅高举在手中，去照耀别人的人……面对这满纸"荒唐言"，读者非但不指责其无稽虚妄，反而为其忧喜悲欢，从某种意义上来说，这是作者与读者达成的一种默契，读者可以允许作者去虚构，去假定。这在神话、童话、寓言、科幻、惊悚一类的文体中体现得尤为突出。而在以变形与怪诞为特色的现代艺术中，充满夸张与变异的超现实图像更随处可见。总而言之，不同风格写作题材的形成方式尽管各不相同，但大都离不开虚构、幻想乃至超验的成分，而这些在不同程度上都依赖于想象。

需要特别指明的是，联想和想象并非文学写作所独擅的手段，科学思维同样包含着这两种手段。科学的想象立足于对自然现象的深入观察，科学家通过联想、想象和证明建构起一套人为的知识体系，从不同角度对自然现象加以抽象和总结，以求能尽可能准确地把握和揭示自然界的普遍规律。因此爱因斯坦说："想象力比知识更重要，因为知识是有限的，而想象力概括着世界的一切，推动着进步，并且是知识进化的源泉。严格地说，想象力是科学研究中的实在因素。"华裔科学家李政道也曾反复强调："科学家抽象的阐述越简单，应用越广泛，科学创造就越深刻。"尽管自然现象本身并不依赖于科学家而存在，但对自然的抽象和总结乃属人类智慧的结晶，这和艺术家的创造是一样的。

当然，科学的思维更注重对事物的抽象和概括，它希望从纷繁复杂的现象世界中提

---

[1] 马里内蒂：《未来主义技巧宣言》，张秉真、黄晋凯主编：《未来主义·超现实主义》，北京：中国人民大学出版社，1994年，第15页。

炼出具有普遍意义的公式和模型，尽可能把复杂的问题简化为若干基本的元素和特性。例如我们要发现不同事物间的联系、相似性及其体现的普遍意义。对此科学和文学所采用的方式是不同的，科学工作者尽可能从同类事物、现象中排除偶然和个别的因素，抽象出反复重演的、具有普遍意义的共同规律。文学家却高度关注个体的特殊性，试图通过特殊来透视一般。歌德曾指出："诗人究竟是为一般而找特殊，还是在特殊中显示一般，这中间有一个很大的分别。由第一种程序产生出寓意诗，其中特殊只作为一个例证或典范才有价值。但是第二种程序才特别适宜于诗的本质，它表现出一种特殊，并不想到或明指到一般，谁若是生动地把握住特殊，谁就会同时获得一般而当时却意识不到，或只是事后才意识到。"他认为"艺术的真正生命正在于对个别事物的掌握和描述"。因为"每种人物性格，不管多么特殊个别，每一件描绘出来的东西，从顽石到人，都有些普遍性；因此各种现象都经常复现，世间没有任何东西只出现一次"。①

不仅科学和学术写作离不开抽象思维，文学写作有时也会依赖于对事物的抽象。如对作品主题的概括，对自然和人类价值的思索与哲理的提炼，乃至对现实社会矛盾的反思。某些文学体裁和艺术方法也是重视对事物普遍性的抽象思考的。英国诗人柯勒律治曾概括寓言的特点说："寓言只是把抽象概念转变成图画式的语言，它本身不过是感觉对象的一种抽象。"另如散文小品、报告文学等等也多类似。英国著名出版人杰米·拜恩发起的全球出版项目"重述神话"，中国作家苏童选择了"孟姜女哭长城"这个古老故事，他说："这不是一个简单的悲情故事。让我产生创作这部小说的冲动，其实是为什么会安排一个女人的眼泪掉在坚固的石头上，并且长城一下子倒掉了八百里。这里面包含了我们的价值观、生活态度等中国特有的人文精神，代表最软弱的东西可以摧毁最坚固的东西。"在这一表述中，我们看到了作者对人们熟知的孟姜女故事独到的提炼和抽象，充分显现了抽象思维在升华写作动机中所发挥的决定性作用。

由此可见，无论形象思维还是抽象思维都可以成为我们写作思维的源泉。

二、逻辑思维与灵感思维

所谓"逻辑"，究其本质而言，是一种思考方式，即是指通过研究事物之间的种属关系，按照分类的原则对世界进行重新整理，在此基础上建立起来的人类思维和表达的合理程序。应该说，逻辑是人类理性思维发生发展的必然产物，是人类掌握事物之间的联系与区别，建立相互间理解和交流的重要工具。同样我们知道，语言也是人类思维和表达、掌握世界和相互交流的基本工具，与逻辑互为表里，因而对于语言表达的指导与规范是逻辑的基本任务之一，可以说任何语言系统中都内含着逻辑。因而写作与逻辑之间，也就有了难舍难分的渊源。

逻辑思维的基本形式是概念、判断和推理；语言表达的基本形式是语词、语句（包

---

① 爱克曼辑录：《歌德谈话录》，朱光潜译，北京：人民文学出版社，1982年，第10页。

括句群）。概念是语词的内容，语词是概念的"物质外壳"。判断是语句的内容，语句是判断的"物质外壳"。推理是句群的内容，句群是推理的"物质外壳"。语言表达的正确无误，必须建立在概念明确、判断恰当、推理合乎逻辑的基础上。这些思维形式既是人类用来反映客观现实的手段，又是构筑文章的基本材料。只有掌握了这些思维形式及其有关的逻辑要求，才能写出表达清晰的文章来。

首先，文章的立意有赖于逻辑的支撑，思想的正确性需要缜密的思维来保障，也需要清晰的思路来传达。因此作品表达的思想或哲理若无严密的逻辑基础将难以确立。

其次，作者的思想如何在作品中恰当地展开，预设的主题能否得到合理的阐发，也需要借助逻辑推理加以证明。尤其对于以说理为主的文字，写作的过程实际也就是运用概念、判断对大量的感性材料进行分析概括的逻辑思维过程。

常见的逻辑方式有演绎和归纳两种。

演绎逻辑，指的是由一般推出特殊（个别）的推理方式，表现为由已知的前提必然地推出结论的思维方式。换句话说，从正确的前提出发，经过正确的思维轨道，推导出正确的结论，这样的推理就是演绎推理。

归纳逻辑，则是指从对许多个别事物的研究和分析之中，归纳出一个普遍结论的思维方式。换言之，它是用一些个别的、具体的事实作为论据来对论点的真实性进行论证和说明。归纳反映着客观事物的个别与一般的关系，是由个别到一般的方法。因为我们接触事物、发现问题通常都是从具体个别的事实切入的，然后才去考察同类的现象，寻求其中的共同特征或规律，因此这种方式符合我们认识事物的规律，应用十分广泛。这也是学术研究中最常采用的方法之一，即所谓实证研究。

除了上述两种逻辑论证方式之外，还有其他的一些逻辑方法，如类比法、分析法、综合法、抽象法、概括法等等，不一而足。一个文本无论用什么样的逻辑方法，其目的都是要阐明所言及的主旨；而在不同的情况下，用不同的方法所达到的效果也是各不相同的，在更多的情况下，一个复杂的论证过程会交替运用多种逻辑方法。

上面谈的主要是形式逻辑，其基本对象是以议论为中心的文本。而在文学性文本中，这些方法和过程往往不会直接呈现，它们所遵循的是另一套合理性尺度，这便是通常所说的情感逻辑、性格逻辑和想象联想的逻辑，其基础则是日常生活中的情与理。在文学作品当中，故事与情节的展开往往是以人的情感和性格为根据的。可以说，正是情感逻辑和性格逻辑为这类虚构性文本提供了合理化依据和逻辑的支撑点。

情感逻辑不同于形式逻辑，作为理性思维基础的形式逻辑要求充足的带普遍性的理由，而情感逻辑要求的则是特殊的、不可重复的、个性化的理由。对于科学中大量存在的公理和常识而言，任何充足理由都是应该可以重复验证的；而对于艺术作品来说，每一个特定个人的语言行为、每一个具体事件的演变轨迹都有可能基于其自身的不可重复的因果关系，尽管这些理由从理性逻辑来看也许是不符合所谓同一律或矛盾律之类的公理的，甚至可能是荒诞不经、可笑的，但却符合以其人其事的情感因果律为依据的独特的情感逻辑。因此，情与理的冲突在艺术文本中是经常发生的，诚如汤显祖在《牡丹亭题词》中所总结的："情不知所起，一往而深。生者可以死，死可以生。生而不可与死，死而不可复生者，皆非情之至也。"而臧克家先生在诗歌中这样写道："有的人活着，他已经死了。有的人死了，他还活着。"这两段诗文显然打破了我们所熟悉的常理，却能为健全的理性所理解，引起大多数读者的共鸣，并因此成为广为传诵的名句。可见，科学的理由，可能是违背艺术逻辑的，艺术的理由又可能是违反理性和公理的，这是审美价值的一个很重要的特点，是一切艺术写作所必须遵循的规律。

所谓性格是指通过一个人待人处事的特有态度和行为方式体现出来的心理倾向，它与情感相关却更具稳定性，人的情感是随语境变化的，性格却呈现出内在的统一性，往往很难改变。常言道"性格即命运"，是说一个人的性格往往会决定他的行为方式和关键时刻的抉择，因而可能决定其人生道路和事业成就。在叙事艺术的逻辑中，性格便是选择，这是说作品中人物的性格将左右故事的走向与进程。例如《三国演义》中在华容道设伏的若不是关羽而是张飞，整个故事的结局势必会截然两样。反之，正是由于关云长义薄云天的性格，决定了过五关斩六将和赤壁之战等故事情节的走向。这就意味着，同样的语境下，不同的性格会按照自己的固有方式，选择不同的行为和态度。面对危局，有人从容，有人怯懦，有人冲动，有人慌张，或刚毅果敢，或优柔寡断，皆自有其因果渊源，这便是所谓性格逻辑，也是文学创作塑造形象和构思情节的依据之一。

不仅如此，逻辑思维还是我们选择文章的叙述线索，确立合理的文本结构的内在依据。对于一个具体的文本而言，逻辑的作用并不仅限于确保立意的合理和语言表达的正确无误，更重要的是要在文本展开的具体过程中使这种思维程序真正成为控制文本叙述进程的合理化依据。

上述种种思维现象都可以归结为自觉的理性思维，而写作过程中另一种常见的现象是难以用理性加以解说的灵感思维。晚年致力于研究思维科学的著名科学家钱学森指出："我认为现在不能以为思维仅有逻辑思维和形象思维这两类，还有一类可称为灵感。也就是人在科学和文艺创作的高潮中，突然出现的、瞬息即逝的短暂思维过程。"

灵感思维是指研究和写作活动中，由于某种偶然机缘的触发，而突然产生的思维豁然开朗的顿悟现象，它如同灵光闪现，倏然而来、飘然而去，并不为作者的理智所控制，却能为某些本来百思不解的问题找到正确的答案或解决的路径，或者给作者带来突发奇想的巧妙文思。灵感思维往往给作者带来意想不到的创造性成果，在文学性写作中尤其为不少作者津津乐道。所谓"众里寻她千百度，蓦然回首，那人却在灯火阑珊处"是也。

灵感思维具有突发性、偶然性、短暂性、亢奋性和突破性等特征。尽管它的产生机理我们并不能给予科学的说明，但却不应否认它在写作活动中的实际存在以及其独特的效用。

灵感思维是一种直觉思维，它不需要逻辑推理的过程，却往往能够解决按部就班的逻辑思维和形象思维都未能回答的问题，不过，它通常提供的只是一个稍纵即逝的启发，一个新的方向，还需要用逻辑思维和形象思维去证实或完善。

尽管灵感的激发不是自觉可控的，但仍与作者对某一对象的持续关注乃至反复思索有着内在联系。因此，勤于思索，不断深化对写作对象的理解和探究是引发灵感的最有效的准备。当然还要善于把握时机，灵感来去无踪，如果不能及时抓住随机产生的灵感，它可能永不再来。

一个与灵感思维密切相关但并不完全重合的概念是直觉思维，现代哲学和美学十分关注人的直觉在科学和艺术创造中的重要作用。从叔本华、柏格森到克罗齐等学者都把直觉作为认识事物和表现世界的重要途径。克罗齐说，知识有两种形式：不是直觉的，就是逻辑的；不是从想象得来的，就是从理智得来的；不是关于个体的，就是关于共相的；不是关于诸个别事物的，就是关于它们中间关系的……他进而认为，艺术就是幻象或直觉。①

直觉思维是对特定事物的整体把握和不经过分析推理的直观判断，它最能体现作者对对象的独特感知与创造性想象。一个聪明的写作者要敢于相信并善于表达自己的直觉，哪怕它是有悖常理或不合规范的。因为这最能检验作者的悟性与创造力，并充分展现出作者的个性。

三、批判性思维与创造性思维

批判性思维是 20 世纪后期引起广泛关注的思维现象，也是一种基于逻辑思维方法并利用恰当的评估标准确定对象的真实价值的判断能力。它被认为是现代逻辑发展的一个重要方向。百度百科对它的定义是："批判性思维是一种基于充分的理性和客观事实而进行理论评估与客观评价的能力与意愿，它不为感性和无事实根据的传闻所左右。"

我们进行写作的目的之一是要传播、运用或发展知识，但面对信息爆炸的时代，究竟哪些信息是真实的、有价值的，哪些知识或理论是确切的，可以为自己的研究和观点提供支持的，我们必须学会分析和甄别，否则就可能以讹传讹，或者让论据与我们的立场和初衷南辕北辙。美国学者恩尼斯指出，批判性思维是"为决定相信什么或做什么而进行的合理的、反省的思维"②。

首先，批判性思维的前提是怀疑精神，一切科学和知识的发展都是从疑问开始的。因此，我们不应当盲从于任何已有的知识和理论，要敢于怀疑那些教科书上的现成结论和所谓"研究表明……"的成果，也要敢于怀疑社会上那些风靡一时的潮流时尚，更要怀疑现代生活中狂轰滥炸无处不在的广告。为此，我们需要学会问为什么，即善于对所有现成的知识体系和理论观点进行反思性的质疑——这种知识是在什么语境下产生的？它采用的材料来源是什么，可靠吗？它的论证逻辑是周密的吗？他提出此观点背后的原因是什么？它的结论是唯一的吗，经得起检验吗？还有没有其他的向度可以让我们重新解剖这个对象，还有没有新的方法向我们提供不同的思考空间？对于众人趋之若鹜的社会潮流和充斥媒体的广告，我们更要习惯于多问几个为什么？

---

① 克罗齐：《美学原理·美学纲要》，朱光潜译，北京：外国文学出版社，1983 年，第 7 页。
② 转引自武宏志、周建斌：《批判性思维——论证逻辑视角（修订版）》，北京：中国人民大学出版社，2010年，第 3 页。

其次，批判性思维是有目的的、自我校准的判断。当我们下笔之前，面对搜集到的大量素材和证据，我们需要以审视的眼光去解释、分析、评估、推论，并对判断赖以存在的证据、概念、方法、标准或语境加以细致地考察。

当我们批判性地思考问题时，会确定问题，检视事实，分析假设，斟酌各种相关因素并最终确定支持或反对一项观点的理由。要进行批判性思考，你就必须进入一定的心理状态，这种心理状态包括客观谨慎地挑战他人观点的意愿和将自己深信不疑的信念置于仔细检视之下的意愿。换而言之，你必须像科学家一样思考问题，这就是我们检查自己所获信息并在这种检查的基础之上进行批判和决策的过程。

这就需要对事物进行逆向思考，这样往往能别出心裁，提出与众不同的思想观点，更显现批判性思维的力量。鲁迅的《娜拉走后怎样》、王蒙的《论"费厄泼赖"应该实行》都是以对通行观念的质疑为出发点，通过雄辩的证明，得出一反传统的结论。在大革命时代青年纷纷仿效易卜生笔下的娜拉，但是在追求人格独立，个性解放和婚姻自主的语境下，鲁迅出人意料地向当时的热血青年尖锐地指出，娜拉走后的命运"不是回去，就是灭亡"，进而揭示出经济权的重要和在中国实施改革之艰难。王蒙则是在经过"文革"洗礼之后，人人将鲁迅的《论"费厄泼赖"应该缓行》和"痛打落水狗"的精神奉为圭臬的背景下，发出"费厄泼赖应该实行"的惊人之语，并通过层层剖析，提出了富有说服力的证明，使我们懂得有时对不同观点的宽容、妥协也是一种值得倡导的人文情怀。

善于自我反省是批判性思维的又一条准则。通过自我审查，反省自己的推理并校验产生的结果及其应用，反省对认知技能的运用；对自己的意见和坚持它们的理由做出客观、深思的认知评价；判断自己的思维在多大程度上受到知识不足或老套、偏见、情感以及其他任何压制一个人的客观性或理性的因素的影响；反省自己的动机、态度和诉求，以确定自己已尽力避免了偏见，做到了思想公正、透彻、客观，尊重真理和合理性，而且在将来的分析、解释、评估、推论或表述中也是理性的。

奉行批判性思维者需要意识到自己的行为对他人的影响，因此还要学会换位思考，善于从他人的视角来考虑自己的观点和行为。批判性思考必须考虑对立观点的立场与出发点，把自己置于他人的处境，以便真诚地理解对方，克服用直接感知或思维定式来认识事物的那种自我中心倾向。要做到这一点，还要求我们能够正确重构他人的观点和推理，根据他人的，而非我们自己的前提、假设和理念进行推理的能力。[①]

与批判性思维息息相关的是创造性思维。批判是创造的前提，创造是批判的果实。无论我们写什么样的文字，是文学创作、学术研究，还是写官样文章，总有一些新的信息要传达，新的感悟要倾诉，新的思索要证明，新的政策要发布与贯彻。倘若了无新意，只是重复别人的思想或故事，我们的写作就失去了意义。然而，要想不断做出新的思考，

---

① 本节关于批判性思维的概念与论述请参见武宏志、周建斌：《批判性思维——论证逻辑视角（修订版）》，北京：中国人民大学出版社，2010年，第2—8页。

提出独到的见解，创造新的艺术形象并非易事。这就需要学会创造性思维。

什么是创造性思维呢？百度百科上解释道："创造性思维，是一种具有开创意义的思维活动，即开拓人类认识新领域、开创人类认识新成果的思维活动。创造性思维是以感知、记忆、思考、联想、理解等能力为基础，以综合性、探索性和求新性特征的高级心理活动。""创造性思维具有新颖性，它贵在创新，或者在思路的选择上，或者在思考的技巧上，或者在思维的结论上，具有前无古人的独到之处，在前人、常人的基础上有新的见解、新的发现、新的突破，从而具有一定范围内的首创性、开拓性。"① 创造性思维是政治家、教育家、科学家、艺术家等各种出类拔萃的人才所必须具备的基本素质。

简单地说，我们要想让自己写出有价值的作品，就需要思考新问题，运用新方法，提出新见解，创造新形式。这对于初学写作的同学，也许有些遥不可及，但你首先必须建立起这样的原创意识，并且从一点一滴做起。我们常常将写作活动称为创作，这就意味着每一篇写作的成果都应该是一篇与众不同的作品。创新可以是认识论或知识论层面的，即对一个现成的命题，做出不同以往的回答，或者是发现新知识，提出新问题，当然，这个新的答案是需要加以证明的。创新也可以是实践层面的，其中包括基于个人经验的对于事物的独特感知、领悟和个性化的表达。

作为第一步，就是要学会独立思考和判断。创新常常是由个人兴趣驱动的，激发创造性思维的出发点，是培养自己探究未知世界的好奇心和求知欲。永不满足于现状，渴求获得新的体验，并为之进行不懈的探索，终将引导我们去发现新事物，创造新形象。

求异思维是展开创造性思维的途径之一，其特征是采用不同于常规的角度和方法去观察分析事物而得出全新的思维成果。要做到此，就必须自觉地打破传统的思维定式，敢于挑战既成的结论。例如王安石的《读孟尝君传》，面对司马迁提出并被公众舆论承袭了上千年的孟尝君能得士的观点，作者却独辟蹊径地做出了完全不同的解读：

嗟乎！孟尝君特鸡鸣狗盗之雄耳；岂足以言得士？不然，擅齐之强，得一士焉，宜可以南面而制秦，尚何取鸡鸣狗盗之力哉！夫鸡鸣狗盗之出其门，此士之所以不至也。

此论有理有据地颠覆了《史记》的观点，还得出了相反的结论，不仅令读者耳目一新，还让大家心悦诚服。应当说，写作活动中新颖的创意常常来自求异思维的启发。历届高考中许多引人注目的优秀作文也是来自求异思维的成果，如《为"王婆"辩屈》《开卷未必有益》《卫生所不卫生》之类。

在文学写作中，求异思维有时还可以凭借超越日常经验的幻想和非理性的形象，为读者带来陌生化的震惊体验，以激发读者对现实的思索。

发散思维是创造性思维的又一表现形式。这种思维方式在面对问题时，主张从中心点向外辐射，多角度、多方向、多层次去寻求答案，既不受现有知识的限制，也不受传统方法的束缚，思维路线是开放性、扩散性的。它解决问题的方法也不是单一的，而是

---

① 百度百科·创造性思维，http://baike.baidu.com/view/658218.htm，2012年5月30日。

在多种方案、多种可能途径中根据需要去选择。你可以追问一种现象产生的原因，或者推测它的走向与结局；也可以尝试将问题在时间的维度上纵向延伸，或者在空间维度上横向展开，通过比较，去发现事物之间微妙的关系和更多的可能性。

创新思维不仅可以体现在作品思想主题的开掘上，同样可以体现在艺术形式与风格的创造上。《文心雕龙·通变》有云："文律运周，日新其业。变则其久，通则不乏。"大意是说，写作的规律运行不止，日新月异，只有不断变化才能持久，只有汇通古今，才不会枯竭。又说："文辞气力，通变则久。"这里的文辞是语言，气力是风格，都需要通变，方能持续发展。而通变的动力，来自于继承、借鉴与革新。"通变无方，数必酌于新声。"可见在刘勰看来，文章写作艺术的发展并无一定之规，若要找一个法则，那就是不断地创新。

四、目的思维与形式思维

如果说前面讨论的写作思维现象都比较宏观，难以看清它们在写作实践中的直接转化路径，那么，本节将要讨论的目的思维和形式思维则是与写作活动中从动机到运思的实际操作过程息息相关的。马一平先生主编的《高等写作思维训练教程》将这一环节称为"赋形思维"，他提出的定义是：

所谓"赋形思维"，就是写作者对自己所要写的文章的主题、立意（思想、情感、氛围、性格、特征、信息）的渲染化造势化清晰化写作行为中所运用的思维操作技术。

该教程还将赋形思维的基本操作模型概括为"重复"与"对比"，以取代传统文章学"起、承、转、合"的结构模式。

我们说，目标是激发写作动机的内驱力，有明确的写作理想，有实现理想目标的强烈愿望，是写作动机启动的重要因素。写作是一种由明确目的引导的表达实践行为，那么，下笔之前对写作目标的确定就是至关重要的环节。如前所述，这个环节包括动机的触发和选题、取材、聚思、立意的形成。而在思维层面，就是要明确写作的意图。在此过程中，需要明确建立两个意识，第一是问题意识，第二是读者意识。前者关系到写什么，后者则影响到如何写。对于作者而言，第一个问题比较难。它包括文学写作中的选材和学术写作中的命意。所谓问题意识，它要求作者有提高思想认知的自觉，在平时的读书和生活实践中，要勤于思索，思索人生、思索社会、思索自然，思之愈深，蓄之愈久，由量变到质变，提炼出其中有待探索的课题，才能为写作动机形成，灵感的降临提供坚实的基础。有的作者写学位论文（包括学士、硕士、甚至博士论文），直到答辩时，还说不清自己的论文要解决的问题是什么，其根源就在于目标思维的模糊。当然，下笔之前明确作品的目标受众（或称潜在读者）和功用也很重要，它可以指导你选择适当的表达方式及行文的语气风格。

所谓形式思维，包括文体思维、结构思维和修辞思维，其作用在于将作者想要表达的内容纳入形式规范的轨道加以熔铸。要求作者在写作中相应地建立文体意识，结构意识和语言意识。克罗齐说："诗的素材可以存在于一切人的心灵，只有表现，这就是说，只有形式，才使诗人成其为诗人。"① 这段话讲出了一个简单而又意味深远的道理，即一个艺术家与普通人的区别正在于他能够自由地驾驭特定的艺术形式去传达与其他人同样的关注。换句话说，一个写作者的专业素养即体现在他能够按照特定文体形式的规律去处理素材和表达思考。

首先，不同文类处理题材和立意的方式有着明显的区别。文学创作、学术论文与实用文体在写作目标和表达方式上有很大差异自不待言，即便同一文类（如文学作品）中，小说、诗歌、散文、戏剧等不同的体裁在形式规范上仍有很大的差异，从而导致不同文体在题材的选择、感情的表达、主题的呈现、语言的运用诸方面均形成各不相同的特点和规范。例如在题材选择上，诗歌往往选择最打动人的片段和瞬间，小说却注重动作连续的事件和曲折复杂的故事，戏剧则更关注冲突激烈的场面和情境。在思想情感的表达上，诗歌通常运用富有暗示性、包孕性的意象和意境来传情达意；小说则把思想主题渗透到人物的命运和故事情节的发展中；戏剧却常常把作品的思想通过角色的台词抒发出来。因此在下笔之前，我们必须按照不同体裁的特点来思考素材的取舍和主题的呈现等等问题。

结构思维亦是如此。由于人类思维的多样性，任何事件展开的时空顺序，讲述方式和阅读者进入事件的方式都不可能是唯一的。所谓结构的意义，实际上就是通过文本时空顺序的精心安排将读者的视线和注意力引导到作者预定的路线上。而路线的设计则需综合考虑作品的内容、主题、讲述故事的视角、文体，以及合理的阅读顺序等多种因素。解决这个问题显然比一般的逻辑推理要复杂得多，因为你面临着多种选择：比如你将要在新居接待贵宾，是直接把客人领到大厅呢，还是先带他参观花园，要不要在门厅里设一道屏风，或是在庭院里建一座假山、鱼池或回廊，以创造曲径通幽的效果？即使是在一间屋里，只要有家具或杂物，就会改变从房间的一端到另一端的距离和路线。毫无疑问，不同的顺序会产生不同的效果。而对于特定文本而言，作者究竟期待什么样的效果，是需要预先考虑的。

法国新小说的代表作家米歇尔·布托尔曾经设想："能不能，要不要在长篇小说大厦之内设想各种不同的阅读轨道呢？比如参观某个教堂，或某个城市，不一定非按固定的程序不可吧。在这种情况下，作家应该对作品的各种变体都予以控制，为它们负责。"

以上讨论的还只是读者因素，如果加上人物、时间因素，因果关系，情况就更复杂了——倘若此时屋里有很多人，该先向客人介绍哪一位呢？一旦在同一时间，你的主人公们却在不同的地点干着不同的事，又该先报道谁的行踪呢？作为讲述者，应当将哪些情况仔细地告诉读者，哪些情况简要带过，哪些内容留给读者用想象去补充呢？难怪博尔赫斯在《小径分岔的花园》中把主人公余准外曾祖父建造的迷宫破解为一部由时间之谜构成的小说。

---

① 克罗齐：《美学原理·美学纲要》，朱光潜译，北京：外国文学出版社，1983年，第33页。

其次，结构一篇作品，不同的作者会采取不同的方法。但是不管你采用何种方法，都应遵循一些基本的原则。例如有利于故事讲述的精彩生动、扣人心弦，有利于人物形象的塑造，有利于作品思想的完整表达，有利于调动读者的阅读兴趣等等。论说性的文本不仅要求论点与论据在逻辑上做到一致，而且这种逻辑思维顺序更表现在文本的构思与结构当中，即体现为文章的谋篇和布局结构。谋篇是文章的总体思路，是逻辑的出发点，也是归宿。谋篇依靠布局来完成，思路体现在具体的结构当中。在构思的过程中，谋篇是对表达的总体设计，包括确定表达的主题，选择能够表现主题的材料。然而谋篇不能离开构段，因为篇与段的关系是一盘棋的关系。在构段时，要围绕主题，把材料分配到各个段落之中，使段与段之间做到段段相生，形成拆不开的连锁关系。

应当说，在文学性写作中，结构样式的丰富性和结构元素的复杂性都会大大超出上述的归纳。例如情节线索的断与续，描写的疏与密，叙述节奏的快与慢都是安排一篇作品结构时需要解决的课题。当然，作者可利用的手段也很多，例如悬念与延宕、铺垫与蓄势、对比与衬托、重复与留白、呼应与意外、凤头与豹尾等等。

修辞思维所思考的是如何运用语言技艺使文章更具表现力和说服力的问题，影响修辞思维的因素则更为丰富。首先需要根据文体要求的不同确定采用适合的语体风格；其次，要选择作品思想内容的表达策略；其三，要考虑角色对文本语言的影响。诗歌的抒情主人公，小说中叙述者的视角与身份，说话人物的性格与处境，角色对话中的台词与潜台词，语言冲突与心理冲突，地域文化中的方言与俗语，散文对语言色彩的把握……凡此种种，都可能影响一个文本的语言表达方式与风格特点。除此之外，还要懂得巧妙利用语言的种种形式变化、声韵节奏、句式变换、歧义现象等等，都可能带来意想不到的表达效果。对此后文还会有详细分析，兹不赘述。

总而言之，从目的思维到形式思维是写作行为从立意到赋形过程中的关键环节，较之前述的多种思维方式，更接近实际的操作层面。而熟练掌握所有写作思维的技巧，形成高度自觉的写作意识，养成良好的写作思维习惯，对写作水平的提升将起到至关重要的作用。

第二节　努力提升中文专业学生的写作能力

我们已经了解了写作活动的性质和部分规律，但如何把这些知识应用于写作的实践，切实提高我们的写作能力，还需要经过一番理论与实践结合的针对性训练。《文心雕龙·知音》中说："凡操千曲而后晓声，观千剑而后识器。故圆照之象，务先博观。"即是说，艺术能力的提高离不开在长期的实践中不断地体会、领悟，同时还需要通过接触大量的优秀作品，不断丰富自己的见识。所谓"阅乔岳以形培塿，酌沧波以喻畎浍"。只有见多识广，才能区分出艺术创作的高低优劣。同理，我们要提高写作水平，也需要广泛阅读优秀作品，并不断投身写作实践。为此，本教材立足于简化写作理论的讲述和考查，强化写作过程的体验和针对性练习，以引导考生通过多层次的阅读、思考和练习，切实锻炼自身的写作能力。

我们认为，汉语言文学专业的学生，从高中时期进入大学学习阶段，意味着从基础写作训练迈向专业学习的转化，其写作观念需要经历一个大的转变，即从模仿写作向自主写作阶段跨越。

中学时期更注重对范文的学习，然后进行一些模仿性的写作。学习如何进行表达（描写、叙述、抒情、说明、议论），学如何开头和结尾，如何形成一种稳定性（甚至是定势性，特别是高考作文训练）的文体结构，如何运用修辞技巧，使语言更加具有文采等等。

大学阶段的专业学习则要求学生在掌握基本的语言表达技巧的基础上，进行创造性的自我表现，学习如何运用自己的情感力、想象力，将"形之于心"化为"形之于手"的内心传达。这种创造性必须具有个性，是自我情感和独特性的表达。追求的不是模仿式的千篇一律，不是作品主题的单一化，而是要展现出自我丰富的情感生活和多面的社会认识。

刚进入大学阶段的学生最容易犯以下一些中学生式作文的通病：

（1）对所有写作内容均好论。如写人生、成长、自我等，很少结合自身生活经历来写，也难以写出真情实感。大多是将自身打扮成一个"哲人"，空谈主题。

（2）喜欢以一种单一的修辞方式来囊括全篇。例如采用隐喻式的开头，结尾则呼应开头，构成完整的修辞结构，或是以一段抒情或议论化的语言来收尾。

（3）空泛地抒怀。比较喜欢写一些哲理性的抒情文章，貌似闪烁着生活的智慧，实则空泛没有生机。用一句文学批评的话来说，即是"老年化的写作"。

（4）立意时即已框定了全文的思路和结构，刻意地用修辞，追求表面的文采效果，而限制了情感的自由表达。

（5）喜欢用泛称来表达个人的情感和生活，没有写出内心独特的东西。较少营造出作品艺术空间，没有视角的变换，时空感缺乏。

……

说到底，很多中学时代写作训练过来的学生作文缺少个性，表达的思想情感跟自身没多大关系。为考试高分而写，为炫文字文采而写，为模仿"范文"而写。从这种写作现象可以看出，在进入大学之时，大多数学生自我表现意识很弱，写作时很少有这种思考：我在哪里观察这个世界？

没有了自我，就没有了自我的表达，就无法写出真正想写的东西。所以，如何自由地创作，发挥自身的想象力，表达内心的社会思考和情感体验。这是大学写作课所要解决的问题。

如何培养汉语言文学专业大学生的创作能力，即表达自我诉求和自我情感的能力？

首先是要引导他们直面社会，用心投入生活。生活是写作主体存在的客体世界，它哺育着作者。但是，没有作者主体需要的调节，生活信息就得不到开掘，创作动机生成之水源则不会鲜活地流淌。唐人孔颖达在《毛诗正义》说："感物而动，乃呼为志。志之所适，外物感焉。"这是对客观外物与作者关系的中肯判断与解释。也就是说外物是通过内物起作用，起激发作用的信息要通过写作主体内部的需要信息的平衡和调节来释放能量。社会生活触动着作者，作者主动"索取"生活，作者充实了，领悟了，写作的冲动才能产生。对于自学者来说，我们也许缺少生活信息，却需要在写作目标的引领下，积累和捕捉自己对生活的独特感知和体验，激活创作动机。

其次，在生活体验的基础上需要掌握更多专业化的知识及能力。

汉语言文学专业的大学生应该从专业视野出发，一方面阅读大量的文学作品，强化对文学语感、文体感的认识；另一方面，则要从文学史的发展规律着眼，认识文学文体的内在特征和表达功能。只有这样，才能培养良好的文学艺术感，找到适合自己表达的文体感。最后，在大量的习作基础上，获得良好的语感和写作习惯，提升自我的创作能力。

大学写作需要改变中学时代对文学体裁的简单划分（记叙文、说明文、议论文等），促使自己摆脱对文体的单一化认识。在大学写作阶段深入认识语言表达形态的复杂性，从而提高对小说、诗歌、散文、文学评论等文学文本的复杂性认识，提升文学感受力和自主创造力。

其三，要形成良好的练笔习惯。

要提高自身的写作水平，除了在写作课程的学习上下功夫，更要在业余时间付诸实践。除了获得老师的评价与指导，也可以把自己的写作成果与同学、朋友交流和探讨。我们也鼓励同学在课余时间利用各种发表渠道，如刊物、网络、博客等，将自己的创作心得和习作与社会分享和交流，以促进自己勤写多练，形成良好的写作习惯，提高语言表达的熟练程度，丰富自己的创作体验。

不过，同学们若要通过网络写作锻炼自己的写作能力，一定要有自己的原则。当前大量网络连载的作品，良莠不齐，相互抄袭模仿，千篇一律，还有不少是迎合某种低俗的社会趣味的欲望写作。所以一定要选择有品位的发表平台，并坚持自己的创作宗旨，否则便可能误入歧途。

总之，努力提高自身的文学创作能力，成为作家或者批评家，或者在人们面前展示一种专业化的艺术素养，这是塑造一个汉语言文学专业学生的目的和根本。

小结： 本章讨论了形象思维与抽象思维、逻辑思维与灵感思维、批判性思维与创造性思维、目的思维与形式思维等不同思维模式在写作活动中的运用及其功效，分别探讨了这些思维方式的应用范围和技巧。继而对中文专业学生提升写作实践能力的途径与方法进行了初步的说明。

【思考与训练】

1. 试述形象思维与抽象思维在写作活动中的不同作用。
2. 什么是灵感思维，它与直觉思维有何异同？
3. 试述批判性思维的意义与方式。
4. 形式思维有哪些环节与方法？
5. 下面是一位同学的作文，请分析它的特点与不足。

我是一条鱼

说起成长，每一个人都有千言万语，感悟良多。成长过程却没有什么记得特别清楚的事，或者说没有什么惊心动魄的事。成长与我，就好像一个似水流长的过程，没有太多的激情澎湃，没有太多的跌宕起伏，没有太多的浪漫甜蜜，就像山间的清流，不为人知而自流，不知从何时起就已经存在，默默地流淌着，顺着山势而下，浅浅低吟。没有走至她的脚边，甚至你都不会发现她的踪迹。她的身影浅浅地印在山间，在天地间留一首涓涓细吟……

我想起成长，似有什么想说，却什么也说不明白。因为成长对我而言，就似什么痕迹也没留下的清流，实在是没有什么值得我去铭记的。成长于我，仿佛是一件水到渠成的事，路在哪儿，我便去踏向哪儿，沿着它慢慢地走下来，不知道沿途是另有幽静，我只是沿着脚下的路一路走来，甚至忘记了抬头。或许前方有中点，也许明天即可到达目的地，也许只是固执地走了一条岔路。我的运气挺好的，在别人的目光中我明白我选的这条路是对的，是我应该走的路。

这样说也许会认为我的成长历程寡淡无味，是应试教育下的产物，和个性化的时代是脱节的。然而，我自己却不这么认为。

曾经我认为自己是一条鱼。

一条鱼的成长从鱼苗开始，由第一次摆动尾巴开始，那是人生迈出的第一步。当吹出第一个泡泡开始，那就是他开始幻想了，梦想也由此起航。优哉游哉的鱼儿，整天快乐地在自己的一片水域中嬉戏。不羡慕天空中翱翔的天鹅，她纵然优雅，纵然有一双美丽的翅膀，可是我有我的尾，我的鳍，我的鳞。我真爱他们，那是自然赋予我的力量，他们使我遨游海底世界。一条鱼不需要飞翔，她只需要有飞翔的梦想，不一定要实现，只需要信仰。一条鱼已经明白了这个道理。我想做一条鱼，不要做高高在上的天鹅。

我梦想的成长不仅是外表的变化，更是心智的成熟。成长不是你学会如何打扮自己，而是明白为什么你在一些场合要注意自己的仪容；明白做梦可以，但不可以沉溺其中，也不可以当真。

曾经，那一条鱼独自畅游海底的鱼儿，无忧且无虑。曾经，他的成长因为懂得了知足常乐，不羡慕天鹅。也许曾经，当他看见更为美丽的鱼儿时，学会欣赏自己；看见鱼群时，学会孤单，学会惆怅，不跟着鱼群乱窜，那并不是洄游的路。

我想做一尾鱼，一尾无忧无虑的鱼。然而我明白，永远的无忧无虑并不是成长。成长是蚌里揉进的沙子，在打磨出珍珠，疼痛伴随着成长。但是成长不仅仅是磨炼，不仅是煎熬，有时候没有惊天动地，波澜壮阔，你依然可以在平平淡淡中成长。成长中，我体会了孤单却又不觉得孤单。

我愿做一尾鱼，一尾孤单成长的鱼，体会痛苦、孤单、寂寞和幸福。我想做一尾鱼，渺小的鱼。或许被鲨鱼所食，被渔人所捕。但我依然想做一尾鱼，成长必须经历的，我害怕却无畏。

中 编

写作过程

第四章　写作素材的积累

学习提示：从作者创意萌生到其创意成文，经历了若干复杂的环节，而写作素材正是创意萌生的基础，是创意成文不可或缺的要件，故而素材的积累便成为写作创造先期的、必须进行的智力劳动。本章重点阐述了素材积累的作用、特点，提出了素材积累的要求，论述了文学文体、学术文体、实用文体素材积累的不同，介绍了素材积累的途径与方法。

第一节　写作素材与素材积累

一、素材的含义

什么是素材？一般教科书中对素材界定有代表性的观点是："素材是指作者为创作需要而通过各种途径收集的原始材料。"[①] 在这种表述里，写作目标是先在的，作者"为创作需要""收集"，就是去寻找、发现与写作目标相关的意义材料。而本教材所说的素材，既指"为创作需要而收集的原始材料"，还指在写作目标出现之前，作者生命际遇中的原始事件、事实、表象以及知识、日常经验等。

素材的积累是动态的、历时空的，每个人从孩提时代就开始了人生知识与经验的积累，到终老的那一刻积累才会停止。从这个意义来说，无论是否进行写作，素材积累在个体生命历程中都在不断充实、更新。而本教材提出"写作素材积累"，正是从历时态角度，将"写作素材积累"看作是持续的一种生命状态，强调对能够发挥孕育意义作用的经验性的事实，以及习得知识的重视与自觉储备。

二、素材积累在写作中的作用

（一）素材积累能够激活作者写作动机的心理机制

素材的积累能改变一个人的知识结构，提高他的智力，激活产生写作动机的心理机制，使感知、情感、想象、理解完美和谐地统一在一起，进而产生写作动机。在生活实践中作者积累了丰富的、独特的经验，融汇于自身的感知活动，并上升为理性的认识思考能力，经验的不断积累，创作主体所拥有的写作创造活动的基础就越厚实。而认识的每一次活动又都受到过去经验的启示与影响，这样的实践"训练"，锻炼着作者的敏锐性，从而使作者建构起一种独特的有解释能力的"心理结构"。当新的、有意义的信息

[①] 董小玉：《现代写作教程》，北京：高等教育出版社，2000年，第44页。

与作者相遇，便能迅速地在这个结构中碰撞、并行、同化、顺应，从而形成内在驱动力，鼓励、推动作者继续求知、探索，驱使作者进入写作状态之中，以实现自己表达的欲望。朱熹说："感于物而动，性之欲也。"[①] 苏轼说："山川之秀美，风俗之朴陋，贤人君子之遗迹，与凡耳目之所接者，杂然有触于中，而发于咏叹。"[②] 两位古人讲的都是这个意思。

（二）素材的积累过程促使写作"灵感"发生

"灵感"是直觉思维的一种表现形式，"是由于无意识的加工而使认识产生某种飞跃，或者表现为对某一问题的突然'顿觉'，或者表现为某种创造性的观念和思想突然降临。"[③] 灵感的出现虽然是下意识的、非逻辑性、突然爆发的，但作为一种心理现象，有它的机制和定势。它仍然属于一种创造性劳动的产物，是创作中思维的一种勃发状态，往往出现在人们的创造力处于高峰的精神状态之中，思维飞跃，意识和潜意识的突然沟通，潜意识之门被打开，并通过高层次的心理功能表现出来。写作"灵感"的激发途径和方式是多样的，素材积累活动促使写作"灵感"的发生是其中重要的一类。写作者在不断地接触和感受外界客观事物的过程中，在大量持续的阅读与理解多种知识的过程中，纷至沓来的富有刺激力的人和事，众多的新知识与旧知识，此类与彼类，会使作者感触迭起，茅塞顿开，引起认识上质的飞跃，获得灵感的眷顾。

（三）素材积累是形成文章思想观点的物质基础

任何性质的文章都要表达一定的思想观点。思想观点从哪里来？不能临写作了，才到别人的著述里去"借"。练习写作时可能会"借"，但写作是一种创造活动，当你自觉进入其中，是不能"借"他人的思想为文的。作品中的基本思想，应该是写作者凭借自己的经验与知识对客观事物的独特发现。而只有对现实生活长期关注和思索，在自觉的积累素材中融会、提炼，才可能出现思想结晶。许多人、事、现象，由于本身存在着这样或那样的联系而必然会发生碰撞，从而把彼此隐蔽的关系暴露出来，使我们在积累的过程中有所发现。从这个角度来说，素材积累的本质就是思想储备。

总之，素材积累是写作全过程中的第一个环节。素材积累能扩大写作者的知识视野，提高写作者的想象力和思维力。对于"写什么"和"怎样写"以及文章的质量都有深远的影响。对于学习写作的人来说，绝不能等闲视之。

三、素材积累的特点

（一）自然性与持续性

所谓自然性是指人对素材的积累是按照大脑自身的生理法则储存；所谓持续性，是说这种积累的时间是漫长的，所谓生命不息，积累不止。

按照人的大脑自身的生理法则储存素材是混乱的、无序的，但这种日常记忆储存本

[①] 朱熹《诗集传》，上海：上海古籍出版社，1980年，第1页。
[②] 苏轼《江行唱和集序》，郭绍虞编：《中国历代文论选》，上海：上海古籍出版社，1979年，第271页。
[③] 李淮春、陈志良：《现时代与现代思维方式》，石家庄：河北人民出版社，1987年，第190页。

身构成了人类生存与认知的一个先在基础,且使人变得聪慧而富有情感,提升了人的感性与理性认知的能力。这个漫长的、无意识的积累随着生命的存在持续不断,"它的'库存量'构成了想象的一个自由而广阔的基础。在实际的创作中可以发现,一个作家的童年经验和青春经验常常构成一个作家毕生创作的无尽财富,在创作中表现为认知的独特性和生命表现的独特性,而且常常决定作家对世界的独异认知与发现。"[1]

(二)系统性与独特性

系统性是指积累的条理性和系列化。在"自动积累"的持续行进中,人们进入学校学习,也就进入了"自觉积累"素材的强化训练,并能逐步认识到自觉性积累素材对成就一个人事业的重要性,因为它能使你获得大量的知识和信息。尤其是在语文学习的语境中,老师引领学生逐渐练就了收集素材的思维意识,初步建立有系统的"资料库"。在这个系统中,围绕着学科专业、相关写作目标,归类存放着有价值的资料。系统的稳定存在,要求作者随时回顾、归类、整理,从而使系统保持高度有效。

独特性是指作者建立的素材系统具有鲜明的个性色彩和职业色彩。由于个性的差异,生活背景的不同,兴趣与注意的偏好,人生理想各异,学习者对训练内容的接受自然会存在差别,素材积累便会因人而异。同时,作者进入职业领域,无论是从事文学写作,还是从事学术写作,也就开始了"职业敏感"的养成,表现为长期对与职业领域相关的种种事物进行有意观察积累,即感觉、知觉、记忆、思维等心理活动指向并集中于一定的对象,并使这些心理活动取得更大的认识成果。在"职业敏感"养成的过程中,逐渐形成了一种专业性的注意,如此思维心理活动持续地、大量地反复进行,使人的大脑神经细胞与反映专业有关事物的部分得到高度的分化,这方面的感知也会越来越精细,相应的记忆、思考也会变得敏锐而深刻,从而建立起"自觉积累"素材的系统,这就不免打上了个人职业的烙印。

四、素材积累的要求

荀子在《劝学》中指出:"积土成山,风雨兴焉;积水成渊,蛟龙生焉。""不积跬步,无以至千里;不积小流,无以成江海。"[2] 说的都是积累的重要性。厚积才能薄发,有了丰厚的素材积累,才能写出有分量的作品。因此,我们对素材的积累提出以下的要求:

(一)积累素材贵在一个"勤"字

"勤能补拙",只有平时辛勤地积累,像蜜蜂从万花丛中采蜜,像淘金工人在散沙里淘金,优选材料,点滴积累,聚少成多,写文章才能"取精用宏",信手拈来。勤于积累好比"养兵千日",写作方可"用兵一时"。在优选材料中,更要细心考证、去伪存真,决不能以误传真,也不能以真传误。即使是实感和调查等第一手材料也不是直接

---

[1] 李吟咏:《创作阐释学》,桂林:广西师范大学出版社,2004年,第12页。
[2] 《荀子校释》(王天海校释),上海:上海古籍出版社,2005年,第32页。

可用的，也要经过慎重地比较和分析，理出实质性的结论。

（二）积累素材要丰富

素材占有的丰富性是与单一性相对的。无论写作者从事哪一领域的写作，都不能仅从自己的职业、专业出发去积累素材，而要着眼于社会人的存在状态。一位经济学家如果不关注环境污染的现实，缺乏相关资讯，其研究经济发展战略的思路是否正确，所得结论是否具有可靠性，对人类的生存发展是否有价值，就值得怀疑。丰富性要从范围去思考，即作者所积累的素材类别、性质要多样。

（三）积累素材要与思考紧密结合

素材占有的丰富性不仅是"量"的增多，更重要的是质的提升，如果没有"心灵"的参与，再多的素材也成长不出思想的大树，所以在阅读搜寻中要有问题意识，多深思，才能"熟虑"，形成自己独特的思维方式，产生独特的见解，发人之所未发，见人之所未见。

（四）积累素材要及时整理

整理的过程也是消化理解的过程，深化内涵的过程，巩固记忆的过程。把零碎散乱的材料系统化、条理化，把材料进行分门别类是运用这些材料的准过程，是衍生自我、拓展理解的创新过程。值得提示的是，我们要对随时触发的灵感，对"突发奇想"给以关注，这往往是写作创新的增长点，是文章独显特色和魅力的闪光点。

第二节　写作素材的类型

素材积累的内容主要是针对有了具体写作意向，进行自觉积累而言。一般说来，素材积累包含以下方面的内容：

一是感性素材储备。即对客观现象、客观事实的积累。二是知识素材。即对总结了前人实践经验著述的书本知识的积累。三是思想观点素材。主要是对前人各阶段有价值的学术思想、学术观点的汲取。四是情感素材。即对参加社会实践活动中的心理感受的储备。不过，由于所写文章种类的差异，素材积累的重点也就有所区别。下边，试按三大类文体对写作素材积累的不同要求予以论述。

一、文学写作的素材

文学写作是指诗歌、散文、小说、戏剧以及影视文学等各种文学体裁的写作。写这类作品，虽然彼此的内容不尽相同，有的侧重叙事，有的注重写人，有的主要写景，有的着力于抒情，但性质基本相同。其主要内容或来自现实社会，或见诸史书，都属于人的社会生活和情感内容。具体来说，文学写作应注重对人、事、景物等素材的积累。在这里要强调的是将广泛的收集与侧重观察相结合。

凡是有可能接触、了解的各种人，包括已经作古，见于文字记载或传闻中的历史人物都要了解。与写作内容有关的重要人物，要能知其相貌、穿着风格、经历、教养、职业、生活方式，要了解其生存环境、生存意志、生活能力、立身处世的特点，更要关注"人物"的思想、性格以及独特的情感心理。

事，指各种各样的事件、事迹和事故。从国家、集体的角度，诸如政治变革、经济改革、金融体制改革等需要了解；从个体人的角度，诸如衣食住行，婚丧嫁娶，家庭变故，生老病死，成功与失败等需要收集。总之，对于一件重要的事情，要能知其关键点是什么，如何发展与演化，导致了什么结果，蕴含着什么意义等。

景物，指各种风景和物体。有自然界的山水日月，也有历史陈迹；有生活的场景，也有动物和植物。诸如：阴晴雨雪，四季之景，异域风光，山野里的宁静，都市里的喧嚣等等。一切可以看得见、摸得着、感觉得到的，都在体验、识记、积累储备之列。

二、学术写作的素材

学术写作是指发表哲学、社会科学或自然科学各种学术观点的论著，也包括宣传政治主张与社会思想的论文。这类写作，虽然各有其特定的专业内容，但在通过分析客观现象与实事，揭示和论证事物的本质与规律这一点上却完全相同。学术写作要注重对有关的现象、事实、实物、数据、文献等素材资料的积累。

（一）现象素材

现象是事物发展的外部形态。社会科学中，语言发展有语言现象，如："非常语言"现象、网络语言、语言变异等；文学发展有文学现象，如：先锋文学、青春文学、网络文学等；历史发展有历史现象，如：贞观之治、宦官专权、鸦片战争等；政治活动有政治现象，如：政治改革、国际关系、农民工问题等；经济发展有经济现象，如：经济萧条、通货膨胀、市场疲软等；人类的精神生活中有心理现象，如：从众现象、马太效应、超限效应等；文化现象如：出国热、草根文化、选秀热等等。自然科学门类繁多，传统的基础学科中有物理现象、化学现象，天文现象和生理现象等。其中有的曾经是个谜，现在已被人们认识；有的还不能完全解释，处于研究和认识之中。

（二）事实素材

事实是客观世界或社会实践中已经发生的事情的真实情况。例如，各种事件、案例、病例、战例以及实验等。事实的发生与演化，一方面遵循事物内部的规定性，一方面受外部环境的影响。事实也是科学研究的主要对象之一。巴甫洛夫写道："事实，就是科学家的空气，没有它，你任何时候也不可能起飞，没有它，你的'理论'就是无用的挣扎。"[①] 所以理论研究中积累事实素材是不可或缺的。

（三）实物素材

实物资料是反映现象与事实的具体物件。例如，出土与散佚的古代文物，社会名流的手迹、书画、文稿，动物标本和植物标本，化石、矿石的相关图片等。这些素材资料对于考古学、历史学，或生物学、气象学、地质学，或人类学等学科的研究极有价值。

---

① 巴甫洛夫著：《巴甫洛夫选集》，吴生林、贾耕等译，北京：科学出版社，1955年，第32页。

恩格斯说："动物学和植物学首先依旧是从事搜集事实的科学。"恩格斯所说的"搜集事实"即指收集标本，足见实物素材的积累对动物学与植物学研究的重要性。

（四）数据素材

数据是指反映事物量的规定性的一些数字，是各种计算、科学研究、技术设计所依据的数值。事物的特征往往表现在具体的数字上，例如物体的大小、质量、长度、面积、体积等。事物之间的关系也常用数据去表明，如密度、比例、分数、倍数、成数、平均数、百分比等。数据也是人类认识事物很重要的一种途径和方法。学术研究者一方面要自己动手记录和积累有关数据，另一方面要留心收集有关数据资料，以作为研究的材料和形成理论的依据。

（五）文献素材

指有历史价值和资料价值的图书资料。人类的知识是逐渐积累的，前人在文化与科学史上的研究成果可供后人借鉴，任何人的研究都是在前人研究成果的基础上，有所发明，有所创造，有所前进，无论是何种研究，它的实施都与一定的文献资料有着密切的关系。

三、实用写作素材

实用写作是指人们在日常的生活、学习和工作中处理公务或私事而使用的行政公文、事务文书以及个人应用文。这类文章有观点、有材料。观点是意见、主张、办法或结论等，材料是事实及政策、法规等。所以应注重对政策、法令、规章、制度以及有关的情况、问题、事件、事实等素材的收集。

（一）积累党的路线方针政策和理论知识

要广泛收集政治理论方面的素材，对政治理论书刊、党报党刊发表的理论文章、领导讲话等，要采取"拿来主义"的办法，为我所用。

（二）积累一定的社会科学、自然科学的基础知识，必要的专业知识，以及相关辅助性知识

有关的政策、法令、规章、制度，不仅作为观察和处理问题的立场、观点和方法，成为起草文件与处理问题的依据，而且往往要写进文件、文稿中，对此当然应该熟悉且有丰富的储备。

（三）对本地区、本系统、本行业和本单位的基本情况要有足够的了解

如组织结构、人员配备、业务特点、员工的意见和要求，乃至工资、福利、人际与家庭关系等，都应该有尽可能全面而细致的了解；对典型事例、先进人物的事迹，以及曾发生的重大事件也应了然于胸，同时做好对外单位、外地的工作经验的积累，所谓"他山之石，可以攻玉"。

（四）对领导思路和观点的积累

每一位领导都有对问题的独到见解和独特的讲话风格，要想增强领导对所写文章的认同度，平时就要注重对领导观点的收集，在文稿中要尽可能多地使用领导平时常说的

话、常讲的观点。

第三节 素材积累的途径与方法

一、素材积累的方式

明白了素材积累的内容，接下来的问题就是怎样进行素材积累了。从心理学的角度看，对写作素材的积累可分为无意识积累与有意识积累。

(一) 无意识"自动积累"

在生活中，人们没有明确写作目的，也不加任何努力，顺其自然获得生命经验感知，我们称之为无意识自动积累。就其客观原因来说，无意识积累是人在生活际遇中自然发生的、碰见的，由于刺激物具有新奇或强烈的特点，引发关注，也可能留存在记忆中，属于自动保存积累。例如，青少年时代的一些美好记忆或烦恼，成年以后的生活遭遇，会牢固地保存在一个人的脑海里。这一生命认知的"记忆库存"建设时间是漫长的，内容是无限丰富的，也是混乱无序的，它按照自身生理法则储存，个人对这样积累的素材不会设想以后会有什么用场。然而这些"自动记忆"却成为认知的先在基础，有些可激发写作动机，引领作者走上创作之旅；有些在写作目标确定后，经过提炼，可以转化为题材，进入作品；有些发挥着间接作用，或继续"冬眠"，等待着作用之"机会"。鲁迅在《朝花夕拾·小引》里，解释为什么取名"朝花夕拾"时说，"带露折花，色香自然要好得多，但是我们不能够"。这是说，他的这本集子里的十篇散文没有"带露折花"那么新鲜，全是"从记忆中抄出来的，与实际内容或有些不同，然而我现在只记得是这样"。[①] 虽然所写的对象已事过境迁，但就记忆所及，且呈现在作品中，尽可能与事实相符。作家史铁生身体残疾的生活际遇成为他的写作内容，韩寒的青春文学写作等，都表现出鲜明的"自动积累"素材的痕迹。郁达夫说："我们只消把现代作家的散文集一翻，则这作家的世系，性格、嗜好、思想、信仰，以及生活习惯等等，无不活泼泼地显现在我们的眼前。"[②] 无意识素材积累在文学创作中发挥的作用特别明显，尤其是散文写作，比起其他文学体裁对无意识积累的素材的运用更为直接。

(二) 有意识"自觉积累"

所谓有意识"自觉积累"是指在远期写作方向或近期具体写作目标的引导下主动获取材料。通过深入生活，观察感受，丰富实践经验；通过阅读理解书本知识，获取间接经验与思想等，这些都属于有意识的自觉积累。毛泽东同志说："一切真知都是从直接经验发源的。但人不能事事直接经验，事实上多数的知识都是间接经验的东西，这就是一切古代的和外域的知识。这些知识在古人或外人是直接经验的东西，如果在古人外

---

① 鲁迅:《朝花夕拾》，北京：人民文学出版社，2006年，第56页。
② 郁达夫:《导言》，《中国新文学大系·散文二集》，上海：上海良友图书印刷公司，1935年，第7页。

人直接经验时是符合列宁所说的条件:'科学的抽象',是科学地反映了客观的事物,那么这些知识是可靠的,否则就是不可靠的。所以,一个人的知识不外直接经验的和间接经验的两部分。而且在我为间接经验者,在人则仍为直接经验。"① 这里的论述强调的是要从两个方面重视(有意识的)经验积累:即直接经验材料和间接经验材料的获取。对于写作来说这是极有意义的。我们以美国作家海明威的小说《老人与海》的创作为例:

  刚满四岁,父亲就教海明威在密执安湖上钓鳟鱼,而钓鱼——不论是在江河、湖泊,还是在大洋之上——也就成了他终生的爱好之一。在古巴海岸边捕捉特大的马林鱼和金枪鱼带给他无限的欢乐,对他诱惑太大了,终于使他着了魔。结果有一年他整天打鱼,终年只字未写。有一次出海,他站在舵轮前与台风搏斗了整整十二个小时,一手操舵,一手拿瓶威士忌,而他的船员们却在甲板下发抖。

  在墨西哥海滨的小酒店喝啤酒时,海明威喜欢听那儿的康丘人聊天。他曾听到这样一件事:一位老渔夫捕到一条巨大的马林鱼,鱼拖着他的小船在海上漂流了三天,他历尽艰辛驶了回来,可捕获物却被鲨鱼撕烂了。海明威成功地把这个故事写成了小说《老人与海》;并为此获得了诺贝尔奖奖金。②

  从以上描述中可以看到,海明威在海上捕鱼的生活素材与直接体验为他的写作铺垫了深厚的基础,然而《老人与海》的写作素材直接来源还是听他人讲的故事。"喜欢聊天"应该是海明威自觉搜集写作素材的一种方式。

  所以,一位作者不能仅凭"自动记忆"来写作,要想不断地创作出好作品,自觉地扩大"有意记忆"和主体性认知经验十分重要。作者起步写作,其中无意识积累素材占有不小的分量,若还要继续写作,那他就必须深入生活,保持对素材积累的自觉性。深入生活不仅仅是为写作去获取具体材料,更重要的一点是,作者在与客观世界的接触中能够保持生命的鲜活状态。作家党益民当兵走进西藏几十年,无数战友在高原上平凡而伟大的事迹催发了他的创作激情,写出了被誉为"净化人类灵魂,还爱情以圣洁的书"的《一路格桑花》。完成这部长篇小说后,他准备写青藏铁路线上埋葬的数千个筑路和护路英雄的英灵,为了写得"更扎实一点,更厚重一些",作者再次走进西藏,从新疆叶城穿越阿里无人区到达拉萨,再从拉萨沿川藏线走到成都,一个中队一个中队地采访,每一次的新发现都让作者刻骨铭心。用生命穿越天路,用胸膛和心灵行走西藏,使作者最终完成了感人肺腑的长篇报告文学《用胸膛行走西藏》。贾平凹说他每年都要到贫困地区跑,他对这个"跑"的解释是:"说接地气也行,搜集材料也行,观察社会也行,起码对这个社会有个了解,保持鲜活状态,才对这个社会有写的欲望。"③

---

  ① 《毛泽东选集》4 卷本,北京:人民出版社,1975 年版,第 264—265 页。
  ② 拉赛尔·J. 伯顿:《人可以被毁灭,但不会被打败——海明威与体育运动》,《台港与海外文摘》1985 年第 6 期。
  ③ 狄蕊红:《接了地气,才有写作欲望》,《华商报》2011 年 1 月 8 日,第 5—7 版。

显然他不是为了一部具体作品的写作去搜集资料，而是自觉地为继续创作"保鲜"，这是主动进行素材积累的形象说法。一位研究者，平时读书、查阅资料，或观察、实验、考察等，都是为学术写作做准备，甚至毕生都在为证实某种科学假想以及著书立说努力着。一位办公室秘书，了解本单位的历史发展，学习政治理论和国家的各项政策，对本单位当下工作的开展也做到了然于胸，这是为公务写作做准备。这些都属于"自觉积累"素材的形态。

要说明的是，无意识"自动积累"并不会随着"自觉积累"的出现而消逝。由于生命个体生活的丰富性和多样性，"自动积累"在"自觉积累"的强势挤压下仍遵循着自身的规律充盈着写作者。可以说这两种素材积累形态，在写作者那里始终并行不悖。还应该看到的是，无意识积累素材在发生过程中有可能转变为有意观察积累素材，比如，有人在家中突然听到外面有激烈的争吵声，这种外部刺激会引发他的关注，可能只是看看，也可能看看之后会前去调解，这全部过程始终属于无意观察过程。但是，如果这个人是文学创作者或行政管理人员，他发现这个事件中包含有与职业目的相关的东西，如可关联到人的素质和社区精神文明建设的问题，或含有小说创作有关的生活细节，他的无意"自动积累"就会悄然转变为有意"自觉积累"。能够将"自动积累"向"自觉积累"转变，与其接受的职业目标训练有密切的关系，有鲜明职业角色意识和目标追求的人，才会在许多情况下把无意的变为有意的。

二、自觉积累素材的途径与方法

自觉积累素材的方法多种多样，比如深入民间采风，选择对象观察、调查、访问，利用网络信息查询、图书馆文献资料查阅，等等。我们重点谈谈观察、调查和阅读集录。

（一）观察

观察是一种有目的、有计划、比较持久的实践活动，也是认识主体受已有知识与思维的影响，对客体的一种有意识的、系统的直觉活动。是在社会实践中，得之于自己的亲见、亲闻、亲身体验以获得素材的一个途径。

观察的第一步是观看，即通过眼睛了解客观事物的外形、特征、性质、内涵等等。但仅凭"观看"，很难获得独特的、生动的、深刻的事物素材，必须是"眼看"联合"心看"——内心观察，即视觉印象配合感知体验、联想想象活动，并辅之以理性思考，才能把握事物的内在规律，圆满完成有意识的观察活动。

1. 观察的类别

（1）艺术观察。艺术观察是运用审美的眼光，去认识和捕捉社会生活中的人物、事件以及景观等美的形象，以获取创作素材的一种感知活动。文艺观察也叫审美观察，它虽然也注意到多种事物的性状，但中心是人，是人的外貌、言语和行动，特别是人与人之间各种微妙的关系，人的情感，人的精神生活等。

艺术观察与科学观察的主要区别有三点。一是它注意对具体生动的形象、细节和特殊感觉体验的摄取。二是观察中情感意志的悄然注入，在"情感化"的作用下，观察的结果就不再是纯客观的"真实事实"，而是在观察者的心灵感受中发生了变异的"艺术真实"。如苏珊·朗格所说，写作者"能将看到的事物（或声音、运动、事件）同化为内在形象的眼睛，也就是将表现性和情感意味移入到外部世界之中的能力。……这就是自然的主观化，也正是这种主观化，才使得现实本身被转变成了生命和情感的符号"[①]。三是观察中理性的控制会以创造更有价值、更美的东西为目的。苏轼说："神与万物交，其智与百工通。"[②] 这是艺术观察追求的最高境界。

（2）科学观察。科学观察是人们有目的、有计划地感知和描述客观事物的一种科学认识方法。科学观察不只是感性活动，而且是由科学理论知识和科学思维方法武装起来的认识活动，理性思维渗透于观察过程的始终。科学观察排斥主观因素，讲究客观性、准确性、全面性、系统性、真实性。尽管科学观察也会受到观察者个性心理、世界观、学术观的影响，但客观、真实地获取素材是科学观察者应持有的基本立场。

科学观察又有直接观察和间接观察两种基本类型。前者是观察者用自己的感官直接去感受事物的各种现象；后者指利用科学仪器或其他技术手段，比如雷达、激光、声呐等去感知现象。野外观察、实验室观察、解剖观察、透视观察等都属于间接观察。

（3）实用观察。实用观察是指一般人运用感觉器官感受外界的各种刺激，捕捉周围事物的一种感知活动。这种观察是人具有的一种天赋的能力，只是因为后天的教育和实践不同，观察能力的强弱程度不等罢了。与艺术观察相比，实用观察虽然会带上一定的情感色彩，但观察感受不着渲染，逼近"事物真实"。与科学观察相比，实用观察偏重具象思维，观察中求客观性和真实性，一般不借用间接观察手段。

2. 观察的实施

观察的进行具有随机性、不确定性的特点。不同的人的观察具有个性化的特色，且写作对象不同，写作者对观察方式的选择也各有侧重。以下我们主要是对确立了写作任务后，进行文学观察和科学观察活动的程序加以描述。

（1）艺术观察内容的实施

① 选取理想的观察视点和方法。从观察主体来看，艺术观察往往带有主观性，观察者在一定认知态度、情感好恶的基础上进入观察，主观倾向自然会蒙上"视觉镜头"。所以，心理观察点的确立就是要求写作者反复推敲"认知"，并且与物理观察点相融合，从而获得理想的观察视点，保证真实表现事物的特征。从观察客体来看，观察对象不仅具有空间因素，即指事件发生的所在地，而且具有时间因素，即指事件发生时的现场或事件正在进行过程中的现场。一个人物，一件事物，一个场景，是存在于特定时空中的，都有诸多的观察角度。所谓"横看成岭侧成峰"，观察的物理位置不同，画面所包含的范围、对象也会有所不同，根据观察目的选择最佳观察点被视为第一步要做的

---

① 苏珊·朗格：《艺术问题》，滕守尧、朱疆源译，北京：中国社会科学出版社，1983 年，第 67—68 页。
② 苏轼：《书李伯时山庄图后》，《苏轼文集》卷七十，北京：中华书局，1986 年，第 2211 页。

事情。《医者仁心》的编剧,在获取创作素材时,采用了历时空的跟踪观察,深入医院五年,见识了大大小小的各种病例,几年间阅读了上百本医学书,了解医学专业用语,所创作的剧本不但得到了医疗界人士高度的认可,电视剧播出后也受到观众的好评。

一般来说,观察人可采用定点观察和动态观察的方法,前者指观察者深入到人物经常活动的环境中对其行为状态进行正面观察;后者指观察者对人物在不同活动场景中与其他人交往时的话语、神态、行为进行观察,以取得能表现人物典型特征的素材。观察事件可采用跟踪观察的方法,即动态视点,这可以清楚地了解事件变化的来龙去脉;可以选择事件中的关键人物进行情况了解,即分解视点,观察者再通过联想、组合,最大程度的复原事件现场。

② 抓住观察对象的特点。在现场捕捉这一事物区别于其他事物的标志、特征,这是文学观察的重要技巧。有特点,才有新意,才有生命力,才有吸引力。所谓"浓绿万枝红一点,动人春色不须多"①,说的就是抓住有特征的、典型的素材,才会为写作的感染力打下基础。生活本身是丰富的,实际生活中的人有着不同的个性,其语言、思想感情、行为都会打上个性的印记,作者应敏感地捕捉到那些最能体现人物个性特征和本质的事实,特别是那些感人的细节素材。比如1994年初夏,湖南长沙遭受了百年不遇的特大洪灾,全市军民投入到抗洪救灾中,涌现出了无数可歌可泣的动人事迹。《崽伢子,莫过来》这篇报道选取了一个真实感人的场面,一对老人,凭借唯一能栖身的窗台,等待营救人员的到来。当记者随解放军和乡干部赶来时,由于水流太急,冲锋舟6次想靠拢,都险些被水推翻。老大爷急声连喊:"崽伢子,莫过来,危险!"这是现场观察抓拍到的素材,直接进入作品,独特而典型。

③ 做好观察记录。把见到、听到、感觉到有意思的事情,如一件富有戏剧性的生活小故事,一个动人的场景,一场机智的谈话,一个富有特征的形象,或某种客观现象与事实,如实地记录下来,这不仅是积累感性素材与思想观点的一种很好的方法,而且也是培养观察力、磨炼笔力的一个良方。在观察记录中应注意以下几点:一,记录是观察所得,不仅务必,且应记实事,不允许虚构;二,学会剪裁,记有价值的材料,不可穿靴戴帽写得很长;三,描写要具体,叙述须简练,防止高谈阔论与空洞的情感抒发。总之,真实、具体、典型,并有自己的感受和看法,才能做好观察记录。

(2) 科学观察内容的实施

① 选择观察对象。当研究题目确定后,要对观察对象按照典型性原则进行选择,这一工作是建立在对观察对象的一般性了解基础之上,只有选取最具有典型性的观察对象才可能保证观察的有效性。

② 确定观察内容。选择好观察对象后,可根据观察的全面性和可重复性确定观察的内容,并通过表格等形式对拟观察的内容及进程做好安排,做到有计划性。

③ 选择观察方法。科学观察方法多种多样,基本方法有以下几种:一是动态观察,

---

① 王安石:《咏石榴》,《历代哲理诗选》,福州:海峡文艺出版社,1986年,第133页。

即历时空的跟踪观察对象,发现其成长过程和发展变化的脉络;二是静态观察,即共时性的透视观察对象,由表及里地发现观察对象的本质特征;三是比较观察,即打破时空、类别等各种限制,由此及彼地观察事物的横向联系,找出事物间的差异,从中发现事物的特殊性。

④ 观察实施。做好观察的准备工作后,即可按照计划内容实施观察。具体操作过程中若出现未曾考虑到的因素,应及时对计划做适当的调整。观察中若需要使用仪器,应对仪器的落实、使用方法、常见故障的排除等加以了解,防止因为意外事件影响观察的进行。

⑤ 整理观察资料。对观察到的一切现象要做客观记录,并根据所记录的内容,对文字性记录做归纳性描述,对数据资料做出定量统计,形成观察结果,为今后的进一步研究提供依据。

(二) 调查

调查,是通过多种方式向他人了解所要知道的人物、事物的一种认识活动;调查也是素材积累的一种方式。调查离不开观察,不过,它有时以"耳听"为主,"眼见"为辅,实际上是一种间接的观察与感受。调查所得素材是他人的观察结果,不属于第一手资料;有时调查就是观察。

1. 调查的类别

(1) 社会调查和科学调查

这是按调查的目的来分类。

社会调查是采用询问有关人物,或查阅书面材料,或察看现场,或取得物证等形式,了解具有社会意义的对象。社会调查又包括基本情况调查、经验调查、问题调查、市场调查以及案件调查等。

科学调查一般也称科学考察,是运用科学的理论和方法,周密、系统地了解自然界的某些现象。例如,地貌勘察、地质钻探、动植物普查、南极考察、地震监测、溶洞探险、气象观察、金星探测、卫星检测等等。科学调查是科学工作者进行科学研究的重要活动,有的成果甚至直接来自调查。

(2) 普遍调查、典型调查、抽样调查、重点调查

这些调查是按调查对象覆盖的范围来分类。

普遍调查,即在一定范围里对所有的对象进行调查。

典型调查,即解剖个别典型以了解一般情况。

抽样调查,即在一定调查范围内,从总体调查对象中抽取部分样本以推测整体的情况。

重点调查,即在一定范围里选取重点样本为对象进行调查。

(3) 统计调查、问卷调查、网络调查

这些调查是按调查的形式来分类。

统计调查是指收集各种统计资料以获得精确的数据。

问卷调查是以卷面的形式提出所要调查的问题进行询问调查。

网络调查是通过网络空间发放调查问卷，以获得相关数据。

更具体的方法还有座谈会调查、访问调查、蹲点调查以及现场调查等等。

2. 调查的实施

（1）调查准备

一是确定调查对象和调查内容；二是准备好与调查相关的专门知识；三是做好相关工具的操作技术方面的准备，比如摄像技术、检索复制技术、计算机信息系统的使用等等；四是做好心理准备，进行调查研究要准备吃苦，做到腿勤、手勤、眼勤、口勤、脑子勤，深入事发现场，掌握第一手资料；五是根据调查对象及目的确定调查方法，灵活使用抽样法、统计调查法、系统分析调查法、访问座谈调查法、问卷调查法等方法；六是依据写作目标，制定周密的调查大纲。

（2）调查思路的形成

可根据下述几个问题，形成调查的基本思路。

① 本次调查的对象、具体内容和范围。

② 本次调查应该从哪几个方面去了解？什么问题将是被调查者感兴趣的？

③ 提出什么问题能刺激被调查者的积极反应，从而获得真实的答案？

④ 怎样提问才能拓展被调查者的思维活动空间？

⑤ 如果被调查者不能积极合作，转变被动局面的方法有哪些？

（3）调查问题的提出

在调查中，提出问题是调查者的首要工作。提问是一门学问，对提问者的知识结构、文化修养、思维水平、文字表达能力等都有较高的要求。提问讲究艺术，要求提问者要掌握"问"的方法，并对调查对象有一定的宏观或微观层面的了解，这样设计的问题才能做到有的放矢，有利于激发被调查者回答问题的积极性。

（4）调查问卷的设计

设计调查问卷，是采用书面调查时必须进行的一项重要准备工作。调查问卷一旦发出，调查者只能等待调查结果，被调查者接到问卷，其回答的行为过程完全不受调查者控制。与采访调查相比，用调查问卷的方式进行调查，调查过程没有灵活调整的可能性。客观、真实的调查结果的获得，全靠问卷内容的设计。因此，调查问卷的设计要严密、规范。

调查问卷由前言、正文、附录三部分组成。

前言主要说明调查的主题、目的、意义以及向被调查者致谢。例如：

您好！

我是美国南加州大学国际关系和政治学的一名博士生，我正在进行一项关于中国新兴的80后群体的政治态度和社会参与的项目研究。这项研究将要采访的对象是能代表大部分中国城市80后的样本。您是通过抽样方法被选中的在成都市的80后成员。我将要问您对一些不同话题的观点。本次调查结果只用于我个人的博士论文研究，您的观点是完全保密的。

　　谢谢您的合作！

　　正文设计若干问题要求被调查者回答。为了提高问卷回复率、有效率和回答质量，设计问题应遵循以下原则：

　　① 调查问卷编写的原则[①]

　　第一，必要性原则，即必须围绕调查课题和研究设计最必要的问题。

　　第二，客观性原则，即表述问题的态度要客观，不要有暗示性或倾向性的语言。

　　第三，可能性原则，即必须符合被调查者回答问题的能力。凡是超越被调查者理解能力、记忆能力、计算能力、回答能力的问题，都不应该提出。

　　第四，适度性原则，即所问问题数量适当，最好20分钟可以答完。利用问卷做面对面访问时，要注意给回答问题的人足够的时间，让被调查者讲完要讲的话。

　　第五，具体性原则，即问题的内容要具体，不要提抽象、笼统的问题。

　　第六，单一性原则，即问题的内容要单一，不要把两个或两个以上的问题合在一起提。

　　第七，准确性原则，即表述问题的语言要准确，不要使用模棱两可、含混不清或容易产生歧义的语言或概念。特别是不要使用过于专业化的术语。

　　第八，简明性原则，即表述问题的语言应该尽可能简单明确，不要冗长和啰唆。

　　第九，非否定性原则，即要避免使用否定句形式表述问题。

　　② 调查问卷提问的方式

　　调查问卷提问的方式可以分为以下三种：

　　第一，封闭式提问，也就是在每个问题后面给出若干个选择答案，被调查者只能在这些备选答案中选择自己的答案。封闭性问题的答案是预先设计的、标准化的，有利于被调查者正确理解和回答问题，节约回答时间，提高问卷的回复率和有效率，而且有利于对回答进行统计和定量分析。另外还便于询问一些敏感问题，被调查者对这类问题往往不愿写出自己的看法，但对已有的答案却有可能进行真实的选择。

　　第二，开放式提问，即调查者不提供任何可供选择的答案，由被调查者自由回答问题。这种方式能使被调查者自然而充分地表明自己的观点和态度，调查者获得的素材比较丰富，有时还会发现一些超出预料的、具有启发性的回答。但由于回答的标准化程度较低，信息处理难度较大，不利于资料统计分析，因此在调查问卷中不宜过多。

　　第三，混合式提问，是指封闭型回答与开放型回答的结合。这种回答方式，综合了开放型回答和封闭型回答的优点，同时避免了两者的缺点，具有非常广泛的适用性。

　　③ 调查问卷的题项类型举例

　　填空式。将问题答案部分用空格的形式标示，供被调查者填写。

　　例：您的职业是_____

　　[①] 调查问卷的制作部分内容参阅了百度文库收录的《制作调查问卷的一般方法》一文。

是否式。在一个问题后面提出是与否，供被调查者选择，两者必居其一。

例：您喜欢阅读文学作品吗？（在答案处画√）
　　　　○是　　　　　　　　○否
例：……你同意这种观点吗？
　　　　○同意　　　　　　　○不同意

单项选择式。问卷中的问题是针对被调查者的感受程度或其他意见提出的，被调查者从所提供的多个选项答案中，选择一项符合自己实际情况的作答。所供选择的答案应当具有全面的包容性。

例：请问您对自己作为一个中国人感到自豪吗？
　　A. 很自豪　　　　　　　　B. 自豪
　　C. 比较自豪　　　　　　　D. 一般
　　E. 不自豪

多项选择式。提出一个问题，提供几种备选答案，被调查者可以自由选择。

例：您认为影响精品课程发挥更大应用效益的主要因素是：
　　A. 内容的及时更新　　　　B. 网络环境及技术方案
　　C. 交互式平台建设　　　　D. 知识产权保护和共享机制
　　E. 其他

等级式。列出不同等级的答案，由被调查者根据自己的意见或感受进行选择。

例：您喜欢所在学校组织的文体活动吗？（请按您的感受在相应的空格内画√）
很喜欢____　　喜欢____　　比较喜欢____
不太喜欢____　很不喜欢____　无所谓____

矩阵式。将同类的几个问题和答案排成一个矩阵，由被调查者对比回答。

例：2000年，部分国家领导人对于一些全球最严重的问题进行协商，并达成一致意见。请您思考以下项目，按严重程度排序。

	最严重	第二严重	第三严重	第四严重	第五严重
生活在贫穷中的人们					
对妇女儿童的歧视					
糟糕的卫生条件和传染性疾病					
不足的教育					
环境污染					

文字表述式。提出问题，要求被调查者用文字表述方式回答。

例：您对90后大学生有何看法？

自填式问卷通常会有一个结束语，可以对被调查者的合作表示感谢，也可以征询对问卷设计和问卷调查的看法。例如，在问卷的最后可以设计这样的问题：如果有需要补充的内容，请写在下面。

(5) 调查素材的记录

调查时,除了书面调查、网上调查可以根据调查问卷统计结果外,其余的调查方式需做笔记,才能对调查结果进行分析研究。一般而言,调查中主要应记录以下几个方面的材料:基本观点,事件梗概,重要数据,典型事例,通篇话语的关键点,生动的细节和重要的原话。另外,要重视记录调查过程中的具体数据;在事实说话的时代,即使是文学创作,也不能低估数字的作用,比如反映现实生活的一些报告文学,就不可能脱离数字而"遗世独立"。李超贵创作长篇报告文学《中国农村大写意》,先后采访了11个省、市,行程数万公里,占有大量的第一手材料,仅引用数据就达千个之多,人物数以百计。[①]

总之,调查的目的是为了研究问题,得出科学的结论。因此,对调查得来的材料不能"照单全收",要"吃透"材料,"消化"材料,对直接获得的第一手材料,要反复核实,防止以假当真或误会巧合。取得的数据,要核实其是否准确,防止人为因素的夸大或缩小。对间接获得的材料,要核实材料的来源。在此基础上要作科学的分析和综合工作。

(三) 阅读集录

阅读也是研究问题、自主学习的一种方式。对于写作者来说,阅读是素材积累的途径之一。我国著名的现代文学家沈雁冰先生,1916年进商务印书馆,年仅21岁。有人问他读过什么书,他回答:"耳所熟闻者是'书不读秦汉以下,文章以骈体为正宗',涉猎所及有'十三经注疏'、先秦诸子、'四史'(《史记》、《汉书》、《后汉书》、《三国志》),《汉魏六朝百三家集》、《昭明文选》、《资治通鉴》,《昭明文选》曾通读两遍。至于《九通》,'二十四史'中其他各史,历代名家诗文集,只是偶然抽阅其中若干章段而已。"[②] 这一回答足以说明既要博览群书,又要有所选择。

1. 阅读的对象和阅读策略

阅读分为"审美的阅读"和"理解的阅读"两大类。用喜爱或憎恶的感情去领略文学作品中的真、善、美与假、恶、丑种种意味,这是审美的阅读。顺着文辞形式,去探寻、领会论文、实用性文章或文学作品所传达的各种信息、思想观点、精神实质、具体做法,这是理解的阅读。

从阅读过程来考察,阅读可分为"浏览式"阅读、"分析式"阅读、"研究性"阅读。"浏览式"阅读是指扫描式的锁定阅读对象,通过快速阅读,以期对阅读对象形成初步的印象。"分析式"阅读是指阅读主体以"热情的介入者"的身份,通过仔细阅读,并以自身的生活经验、理论视角去解读、判断阅读客体提供的事实与思想;或去体验、感知作品中的艺术形象,捕捉独特的审美感受,其审美经验中已带有理性色彩与意识的判断。"研究性"阅读是指对阅读对象反复多次的审读,还要变换角度、变换方法读,如顺读,倒读,拆散了读,重新组合起来读,打破单一的读法,读出"特殊性"

[①] 章罗生:《中国报告文学的发展》,长沙:湖南人民出版社,2002年,第507页。
[②] 钟桂松:《茅盾传》,北京:东方出版社,1996年,第32页。

来，以透过文本的表象，开掘其所蕴含的思想意义，最终站到创造性阐释、产生独到发现的起点。当然三种方式的阅读并非孑然独立，尤其在确定了写作任务以后，它们会相互紧密关联，共同服务于写作目标的实现。

从积累素材的角度来看，阅读对象和阅读策略的选择可分为以下三个方面：

（1）阅读专业基础理论方面的教科书、本学科的经典名著、奠基性的著作、著名学者新出版的重要专著和重要文章等。对这些阅读对象，应逐章、逐节、逐句、逐字精心研读，有时需要反复几遍阅读，以了解其思想内容、理论体系，反复揣摩其精髓所在，做到透彻地理解，以达到融会贯通。

（2）与本专业、本课题相关的书籍、文章要有选择的阅读，以扩大素材积累的范围。这时的阅读可采用略读、速读的方法。对于看起来涉及本学科、本课题的新书、论文，如不知底细，或者以前读过要"温故而知新"者，或寻找有关材料，可采用跳读的方法。

（3）阅读中重视语言素材的积累，汲取名家名篇的语言营养，可丰富自己的词汇量，增强语言表现力。

2. 阅读的要求

（1）阅读选择要合理。一是需求和质量放在第一位，二是数量要合理。自学者阅读，不追求读得多，而应选择最好的、最急需的或最必要的阅读对象。

（2）读书难易要适当。要避免过难和过易，按计划循序渐进地阅读。

（3）读书要与观察、社会调查相结合。直接经验与间接经验彼此相互验证、补充和深化，才能有效地吸收、消化。

（4）读书要与评价相结合。消极的阅读，即放弃"自我"的审视，与作者融为一体，这是每个人都可能有过的阅读经验。消极的阅读会限制思想情感，使人墨守成规。所以，读书应该进入积极状态，即从"自我"出发，评价作者的思想，按照自己的观点研究，做出阅读的结论。

3. 阅读对象获取的渠道

（1）图书馆文献查阅

利用这个渠道获取阅读对象，首先要了解图书馆文献资源分类。一般大学图书馆馆藏信息资源分为：① 馆藏印刷版文献，比如报纸、图书、期刊论文、学位论文、会议论文、文学作品等；② 电子资源，如全文数据库、电子图书、光盘等；③ 自建或整合的网络资源。

其次，还要了解图书馆文献资源内容的分类：① 一次文献，即原始文献，如期刊论文、会议论文等；② 二次文献，即把原始文献加以整理，以便查找，如书目、索引、简介、文摘等；③ 三次文献，即在二次文献的基础上按文献的内容分类整理的成果，如专题综述、数据手册等。

第三，要了解国内的主要检索工具，比如：① CNKI 中国知识资源总库；② 万方数据—知识服务平台；③ 维普咨询—中文期刊资源；④ 全国报刊索引数据库；⑤ 中文社会科学引文索引（CSSCI）数据库；⑥高校人文社会科学文献中心（CASHL）等。

　　检索文献可按以下步骤进行：首先，作者按照写作的需要，明确检索要求和范围，可从区域界限、时间范围、专业范围三方面来考虑。其次是选择检索工具，作者先要了解和熟悉检索工具，清楚所查有关文献收录在哪些检索工具中，哪些检索工具中选录的文献资料质量较高、也比较丰富等等。第三，确立检索途径，可按照文献外表特征，如书名、著者、编号途径确定，也可按照文献内部特征，即学科主题等来确定。第四是选定检索方法，检查工具较齐全，可用"常用法"、"分段法"；检查工具若不全，可采用"追溯法"。通过以上步骤，如果还不能满足需要，则可以"按图索骥"，根据检索工具所提供的出处，分别到国内外有关图书馆和情报单位查阅。

　　（2）网络资源搜索

　　网络资源搜索方式主要有两种：一种是按分类索引的主题检索，另一类是关键词检索。目前，较为流行的搜索引擎主要有 Google、Yahoo、Altavista、百度、新浪搜索、搜狐等。另外中国教育和科研计算机网覆盖全国的教育机构，提供丰富的网络应用资源，网址为：www.edu.cn。该网的信息检索指南针收集了中国教育和科研计算机网（CERNET）、Chinanet、中国科技网（CSTNET）、中国金桥网（ChinaGBN）等网络上大量的信息资源。比较常用的引擎还有百度（www.baidu.com）。百度搜索收录了大量的中文网站地址，内容丰富，分类详细。常用的学术电子资源如：维普网、中国知网、万方数据库、中国人民大学书报资料中心复印报刊资料全文数据库等，只要输入篇名、主题词、关键词、摘要、作者、刊名等任一信息，便能查到你所需要的作品或研究文章，通过模糊检索也能查到相关的文章。登录 Apabi 数字资源平台、超星数字图书馆等，可以下载电子图书阅读。当然，你需要拥有这些网站的进入权。

4. 阅读集录的方式

　　阅读集录的方法也多种多样，如写日记、做笔记、编制卡片、建立材料手册、剪辑报纸、摘抄美文警句、记录灵感随感，还有实物、图片、照片、录音、录像、影视等等。常用的集录方式有以下几种：

　　（1）剪贴集录

　　所读书籍、报刊中对写作有价值的内容，摘录、复印或裁剪下来，贴到专门的剪贴本上，列出条目，标注出处和页码，以备用时查找。

　　（2）专题卡片集录

　　对阅读中与具体写作目标相关的信息进行摘录，分类存储于电脑文件夹或纸质卡片中。这类的素材积累有着双重的意义，一是为本次创作做充分准备；二是本次写作任务结束后，这些经过了对比、分析、判断、组合、验证的素材，可成为今后写作的备用资料。

　　（3）图表演示集录

　　对经常用到的相关数据，比如文学研究中对作家、作品、题材类型、获奖、发行数量等可用图表记录数据；实用文写作中涉及的国内生产总值、工农业总产值、地方财政收入、农民人均纯收入等绝对值,也应该用图表记载数据,能画曲线图的要画出曲线图。这样,就能使图表中的数据始终保持"最新消息",在运用时能够一目了然。

(4) 网络集录

利用网上信息资源,复制、下载对写作有参考或辅助价值的资料,丰富更新个人资料库,已成为素材积累的重要方式。但是网上的信息不完全可靠,非正式出版物刊登在网上的资讯,有精华,也有垃圾,讹误错漏的比例较高,直接录用缺乏权威性。因此,需要对其进行必要的过滤,最好是经过正式出版物查证后,再集录于案头。

小结:所谓巧妇难为"无米之炊",若放之于写作过程中,讲的就是素材积累的重要性。素材积累是写作的"前准备"活动,是写作者构建合理知识结构之必需。对学习者来说,当具有了自觉积累素材的意识,掌握了积累的方法,建立了丰富系统的素材库存,就为写作动机的生发、写作目标的实现奠定了坚实的基础。

【思考与训练】

1. 文学写作、学术写作和实用写作在素材积累方面有何区别?
2. 谈谈无意识素材积累在写作中的意义。
3. 如果要写一篇题为"当代中国农村题材电视剧创作现状"的论文,需要哪些材料?请你介绍搜集材料的过程。
4. 设计一份"茅盾文学奖获奖作品阅读情况"的调查问卷。
5. 选择自己家庭中的一位亲人为对象,进行艺术观察,并把观察的内容记录下来。
6. 选择本学科的经典名著,先采用略读的方法阅读,并写出读书概要,再用精读的方法阅读,并写一篇评论文章。

第五章 写作动机与选题

学习提示：写作动机是写作活动内孕过程中的第一个驿站。从心理学角度看，写作动机属于写作活动中作者的心理过程。从思维学角度看，写作动机属于思维的触发阶段，选题继承了动机触发过程中涉及的纷繁的客体对象，借助动机的力量，顺势而发，为这些客体对象领航，将其引向不同的思维空间。本章对写作动机构成的要素作了简要描述；阐释了写作动机所具有的复杂性、主体性、社会性之特性，分析了文学写作、学术写作、实用写作动机的生成，并侧重介绍了不同类型文体选题的方法与步骤。

第一节 写作动机的激发

一、什么是写作动机

什么是动机？其定义有数十种之多，心理学家一般认为："动机是由一种目标或对象所引导、激发和维持的个体活动的内在心理过程或内部动力。"这就是说，动机是人的内在心理过程，人的一切活动都是由一定动机所引起的。由于有了动机，就有了行动，动机消失，人的行为也将停止。"动机必须有目标，目标引导个体行为的方向，并且提供原动力。个体对目标的认识，由外部的诱因变成内部的需要，成为行为的动力，进而推动行为。"[①]

写作是一种心灵的创造活动，写作动机是作者投入写作活动的内在动力。无论是在生活事件的触发下产生了写的欲望，还是在外部因素的规定下被动进入写作，作者都会为之思虑谋划，甚至寝食不安。尤其是"触发"下的主动性写作，作者可能出现一种欲罢不能，非一吐为快不可的亢奋状态，当作品最终完成了，作者的身心才能得到彻底的解脱。

写作动机是复杂多样的，完整的动机系统应包括需要、欲望、意图、目的、意志、兴趣、愿望、理想、信念、世界观、心理定式、审美定势等多种成分。[②] 这里，我们对写作动机构成的要素加以简要描述。

（一）需要

需要是引起动机的内在条件，是动机产生的基础。需要是人机体内的一种不平衡状态，它表现为人对某种客观事物的要求。要求得到满足，不平衡状态就会暂时得到消

[①] 彭聃龄：《普通心理学》，北京：北京师范大学出版社，2001年，第320页。
[②] 蔡毅：《创造之秘》，北京：人民文学出版社，2002年，第161页。

除。人的需要是多方面的，有自然本能的需要，比如吃饭、睡觉等；有社会性需要，比如劳动、交往、求知等；有物质的需要，如工作、住房等；有精神的需要，如看电影、阅读等。美国心理学家马斯洛把人的需要由低级到高级依次分为：生理需要、安全需要、爱的需要、尊重的需要、自我实现的需要。前四种被称作缺失性需要，自我实现的需要被称作丰富性需要。并认为：高级需要在低级需要得到相对满足的基础上才有可能出现，人的高级需要更接近于自我实现。① 虽然马斯洛的需要理论有一定局限，但对我们研究写作动机是很有价值的。那么，在人的需要系统中哪些因素直接或更多地引发了写作动机呢？应该说写作动机与人的多方面需要有关，既有为最高层次的自我实现的需要而产生的写作动机，又有为满足生活、生存需要而生发的写作动机；既有为了工作需要、为了完成领导交给的任务产生的写作动机，也有宣泄情绪的写作动机，等等。这其中，精神性需要的因素占有更多分量。张洁说："我写下的文字，都是源自内心的真诚。很幸运，到现在我对创作还有激情。我认为如果艺术以名利为前提，先设计它能带来多少盈利之后才进入创作，是达不到最高境界的，当艺术只是为自己而做的时候，才能进入最尽责的状态。"② 张洁的观点是具有代表性的，作家把文学创作看成是自己生活方式的一部分，率性而为，不故意营造，不刻意追求，这是基于艺术人格之上的动机，能够满足作者自我实现的需求。

（二）目标意图

目标意图是指行为主体根据自身的需要，借助意识、观念的中介作用，预先设想的行为目的和结果，是动机产生的归宿和努力方向。作为观念形态，目标意图反映了人与客观事物的实践关系。在写作活动中，作者的意图贯穿写作实践过程的始终，是推动其行动的现实力量。写作的目标意图一旦确立，便呈现出自觉性和主动性，它引导控制着动机的发展趋势，驱使着人不断跨越一道道障碍，向着自己所追求的方向行进。美国著名诗人惠特曼谈自己为什么创作《草叶集》时说："我没有赢得我所处的这个时代的承认，乃退而转向对于未来的心爱的梦想……这就是要发奋以文学或诗的形式将我的身体的、情感的、道德的、智力的和美学的个性坚定不移地、明白无误地说出来并表现出来……"③ 惠特曼的创作目标鲜明突出，《草叶集》初版发行没有获得赞誉，母亲斥之为泥巴，评论家中竟有人把它投入火炉，有人认为惠特曼不懂艺术。但惠特曼毫不在乎这无情的冷遇和打击，仍然以极大的兴趣与热情坚持着他的诗歌创作。《草叶集》从1855年初版收录的12首诗，到1892年终版401首，可见意图目标对他创作的推动力。

写作的目标意图既有政治性的，也有经济性的；既有生物性的，也有社会性的；既有个体的，也有群体的；既有感性的，也有理性的等等。而且目标意图常常不是单一的，而是数种合一而发力；对行为作用力来说，只要目标意图明确深刻，其作用力才强大而持久。

---

① 马斯洛等：《人的潜能和价值》，北京：华夏出版社，1987年，第203页。
② 参见张英：《文学的力量——当代著名作家访谈录》，北京：民族出版社，2001年，第105页。
③ 惠特曼：《草叶集·前言》，北京：人民文学出版社，1994年，第1—2页。

(三) 情绪、情感

情绪、情感是人对客观事物的态度体验及相应的行为反应，是联结需要和意图的动力。当客观事物或情境符合主体的需求和愿望时，就会引起积极的、肯定的情绪和情感，比如结识了志同道合的朋友会感到欣慰，看到见义勇为的行为会产生敬慕。如果客观事物或情境不符合主体的需求和愿望，就会引起消极否定的情绪和情感，比如遭人欺侮感到愤怒，失去亲人感到痛苦。情绪、情感是动机的源泉之一，它常常绵延顽强、难以自制。在写作语境下，当作者产生一种强烈的非写不可的欲望冲动时，说明蓄积达到了饱和程度。比如鲁迅写《阿Q正传》，正是面对国民劣根性而生沉痛，是"哀其不幸，怒其不争"的强烈情感驱使他创作。所以，需要和目标都要在情感、情绪驱使下才能获得实在的体现。如果缺少强烈的情绪驱动和情感冲动，需要和意图就不能付诸实际的行动，动机将会停留在观念性和玄想阶段而无法变为现实。

(四) 意志

写作是艰辛的创造，有时难度很大；有时并非"我要写"，而是领导"要我写"，是"领导意图"；有时是"岗位职责要求写"，关乎"生存发展"。这些时候，动机就与意志有了直接关系。意志是要实现目的而产生的心理状态，它伴随着动机的发生而发生，常以语言或行动表现出来。在写作行为过程中，意志表现为权衡写作动机，自觉确定目标，并根据目标调节行动；在意志的推力下，写作者会克服重重困难与障碍，坚持预定的写作动机目标与计划好的行为程序，直至写作行为告一段落。意志像勇敢的卫士，不断地制止来自动机外部的干扰因素，排除内部心理困扰，侧重增强承受挫折的韧性与持久性，强化动机，保证写作行为的正常运行。茅盾文学奖获得者张炜，用了22年的时间完成长篇小说《你在高原》的写作，这部作品长达450万字，没有深刻的人生体验，没有强烈的情感驱动，没有非凡的毅力，是无法在这样漫长的时间过程中坚持创作的。

二、写作动机的特性

写作动机是一种相当复杂的动态系统，它不但包含多种成分、要素，各要素之间形成不同的关系和层次，而且具有多种不同的性质和功能。从不同角度可以对写作动机进行分类。比如从审美的角度，可分为缺失性创作动机和丰满性创作动机；从时间角度，可分为瞬息突发式创作动机和渐进持续式创作动机；从存在方式来看，可分为显性动机与隐性动机；从重要性角度，可分为主导动机与次要动机；从境界角度，可分为高尚的写作动机与卑下的写作动机；从效果角度，可分为积极性动机与消极性动机等等。无论是以审美为旨归，或是以体现个人心性智慧为旨归，或是以获取现实功利为旨归，写作终究是一种精神性的创造活动，其动机便具有一些不同于人类普通动机的特殊属性。

(一) 复杂性

动机是由需要这一原始动力引发的，而人的需要不仅多样，且可能同时发生，故而当多种需要引发的多种动机组合成动态系统，共同作用于写作活动时，动机便呈现出复杂状态。贾平凹说："写书于我，是作用于社会，作用于时代，也同时是为了我自己的受用。"① 当然，多种动机并存时，其中必会产生主导动机，它处于支配地位；其余动机则成为次要动机，受主导动机的制约，这是动机复杂性表现之一。司马迁作《史记》或因受父亲临终之命，或为著史以自见，或以撰史书而立名，或因受宫刑抒其愤恩，或为"究天人之际，通古今之变，成一家之言"；但综观《史记》及其创作的各种内外因素，"究天人之际，通古今之变，成一家之言"应是其主导动机。不过，若从不同类别写作角度考察动机的复杂性，还会发现，写作主导动机一般会受制于文类。比如进行文学创作，其主导动机应为"满足人审美心灵的需要"，在此动机驱动下，创作者无法控制自己，"在很大程度上受一种随心所欲的力量所摆布"②；而记者、秘书接受岗位任务写作，其写作的主导动机通常是职业发展目标的价值评定。

从写作动机与写作行为之间的关系考察，两者之间非简单的对应关系。动机的发生源于某事物的激发，但写作对象可能不是这一事物本身，而不同作者的同一写作行为也可能受不同动机的驱使，例如有人是为挣稿费维持生活，有人是为了完成上级领导交给的写作任务，有人为评职称，有人为写出心中的那个"白日梦"，有人为了表达互动交流的渴望等，动机复杂多样。

动机的复杂性还体现在主体客体相互作用的不定性上。主体和客体都是动态对象，作者的认识不断调节、深化，创作前、创作中，动机都会发生很大变化，甚至创作结束时与开始相比，截然相反。但丁最初创作《神曲》的动机是出于对精神上的爱人无限哀痛和追念，但后来却从爱情诗的写作转变为社会批评之作。

创作动机变化的复杂，主要是外界环境影响下，作者有了新的发现，从而审美态度发生了变化。但丁写作动机的变化，就是因为写作中诗人卷入党派斗争，坎坷的经历使其对社会有了深刻的认识。动机的复杂还由于作者性格的复杂，某些环境压力等使其写作的文字，或宣称的观点与其真实的思想相悖。

（二）主体性

写作动机的主体性是指在特定社会文化语境中，作者是写作动机支配下的行为的自主者，行为过程中的一系列活动都是作者所进行的实践和思维活动，且能够遵循写作的规律，表达独立的意志。也就是说，作者是自己情感愿望的主体，其动机的实施代表着个人的观念和情感。

在文学写作中，动机的主体性非常鲜明。马克思在论述艺术感觉的时候指出："人不仅在思维中，而且以全部感觉在对象世界中肯定自己。""任何一个对象的意义（它只是对那个与它相适应的感觉来说才有意义）都以我的感觉所能感知的程度为限。"③ 主体接受或者捕捉，甚至寻求客体的刺激，以引起主体的反应，发生同化作用，激发起

---

① 贾平凹：《一封荒唐信》，《文学评论》1985年第5期。
② 巴尔扎克：《巴尔扎克论艺术》，北京：人民文学出版社，2003年，第7页。
③ 马克思：《1844年经济学——哲学手稿》，北京：人民出版社，1979年，第79页。

创作的动机，都是主体"以全部感觉在对象世界中肯定自己"。因此，这种感觉的接受和寻求的过程，便是寻找自我的过程，创作动机的发生，可以说是作者的自我归依。在实用写作中，主体性也同样存在。爱克曼的《歌德谈话录》记述的是歌德的实际谈话，似乎应该是完全排除了记录者主观性的纯客观的东西，然而爱克曼却说："这里所显现的是我的歌德。"爱克曼是在"力求做到尽量忠实"的前提下记述对象的言论，何以笔下的歌德成了"我的歌德"呢？爱克曼是这样解释的："这句话不仅适用于歌德怎样把自己显现给我看的方式，而且也适用于我怎样了解他和再现他的方式。这里呈现出来的是个经过反映的形象，一个人的形象通过另一个人反映出来，总不免要丢掉某些特征，掺进某些外来因素。替歌德造像的有劳哈、施蒂勒和达维。他们的作品都极真实，但也多少都显出作者本人的个性。"①《歌德谈话录》是一部纪实性的作品，其中依然存在作者的主体印记，究其实，写作动机的生发受社会环境的刺激，但是动机主体并不只是环境刺激的被动反应者，作者的价值观、思维方式、审美取向会左右他的选择，作者的综合定势与其发现和认识的对象的客观属性是在相互适应的状态中展开，由此进行的反映尽管很真实，却必然会"掺进"作者的主体性。所以，在新闻写作、公文写作中，作者面对客观信息时也不是"纯客观"的，而是以个人的思想、观念、气质和情感去主动地过滤、理解生活。如罗丹所言："真正的艺术家总是冒着危险去推倒一切既存的偏见，而表现自己所想到的东西。"②

　　写作动机的主体性表现之一，就是对生活刺激的选择具有主动自决权。作者在情感需求、兴趣爱好的导引下深入生活，积累素材，对有意关注的信息积极采纳，对无意关注的信息可以视而不见、听而不闻。这样的积淀，使作者形成了感知的主观"偏向"，并制约、引导动机的发展，比如在地震灾难来临以后，人在灾难中所表现的生存勇气、无私精神会给许多人带来写作的冲动，但这些外部刺激所形成的动机目标可能各不相同，有些运行在形象思维的河床上，目标指向文学写作题材和审美意象的构造；有些运行在具象思维的轨道中，目标确立于消息、通讯等题材的立意完成；也有的运行在逻辑思考中，研究地震发生后次生灾害的预防等等。在同一刺激下，不同的作者确立了不同的动机目标，主要在于作者主体性的作用力。

　　写作动机的主体性还体现在作者的个性、气质、思想必然浸染动机，帮助动机的具体生成，影响动机的发展方向。唐玄宗与贵妃杨玉环的故事在流传中成了文学的题材，当王质夫向朋友白居易和陈鸿提议，将其作为创作对象，白居易创作了长诗《长恨歌》，而陈鸿创作了传奇《长恨歌传》。由创作结果推测过程，同一历史故事，同一外部刺激条件，目标结果却不相同，我们可以说这是动机"主体性"的表现，是作者的个性、气质浸染动机，影响了动机发展的方向。

　　写作动机的主体性还与作家的感知能力、知识经验、文化心理结构紧密相连。《中

---

① 爱克曼：《歌德谈话录》，朱光潜译，合肥：安徽教育出版社，2006年，第277、276页。
② 罗丹口述、葛塞尔记录：《罗丹艺术论》，沈宝基译，桂林：广西师范大学出版社，2002年，第10页。

国作家》曾以"我和北京胡同"为题,邀请一批文坛名家著文写体会,萧乾、季羡林、王蒙、杨沫、李纳、白桦、蓝翎、蒋子龙、陈建功、叶兆言、王朔应征写下了各自对胡同的认识和感受,十一篇散文观点各异,风韵不同[1]。由此可见,就是同题、同体写作,由于作者的感知体验不同,自身的文化心理结构系统不同,动机的内驱力与其表现也会导致结果的差异。

(三) 社会性

写作动机发生于作者自身,具有鲜明的主观性,但作者的需要是在参与外部社会实践活动中形成的,从而就具有了社会与个人的双重性质,动机的产生也必然要受社会关系的制约,受社会生活条件的影响,它包含着非个人意志的社会历史内容,具有普遍的社会性。

生活在不同国家、时代、地域和文化背景中的作家,写作动机的差异性是动机社会性的表现之一。比如西方工业革命以后,经济飞速发展,但人与人之间的关系却越来越疏远、冷漠,社会变成了一种异己的力量,个体的人感到无比孤独。两次世界大战,人类用自己发明的武器屠杀自己的同类,自由、博爱、人道理想的观念被战争践踏,西方的文明陷入了深刻的危机之中,由此出现了抒发苦闷、孤独,表现荒谬、丑恶意识的现代派文学。而这一时期,中国和许多第三世界国家才刚刚开始向工业化迈进,人们企盼自己的国家科技能迅速发展,经济能早日腾飞,无论文学写作,还是实用文、学术论文写作,表现出的是与西方截然不同的情感体验和价值观。社会历史的变迁影响着人们的思想观念,也导致了作者写作动机的选择,使他们的作品必然折射出时代精神、民族利益和社会心理。其次是同一个国家在不同的社会历史条件下,作者的写作动机往往受社会时代的影响和制约。比如,"文革"中,在"斗争哲学"的诱因下,许多作者写出的是充满火药味的批判文章。全球化的今天,东西文化交流,新媒介打破了信息传播的狭小空间,许多作者的写作动机也随之有了新的内涵,裴钰创作了《莎士比亚眼里的林黛玉》,他直言自己的创作动机是要打破文化的隔阂,把中、英两个语言版本的《红楼梦》第一次连接起来,让中国读者和西方读者第一次彼此认识,彼此沟通[2]。而当下名著改编热,"穿越"剧热,包括以自由为旗帜的网络文学创作,其作品纷纷走出网络,走进出版社再发行传播的现象,也充分说明了特定时代氛围、政治环境、意识形态因素以及媒介方式等,都会对多数作者的写作动机产生影响。

三、写作动机的生成

(一) 文学写作动机的生成

考察中外文学史上成功作家的创作发现,外物激发和内部刺激是文学写作动机生成的主要方式。由于动机的触媒不同,文学写作外物激发方式有多样的情形。有"原型激

---

[1] 马尚瑞等:《北京作家谈创作》,北京:十月文艺出版社,1985年,第92页。
[2] 凤凰网视频访谈:裴钰畅谈《莎士比亚眼里的林黛玉》,2008年11月25日。

发",即作者受生活中的人和事的直接启示而创作。老舍的《骆驼祥子》、笛福的《鲁滨孙漂流记》的创作动机形成都属于这一类。史铁生的《我与地坛》,一合的《黑脸》,蒋巍的《牛玉儒定律》等作品的创作动机也都来自生活中真人真事的催发。有"情景诱引"式,即特殊情境氛围触发了作者创作冲动,茹志鹃的小说《百合花》的创作动机就是在特殊环境氛围中催生的,作者说:"我写《百合花》的时候,正是反右派斗争处于紧锣密鼓之际。社会上如此,我家庭也如此。啸平(作者的丈夫)处于岌岌可危之时,我无法救他。只有每天晚上,待孩子睡后,不无悲凉地思念起战时的生活,和那时的同志关系。……《百合花》便是这样,在匝匝忧虑之中,缅怀追念时得来的产物。"① 有"外物启示"式,即外部某物件或形象图景引发了作者强烈的创作冲动。雪莱的历史名剧《钦契一家》的创作就是由一幅画引起的。画家基多曾为被囚狱中的贝特丽采画了一幅肖像画,画中的贝特丽采神情庄严而忧郁,这给观画的雪莱留下了深刻的印象,使其产生了强烈的创作欲望。他开始查阅贝特丽采家庭悲剧的史料,发现了其中包含的社会意义,一部名剧随之诞生。还有"思想点化":这种创作动机往往是在阅读或者与人交流中得到某种思想的启示而形成的。华裔女作家张翎的小说《余震》的创作就缘于阅读,作者在机场候机,发现机场书店里摆满了关于唐山大地震的书,她翻看了其中一本回忆录《唐山大地震亲历记》,其中"那些孩子的故事突然打动了我,很深地刺痛了我"②,《余震》的创作由此而起。

在素材积累一章中我们已经说到,自动积累和自觉积累素材时,外物可能激发作者,产生写作灵感,但多数的外物素材是存储起来,等待"机会";当作者在某种特定情境下写作需要被唤起后,储存的印象就会被触动,成为写作的对象。外物触发的因素是多种多样的。正如巴乌斯托夫斯基所说:"谁知道一次邂逅、一句记在心中的话、梦、远方传来的声音、一滴水珠里的阳光或船的一声汽笛不就是这种刺激,我们周围世界的一切和我们自身的一切都可以成为刺激。"③

内部激发式动机的触发源主要来自作者的心理世界。现代心理学研究证明,非感性因素也可以触发动机,这种触发源来自潜藏于写作主体心理的深层结构中,在无外界刺激的情况下,各种情绪、意念的碰撞皆可使沉积前意识、潜意识的信息萌动起来,引发动机的产生。"即使一个人安静地坐着,不受生物组织需要或外部刺激的影响,他仍然受神经系统所产生和指导的连续不断的观念、思想、想象所引起的动机的作用。"④ 这样的引发机制是复杂的,甚至是神奇难解的。

无意识发动是内部激发式动机生成的一种典型。无意识发动是指作者并没有投入积极的意识活动,动机在不被主体自觉意识的情况下降临了,郭沫若在《回忆〈凤凰涅槃〉》的写作情况时说:"上半天在学校课堂里听讲的时候,突然有诗意袭来,便在抄

---

① 茹志鹃:《我写〈百合花〉的经过》,《青春》1980年11月号。
② 中国新闻网. 2010年8月16日。
③ 巴乌斯托夫斯基:《金蔷薇》,李时译,上海:上海译文出版社,1980年,第39页。
④ 克雷奇等著:《心理学纲要》下册,周先庚等译,北京:文化教育出版社,1982年,第317页。

本上东鳞西爪地写了那诗的前半。在晚上行将就寝的时候,诗的后半意趣又袭来了,伏在枕头上用着铅笔只是火速地写,全身都有点作寒作冷,连牙关都在打战。就那样把那首奇怪的诗也写了出来。"① 这就如别林斯基所说的:"我们的天性替我们发生作用,不等我们的思想或者我们的认识作为媒介参与其间,在看来不可能没有思考而行动的时候,我们仿佛本能地行动着。"② 其次有梦境的顿悟。梦是一种积极的生理、心理过程,对创作动机有诱发作用。在文学史上,由梦而产生作品的情况并不鲜见,英国诗人柯勒律治的著名诗歌《忽必烈汗》、斯蒂文森的散文《越过平原》都是梦中所得。在梦的心灵世界里,一切戒备消隐了,意识自觉控制暂时退场,那些神奇的、出乎预料的情形就会出现。这是许多作家渴盼的创作灵感。

(二) 学术写作动机的生成

学术写作动机的生成与职业关系相辅相成。首先,学术写作是学术研究工作成果的总结,学术写作动机生成的时间应该在研究开始之时,可以说,研究的动机就是写作的动机。从研究主体的态度角度区分,学术写作的动机有主动动机与被动动机两类。

主动动机是指作者在自己所选择的职业工作领域里,发现了(偶遇)相关的问题对象,积极投入研究。比如,一个切除了胰脏的狗的尿招来了成群的苍蝇,闵可夫斯基马上分析了这只狗的尿,发现其中有糖。正是这一发现,使我们认识了糖尿病和后来用胰岛素控制糖尿病的方法。弗洛伊德精神分析论著的写作动机也是典型的一例。这种情况下的写作动机既有外部事物的刺激,也有内部因素激发的作用。

所谓被动动机,即写作的原初动机并非来自于作者内心世界的渴求,未能显示作者的主动意识。比如在职业领域里,奉命进行某个课题研究,最后撰写科研报告,这种写作"需要"是外力施加的。根据组织的要求申报课题,按预定计划完成课题的研究,也不是完全主动的,有明显的外部力量的驱使,其写作的原初动机的生发虽与外部因素有关,但却属于被动之列,作者自我的"驱动力"没有完全形成。这种原初被动动机性质如果不能转换为主动动机,虚假性将可能笼罩整个写作过程,其结果也将是虚假的。"学术造假"事件、"重复研究"现象,从根子上说,正是动机生成的"虚假"所致。因此,被动动机转换为主动动机是学术写作正常进行的一个关键,而转化的条件是要让工作目标与自身追求的理想目标相融合,责任、高尚的品质等往往成为融合的保证性要素。

(三) 实用写作动机的生成

实用写作动机的生成既受外部力量的驱使,也受内部驱动力的支配。实用写作的外部动机主要表现为"功利目的"和受"他人意志"支配驱使这两种形态。

受功利目的支配的写作,或为了实际生活的需要,或为了解决工作中的实际问题而写作,"实用性"是其功利特征,"用的需要"是动机生成的重要因素。

---

① 郭沫若:《我的作诗的经过》,《艺术与生活》1941年第22期。
② 别林斯基:《艺术的观念》,《古典文艺理论著译丛》第11册,北京:人民文学出版社,1966年,第64页。

受他人意志支配的写作，多数情况可视为"职业受命写作"。比如记者、文字秘书，他们对职业的选择是自觉的，对工作岗位写作与自己之间的关系认知是清楚的。写作是他们的工作，是他们的生存方式，也是他们自我价值实现的路径。在这里，实用写作动机的生发与文学写作动机的生发有明显的不同，它并非直接来源于写作主体自发的缺乏状态或丰富状态。写作的起点就是接受写作任务，不但写什么很具体，而且文体模式也已经确定，比如给单位写规划方案。这样的写作需要是由外力施与的，但真正点燃写作动机，支持写作运思展开的因素并不是他人施与的需要，而是作者主体内部的需要。他者意志作为外力是驱动作者的起点，却不能随之点燃作者写的冲动。于是，"受命写作"也面临着一个主体动机转换的问题，即不管出于什么原因，比如接受领导布置的写作任务、岗位职责要求的写作、朋友委托求助的写作，等等，这些外在的原因都要转换成写作主体内在的一种需要，也就是主体要将外部驱动力变为内部驱动力，从"别人要我写"转变为"我自己要写"。如何完成这一转换呢？将"受命目标"与人的存在结合起来，将"受命目标"与作者自己追求的理想结合起来，"小我"和"大我"相融，应是可行的一种方法。

第二节 选题的策略

一、选题的特征

写作选题是在写作动机的激发下进一步的对象化的过程，如果说动机的触发主要表现为一个心理过程，选题则与写作的实际操作联系更直接，甚至还需要有大量的前期工作相配合，例如对研究现状的梳理，资料搜集、调研乃至有目的的体验生活等等。以此为基础，作者生活中的积累、体验、感悟都在动机的深度驱使下，层层深入、遴选，最终导引出具有鲜明图示性的写作选题。一般而言，选题活动具有以下特征：

（一）剥离性

选题的过程就是一个将题材从游离状态提升为固化形态的阶段，这个阶段经过了艰辛的剥离，也就是写作者在面临着繁杂的、多样的个体对象和不同的写作视域，必须要用坚定的写作信念，把那些无关的、关系不密切的，或者存在黏滞的赝象剥离开，并将一个"价值性素材"从混沌中剥离出来，删除一切干扰它的模糊信息，从而切断无关的或者陈腐的关联，令该选题更具有鲜明性。正如陆机《文赋》所言："情瞳昽而弥显，物昭晰而互进。"感情越朦胧就越新鲜，事物说得越明白就越能取得进步。这里的感情指的是主观感知，事物指客观存在。主观的感知和理性思维在剥离的过程中起到了监督审视的作用。剥离是多个题材对象对抗竞争淘汰的过程，也是写作走向规范，制定剥离规则，使最切合的题材形体脱颖而出的脑力运作过程。

（二）层级性

选题并非一蹴而就，而是需要一个层次递进的过程，如果缺乏层级意识，就很可能使选题流于形式，缺乏深度和新颖度，步前人的后尘。低级的选题：只是初步的圈定了写作的范围，从学科或者专业领域的大范围中筛选出的，基本符合自己驾驭能力的选题。中级选题：选题对象明确，自己能够驾轻就熟地掌握对象的来龙去脉、特征、内涵和价值。高级选题：选题是澄明、清晰的，又是富有内蕴的，它不仅为写作者所精熟，而且同时具有新奇的感召力。与其说作家在召唤选题，还不如说是选题在召唤作者。作者和选题达到了完美的契合。在这个选题里蕴藏着作者想要开采的无穷宝藏，这样的选题既具有内聚性的坚实内核，又具有发散性的无穷辐射能力，这就是高级选题的魅力所在。由此可见，理性层级需要写作者的层层深入才能达到。

(三) 图示性

选题不是一组简单的文字符号组合，它应该是一种清晰的结构预兆，在作者的思维中形成一个形式完整的图示，虽然细部还没有完全填充，但它已经形成了初步的思维架构。① 选题的内在张力就在于构造完美图形的内在趋力。

二、选题的基本要求

(一) 本色与当行

"本色""当行"二词来自宋人严羽。《沧浪诗话》云："大抵禅道唯在妙悟，诗道亦在妙悟。……悟乃为本色，乃为当行。"选题的过程也就是一个"悟"的过程，悟不是无目的的领悟题材，而是以本色、当行的标准来严格要求，选取符合主体写作范式和内在意愿的题材。我们所说的本色和当行其实指的是在选题时作者的内在标尺。作家张平在写完《十面埋伏》之后说："不熟悉，不了解，感动不了自己的人和事，我根本无法落笔。即使是在写作期间，一旦有了拿不准的地方，还是得不断地往下跑。没办法，写现实题材，只要写的不是个人亲身经历的事情，大概就只有这样，于是越写就越觉得难。"② 张平是一位主体意识比较强的作家，直面现实，为大众而写作是他选题的主体意图，他设定的融入自己血液中的叙事文本和思维模式，也就是写作的一个基本的法则定位。而他创作中的状态，正是对选题思维活动的一个注脚。只有思维中的素材与主体意志巧妙地遇合，获得了灵动的生命真实感，方能实现由动机向选题的转化。

(二) 适度与适当

选题的范围大小、领域的宽广程度都要符合作者的个人量度。有的写作者适合驾驭宏大的题材，以宽广的视角来展现社会历史时代的风云变化，而有的写作者喜欢从小处着笔，以小见大，从深邃精细处投射出意义深刻广远的大主题，选题与作者的性情、气质、爱好、阅历是分不开的；同时选题还受到外在"量度"的制约，比如社会的法制、舆论的导向、受众的喜好等也会影响到选题的取舍。总之，选题的度是由主体自我的"自律"和客观环境的"他律"综合作用形成的合力所造就的。当适度的选题确定后，

---

① 滕守尧：《〈视觉思维〉译者前言》，鲁道夫·阿恩海姆：《视觉思维》，北京：光明日报出版社，1986年，第7页。

② 张平：《十面埋伏》，北京：作家出版社，1999年，第628—631页。

还要看选题是否适当，即选题是否合乎社会规律、自然规律、哲学道理或先进的人文价值理念。有的作者在确定好几个选题后，先将其束之高阁，进行一段时间的"冷处理"，就是试图将自己选定的对象，进一步做理性审美判断或者价值判断，只有经过严谨的操练、提取后的选题才会更加精当，适于写作。

（三）辨识与辩证

选题要求感性和理性的共时参与，辨识就是要求依据写作者的表达性标准来检验所选题材的外在物质化外壳，看它是否契合主观意图，并且能够向外延展，是否具有向写作实践提供完整文章图样的写作能力。辩证则是对选题进行形而上的科学分析，从理性思维的角度看主观控制力能否把握选题的全部，同时，在辩证分析过程中，分析自己的驾驭能力和写作能量的充沛程度，及时补充个人的个性经验、各类资料和生命体验等，使选题的可行性和可预见性达到最大值。约塞廖尔·汉森在谈到诗人的逻辑思维时就强调辨识物象特征能力，他认为诗人的工作是审视物种而不是个体，是说出一般的特征和大的现象……为了做到这一点，他必须忽视不是群体才具有的那些小特征。[1] 用亨利·穆尔的话来说，抽象的思维能够产生"最大的直入主题和做多的张力。"[2]

三、选题的方法与步骤

写作选题的方法与步骤因文类的差异而各有不同的着眼点与切入点。

（一）学术写作的选题

学术论文的本质是学术研究成果的记录与发布，所以学术论文的选题实际上就是确定一个学术研究的课题，或者是在一个既定的大课题中选择一个具体的研究角度和对象，明确将要探讨和解决的问题。为了捕捉到科学、合理的选题，我们首先要从价值性、可行性等方面对选题进行评估。

所谓价值性是指选题是否具有科学价值，或实用价值，或精神文化效应的思想价值。用这个尺标来衡量，方能从纷繁的研究对象中选取出最有价值的一个。比如，有大学生围绕着社会主义新农村建设搜集到了不少课题意向，像农村留守儿童教育问题、农村新型社会保障问题、农村社区建设问题等，用价值的标尺衡量后，这名同学根据自己的知识背景，发现新农村建设中探索一种新型社会保障体系的课题很有意义，它对于稳定农村社会基础，缩小城乡差距，推动社会和谐等方面均有重要作用，显然这个选题是现实中尚待解决的课题，可为政府决策提供参考和建议，对这位同学而言，这是相对具有学术价值的选题。

所谓可行性是指完成所选论题的研究条件及占有信息资料的多少，有些论题很有研究的价值，但完成它需要一定条件，比如：较多的资金、较长的时间等，这些条件是大部分学生不能具备的，条件不充分则很难完成选题的研究，所以必须着眼于研究条件，

---

[1] 转引自罗伯特·鲁特—伯恩斯坦《天才的13个思维工具》，李国庆译，海口：海南出版社，2001年，第93页。

[2] 同上，第94页。

从已有的积累入手,对选题的确立就会有很大帮助。

下面介绍学术性选题的基本方法。

1. 追问疑点"探索法"

进行学术研究要敢于质疑,对涉及的学术问题学会问"为什么",通过层层追问,来发掘前人说法中的不完备处、不能自圆其说处、语焉不详处,或者通过实践检验和逻辑思考,发现与传统学术观点的相悖处、矛盾处,抑或是面对新情况新问题时无法解释处,这些学术上的疑问点,也是我们进一步展开探索的起点。比如王国维在《人间词话》中多次提到"意境""境界"这两个重要的美学概念,但是这两个词到底是不是一回事呢?查考文献,发现人们对"意境"阐述颇多,而对"境界"却分析很少,对两者区别和联系的分析更是少之又少,如果再深入探索,就容易确定出我们的选题。

2. 学术动态"定位法"

要想迅速地捕捉到选题,还要充分了解该研究领域的学术动态,可以通过相关学术会议、研究综述、各级学科研究课题立项等,查究学术"热点""焦点",总结出选题的研究历史、现状,从而找到该课题已经研究进展到何种程度,从中发现哪些问题尚未解决,哪些问题尚有争议,哪些问题尚存在"空白"。经过这样的系统分析开掘,就可以迅速观测到学术的动向,找到展开探索的定位点,确定选题。

3. 学术盲点"补漏法"

通过地毯式的扫描,寻找到学术"盲点",这个盲点可以是前人论述的欠缺,也可以是逻辑观点上的遗漏,然后展开大胆尝试和大胆质疑,尝试用新理论、新方法来分析,确立起自己的选题。比如,有的同学发现大家对鲁迅笔下的"阿Q"人物分析很多,但是还没有人从"存在论""完型心理学"角度分析过,我们就可以尝试补上这个研究的学术盲点。

(二)文学写作的题材选择

文学创作的题材选择具有自由性、主观性和命意性。所谓自由性主要是说文学表现领域和取材具有多面性、灵活性,人文社会、草木虫鱼、山川江河都可以作为写作的题材。《论语·阳货篇》中记载孔子教育其子道:"小子何莫学夫《诗》?《诗》可以兴,可以观,可以群,可以怨。迩之事父,远之事君;多识于鸟兽草木之名。"从《诗经》中涉猎的广泛内容我们不难看出文学选题的自由度。文学写作是作者创造文学形象的过程,所以题材的选择又具有很强的主观性。曾经有一些政治家和评论家主张写作要尽量选择体现时代精神的重大题材,但鲁迅先生却对萧军说:"不必问现在要什么,只要问自己能做什么。现在需要的是斗争的文学,如果作者是一个斗争者,那么,无论他写什么,写出来的东西一定是斗争的。就是写咖啡馆跳舞场吧,少爷们和革命者的作品,也绝不会一样。"[①] 可见对于作者而言,至关重要的是选择自己最有感悟、最能表达自己情感和思想的题材。而命意性则是选题要有个人意愿和生命理想等价值意义的附着。前

---

① 鲁迅:《书信·致萧军》,《鲁迅全集》第12卷,北京:人民文学出版社,1981年,第532页。

边孔子所说的"兴观群怨"就是当时人们写作和学习的命意。

对于不同的文学体裁而言,选题的角度和着眼点也各有差异。

诗歌作为一种以抒情为主的体裁,情感思维在选题中起着关键性作用。华兹华斯说:"一切好诗都是强烈情感的自然流露。"①一些日常生活中看似平常的场景,由于融入了作家丰富的情思,从而使题材熠熠生辉,获得了新意。此外,诗歌通常截取生活中的一个片段,甚至一个画面,通过高度凝练的意象,来寄托和抒发诗人的情感。一首诗的命意可以宏大或细微,但其题材一定要有集结情愫和描绘意象的集中概括力,要有一定的意境美的素质,才能成为诗表现的对象。

散文的选题注重"纪实性",由此表达贴近日常生活的真情实感,往往在片段的生活情境中透露出细腻的情感体验和幽微的人生哲理。"忌虚妄""情真意随"是散文选题的基本标准。

小说在题材选择上更注重人物、事件、环境诸要素的完整性,较之诗歌、散文,小说能包容更丰富的生活内容和感情层次。选题时需要关注以下几点:

1. 捕捉"易感点"

即能够触动人生和社会感受的最佳切入点,这也是诱使写作者产生创作冲动的起始对象。鲁迅的表弟患有精神分裂症,经常精神失常,胡言乱语,说同事要迫害他,逃到北京避难,住在客栈里听到有人在楼上走动,便以为有人要谋害他。鲁迅要留他住到会馆里,他一大早就跑来告诉他说,今天自己要被弄去杀头,声音凄惨无比。带他去看病的路上,看到背枪站岗的巡警就面无人色,眼神可怖。这件事留给鲁迅很深的印象。而郁积在胸中对封建礼教吃人的现实的愤愤不平,经表弟的精神病征象——这个"易感点"一触即发,使他构思出了一个控诉吃人的旧社会和封建礼教的"狂人"形象,如果没有这个"易感点"的刺激,鲁迅可能写出类似的作品,但不一定会写出《狂人日记》来。

2. 捕捉"命意点"

每个生活场景都具有独特的意义,小说选定的表现对象应该能够承载作家的主题命意。贾平凹的《废都》中成功塑造了一头会思想的牛。这头牛的许多言语让我们作为一个身处在这个世界中的人突然有了一种"不识庐山真面目,只缘身在此山中"的感觉。这头牛对社会的许多看法极为独特且一针见血,对当代人的生活和思想状态提出了颇为尖刻的"反刍"。这就是从一头"牛"的身上找到了命意点。

3. 寻找"兴味素"

小说要通过人物的命运展现生命的意义,所以选题的目标就是要寻找最具有兴味素的对象,例如曲折的故事情节,复杂的人物关系,强烈的矛盾冲突,或是微妙的心理变化,总之,足以引起读者的兴味,方能使作品充满艺术魅力。

---

① 华兹华斯:《抒情歌谣集》,《西方文艺理论名著选编》中卷,北京:北京大学出版社,1986年,第43页。

（三）实用写作的选题

实用写作因其现实应用性，在选题方面受到的限定较多。一是应用背景的制约，写一份纪念"九一八"事变的演讲稿，就要围绕着"爱国""振兴中华""时代责任感"方面来写。二是受实用目的的制约，写通知、写工作总结就不能随意发挥。三是受文体发布范围的制约，比如通知和公告的选题就有严格的限定；经济文书的选题是以经济领域的内容为对象，而法律文书则按照法律规定选题。因此，实用写作的选题一定要深刻理解实用写作的概念和理论体系的规定性，在社会规定的概念体系和理论体系中思考和选择。

实用文体写作的选题要求严谨、周密，既要有宏观的视野，也要从微观层面考量。比如在一次参观规模化养殖示范园后，某领导让陪同自己的秘书小刘写一份观摩总结，此时小刘面对的选题显然就是此次规模化养殖示范园的观后总结，但是这只是一个初步的选题，如果直接写观后感显然太肤浅、太笼统，那怎么办呢？还需要从大处（政策法规）着眼，从小处着手，最后小刘回顾了整个参观流程，并认真分析了领导与养殖场工人的谈话录，从中发现了选题的契机，最后确定为"建立科学生态链，创新养殖新模式，挖掘农村发展新动力"。

实用文体通常采用的选题思路和步骤是：

首先制定写作目标和对象，即写文章的应用领域和主观意图。

其次，根据文体特征，初步限定选题范围。

再次，收缩范围，确定书写的关键对象，选择有突出价值和创新意义的话题对象。

最后，选定对象，对应写作意图和已知的写作素材，精心打磨选题。

尽管实用文体写作的选题受到严格的限定，但也有内在的自由度，写作者可以在选题内发挥自己的主观能动性，深层挖掘选题的意义和内涵，优选出最合乎写作实用目的的选题。上面我们举出的秘书小刘就是积极地领会领导意图，发挥自己的聪明才智，结合政策的现实引导作用，上升到实践指导层面做出的选题。

小结：写作动机和选题属于写作过程的准备阶段，动机不是凭空产生的，无论是外部点燃内部的存储记忆，还是内部积累形成力量寻找外部寄托，都离不开客观世界物象。前者的运行会调动出写作对象——带有浓浓情意的人物或事理；后者的运行则必然分流于或情感或理性或意义的航道，并寻找载体。两者在不同的思维类型平台与选题结合，使动机生发后作者进入深一层的思考有了归宿。尽管此时，思维活动距物化也许还有遥远的路途，但是"归类"的过程，已经使活跃的心理，跳动的思维，乃至思维符号的闪现走向有序化。学习者当从写作实际出发，去体悟和把握写作动机的生发和构建选题的步骤和方法，但因个体的差异，自然不必拘泥于其程序过程。

【思考与练习】
1. 根据自己的写作实践，谈谈完整的动机系统是如何形成的。
2. 动机与选题之间有何密切关联？

3. 阅读下面的几则材料，分析其中体现了作家什么样的写作动机特性。

（1）司马迁，字子长，西汉史学家、文学家。他是太史令司马谈的儿子，受父亲影响，他立志写一部体例严谨、材料翔实的史书。二十岁后，他多次漫游全国各地，遍访名山大川，考察风土人情，搜集历史资料。司马谈死后，他继任太史令，博览皇家藏书，开始编写史书。不料祸从天降，因为出自同情，为被迫投降匈奴的将领李陵辩解，他触怒了汉武帝，被判处了宫刑。这种污辱对司马迁打击极大，但是他并没有消沉，而是用古人在困境下发愤著述的事实来鞭策自己，于是忍辱负重，发愤著书，终于写成了巨著《史记》。

（2）贾平凹在念大学时发表了几首小诗，居然想要打出大学，威震潼关，大有雄踞当今文坛的壮志。不料他的投稿从此如泥牛入海，杳无音信。但他并没有灰心，稿子仍源源不断地投向四面八方。结果仍然不见作品发表，却收到了127封退稿信。这个在黄土地上成长起来的硬汉子，为了心爱的文学事业，经受住了失败的考验，他想："不相信我就那么笨，那么没出息！'只要功夫深，铁杵磨成针'，我就认这死理了！"于是他奋力拼搏，埋头耕耘，终于走出了一条成功之路。

（3）苏联作家绥拉菲维奇出生于一个哥萨克军人家庭，七岁时就跟随父亲经历了三个月的行军生活。嘈杂的人流，成为作家心中永难磨灭的印象。后来作家带着儿子访问高加索山区，目睹了"可怜的农夫"的苦难。高加索山脉和大海的雄伟景色在他眼前燃起了动人心魄的幻象，他有了一种强烈的表现愿望，可又觉得还缺少一种"魄力"。他在等待着。轰轰烈烈的十月革命让作家产生了空前的创作冲动，在他眼前，"又出现了像草原一样的蓝色的林麓，耀眼欲眩的远方的雪山顶峰，无边无际的草原和浩瀚的蔚蓝色大海。"他四处搜寻、打听、记录各种美妙的故事。当他听到三个达曼人讲述的一群贫民在黑海边行军的故事时，他兴奋极了：等待多年的"铁流"终于找到了。这时作家的儿子在前线牺牲了，他想起了带着儿子经过高加索山的情景。在悲痛中，作家的创作犹如箭在弦上，不得不发。著名长篇小说《铁流》就这样诞生了。

第六章　聚思与立意

学习提示：写作动机和选题发生后，作者在不同的思维类型的导引下，开始斟酌物象、事理对形体的合适度，将写作活动推进到更具有实质性的构思阶段，最终确立文体意旨。这一活动过程我们称为聚思与立意。本章阐述了聚思与立意活动的特点、方法，介绍了不同文体聚思立意的策略。

第一节　聚思的艺术

一、聚思的含义

"聚思"与通常教材中所说的构思有什么不同呢？一般对构思的定义是："构思是写作过程中极富创造性的一系列艺术思维活动。""构思的具体内容一般包括主题的提炼、文体的确定、材料的选择、结构的布局、表达的技巧以及读者的接受等因素。"[①] 显然，这里的构思不但包含了动机发生后到执笔行文过程中的全部思维活动内容，且涉及作品完成后读者的接受问题。而本教材所说的聚思，涉及的只是选题发生后的一个阶段的思维活动，这一活动过程的结果是作品的题材、基本内容和立意的明确。

动机触发以后，作者是兴奋的，对表达未来作品充满希望，但此时作者的思维往往是不自觉的、零散的、表面的，尽管其中包含着激发作者文思的某种深层的、本质的东西，也仅仅是模糊认识。经过选题，这些意象、轮廓开始从作者的感觉世界向意识世界迁移，当作者逐步进入深度思考，它们才会渐渐清晰起来。清代著名戏曲理论家李渔说，写作"不宜卒急拈毫，袖手于前，始能疾书于后"。[②] 这里所说的"袖手于前"就包含了聚思的意思。聚思是主体从自己的心灵尺度和心理内容出发，将注意力指向选题已甄选过的素材，进行再体验、再认识的思维活动，其过程表现出选择、维持、调节、监督的基本功能。

二、聚思的特点

（一）拓展性

聚思是在选题归类继发思维基础上展开的，它的突出特点就是对已经选定的事件再次思考，以突破思想的束缚和局限，由此及彼，在事物的相互关联中寻求更宽广更深厚

[①] 王光祖、杨荫浒：《写作》，上海：华东师范大学出版社，1999年，第149页。
[②] 李渔：《闲情偶寄》，江巨荣、卢寿荣校注，上海：上海古籍出版社，2000年，第18页。

的内容。

首先，由窄向宽扩散，对思维对象的范围、性质、内容从多个方面去了解，在对立中寻找统一，在统一中发现差异，尽力超出现有的思维框架，使动机目标对象隐含的意义得以凸现。张翎想写余震方面的题材，目标确定以后，朋友、出版商均不看好，因为写唐山地震题材的人太多了，然而作者没有放弃，她从震后孩子受伤心灵复苏的角度，诠释了她对灾难后人的生存的思考。

其次，是由小到大的扩展，由局部向整体扩展，由个人向社会扩展。鲁迅先生曾说过："所写的事迹，大抵有一点见过或听到过的缘由，但决不全用这事实，只是采取一端，加以改造，或生发开去，到足以几乎完全发表我的意思为止。"[①] "采取一端，加以改造，或生发开去"，这就是由已知推出未知，由局部推向整体，由引发动机的对象生发出新的思维内容，这样的拓展就是信息增值，无疑丰富了对象的内涵，拓宽了对象的天地。

再次，是对思维对象的反向思考。反向思考是对现有思维方向的否定。肯定限制了事物的界限、条件，否定则是超出了这个界限、条件，所以否定不仅扩大了思维对象的界限，而且能够对事物的考察进入到更深的层次。

(二) 创新性

写作是创造性活动，作品是不可重复的。作者的聚思活动如在荆棘丛中开辟新路，创新成为聚思的突出特点。

在聚思过程中，作者往往还会回到激发的起点素材上，对其中所包涵的意义与可能承载意义的结构价值进行开掘和推敲，力求深刻和新奇。这其中，作者的主观情感态度有着非常重要的作用，往往从不同角度认识对象，由一个认识产生多个认识，同时也就是主体附加给对象以主观情感的意味。比如余秋雨散文《废墟》的写作，废墟在许多人的心中并无多大开发价值，而余秋雨对废墟的认识，却生发出多方面特征和意义，这意义包蕴着作者自身的情感态度，是主客观意义相融合的结果，这一融合的过程就是认识深化的过程，是创新的过程。

创新的另一表现，在于作者的聚思活动突破了自己以往思维模式的束缚，不再重复自己已经描写过的人物、事件或已经阐述过的理论、观点，能"顺应自然"，使聚思活动保有"生命"的真实性，比如一位作者因生活中故事的激发，准备写一篇小说，但经过聚思活动却发现，客观的事物素材只能写成散文，要么更改自己的选题目标，去"顺应"素材的特质，要么放弃写作。放弃是聚思受阻，主体受到客体制约的结果。而选择思维"顺应"有可能创造新的格局，无论放弃还是顺应，都是作者求真的表现。对有些作者来说，能够顺应是需要相关条件配合的。散文小说化，小说散文化的现象，可以说是聚思活动中作者遵循思维真实的结果。当然对实用写作来说，顺应是基本的要求，比如新闻写作中，记者得到一个有价值的新闻事实材料，打算写成通讯，但聚思结

[①] 鲁迅：《我怎么做起小说来》，《鲁迅全集》第四卷，北京：人民文学出版社，1957年，第394页。

果却指向动态消息，此时，作者必须"顺应"，才能将思维活动进行下去，写出"真"而"新"的作品来。

三、聚思的方法

（一）想象

1. 想象的功能

想象是人类最原始的心理机制之一，想象使作者把储存在记忆中的表象材料调动起来，进行选择、分析、加工改造，去创造出未曾知觉过甚至未曾存在过的事物的形象。

想象可以对生活经验进行补充和超越。在实际生活中，许多事物人们是不能直接感知的，进入写作活动，作者常常会因为某些知识经验的不足，影响思维的推进。求教他人、查阅资料、深入生活调查研究等等方式，都是在作补充性工作，而想象同样可以弥补知识经验的不足。

想象可以深化认知，开拓心灵世界。想象的自由腾飞必然突破原发思维对象的局限，使思维向纵深发展。歌德在《浮士德》诗中说："你想走向无尽吗？你要在有限里面向各方面走。"人的存在是现实的，人所感知的事物和空间是有限的，能使人向各方面走去的只有想象。人的想象利用虚构、假定的方式可以游弋于宇宙万物，可以自由出入于所有人的灵魂世界，探究世界的秘密。

想象具有预见作用，能预见活动的结果，也能指导活动的进行方向；零散的信息资料、形象素材，在想象的综合作用下组织起来，以形象系统实践它的这一功能。"精骛八极，心游万仞"，以达到"情瞳昽而弥鲜，物昭晰而互进"①，说明了想象与形象的关系，想象是可以召唤形象、强化形象的。

想象是聚思活动的基本方法之一。在文学聚思活动中想象非常重要，在学术写作和实用写作中同样存在着想象。但是，科学家、理论家研究和写作中的想象与文学家的想象差别很大。前者的想象是为了对实际事物对象有精确的把握，并不顾及对象的个性特征，牛顿的想象最终是走向一种抽象的普遍性推理；所有的假说，也必须得到证明才能确立为原理，比如荣格的假说"集体无意识"的提出与证明。而文学的想象则是具体的特殊的有感性色彩的想象。在艺术想象中，不仅突出和表现了作者独特的个性特征，而且在创造人物形象时，能够更准确地把握人物的个性特征，要按照人物性格的发展逻辑去想象和塑造人物，使其成为典型的"这一个"。想象不能背离人物性格的发展轨迹。

2. 想象的方式

黏合。把客观生活中不同事物的特征、组成部分，根据需要在头脑中整合在一起，形成新的形象。比如吴承恩笔下的孙悟空、安徒生童话中的美人鱼等。它们有人的属性，又有动物的属性，这种创造都是将客观事物的某些特征分析出来，然后按照创作目标的要求，重新配置，黏合到一起，表达特定的思想意图。

---

① 陆机：《文赋集释》，上海：上海古籍出版社，1984年，第25页。

联想。由一事物想到另一事物，创造新的形象。刘勰《文心雕龙·神思篇》所言"寂然凝虑，思接千载；悄然动容，视通万里"，即指联想。聚思中，情绪、思想和意图支配着联想的活动方向。余光中《乡愁》中的联想异乎寻常，它打破了常规联想的习惯，引发的新形象鲜明突出。诗人联想的范围，意义符号的选择是受思乡情感的支配，"妈妈"、"邮票"、"坟墓"，这些涉及出生、成长、死亡的意象构建在一起，运行在人和故乡的心灵关系上。

夸张。改变思维对象的正常特点，突出某些特点，或者略去另一些特点，使头脑中形成新的形象或可笑或惊人。例如，《镜花缘》中小人国的小人形象，卡夫卡小说《变形记》中小职员格里高尔·萨姆沙变成一只令人厌恶的大甲虫等等，都是采取这种方式进行综合。

典型化。是根据一类事物的共同特征创造新形象的过程。比如塑造小说中的人物，鲁迅说，人物模特儿没有专门用过一个人，往往嘴在浙江，脸在北京，衣服在山西，是一个拼凑起来的角色。这是作家的想象力在四面八方采集人物材料，综合其特点之后创造出来的新形象。这是创造性想象，对于一个成熟的作家来说，这样的想象创造成为职业习惯，具有了职业的敏感。

想象的天地广阔自由，但是，这种广阔自由又是有限的，职业敏感的作用由动机发起，构成了"想象定势"，即文学聚思中的想象必须以现实生活、情感逻辑为基础和依据，沿着人的生活的内在规律展开，不可能随心所欲。

（二）抽象

1. 抽象的功能

抽象是要从众多的事物中抽取出共同的、本质性的特征，而舍弃个别的、非本质的属性。比如"人"，从性别上看，有男人、女人；从肤色上看，有黄种人、白种人、黑种人、棕种人等；从身高看，有高个儿、中等个儿、矮个儿等。这些都是关于人的个别属性，而各种人共同具有的本质属性，则是"能制造工具并使用工具进行劳动的高级动物"。把这一本质特征抽取出来叫作"抽象"。抽象是理论思维，是写作聚思活动的方法之一。在学术写作、实用写作中，抽象的直接起点是经验事实，它的抽象过程是从解答问题出发，通过对各种经验事实的比较、分析，排除那些无关紧要的因素，提取研究对象的重要特性（普遍规律与因果关系）加以认识，从而为解答问题提供某种科学定律或一般原理。

社会科学研究同样也是基于事实经验，比如新闻写作是凭事实说话，反映的也是事实，但聚思过程中，作者必须要对所要报道的事实进行价值判断，这中间想象和抽象交错运行。文学写作是一种审美创造。审美过程中的抽象，与逻辑思维中的抽象之共同处是它的概括性，但审美过程的抽象保留着感性的形式，即想象思维活动中包含着理性的认识、理性的把握；而思想和哲理最终依然要以生动感人的形象去表达。生活现象触动了作者，使其产生了不可遏止的冲动，这种冲动，不仅是感情的问题，也是认识和理解的问题；作家对原材料的选择、充实、改造、加工、丰富的过程中，既渗透着浓郁的主观情感，又有理性的引导和追求。

另一方面，当作者不能直接从真实的生活经验中径直形成艺术形象，也不能从改造、组合的变形中获得形象时，作者需要经历一个对生活内容进行抽象的过程。这种抽象是对人类精神生活领域某一精神本质的浓缩和突现，它不上升为一种观念，而是指向一种有意味的"情感形态"，最终创造的是"一种既具体又抽象"的意象，"一种动态的生命形式"[①]。其实，在文学写作的整个过程中，感知、想象、情感、理性思辨等因素，总是处于自由和谐的运动状态而共同组成一个完整的心理结构，它们是相辅相成的，不可分割的有机统一的思维活动过程。

2. 抽象的方法

分析　一是对事物对象关系的分析，即从多层次、多角度、多结构、多机制等方面审视其与它事物间的联系。一是对事物对象整体的分解分析，即把整体分解为各个部分，并对每一部分进行考察审视。比如对"网络文学产生的原因"进行研究，既可以从网络技术角度、文学体制角度、文学自身发展角度、政治和经济等多方面展开分析，也可以对网络文学作家、网络文学作品进行分解分析，由此可以发现，新技术的招引、人追求创作自由的意志驱动是一个重要原因。系统、深入的分析才能准确了解对象的构成。

综合　综合是在认识事物各部分的基础上，把分解的对象有机地重新组合成整体，从而认识对象的整体性质。综合以分析为基础，要求解题者首先对头脑中已有的解决问题的经验进行分析，把那些可能适用于选题目标的内容从原初经验事实中剥离出来，根据目标的需要进行新的组合，以形成解决问题的方案。综合是以已有的经验为基础，但是它不是仅仅停留在现有经验的水平上，而是要以联想、想象为手段，对已有的经验实行新的组合，实现对现有经验的超越。在这里，有没有丰富的联想和想象能力，有没有突破现有经验和习惯的思维能力，是能否实现创造性综合的关键所在。

比较　比较是对事物对象属性相同点和差异点的辨别，有比较才能鉴别，没有比较就无法找到事物在本质上共同的部分。比较分为相同点比较和相异点比较。相同点比较是将两种或者两种以上的事物放在一起，寻找它们的共同点，可以使人认识在外表上相似的对象之间存在着的内在共同性；相异点比较是将两种或者两种以上的事物放在一起，寻找它们的不同点，可以使人认识在外表上相似的对象之间存在着的内在差异性。比如对路遥《人生》中的高加林和司汤达《红与黑》中的于连进行比较，相同点在于，两人都是奋斗进取者，两人皆生于平民家庭，命运不济，却同样具有远大的抱负；他们性格系统中都有善良与虚荣，反抗与妥协，自尊与自卑，雄心与野心等多对矛盾；其奋斗又停滞妥协的重要原因是外界环境与自身性格的矛盾，是内心需求与外界环境的不许可间的矛盾。不同点在于，于连职业和环境的变化，展现的是对自由对个人价值的追寻，凸显的是自由和个体价值的崇高；高加林由农村到城镇又回到农村，唯一不变的是

[①] 俞兆平：《论艺术的抽象》，海南师范学院学报 2003 年第 4 期。

他走出农村,走出愚昧的决心,突出的是对现代文明的向往。

四、不同文体写作聚思的策略

聚思是指向文体立意的,它决定了作者的"想象与联想定势",或者说经过了选题阶段,思维活动已在所确定的文体形式中聚集运动。不同文体的聚思活动有着不同侧重的思维方式,形成不同的聚思空间。

(一)文学写作聚思

文学写作的聚思活动是在意象思维的框架中展开的。所谓意象思维,是指用某种具体形象的东西来说明某种抽象的观念或原则。在文学聚思中,意象思维是通过塑造审美意象来达到某种带有文学艺术情趣的思想境界。聚思内容凭借想象和联想两只翅膀,由实到虚,由虚到实,打破一切束缚,使原先从感知中得到的各种信息沟通联结起来,在普通中寻找奇特,在平凡中寻找新鲜,以产生形象性和观念性的新信息。这一活动一般经过以下几个阶段:

1. 聚思对象的确定

首先是对进入选题活动的外物再行甄选,明确聚思的对象。这些对象是合目的性的审美对象,由于作者独特的审美心理结构,经选择培育,同一对象在不同作者的艺术聚思中被情感化、审美化为不同的物象。这期间,抽象思维也活跃起来,体现了作者对社会合规律、合目的的把握;表现为按照生活发展的逻辑规律展开思考。物象的确定是作者观念的产物,是作者对社会认识的结果。① 物象确定后,就富有了生机,开始成长,并显示其价值。聚思活动进入意象阶段。

2. 意象含义再认识

意象就是寓"意"之"象",在这里是客观物象与主观心灵融合而成的带有某种意蕴与情调的"象"。在意象形成中,作者对物象自身的含义进行探索,从方式来看,或表现为直觉把握,比如顾城在《一代人》中这样写道:"黑夜给了我黑色的眼睛,我却用它寻找光明。"在浓重的黑夜里,"黑色的眼睛"、"寻找光明",这是"文革"中扭曲着成长起来的年轻一代人历经痛苦,觉醒后顽强求索的精神写照,是作者的直觉在刹那间完成了对事物本质的再认识,按审美原则重新规定它,瞬间高度概括出新的意象。直觉感知既是经验的,又有超经验的成分,它无法离开具体物象,只不过这种物象来自经验和超经验的体验,可表现为理性分析。海南三亚海滩有一个著名的石雕——鹿回头,相传一个黎族青年手持弓箭将一只梅花鹿追到海边悬崖上,梅花鹿回头凄然一笑,竟变成一个美丽的黎家少女。猎人便收起弓箭,二人由此结为夫妻。这个故事触发了诗人高深的创作冲动,聚思过程中,诗人对"生死转化成恩爱,猎人与猎物结成夫妇这美丽动人的传说"再度思考,最终却赋予这物象新的意义:"猎物向猎人求爱,弱者的屈服在传说中被美化了,奴性的爱一直被人们赞美歌颂"。

---

① 段建军、李伟:《写作思维学》,上海:复旦大学出版社,2007年,第163页。

3. 赋予物象特定的意味

当物象自身的规定性不能表现主体情感与意志时，写作主体会移情于物。比如人对理想、爱情等一切美好愿望的追求，与现实生活中不断"搁浅"，构成一种悲剧性的矛盾情境，作家会将这种悲剧情感意味寄托于特定物象中，舒婷诗歌《船》的创作便是典型的一例。作者看到一只搁浅的船时，生活的风雨潮汐激起了她心灵的风雨潮汐："一只小船/不知什么缘故/倾斜地搁浅在/荒凉的礁岸上……无垠的大海/纵有辽远的疆域/咫尺之内/却丧失了最后的力量……"，"船"成了诗人联想、寄托、象征的具体物象。情感被对象化了，物象有了特定的情感意味。

（二）学术写作聚思

学术写作的聚思虽然也借助想象和联想，但思维的拓展和聚敛是紧紧围绕问题目标，通过多层级比较分析与综合概括完成的。

1. 背景关系分析与综合

首先，任何事物都存在于一定的背景中，或时代背景、或理论背景、或现实背景，只有将问题置于特定的背景中去考察，才能走向合理的推断。比如研究城市规划和产业规划互动发展问题，就必须将其放在城市化进程的时代背景下去思考，理清两者相融与相悖、协调与互动的关系，由此确定论题的可行性。对象与背景的联系也不单一，有可能是复杂的，聚思的时候，就要将这些联系结合起来去认识，这样能避免认识的局限性，为规划的进行提供依据。

2. 现实性分析与综合

对研究对象与人的现实生活的关系进行分析，寻找对象对人所包含的物质与精神的意义，从而确立它的价值。比如对当前通俗文学创作的研究，就必须着眼于它与当代人生活有怎样的关系，脱离了人的精神需求去思考这一问题，结论的客观公正性就会受到质疑。事物的意义往往是多方面的，通俗文学的创作会与人的教育、人的审美、人的心理、人的生活方式等发生联系，对这些联系分层分析，还要综合认识，从整体上把握，才能使聚思求解指向正确的方向。

3. 内外关系分析与综合

任何研究对象都存在于与其他事物对象的关系之中，并在关系中发挥作用。而分析研究对象与其他事物的关系就是要寻找它在事物中的确定位置，从而确定其价值。所谓对象的内在关系是指事物自身整体与部分的关系、部分与部分的关系。对研究对象自身关系的分析是全面认识事物对象，把握其本质属性的必然途径。研究对象与其他事物的关系是多样的，每一种关系都可以形成一个整体，可以从不同角度，运用不同方法去分析研究。综合则是在分析的基础上，根据问题目标，形成对事物对象的整体认知。

（三）实用写作聚思

实用写作的目的是要人们遵循现有的社会规范，便于社会组织的管理和指挥，其聚思活动必然也要在既定规范循序渐进地展开。

1. 程式化方式

聚思的进行，首先要遵循社会形成的认识论原则和方法论原则，去寻求解决问题的方法和途径。比如撰写某行政机关《有关精神文明建设的决定》，这涉及的是一个社会性问题，写作主体当然有自己发现的思维内容，但必须先接受组织机构的命意，按照公文的写作目的进行思维活动，个人的发现只能同化于其中。其次，聚思要遵循格式的规定。实用写作是人的社会活动的成果，为了方便实践，在漫长的社会生活中形成了实践者认同的写作程序、形式、格式，写作个体必须遵守所在社会约定的程式。再次，聚思要运行在概念和理论体系下，无论作者是代表个人写申诉信，还是代表集体写情况反映，都不允许作者主体天马行空式的自由想象、任意发挥，伴随聚思内容的词语要符合社会现行概念与理论的通则。

2. 对象化方式

所谓"对象"是指文本目标指向的接受者或需求者。作者主体在思考问题、寻找解决问题的思维中，不是从个人的需要出发，就是从接受者或需求者群体的需求出发，比如要写"破产企业职工生活安排的意见"，写作主体可能就是其中的一位，或者自己家庭成员所在的企业破产了，对这一问题的认识必然带有些许个人的情感与态度，也有着明确的需求心理。但这种个人的需求既不能成为写作的触发点，也不能成为聚思的基础。所以，对象化方式的执行，一方面要使作者努力淡化主观意志，将主观意志中合理的成分融入到对象的需求中；另一方面要从合乎社会目的出发，弄清对象的性质、特点、心理，将思维空间让位于社会需求——对象需求，由对象决定聚思的发展方向和聚思的结果。

3. 换位方式

换位聚思是指执笔人思维让位于集体代言人思维。文学创作，由积累到动机生发，然后进入写作过程，这一过程是一个人的战争。在灵感强迫下，目标诱引下，写作主体痴迷其中而不能自抑，甚至愿意付出生命的代价。实用写作活动的过程不是作者个人的战争，而是他者，或者是团体意志的表现，动机生发阶段存在性质转换的问题。在酝酿的旅程中，需要进入与写作目标相关的、已经发生的集体活动内容之中，作者的心理位置应该换位为文本目标的代言者心理位置。在这里首先是身份角色的转换，一是以团体或公众身份去思考，比如写工作报告、总结、新闻报道等；二是以领导身份去思考，比如给领导写讲话稿；三是以他人的身份去思考，比如写诉状、代写书信等。

第二节 立意的匠心

一、立意的含义

立意之"意"是指文本的主题，王夫之《姜斋诗话》卷下说："无论诗歌与长行文字，俱以意为主。意犹帅也，无帅之兵，谓之乌合。"这里所说的"意"就是文本的主题，即一篇文章的思想内核。刘熙载《艺概·经义概》也说："凡做一篇文，其用意具要可以一言以蔽之，扩之则为千万言，约之则为一言，所谓主脑者是也……主脑得之，则制动以静，制繁以简，一线到底，百变而不离其宗，如并非将不御，射非鹄不志也。"这两位清代的文论家提到的"意"、"主脑"都是我们所说的主题，他们强调的是主题在文章整体构思中的主体地位。

但立意并不等同于主题。主题可以是完成的作品所呈现的中心主旨，而立意则是通过文章整体构思提炼和孕育那个核心理念的思维过程。此外，从接受的角度看，一个文本的主题在读者和评论家那里是可以见仁见智的，立意却是写作者构思文本的出发点，是作者写作意图的凝结，因而应当是明确而没有歧义的，否则接下来的谋篇与行文都将会无从下手，成为一盘散沙。

总之，写作是一个目的性很强的行为系统，立意是达到这个写作目的的关键一环。作者需要通过对写作对象的认知、思想意义的升华、综合的判断才能确立一个正确、鲜明的立意。

二、立意的特征

（一）目标性

立意的目标性就是要有一种确立主题的意向指涉性。立意是对经过聚思所确定作品将要表现的人、情、事、物所涵盖的精神内核，或者是一个中心理念的提炼。范晔，杜牧，苏东坡，王夫之所说的"意"、"主意"，刘熙载所说的"主旨"、"主脑"就相当于一个立意目标。元代著名的文章学家陈绎曾在《文说·立意》中这样解释"立意"问题：

意：凡议论思致曲折皆意也，意以理为主。景：凡天文地理物象皆景也。
事：凡事实故事皆事也，事生于景则真。情：凡喜、怒、哀、乐、爱、恶欲之真趣，皆情也，情生于意则切。凡文体虽众，其意之所从事，必由此四者而出。故意之法，必由此四者而求之。各随所宜以为主，而统之于中。凡文则苦，无意则粗，无事则须，无情则证。立意之法，必兼四者。

很显然，立意是要顾及到聚思中出现的"意"、"景"、"事"、"情"几种对象要素，换言之，这些因素在建立一个完整的文本内容架构，所谓"立意之法，必兼四者"，"意之所从事，必由于此四者而出"，"意之法，必由此四者而求之"。就是反复强调对选题对象的聚思是立意的基础，立意要以此为出发点，向纵深层面递进，才能探寻到想要表达的主题意旨。日常生活中可以进入选题的事物很多，但要从众多事物中获得具有深邃意旨的目标，需要作者真切、深刻地体验人生。作家玛拉沁夫谈自己的创作经验时说："我曾在《人民日报》上发表过一篇只有八百多字的散文《旅行家树》。旅行家树是一种乔木，在非洲到处都可以看到。它长得修直，洒脱，像开屏的孔雀，漂亮极了；但它并不娇嫩，不论是在沃土，还是在荒漠上，它都能蔚然成荫。这是一种很普通的自然现象,我为了从这种树木的特殊性格中开掘一点人世哲理,并通过艺术描绘将它体现出来,这篇仅有八百多字的散文,用了好几个月的时间。"① "旅行家树"是作家不期而遇的一种普通植物,可是当他触动了作家的写作意图——"开掘一点人生哲学"时,立意便凸显出来了。目标的确立可以帮助作家排除无关的干扰,进入到向事物深层攫取体验的亢奋状态。

(二)思想性

立意是思想深化中得出的一个集中的理念和判断。好的立意必然是思想深邃、意蕴深厚的。李渔用"立主脑"来阐释立意的内涵,他说:"古人作文一篇,定有一篇之主脑,即作者立言之本意也。"他以戏剧传奇为例,认为立言的意图即为"主脑",通过"一人一事"的巧妙安排,来揭示剧目的社会和人生的思想蕴含,这也就是作者创作的真正思想意图。思想性是通过写作者的个人理解力来达到的。阿恩海姆指出:"所谓理解力,就是从一个难以辨别的背景和前后关系中把一个隐蔽的性质或关系识别出来的能力,也是一种可以导致重大发现的能力。"② "隐蔽的性质"或"前后关系"是从事物的背景和背后的逻辑联系的表层向它的思想内核靠拢,思想往往是隐蔽不彰的,它需要写作者有充分的思想理论积淀,并依靠自己的理解力,去粗存精,去伪存真,从个别的事物中发现事物的带有启悟式的理性价值归宿。

(三)过程性

立意是一个动态的思维过程。它不仅要求作者在构思阶段拥有清醒的立意自觉,而且也是写作过程之中的持续深化的主题意识,一部作品的主题凝聚有时是写作进程中一个由浅到深逐步清晰化的过程。作家刘心武曾总结自己的创作体验说:"我写小说都是有目的性的,但这种目的性,往往还不能形成确切的主题。""所以不能轻易下笔,要在构思上下工夫,构思的过程,即是人物命运由朦胧到清晰的过程,也是主题由朦胧至清晰,由浅入深的过程。"这正体现了立意运行的过程性。其间,既有想象和联想的参与,也有活跃的理性分析,是渐进地提升着写作的理念和意图,从人物、事件中挖掘出"闪光点"。刘心武说:"我觉得,写作品好比是架一座桥,起点是原始的冲动,或者说是初步的写作动机朦胧的主题,重点则是深入开掘出来的主题,连接起点和终点的这座桥,是一个创作实践过程。"③ 这是一个复杂的潜在感知—思维分析—综合—升华的过程。

三、立意的基本方法

立意是在对事物规律的认识的基础上的一种主旨理念的提取,所以立意的过程遵循着一定的逻辑规律。

---

① 玛拉沁夫:《哲理的思索》,《散文创作艺术谈》,南京:江苏人民出版社,1984年,第33页。
② 阿恩海姆:《视觉思维》,北京:光明日报出版社,1987年,第128—129页。
③ 马正平:《高等写作学引论》,北京:中国人民大学出版社,2002年,第129页。

(一) 利用因果律来确定立意

所谓因果律是指写作的题材内部，人、事、情、景等事物之间彼此存在着必然的因果关联，从一个现象的产生来推知可能产生的结果，或者从一个结局来推知造成该结果的深层原因，这样就建构起了一个复杂的因果关联的模型，然后进行内在联系的追问，从而探知到具有启悟价值的主题立意。利用该规律来确定立意的方法主要有以下几种：

1. 运用因果元素分析来确定立意

即从"因"和"果"的主要元素中看到影响全局的关键性命题。就像悬疑类推理小说一样，通过因果逻辑的链条，抽丝剥茧，最后水落石出，触发得出新颖的立意。

2. 运用背景分析来确定立意

即对导致事物现象的现状形成的时间性、同在性的精神症候（种族、时代、环境）进行深入的思考和追索，背景分析往往能够切入到时代的大主题之中。在学术论文中，背景分析就是论文课题的研究历史和现状，实用文体的背景，则包括社会的政策、法规、舆论导向、写作意图等。

3. 运用数量综合的方法来确定立意

即通过大量选题中的事物在数量上的集结，来进行思维上的归纳、分析，从数量的多寡来归因到一个成规模的结点，然后不断地深入、拓展、超越、升华，由数量空间进入到意识空间，直至理念生成。

(二) 利用相似律来确定立意

写作中除了像因果律这样的基本逻辑规律外，还有形象思维规律。在写作过程中我们不仅会遇到数量、因果这样的模型，还会涉及一些同时的、平列的、没有决定与被决定的逻辑因果关系，也就需要采用相似关系的思维来观照事物的一种思维提升模式。通过相似律来立意的思维情形主要有两种：

1. 物与人、古与今、人与人、事与事的他相似思维

即在客观世界的物质现象的形态、性质、时序关系上来相互比对，产生隐喻或者象征式的内涵，然后深入的感悟和洞察幽微，产生了带有深层性、能指性、主题性的文章主题立意。

2. 运用事物所处的精神、环境、历史的内部自相似律

自相似律指的是在一个事物的内部发现、感悟其局部的内涵来回应整体之间的性质特征，精神、环境、历史都是以感性形象和情感的逻辑显现出来，从而透过表象来探索内部的社会机制或存在的哲理。晚唐的李商隐和南宋的辛弃疾，虽然遥隔几百年，但是所处的历史语境却极为相似，同为国家衰朽之时，面对着日暮斜阳，居然产生出了极为相似的情感。李商隐说"夕阳无限好，只是近黄昏"。辛弃疾言"休去倚危栏，斜阳正在烟柳断肠处"。正是在这种时空环境历史的自相似律中找到了立意。

四、不同文体立意的策略

（一）文学写作的立意

文学写作的立意有着充分的自由度，往往因作者构思与写作习惯的差异而各呈特色，但也并非无章可循。对于学习写作者来说，可以采取以下策略：

1. 设计

对选取的对象进行多维度的理性设计，让智慧跟随感性对象的指引，谱写出多声部的认识、体验、感悟。例如，我们选定以圣诞节平安夜里沿街叫卖糖葫芦的祖孙俩为写作选题，我们可以设计出关于赞颂亲情、慈爱、睿智、幸福的立意，也可以表达出艰辛、无奈、执著的感慨，也可以抒发出同情、怜悯的人生感怀。这些自主设计出的立意，尚处在半成品阶段。

2. 优选

即从设计的多元立意中，筛选出最优的方案，筛选最佳立意的标准就是看是否切题、典型、深刻、新鲜。魏巍在写《谁是最可爱的人》时，就表明了他优选立意的过程。他说，"原也想说好几个意思"，在初稿中力求"面面俱到，想告诉人家这个，又想告诉人家那个"，"结果问题提的不尖锐、不明确，更别说深入的解决问题。后来经过认真仔细的辨析、筛选，只写了一个中心立意，即朝鲜战场上的那些为保家卫国同美帝国主义顽强斗争的志愿军战士们，他们才是我们最可爱的人。

3. 提纯

把已经初选出的立意进行再度提炼、深化，让该立意具有写作的整体统摄力，具有意蕴的内在饱满度。刘熙载在《艺概》中说："立意要纯一而贯摄。"就是要求立意在经过提纯后，达到集中的概括力，只有这样的立意才能使整个文章毫无紊乱轻浮之感。

通过以上三个步骤，文学写作的立意便可以显豁地呈现出来。

（二）学术写作的立意

学术写作的立意要具有科学性、创新性，要有理论凝聚能力，立意是归纳出来的理性内聚性话语。通常可采取以下立意策略：

1. 概括

从已有的材料背景中概括提炼出前人研究的结论和科学实践发现，然后，按照学术思路概括出研究的方法、方式、结论所属的类别。如《论知性在美学中的"度"》的学术论文，从研究掌握的材料中来看，康德、黑格尔、马克思都曾对人类知性的内涵分别做过不同的描述，由此可以概括出三种观点：一种是认为知性是感性到达理性的过渡阶段；一种是认为知性是人的理解力；另一种则认为知性是理智中一些简单的规定。通过这种概括，寻求对知性的重新界定。

2. 归纳和类比

将自己已有的研究条件、研究方法，以及预设的研究思路进行归纳整合，从而抽象的提炼出可能预期的理论意义和实践价值。比如：老师让学生做一篇关于网络语言研究的论文，有的学生就搜集整理了大量的网络语言资料，然后对其进行语言内部的分析，归纳出了网络语言的一些语法特征。而有的学生却是缩小话题，将网络语言中涉及的博客语、网络小说语、网络新闻语、网络广告语分别与日常的书面语做了类比，得出了不同于前者的结论。其中前者总结立意的方法就是归纳法，而后者的方法是类比法。其实在写作实践中，两种方法并非截然分开，而是可以共同使用的。

（三）实用写作的立意

实用写作的立意是应用性文章所体现的中心思想，也是衡量一篇应用文能否具有思想内容和实践指导意义的决定性因素，其立意要注意以下几点：

1. 立意要从分析具体的材料入手

立意来源于事实材料，只有从观察、采访、搜集整理得到的感性材料出发，提升概括出事物的本质规律，才能提炼出正确、深刻、显明的主题立意。

2. 提炼主题立意要从全局着眼

实用文体都有明确的写作应用目的，所以在分析材料时，应当结合写作用途，明确时代和具体写作意向，从材料中挖掘出事物、事件的"闪光点"、"关键点"，进行深入细致的理性分析，使主题立意尽量体现出应用性、时代性和典型性。

小结：聚思和立意是两个可以分开的过程，同时也是相互兼容的。聚思在选题归类继发思维基础上展开，对立意意向指涉下所选定的具体物象或案例进行再思考，以突破思想的束缚和局限，由此及彼，在事物的相互关联中寻求更宽广更深厚的内容；而具象的确立又进一步深化了立意，使立意更加清晰明确地表达出来。但聚思与立意作为内孕活动又是复杂的，它既有一般性特点，也有特殊性存在。由于职业写作目标的不同，写作主体个人特点的不同，聚思与立意运行状态是有差别的，比如运行时间有时候短，有时候长；两者间的界限有些时候清楚明晰，有些时候几乎同步行进，难解难分，尤其是文学写作，有的动机激发后就快速进入运思与谋篇，把选题、聚思、立意似乎一掠而过。对于学习者来说，通过分步解析和练习，自觉地去把握"聚思与立意"阶段的思维活动的规律是有必要的。

【思考与训练】

1. 结合写作实践，说明聚思在写作整个过程中的作用。
2. 什么是聚思中的抽象？抽象的方法有哪些？
3. 聚思与立意有何区别和联系？
4. 从写作聚思和立意的角度，分析鲁迅的散文《影的告别》。

影的告别

人睡到不知道时候的时候，就会有影来告别，说出那些话——

有我所不乐意的在天堂里，我不愿去；有我所不乐意的在地狱里，我不愿去；

有我所不乐意的在你们将来的黄金世界里，我不愿去。

然而你就是我所不乐意的。

朋友，我不想跟随你了，我不愿住。

我不愿意！

呜呼呜呼，我不愿意，我不如彷徨于无地。

我不过一个影，要别你而沉没在黑暗里了。然而黑暗又会吞并我，然而光明又会使我消失。

然而我不愿彷徨于明暗之间，我不如在黑暗里沉没。

然而我终于彷徨于明暗之间，我不知道是黄昏还是黎明。我姑且举灰黑的手装作喝干一杯酒，我将在不知道时候的时候独自远行。

呜呼呜呼，倘若黄昏，黑夜自然会来沉没我，否则我要被白天消失，如果现是黎明。

朋友，时候近了。

我将向黑暗里彷徨于无地。

你还想我的赠品。我能献你什么呢？无已，则仍是黑暗和虚空而已。但是，我愿意只是黑暗，或者会消失于你的白天；我愿意只是虚空，决不占你的心地。

我愿意这样，朋友——

我独自远行，不但没有你，并且再没有别的影在黑暗里。只有我被黑暗沉没，那世界全属于我自己。

一九二四年九月二十四日

5. 从选题、聚思、立意的角度，分析王蒙的微型小说《善狗与恶狗》。

善狗与恶狗

保斯喂养着两只狗，一名顾德，一名拜德。顾德性善，见了人就欢叫起舞，摇尾吐舌，令人愉快；拜德性恶，见了人就龇牙吠咬，咬住就不撒嘴，不在被咬者的骨头上留下清清楚楚的牙印决不罢休。保斯几次给拜德讲看清楚对象再咬的道理，拜德就是不听，它只知道咬，有咬无类。保斯怒，将拜德关入后院，准备向动物保护协会申请特准：以人类公敌罪给拜德静脉注射空气，送它上天。

孰料那天晚上闹飞贼，顾德见贼人从房顶飞跃而下，道是贵客，便欢呼踊跃，跳蹦绕圈，发出呢喃声音，去舔贼人的皮鞋帮，被贼人飞起一脚踢到了狗鞭。顾德惨叫卧地，不能起立。贼人由于不熟悉地形，误开了后院关得严严的门。拜德一声狼嗥，狗毛耸立，不分青红皂白，见贼就咬，咬上就不撒嘴，咬倒了还在咬。一直咬到众家丁前来将贼抓获。

主人喜，决定每月给拜德额外奖赏牛肉20公斤，羊排骨20公斤，猪头肉20公斤，并在拜德脖子上系了一根红丝带。对顾德则十分失望，饥一顿饱一顿，有一搭没一搭，扔给它一点残渣剩饭，平常根本不用正眼看它。顾德由于被踢中了要害，从此无精打采，耷耳垂尾，偶尔叫几声，发发怀善不遇的牢骚。

第七章　运思与谋篇

学习提示：经过选题、聚思、立意，文章"体"和"意"的类别已经基本确立，但其仍然是观念形态的东西，而运思是为了将无形的观念，依据文体构造的具体法则有次序地呈现出来。从立意到谋篇的中介过程就是运思。谋篇即安排文章的结构布局，谋篇的作用是要让运思成果固定下来，这是运思成熟后，作者根据体裁和已形成的主题思想的需要，根据材料的内在联系，对文章的各部分内容合理安排，巧妙组合，使之成为一个有机的整体的制作。本章讨论了运思的特点和方式，介绍了常用的打腹稿、列提纲等谋篇的方法，较详细地阐释了谋篇的主要内容元素，并对写好谋篇内容提出了基本要求。

第一节　运思的程序

一、运思的含义和作用

运思建立在作者聚思和立意的基础上，是写作立意完成后作者对文章走向符号化阶段的整体性考虑，属于写作思维运动的定性阶段。运思很像房屋的设计。建筑师设计房子，总要先做整体的思考、谋划，然后根据实际需要确定房屋的大小、形态和内部结构。运思的时候也必须是从最高层次上考虑文章的构成，谋篇时才能逐层考虑，安排细部。李渔说：

至于结构二字，则在引商刻羽之先，拈韵抽毫之始。如造物之赋形；当其精血初凝，胞胎未就，先为制定全形，使点血而具五官百骸之势。倘先五成局，而由顶及踵，逐段滋生，则人之一身，当有无数断续之痕，而血气为之中阻矣。工师之建宅亦然，基址初平，间架未立。先筹何处建厅，何方开户，栋需何木，梁用何材，必俟成局了然，始可挥斤运斧。①

在这里，李渔首先强调要有一个总体设计和规划，然后对文章结构宏观控制，即"造物之赋形"时，"先为制定全形"，在挥斤运斧之前，先要"成局了然"才能使文章成为一个独立的有机整体。反之，如果是"由顶及踵，逐段滋生"，或者是"造成一架，而后再筹一架"，文章就会搞得支离破碎，或"未成先毁"。从某种意义上可以说，没有成熟的运思过程，就不可能有成功的写作。具体来说，运思有以下作用：

---

① 李渔：《闲情偶寄》，上海：上海古籍出版社，2000年，第17—18页。

第一，运思能加深作者对生活元符号意义的认识，形成写作心境的通道。作品是作者在感知活动后的产物，而引发感知的表象，有的能反映事物的本质，有的只反映事物的现象，有的甚至反映了事物的假象。此外，事物与事物之间的相互联系以及事物发展的偶然性和必然性等等，都一时难以识别，不易把握。作者只有在写作动机的支配下，进入写作运思时，如毛泽东同志所说的，"将丰富的感觉材料加以去粗取精、去伪存真"，下一番"由此及彼、由表及里的改造制作工夫"，深化对题旨的认知，疏通写的路径。

第二，运思是决定文章质量的关键。文章向来就有高低之分、俗雅之分、优劣之分，文章的这些品格，并非要等到写完之后才区分得开，而是在运思阶段就已经大致决定了。一个负责任的作者在运思阶段会如同蜜蜂采花酿蜜一样，对生活进行反复的消化和酝酿，同时又以自己的思想、观念、气质和情感去拥抱生活、过滤生活、理解生活，并从内容到形式都对自己提出很高的要求，从而为提高作品的质量打下厚实的基础。

二、运思的特点

（一）有序化

有序化是指运思内容按照特定的逻辑法则进行顺序排列的过程。写作运思以对客观现实的认识为基础，并且体现着这种认识的不断深化。运思的目的是要将思考内容清楚无误地传达出去，作者必须考虑到传达的最佳效果。因此，要将聚思至立意阶段筛选出的材料集中起来，按程序有条不紊地表达。如由头到尾、由正到反、轻重缓急、先后远近、甲乙丙丁，要清清楚楚。有序化，不仅是说事物间的安排要有次序，而且要体现事物间合律的联系。

运思的有序是写作者的思维与客观事物的本质及其运动变化规律的一致性的表现。当作者围绕作品的题旨，对材料进行调整、组合，变无序为有序，就构成了表达思想感情的逻辑序列。比如写人的时候，反复酝酿，人物在什么时候应该怎样行动，在什么时候会说什么话，作者的思维认知与人物的活动规律浑然一体，人物呼之欲出，这便建立了以"体"为规范，以"意"为核心，以思路为引导的有序化思维系统。所谓"胸有成文"即运思成熟后进入了随心所欲，从容不迫的写作状态。

（二）聚焦化

聚焦化是指在围绕"意"展开思路时，使蕴含着某种思想感情的形象特质鲜明凸现。与聚思中"扩展"的特点相比，运思活动呈现为收束、浓缩的反向运动，即对立意中存在的大量印象、形象、方案、手段等再次进行"价值性"选择，选取最有用的，淘汰价值不大的。这一选择活动虽然在"聚思立意"阶段已经开始，但那只是初步的，是在信息意义层面上的初级筛选，是"选题"生发后继发思维活动的一次或多次往返的甄别工作。在运思阶段，文体类别已完全确定，写作思维进入完型阶段，作者要按照文体旨意的要求，将思考向一个方向上浓缩事实与印象，做到重点内容鲜明突出。比如，凡与作者想要表达的意向相关的人物与印象材料应成为保留的对象，这一人物也就成为刻画的焦点。另一方面，聚焦化要求写作主体"自我思考"系统对外界暂时封闭，着意于运思对象的深度思考和表现形式的把握。当然，运思时可能出现阻碍，需要思维松弛，暂时封闭的系统也会再次打开，以获得新的启示，这样的思考活动可能又开启了一个新的层面，不过仍然保持着同一方向。

(三) 个性化

个性化从本质上说是运思的独特性表现。如果说感知还分为直接感知和间接感知的话，运思则绝对要由作者本人亲自完成，作者不能够去复制别人的运思过程，也不能重复自己的运思过程。运思是每一位作者"一次性"独立操作的内思维活动，作者的个人认知左右着思维活动的方向和质量。作者的个性特点为其未来作品已经打下了底色，比如同样是写文革记忆，莫言和贾平凹不同。就是代集体而言说的文章，也会打上鲜明的个人印记，比如从公文的语言也可以看出作者的个人风格。

个性化在运思的另一表现是创造性。作者在运思时，不是照抄自然和生活，而是把它们打碎，用自己的心智再创造出一个"第二自然"。作者根据他对事物的认识、理解和自己的审美理想，精心设计"新形象"，从而更准确、更真实地反映出事物的面貌和本质。换言之，运思的主要任务就是为主题的表达寻找到理想的结构。无论是表现在原创性层面，或创新性层面，还是新颖度、深刻度层面，每一次运思都是独一无二的。

三、运思的方式

从思维角度看，运思的过程就是思维推进的过程。若着眼思维活动的内容和形式，大体可分为形象组合思路和逻辑推导思路。

(一) 形象组合思路

形象组合思路是一种扩散性的方式，作者有目的地围绕一点生发，或受外界信息刺激，引起向四面八方扩散，造成想象和联想，使原先从感知中得到的各种信息沟通和联结起来，产生形象性和观念性新信息。想象和联想是扩散型运思的两只翅膀。

形象组合思路运行在小说里，表现为以人物性格的因果逻辑演变而推进。作者在想象的牵引下，努力寻找人物自己的性格逻辑的起点，把最有特点的部分突现出来，让人物按照其性格的逻辑行动。形象组合思路运行在小说里，也可以是非因果线性逻辑呈现，而是通过象征符号式文学形象进行哲理演绎，进而表达某种观念或情感，思路发展的合律性也就达到了最完满的程度。比如卡夫卡的小说创作就是代表性一例。思路推进中活跃着两种元素，一是情感、一是思想。它们既是作者的，又是人物的。当作者为人物寻找他自己的感觉和知觉，以求把握人物感觉系统时，却常常受到主观意志的干扰。作者的情感对于人物情感特征的定性、定量和定向都起着重大的作用。情感认知是私有的，不同人物的情感认知产生于自身独特的心理结构，指挥着人物的行动方向，作者的情感若强于人物情感，人物的性格逻辑内涵就会受到破坏，所以，小说运思要最大可能的让人物情感占有优势，只有作家的情感逻辑向人物的情感逻辑让步，人物才可能全面获得自己独特的生命，思路发展的合律性也就达到了最完满的程度。

形象组合思路运行在散文写作中，表现为以作者的思想感情流动而推进。这一流动的状态，在不同类型的散文中，表现为不同的结构线索，连缀着作者写文的材料，使文章成为前后贯一的整体。在抒情性散文中，大多以作者的感情推进思路的展开；在议论性散文中是以"理"为线索进行构思；在记叙散文中思想情感附着在核心事件上，事件的发展就是思路的发展。不过散文写作中，思路线索往往也不是那么单纯，常常是情物交织、情理相融、曲折变化。

（二）逻辑推导思路

逻辑推导思路是学术写作、实用写作常运用的运思方式。指作者集中、回拢运思的对象性客体，舍弃与运思目的无关的信息；对有关的，尤其是主要的信息进行分析与综合，运用概念、判断、推理的方式，侧重对现象进行逻辑思考。在逻辑推理思路的展开中，虽然也有一定的情感因素的介入，但对客观世界的理性认识始终占据着中心位置。思路的运行紧紧围绕"立意"阶段所获得的初步观点（问题）论证、解说。其一般运行的程序如下：

首先，意旨与文体再次互动，确定文体，明确问题（主题）。其次，围绕意旨进行思考推导（问题分析），可采用总分推导，由整体推向局部，或由具体现象入手多方思考；可采用因果推导，由因及果，或由果及因；可采用正反对比推导、比较思考推导、触类旁通推导等。最后归纳出结论（解决问题）。

当然，文学写作运思中，也不排除分析综合，不过，这种分析是对作品题旨的思考与把握，是融合在形象思路之中的。而在新闻等实用写作中，却往往是形象组合与逻辑推导相结合，以逻辑推导为主，以形象组合为体现。

第二节　谋篇与结构

一、谋篇的含义

这里所说的谋篇，与传统意义上的篇章结构不同，是文章全面物化之前结构系统的确立，它包含了定体、定纲、定调几大系统元素。

定体，即选择或创建文章的体式。定体的活动其实在动机触发以后就已经开始，不过还不够清晰，不够明确。随着思维活动的推进，体式逐渐明了，也可以说，运思就是在某种文体规范内的活动，到谋篇阶段就要将这一活动内容程序符号化。写作是创造性活动，不仅从内容方面有新见，在形式、方法、技术方面也会有创新。当然，形式的创新是建立在已有形式的基础之上。值得我们关注的是，新的内容存在着强烈的寻找新体式、新方法的趋向。柳永在词的创作中，对慢词的创制与铺叙手法的运用，可以说明这一问题，米兰·昆德拉从理论到实践对传统小说创作的突破，也是典型的一例。"诗化小说"、"散文小说化"、"小说散文化"的现象，也都是作者谋篇定体时在内容驱动下的表现。

定纲，即根据文体的规范对文章布局结构。运思中文体的预构，仅仅是一种思路运行轨迹，谋篇过程中用文字符号将这一"轨迹"加以固定和记录，才能称之为文章的纲目，即狭义的结构。

定调，即确定语调，包括语体和风格。文体语言和思维内容是亲密的兄弟，作者运思中对事物感性的形象的把握，或者是概念的、抽象的逻辑的把握，已经确定了语体与风格，具体来说，一是作者已形成的个人语言风格，一是与具体文体相适应的语言类型。

定体、定纲、定调这些结构系统的元素都属于文本的某种模式，它们共同构成了文本体系。不过，谋篇时外语言（词语、句子、修辞习惯、标点等）还未呈现全貌（物化）。本节只从定纲的角度谈谈谋篇方式和具体内容。

二、谋篇的方式

谋篇的方式是作者怎样进入构造文章的方式。文体不同，作者的写作习惯不同，谋篇采用的方式就会有不同。考察成熟作者的写作经验，一般来说，有两种谋篇的方式，一是打腹稿，二是列提纲。

（一）打腹稿

腹稿是存储在作者头脑中而未见诸书面文字的文章。打腹稿即作者在心里结构整篇文章，等酝酿成熟，执笔绘就。看起来，这种方式没有经历以纲目的形式，将内孕思维成果先用文字符号固定的过程，但实际上，当作者确定了文体、主旨后，是将纲目存储在头脑之中，经反复推敲，直至作品构造完成。有些时候，作者是先把关键词、重点句写出来，然后开始腹稿的运筹的。许多作者"打腹稿"的谋篇方式留下了不少佳话，比如南北朝诗人王筠，写诗构思时，便注水于葫芦内，水满后倒掉再注，一旦掷葫芦于地，诗已成竹在胸，下笔立就。唐代诗人王勃，写作前研磨数升，然后蒙头大睡，起来后，提笔就写，不再改动。这些写作前的举动正是作者进入文章构造的外部表现形态，也说明打腹稿是谋篇的一种方式。这种方式内在的具体运行步骤因人而异，没有一定之规，但都在"意"与"体"的规则内开展构造活动。对于习作者来说，创作篇幅较短的作品时，比如短篇的诗歌、散文、微型小说等，实用文中内容单一的消息、通知、决定等，是可以采用打腹稿方式去谋篇的。

（二）编写文字提纲

编写文字提纲，是将运思的过程用文字符号记录下来，这是内孕成果视觉化的过程。提纲是文章的蓝图，是所表达的内容的基本逻辑框架。编写提纲对文章写作的顺利进行十分必要。但是人们对提纲编写有不同的认识和做法。有的作者在创作时坚持编写详细的提纲，茅盾写长篇小说《子夜》，提纲就有 4 万多字。有的作家反对编写创作提纲，列夫·托尔斯泰说自己写作从来不编写提纲，还说"按照提纲写出的是僵死的、不真实的、没有用处的东西"。有的作家编了写作提纲却不按提纲写，贾平凹说他写一部书时，花了十几个月列出了详细的文字提纲，写时却推翻放弃了，一坐到桌边，书里的人物自己就活动起来。① 而有些时候，灵感突然降临，所谓"乃见其所欲画者，急起从之，振笔直遂，以追其所见，如兔起鹘落，稍纵则逝"②，也就不可能事先编写提纲。从内思维角度来看，成熟的文学家已经建立起进入谋篇的稳定心理结构系统，这一系统适时而动，且具有鲜活的生物性、习惯性、个性化色彩。所以，他们不编写文字提纲，不等于内思维运动的休眠，不做编写准备，只是"编"的呈现方式不同罢了。而学习文学写作的人，尤其写较长的作品，则应该编写提纲。学术写作和篇幅较长的实用文写作，编写文字提纲是必须进行的一项工作。无论是成熟的作者，还是学习写作的人，都不可忽视这一点。

从文字提纲的简、繁来说，有"粗纲"和"细纲"之分。粗纲只要标示主题，显示主要内容的层次，将作品的概貌描述出来即可，有时仅写出内容提要。细纲则要按不同文体的要求，斟酌全文的布局，内容的安排，材料的取舍，层次的分布，乃至技巧的使用。从编制提纲的时间角度看，文字提纲有静态与动态之别。所谓静态提纲，是指经过反复推敲后确定的成熟、完整的存在提纲，写作时按此纲进行。所谓动态提纲，是一边编写提纲，一边写作，一边修改，提纲与写作同步地、交叉地进行。朱光潜先生说他定了题目之后，开始"自由联想"，然后用三五个字的小标题写在纸上，把所能想到的意思都记下来了为止。再删去无关重要的，理出一个线索和次第，顺这个线索和次第用小标题写一个纲要，然后依次第逐段写下去，边想、边写，有新意思涌现，马上就修改，直到全篇写完也无须大修改。这种把定题、运思、编纲、抒写链接起来进行的写作，朱光潜先生认为其好处是：

一则纲要先想好，文章就有层次，有条理，有轻重安排，总之，就有形式；二则每段不预先决定，任临时触机，写时可以有意到笔随之乐，文章也不至于过分板滞。③

总之，提纲的编写无一定之规，只要有利于思路的明晰畅达，主题的鲜明突出，使作者写作胸有成竹就好。

三、谋篇的内容

（一）确立主题，拟制标题

主题是文章的核心，它决定着素材的取舍和文章的思路。作者在立意阶段已经对文本的主题有所谋划，谋篇阶段主要是确定主题的呈现方式。

在学术写作中，主题就是中心论点，最好能凝练成一句话，有的可直接作为文章的标题，如"实践是检验真理的唯一标准"。在实用文写作中，比如报告，主题就是作者的观点、态度。就进入谋篇的顺序而言，主题应先行。在文学写作中，主题是作品的中

---

① 转引自百度百科/百科名片：构思。
② 苏轼：《文与可画筼筜谷偃竹记》，《苏轼文集》，北京：中华书局，1986年，第365页。
③ 朱光潜：《谈文学》，合肥：安徽文学出版社，2006年，第48页。

心题旨，有的作者因主题的发现而产生创作的行为，如米兰·昆德拉的《生命不能承受之轻》就是从作者的发现和思考出发，进行小说建构的。也有许多作家的创作不是"主题先行"，而只是在某些情感、思绪的牵引下执笔，写作中这些情感、思绪在行文过程中逐渐清晰、凝聚，或是隐伏于整个文本的形象之中。所以，在谋篇的框架下，对"主题"应作广义的阐释，它就是一种"意旨"。一般来说，主题是开始写作时要确定下来的东西。

标题即文章的题目。写作时，是题目拟好后再执笔，还是文章写完再拟题？通常有两种情况：命题式写作，往往是先有题目，在题目的框定中，立意选材，比如有些约稿的学术论文写作，领导布置的总结、报告、讲话稿等等。非命题写作可以是先定题目，也可以写完再拟题，还可以立意与命题同步酝酿，余华的《活着》就属这后一种。标题可以点明主题，如《她的中国心》；可以暗示主题，如《前面就是柏林》；可以帮助读者理解主题，如《二号首长》；可以是对作品内容的揭示，如《有官在身》。要注意的是，文章的标题可以更换，但主题不能随意更换。

文学作品的标题有采用象征意蕴式的，如《红高粱》、《光头》等；有采用人名、事、物、地名、时间等命名，如《玉秀》、《手机》、《土门》、《九三年》等。为文学作品拟制标题，一般追求新颖、形象、内涵丰富。好的标题画龙点睛，对读者富有吸引力，也可以反映出作者的文学和思想的造诣。

学术论文的标题常见的有句子式标题，如《我对文学名著改编的几点看法》、《论二雅的政治抒情诗》，后一题目是一个省略句；有词组式的，如《情感思维和情感逻辑》；有主副式，如《反叛与皈依——丁玲创作论》。为学术论文拟制题目语言应简明，且能突出论文的学术价值。

实用文类别较多，有些文体对标题有统一的要求，如公文标题，限制性较强。总的来说，标题用语都要以简明、准确、贴近主旨为基本标准。

（二）选择或创建结构模式

按照结构主义的观点，作品除了显在结构外，还存在潜在结构。本教材所介绍的结构仅着眼于显在的、常见的文章结构模式。

1. 纵向结构式

纵向结构式，可按照事物发展的顺序组织材料，安排层次。任何事物都有发生、发展、高潮、结束的过程，这一过程既有阶段性，又有连续性，各阶段又有不同特点。但在写法上要避免罗列事实、记流水账。要善于选材，把重要的事实或情节放在结构的醒目位置，或在详略上、情绪上加以强化，力求写得波澜起伏，气势跌宕，有可读性。采用纵向这种结构方式还常用倒叙手法，引起悬念，以摆脱记叙呆板的弊端。还可以采用多线条发展（主副交叉或平行并列），形成叙述的波澜。纵向结构也有以作者的认识过程或情态变化为序安排结构。人们对事物的认识，有一个从现象到本质，由片面到全面，由肤浅到深入的过程，理清认识发展的步骤，文章的层次结构也就形成了。纵向结构还可以按照事理的层层深入为序安排结构。一些论文、实用文都采用这样的结构方式。

2. 横向结构式

横向结构，有以空间转换为序组织材料，安排结构。比如韦君宜《两村行》，就是按访问地点的转换来写的。也有以逻辑关系为序组织材料，安排结构。从表面看，材料间没有什么关系，但在性质上却有逻辑关系，按事物的内在的逻辑联系做一定的调度、组合，通过对重点事实、人物个性或人与人关系的描绘，让读者了解人物全貌或事件的完整性。这种结构法既能强化突出重点，又能连缀全貌。如《亚洲大陆的新崛起》采用了这一结构方法，写了地质学家李四光三十多年的经历，作者将长过程切断、调度、组合为六个部分，合起来表现了李四光所走过的科学道路。

3. 复迭式结构

以时间为"经"，以空间为"纬"，灵活跳跃地安排结构，纵横交织，螺旋式展开，形成多层级或网状格局。这种结构能容纳复杂、丰富的内容。但它要求作者有较高的驾驭能力。比如宗璞的《哭小弟》就是这样结构成篇的。作者把小弟的一生事迹和病逝经过切割成块状，用了五个单独成段的句子，以"哭"字为焦点，以忆念为引线，将它们重新组合成一个各种材料交叉叠积，抒情与叙事交互为用的有机整体。

4. 串珠式结构

即在安排结构时，以一条或几条线索贯穿，将经过选择、取舍后的众多材料连接起来，构成一个有机的整体。这样的结构可以使作品脉络分明，材料之间相互勾连，组成一体，共同表达主旨。作品中能作为线索的可以是人物，也可以是事物；可以是一景，也可以是一情；可以是时间，也可以是空间；可以是警句格言，也可以是诗词名句等。比如张翎的《望月》，就是以年轻女性跨洋的人生追求和婚恋遭遇为主线，同时串联起孙氏三姐妹卷帘、望月、踏青及其周边人物的身世、留学经历、婚恋故事来结构作品的。

5. 板块式结构

它的一般程式由三大板块组合而成：开篇提出总观点，或概括一类问题的总体现象；中间以叙述事例或统计数字做证明；结尾是叙述者的议论，这常常是对所叙内容发表的有一定理论反思色彩的话语。比如孟晓云的报告文学《多思的年华》，开篇亮出观点，接着，组合了近十个人物事例个案，分别表达了三个分论点；最后，在对个案生动描述的基础上，借助一位女教育家的讲话，道出全文的结论。这种结构模式常用于表现"社会问题"的报告文学、调查报告中。

6. "套盒"式结构

作品内容的安排是在故事中套故事，所套故事里再套故事，层层相扣，丰富多彩，使作品更富于多意性和立体感。马里奥·巴尔加斯·略萨的《绿房子》、《酒吧长谈》采用的就是这样的结构方法。

7. "流动"式结构

所谓流动式结构，是指作家在创作时，随着情绪、情感、意识的流走结构作品，这种结构是随情布段，缘意立节，呈现出一种散点透视的状态，在新时期散文写作中比较多见，比如张承志的《离别西海固》、刘烨园的《自己的夜晚》、刘亮程的《一个长梦》等，都运用的是这种结构方式。

"文无定法"，安排作品结构须从实际出发，处理好内容与形式的关系，切不可生搬硬套。

（三）写好开头和结尾

开头和结尾处在特殊的位置，所以有着特殊的功用。开头的优劣关系着全文整体结构是否合律，决定了内容表达的有效性。

1. 开头

古人称开头为"起笔"，是文章的第一步。李渔主张"开卷之初当以奇句夺目，使人一见而惊，不敢弃去。"谢榛主张"起句当如爆竹，骤响易彻"[①]。古人对文章开头的研究值得我们借鉴。一般来说，开头一要切合文体，符合表达内容的需要，二要考虑读者的接受。开头含蓄深刻，会产生余味无穷，深化主题的效果；开头新颖别致，就能立刻抓住读者，使读者急欲读下去。

叙事类文体开头的方法多种多样，但没有固定的模式。常见的开头或描写环境，引出人物；或起笔介绍人物，再说事行文；或先说故事，再阐释道理；或引用诗词，作为发端；或突兀而起，直抒胸臆；等等。实用类文体的开头，已经形成了一些模式，比如，开头首先使用介词"为"或"为了"组成的目的状语句，然后说明为实现这一目的所采取的行动、主张等；或直接援引有关文件、会议精神或法律法规来说明行文主旨；或以概述基本情况开头；等等。学术文体的开头是在"前言"，一般都是直接标举研究对象、意义及预期目的；也有只提出问题，以问题带领读者进入分析论证；或从相反的论点入手；或从词语概念入手开头；等等。

不论采用哪种开头方法，要真正开好头，必须有全局观念，起笔定准基调，以便于全文的展开。要切合文意，不能离题太远，离题过远，必然会绕弯子，形成冗笔。也不能离题太近，离题过近，文思易堵塞。同时要力求新颖别致，富有魅力。

2. 结尾

结尾，古人称为"收笔"，是文章结构的有机组成部分。写好结尾自然非常重要。"为人重晚节，行文看结穴。"结尾好，可以深化主题，耐人回味。结尾不好，其他部分写得再好，文章也是"断尾的蜻蜓"。那么，怎样写好结尾呢？重要的是结尾要符合事物发展的规律。一般地说，事物的结局就是文章的结尾。事物的结局不仅表明事物的发展告一段落，而且也暗示着它将向哪个方向转化。把事物的结局写成文章的结局，不仅是"瓜熟蒂落"、"水到渠成"，也显得真实自然，符合接受心理。不过，结尾固然可以"意尽而言止"，也可以是"语结意未尽"，选择哪一种，受写作目的的制约。

[①] 谢榛：《四溟诗话》，郭绍虞主编：《中国古典文学理论批评专著选辑》，北京：人民文学出版社，1961年，第30页。

在叙事类文体的构造中，就方法而言，其结尾与开头一样，没有固定的模式。常见的结尾，或事结笔止，自然收束；或蕴含哲理，发人深省；或情景描写，凸显文旨；或悬置结局，令人遐想，等等。需要强调的是，文学文体的结尾写得"言尽而意不尽，文断而情不断"，余音绕梁，让读者咀嚼、回味、思考，感到余味无穷，是为上品。实用文体的结尾，有的是以专用词语结束全文，有的强调行文目的结束全文，有的以号召和希望之语结束全文，一般都要与开头相呼应。学术论文的结尾是正文的最后"结论"部分，要对前言中提出的中心论点在分析后加以归纳和强调，或者对所研究的论题的价值做学术上的评估。无论怎样结尾，必须符合作品的总体构思的要求。

（四）安排段落和层次

段落和层次，是文章开头以后要继续进行的内容。从存在角度看，作者一旦动笔，自我生命就存储于两个世界，一是常人生活世界，实施着普通人活着的一切必要行为；一是文本世界，叙说着、证明着自己构建的生活和哲学。就文学来说，继续写，就是保证文本构造的社会生活正常展开。这期间的活动对作者的生命体能、思维质量、存在和创造的品质都提出极高的要求。尤其是长篇的写作，"继续写"往往是很艰难的事。段落层次的安排，作为"继续"的"先在"，对许多作者是有意义的，对学习写作的人来说，就更为重要。

写作被形容为爬格子，比喻一字一字写作之情状。现在用电脑写作，各种输入法的使用，不但可以一字一字键入，还可以一词、一句交错敲击，上传到网络空间。由此可见，"一字一字"写文章的说法，只是从时间角度，对使用传统书写媒介，让符号线性依次出现的描述。从写作思维角度考察，文章则应该是一段一段写成的。"段"是承担"篇意"的最小结构单位。段落有长有短，长段、短段相勾连，起起伏伏间，形成了篇章的节奏和气韵。

段落的形成不是靠字词的累积，而是相对完整的意思的涌现。层次，则是根据文本表现题旨的需要，对负载意义的"段"的组合。需要特别说明的是，在一般教科书中，层次有两个意思：一是在一个自然段中存在的几个"意义层"，它小于段落；一是由若干自然段组成的一个意义层，它大于自然段落。为了便于表意的清晰明确，避免理解的混乱，在同一议论过程中，概念的外延与其内涵必须确定，故本教材对"层次"做了定义修正："层次"与段一样，是具有结构形态的组织，即它是由两个以上自然段组成的"意义结构"。

在文学类作品，段落层次是文本世界里人物活动、事件发展、场景转换、情感流动的"场"的次序迭出。小的场是段，大的场是层。层次多为隐形存在，凭内容的逻辑联系来区分；也有用关联词，或过渡句、空行等标示层次的。在学术论文和实用写作中，"段"是对一个最小级别论点的论证过程，"层"是对中等级别论点的论证过程；段落层次携手完成对总论点的证明。为了显示层次的划分，会采用小标题、序码标示层次，或以"首先"、"其次"、"再次"等词语表示。

从文字符号容量来说，段落有长有短，层次规模有大有小，其形态的设置并非作者为了某一主观目标有意为之，而是遵从事物发展规律，合理的呈现。从另一个角度看，段长段短，其效果是优还是劣，不在于作者掌握了某种文字技巧，而在于作者对事物的认识和把握。意尽段结，自然而成，也牵动着字词与全篇。当然，从传播接受角度考虑，作者对段落层次可以有"预谋"，这就涉及"过渡"、"伏笔"、"照应"、"悬念"、"巧合"、"对比"等技巧的运用。

对学习者而言，安排好段落层次应遵守以下原则：① 段意要单一，即一个自然段一般只表达一个意思，并要保证内容的完整。② 段落有换行另起的明显标志，在运用相关方法技巧时，通过设段给读者视觉上留下醒目明晰的印象，便于读者阅读和理解。要说明的是，小说、散文中的对话，单句提行标示，不属于自然段的设置，其虽然过短，但不妨碍意义的合理表达。③ 表现段意的句子应该放到合适的位置。做到"合适"，一要看本段与上下段的联系，二要看本自然段在层次中的位置，然后决定放到段首、段中，还是段尾，总之，要符合逻辑。④ 层次安排要主次分明，繁简适当。这里涉及材料的运用，凡重要之处材料取用要充分，要"鞭辟入里，烘染尽致，使所写的事理情态成一个世界，突出于其他一切世界之上，像浮雕突出于石面一样。"① 次要部位，则略用笔墨。详略得当，主题自然突出。

小结：从思维角度看，运思和谋篇进入了完型思维活动过程。总结前人、今人运思谋篇的经验，会发现这个完型思维活动已经形成了种种模式，也就是说，运思与谋篇是有法则可循。虽然面对不同文体的写作，不同作者在运思谋篇中必然会表现出其个性特征，对于自考的学生来说，按照教材提出的方法自觉训练仍然是有必要的。

【思考与训练】

1. 运思和谋篇有怎样的关系？
2. 结合写作实践，谈谈运思的个性化特点。
3. 请从下面题目中选择一个，按要求进行运思和谋篇的练习。
   题目：（1）朋友　　　　（2）爱情　　　　（3）冬日
   　　　（4）网络语言　　（5）职业乞丐　　（6）土地
   要求：（1）自选体裁；（2）说明所采用的运思方式；（3）写出主题句，或文意；
   　　　（4）拟定标题；（5）选择结构模式；（6）编写详细文字提纲。
4. 以"环境与污染"为题，按照逻辑推导思路中的"因果推导程序"进行运思练习。
5. 以《父亲的生平》为题写一篇文章，并记录运思的轨迹。
6. 从立意、选材、运思、谋篇的角度，点评陈毓的小说《伊人寂寞》。

---

① 朱光潜：《美学文学论文选集·选择与安排》，长沙：湖南人民出版社，1982年，第272页。

伊人寂寞

是那场突然降临的死亡出卖了她。

灾难降临以前,她是一个不久就要当妈妈的女人。那时她的妊娠反应已经过去,对食物的热爱回到她心里,睡眠也回到她的眼睛里,她看上去很强健,有旺盛的精力。生活很好,即使她的肚子高高地隆起来,腰身的粗壮使她原来的衣服不再适合她,但是春天的到来却使她很容易打扮自己,她穿着宽松舒适的孕妇裙,看上去是那样地闲适自在。

是一个周末,她要去郊区镇子上看望一位女友。女友在电话里不止一次跟她描述小镇油菜花开的样子,麦苗青青菜花黄,那情景她是熟悉的,只是好多年没见了。现在,怀孕使她从容起来,那就去看看吧。

她拒绝了丈夫的陪同,她说,离产期还早呢,没那么金贵,一个人去得了。她心疼上夜班的丈夫,就靠白天的睡眠补精神,她不能叫他缺觉。

丈夫送她出门,随手理了理她耳边的头发,使她的头发更整齐些。

他陪她走到巷子口,那里有一路公共汽车,可以载她去女友所在的小镇。他看着她上了公共汽车,他们相互挥手道别后,他就回家了。他睡觉。他的头一挨枕头就睡着了,一个完整的夜班的确使他疲劳。他的睡眠一片黑暗,那里很少有梦。

他不知道正有什么在他安睡时发生。那辆公交车——载着他妻子和将要出生孩子的车——被一辆迎面而来的车撞到了路基下。他的妻子和他未来的孩子就在那一瞬间永远地弃他而去了。

他在医院里看见她们,准确点说,是看见他的妻子,他妻子的尸体。

跟他谈判的是医生。医生说,她死了,在撞车的一瞬就死了,她撞坏了大脑,她没有痛苦。医生替他揭开那块白布,他看见她的脸,她的身子。她的身子和脸都是完好的,区别是它们现在看上去僵僵的,没了血色。他仔细地看她,他看见她的眼睛睁得大大的,那里没有恐惧,只有吃惊,像是看见什么叫她不明白的事情在眼前发生。从前他惹她生气时她多半就是那表情,吃惊无辜地看着他,看得他心软,把所有的过错自觉承担下来,不管事情的起因怪不怪自己,他都甘心。现在,那样的目光再次看着他,他立即就有了要承担什么义务的准备了。可这一次,他能承担什么呢?

我们医院想买你妻子的身体,当然,这得你肯成全。医生在说话,在对他说。

等他终于明白医生的意思,他的直觉反应就是把自己善于操持钢铁的拳头砸在医生脸上,但他控制了自己。他虽然活得粗糙,但这并不意味他缺少教养。

我们很想把你妻子的身体留在这里,你不知道,这对医学研究,有多高的价值。医生更加小心地寻找字眼儿,生怕伤害了那做丈夫的情感。

谈判是艰难的。一方是刚刚痛失亲人的丈夫,一方是对科学秉承严谨态度的医生。

总之这桩谈判最后定下来了。那丈夫终因那笔他不再有力气拒绝的金钱放弃了他的坚持;而医生,一个视人体研究如同生命的人得到了那具人体:一个怀孕六个月的年轻女人的健康完整的身体。

据说，那个女人的身体用了世界上最尖端的技术，被栩栩如生地保存下来。

我是在一次名为"人体奥秘"的展览里见到她的。于我，那是众多参观者中的一个参观者，是一个不明就里就走进去了的一次观看。讲解的先生一再说，一定进去看看，这里有中国仅此一家的珍藏。讲解先生说的"仅此一家的珍藏"指的就是那个怀孕六个月女人的身体，她在这里有一个名字："惊鸿"。那是一个很诗意的名字，但在这里我看不见诗意，也因此怀疑，那不是她的本名。

讲解先生说了她的来历，她现在的身价，那是一个惊人的数字。只因为，她的遭遇的偶然性导致了她身体的科学研究价值的珍贵。

时光过去了二十年，这也是讲解先生告诉的，她依旧保持着二十年前那一瞬发生时的表情。让她"永恒"的技术的确高超，她站在那里的样子大方而周正，大睁的吃惊的眼睛叫她的表情看上去无辜而年轻。她的双乳饱满坚挺，鼓荡着生命力，她四肢和腹部的肌肉纹理结实有韵味，她孕育和护佑她婴孩的那个地方现在像一面永远敞开的窗，向遇见她的每一双眼睛打开她身体内的秘密：她是一个怀孕六个月的女人，你看她的宝宝多健康，仿佛随时都会在她的子宫里伸个懒腰踢一下腿似的。

我回到展览馆外，九月海滨的阳光明亮清润，空气里有青草的浓香气。我使劲摇了摇头，想摇落那女人留在我记忆里的目光。可是摇不掉。

我再回头，看见明亮的阳光使展览馆待在黑影里。

那里，藏着科学的凉意。

（选自《芒种》2006 年第 1 期）

第八章　表达与行文

学习提示：表达即组织文字中所使用的方法和技巧。行文即组织文字，表达意思。表达与行文是思维成果"物化"过程中的第一个环节，是作者把谋划于心的思想情感表现出来的技法。本章详细介绍了叙述、描写、议论、说明、抒情五种基本的表达方法及技巧，论述了行文中如何通过斟酌词语、讲究语感、斟酌句子、恰当运用修辞手法，以及规范使用标点符号来提高文章表达的效果。

第一节　叙　　述

一、叙述的含义

叙述是最基本的一种表达方式。在写作中使用最早，使用频率最高，应用范围最广。叙述的对象多种多样，诸如人物的经历、遭遇、命运，事件的发生、发展、变化，组织机构的建立、沿革、调整，民族的形成、迁徙、分合，朝代的兴衰、更替、变动，思想观点的产生、流变，等等，都必须用叙述来表达。

叙述既能单纯地介绍一人一事，又能纵叙东西南北千载复杂的人和事，可洋洋万言，也可短短数语，显示出灵巧而跳跃性的特点。

叙述又是在一定的时空中进行的，反映的内容要受时空的制约，时间在渐进，事物随之发展，因之叙述具有流动、连贯的性质。

叙述还带有主观色彩。叙述面对的是客观的人和事，但一经作者之笔，就绝非冰冷冷的"照相"，作者的思想见识、感情倾向都会自觉不自觉地渗透在客观事物的叙说中，特别是文学类文体中的叙述，一般都带有鲜明的主观情感色彩。正如刘熙载所说："叙事有寓理，有寓情，有寓气，有寓识。无寓，则如偶人矣。"[①] 没有目的，不带情感的叙述，不能反映客观世界的生活真实，也就失去了存在的意义。

二、叙述视角与人称

叙述视角，简单地说是指作品叙述事物的立足点，"是作者叙述故事的方式和角度，并通过这种方式和角度向读者描绘人物、讲述事件、介绍背景等等。"[②] 叙述人称是作者为表达内容和目的所选择的叙述身份。叙述视角通过叙述人称才能得到体现，对叙述

[①] 刘熙载：《艺概·文概》，上海：上海古籍出版社，1978年，第42页。
[②] 汪靖洋：《当代小说理论与技巧》，南京：江苏教育出版社，1989年，第459页。

人称的选择也就直接影响着叙述效果。但严格地说，前者并不完全等同于后者。叙述人称分为三种：

第一人称叙述。是以当事人的口吻进行叙述，以"我"的身份在文章中出现，所叙述的内容均为"我"之见闻、思考和感受。"我"可以是作者，也可以是作品中的人物。这一叙述容易形成真实，亲切的格调，既适合于"讲故事式"地叙述，也适合于"独白式"地展现人物的内心世界。陈启佑的《永远的蝴蝶》采用的是第一人称，着重抒写了"我"在雨中目睹未婚妻遭遇车祸时的心理感受：面对惨剧，"我"心如刀绞，虽是春天，却分明感受到深秋的凄冷，好像世间的一切都为之停转静默了。由于作者准确选取了主人公内视角，重在剖析亲人离去后的悲痛心理，沟通了读者的情感体验，实现了作者的创造意识与读者的再创造意识双向交流。但第一人称的叙述会受到时间、空间或叙述角度等方面的某种限制。

第二人称叙述。作者面对人物，以向人物说话的口吻，叙述"你"（人物）的言语行动，曲陈见闻感受，读者则是旁听者。余光中的《朋友四型》、刘再复的《大河，永远的奔流》都是用这一叙法的典范文章。第二人称叙法具有双向交流的对话性质，能紧紧抓住读者，使之有一种参与感。用这一人称叙法易形成真挚亲切、感人肺腑的效果，所造就的情调与韵味是采用别的人称叙法不能替代的。

第三人称叙述。传统的第三人称是以局外人的口吻进行全知叙述，作者站在第三者的旁观立场对读者转述见闻和感受。这样叙述，可以灵活地展示事物的各个方面，自由地刻画人物，不被人物的所见所感约束，表现的生活内容更丰富，表现的范围更宽广，既可以从外部对人物、场景进行表现，也可以对人物的心理世界进行展示。这种第三人称的叙述能不受限制地进行全视角叙述，弥补了第一人称叙法的不足。但是由于这种叙述者"既不与人物或读者合一，也不在作品中直接露面"，而是作为无所不在的"隐身人"贯穿于整个作品，缺乏第一人称叙法的真实感和亲切自然的长处，"叙述者、叙述对象与读者之间总保持最大的距离，相互间的感应力降到最低值。"①

但现代叙事作品中经常出现另一种限制视角的第三人称叙述，即虽然采用第三人称，但仍然模拟特定人物的视线及其身份情绪进行叙述，有时同一作品中还可以转换不同人物的视角。这样叙述的作用是有利于深入地刻画特定人物的感受与心理，叙述语言也富有角色的个性，但在叙事线索的处理上又比第一人称具有灵活性。像作家李锐的系列短篇小说《厚土》中不少篇章都是采用这样的第三人称内视角叙述的。

一般情况，叙述时只用一种人称叙述，但也可几种方法交替使用，以打破叙述的平板状态，增强叙事的情感波澜。菲兹杰拉德在《了不起的盖茨比》这部作品中，使用第一人称叙述，根据故事情节的需要，不时地变换叙述视角和叙述者，小说中多处出现第一人称向第三人称的转换，偶尔还插入第二人称，把读者称之为"你"，表现出某种强烈的感情倾向，极大地缩小了读者与叙述者及其讲述的故事之间的距离，使得叙述呈

---

① 金健人：《小说结构美学》，杭州：浙江文艺出版社，1987年，第198页。

多元化展开，不同的侧面展示组合在一起，构成了一幅反映盖茨比故事的立体图像。

需要指出的是，叙事人称所承载的叙述者的内涵是多样的，有的是作者自己，有的是人物，有的是作者虚构的讲述者。在虚构的叙事作品中，无论哪一人称都是虚构出来的，而在不可以虚构的散文、报告文学等文体中，叙述者大都是作者自己。

三、叙述的方法

（一）总叙和分叙

总叙与分叙是按照叙述角度的大小分类。

总叙是用简洁的语言对人或事物的总体面貌做概括叙述，给读者一个总的印象。它如同电影中的鸟瞰全景，角度开阔，轮廓清晰，使人易窥全貌。

分叙是对一件事情从不同方面进行叙说。有时，分叙如同电影里的特写镜头，推进放大，叙述节奏较慢，能使人看到事情的具体情状；有时，分叙对事情各方面概括交代，叙述节奏较快，读者只需了解大致情况。

一般学术文体和实用文体，多采用简明的总括概述或概括分叙，只求把事情叙述清楚，不进行细致铺叙。在文学类文体写作中，总叙和分叙两种方法都要掌握好，总叙和详细分叙结合起来运用，使叙述点面结合，粗细相间，快慢相宜，从而显示出文章的广度和深度。

（二）顺叙和平叙

顺叙和平叙都是按叙述的时间，空间顺序分类。

顺叙是按照事件的发生、发展过程，或人物（作者）的经历、思想感情发展的自然顺序进行叙述的方法。顺叙时，文章层次段落的先后顺序与事件的脉络基本上是一致的，即所谓"把事情的开端作为文章的开头，把事情的收梢作为文章的结尾"[①]。用顺叙这种方法记事，优点是首尾圆合，便于把事情的来龙去脉表述清楚，符合人们的接受心理和阅读习惯；常出现的问题是平铺直叙，易写成流水账。所以，运用此法时，要注意主次有别、详略得当，根据主题需要巧妙剪裁，切不可平均使用笔墨。

平叙，即叙述同一时间，不同地点发生的两件或更多件事情，也就是先叙一件，再叙另一件，也可以几件事情并行交叉地进行叙述。前者，就每一件事情来说是一般顺叙，从二者的关系看是平叙；后者则是紧密交叉齐头并进。古人称此法为"双管齐下"、"话分两头"，或者叫"花开两朵，各表一枝"。平叙的作用是把头绪纷繁、错综复杂的事情，写得眉目清楚，有条不紊。读者从平行的多个事件中也可获得丰富、立体的感受。

平叙和分叙都是分别叙说同一时间发生的事，但有诸多不同：平叙的对象是多个的，它把不同空间，性质相仿或对立的几件事一一写出来，这些事没有主次之分，没有严格的先后。分叙的对象是单一的，它叙说一件事情的不同方面，这些方面有主次之

---

① 叶圣陶：《开头与结尾》，李晓明主编：《叶圣陶文集》，长春：吉林文史出版社，2002年，第54页。

分，发生的时间可同可异，所以安排的位置也比较讲究。分叙能把一件事的方方面面交待得明明白白，平叙则可把头绪多的事件写得清清楚楚。运用平叙时要注意把平列的几件事发生、发展的起讫点交代明白，防止头绪紊乱。

（三）倒叙和插叙

倒叙和插叙都是顺叙的一种变化。

倒叙，是把事情的结果放到文章的开头来写，然后再回到事情发生的开头进行叙述；或者把事情发展过程中最动人、最突出的片段提到开头写，再从头顺叙。倒叙最大的特点就是行文活泼，能造成悬念，引人入胜。如清人王源《左传评》中所说："中者前之，前者中之后之，使人观其首，乃身乃尾；观其身与尾，乃首乃身，如灵蛇腾雾，首尾都无定处——然后才能活泼泼地。"倒叙可以造成悬念，所以，有人称其为倒悬。然而，这却不是简单地把事情的结局或其中最动人、最突出的部分提到前面，而要在提前部分布疑设障，"故弄玄虚"，使开篇即抓住读者，或悬念中套悬念，以期引起读者强烈的阅读兴趣。在运用倒叙时，一定要根据表达的需要，防止为倒叙而倒叙的倾向，还要注意交代清楚倒叙部分的起讫点；从顺叙到倒叙，从倒叙又回到顺叙之间，要有明确的界限，要衔接自然。

所谓插叙，是在叙述事件发展中暂停一下，插入另外一段叙述，插叙完毕，再把原叙述进行下去。插叙或为表达文章中心的需要，或为帮助读者深入了解事件，或对出场人物、背景做注释、说明。插叙能充实文章内容，丰富故事情节，也可化直为曲，使文势起伏跌宕、错落有致。插叙又有种种分类：插入往事的片段，称之为追叙；对上文补充说明，称其为补叙；插进来的内容在表达顺序上与原叙述的顺序相反，称为逆叙。

四、叙述的技巧

（一）虚实相生法

虚与实是艺术辩证法的总纲，任何艺术品类都讲究它们的彼此相生。传统音乐崇尚"弦外之音"；戏剧求"遗貌取神"；绘画讲究"虚实相生，无画处皆成妙境"；写文章与其同理。以虚为虚，会流于虚无空洞；以实为实，会呆板而不能生动。如有实有虚，实虚结合，便多姿多彩，生出无穷的意味。

叙事中的实写是指正面、直接的记叙；虚写是指侧面、间接地记叙，或实或虚，实中见虚，虚中见实，虚实交错，便是虚实相生的技法。若从虚与实的关系出发去考察，这一技法可有以下几种情况：

以实带虚，虚中见实，意为实。即叙事时，上场主要人物的事不全亮出，有实写，有不写，有详写，有略写，不写的"空白"，略写的留下的"空间"让读者在想象中去创造、填补，从而丰富所叙的人和事，"有限显示无限"的原则在此得到最佳体现。

以实衬虚，实中见虚，意在虚。即集中笔墨来叙写台前人事，通过台前人物情感变化的反差对比，来衬托幕后人物。

实中藏虚，明暗相间，即"文见于此，起义在彼"[①]，让读者透过实写之事，去见其中隐藏的东西。

化实为虚，以虚带实。即用扫描式叙写方法，取所写事物，叙说作者的印象及引发的情感，"虚"显"实"神。

化虚为实，以实表虚。即为表情去叙事，事中蕴情。例如鲁迅的《藤野先生》一文中，本为表达"惜别"之情，却只写了先生送照片、要照片的事，但字里行间，使你感受到师生之间依依惜别的深情。

（二）抑扬转化法

"抑"，即压抑、贬低；"扬"，即褒扬、抬高。所谓抑扬法，就是故意从相反处落笔，造成表象与真实的互相背离，表现出强烈的反差，抑扬随转，波澜起伏，可使文势曲折多变，摇曳生姿，满足读者"文似看山不喜平"的心理。抑扬之法概括起来有两种：一种是欲扬先抑，一种是欲抑先扬。

欲扬先抑：即为了肯定和赞扬某些人物或事物，故意用抑笔先写其不足、丑陋，以造成假象，行文到一定的时候，笔锋陡转，用扬笔揭开真相，使所褒扬的对象更加突出、醒目。如贾平凹的《丑石》。

欲抑先扬：与欲扬先抑正好相反，为了否定、批判所写对象，先对其肯定和褒扬，将读者的判断引到事物的反面。行文到了一定程度，笔锋一转，将所写对象不足或丑恶的一面暴露出来，使其在读者心目中的美好印象一落千丈。司玉笙的《书法家》的意图表达就采用了这一技法。

不管用哪种抑扬法，都要注意以下几点：第一，作者的抑扬态度要明朗，但应避免硬生生地直接站出来表明态度，要巧妙地将其蕴含在行文中。第二，要把握抑扬的分寸，否则不但难以构成辩证的抑扬艺术，而且容易失真。第三，抑扬之间的过渡要合理、自然，要符合人物性格或事物发展的逻辑规律。

（三）张弛相间法

"一张一弛，文武之道也"，这本是古人所说的治民之法，其实也反映出社会生活的一般规律。任何事物都不可能一平如水地向前演进，必会有急缓交替，起伏变化。把客观事物的实际情况反映在文章中，就自然而然地形成张弛之法。张，是指用快速流动的笔法记叙紧张激烈的情节或众多人物活动的场面与事件；弛，是用缓慢流动的笔法记叙轻松舒缓或沉重悲怆的内容。或先张后弛，或先弛后张，疾徐两种笔法交替使用，使叙述错落有致，就是"张弛相间法"。运用这一技法，句式有长有短，语音有强有弱，节奏有快有慢，使叙述曲折生动，符合人们的阅读兴趣，可以调节读者的心理。

（四）横云断岭法

此法也叫断续法。原是绘画的一种技法，画山水时，把云雾横抹于绵亘的山岭，使

[①] 刘熙载：《艺概·文概》，上海：上海古籍出版社，1978年，第1页。

有限的画幅上显示出逶迤起伏的峰岭。将这种技法移入写作，就是指叙述时，在叙事主线里插进一条支线，让主线暂停，这叫"断"，等插进的内容讲述完毕，再继续原叙述，这叫"续"。横云断岭法与插叙相似又有区别，从停顿的形式看，二者是相同的，从插入的内容与叙述主线的关系看，又有不同。前者断续间嵌进的内容范围较广，是从多个角度为主线服务。比如由主线引发出作者的感慨，插进一段议论或抒情，作者的思想观点和倾向性，就强化了读者对主体事物的印象。若插进一段故事，则是为了烘托渲染主线事物；要是插进一段说明，会使主线事物更充实丰富。后者断续间插入的内容范围较窄，常常是主线事物的支流，进行补充阐释，使读者更深入全面地了解事物，可以这样说，前者包含了后者，后者是前者的妙用。

第二节　描　写

一、描写的含义

描写与"描绘"、"描摹"同义，即以生动形象的语言，把人物的状态、动作，景物的性质、特征，环境的色彩、布局等具体地描绘出来，再现给读者的一种表达方式。而在不同作者笔下、不同作品中，被描写的对象会呈现不同的面貌，或细腻、或粗犷、或清新、或沉郁，风格多种多样。生动的描写可使读者产生如见其人，如闻其声，如历其事，如临其境，如睹其物的感觉和体验。

在有的写作教科书中，把描写和叙述合而为一，称为描述。其着眼点就在于描写和叙述表现的对象都是人和事，都在一定的时间和空间进行，写作实践中，二者又常常紧密结合使用，有时文章中叙描相互交融，不易分解。但这两种表达方法都各有其鲜明的特点，不能相互取代。从表达目的看，描写重于真实地绘声绘色地表现事物的形态，反映事物的特征，使读者从形、色、声、味等方面立体地感受事物。形象性是描写的一大特点。叙述则着重于有条理地反映客观事物发生，发展、变化的过程，使读者对事物的来龙去脉有一个完整的认识。从时空节奏看，描写所处的空间是狭小的，所经历的时间是短暂的；叙述却可以在足够的时间与空间内驰骋。描写可以把叙述的对象在具体的时间和环境里生动地表现出来，叙述能把文章中描写的时空加以延伸。从语言风格看，叙述讲究简洁，以清楚明白为宗旨；描写讲究细腻，用词富于色彩，以生动形象见长。从思维方式看，描写是形象思维成果的主要传达手段；叙述既用形象思维，也用抽象思维。

叙述与描写各有特点，各有长短，只有两者结合运用，相互补充，才能真实而生动地表现社会生活。假如只叙不描，事件缺乏生动性，人物不能"活"起来，若只描不叙，事件前因后果不明，人物会失去根基。所以，把叙述与描写有机地结合起来是写人记事的好法子。

二、描写对象

(一) 人物描写

1. 肖像描写

肖像描写也叫外貌描写,即对人物的容貌、神情、身材、姿态与衣着服饰等外部特征的描摹。人的外部特征与人的精神世界有着密切的关系,通过外貌描写,可以显示人物的性格、气质与精神状态。肖像描写的要求是:一要以形传神,抓住外表上富有代表性的特征表现人物的性格,展示人物的心理世界;二要独特、新巧,切忌因袭雷同。

2. 行动描写

即对于人的具体行为动作的描写。人的思想意识,气质秉性等内在品质,总要通过特定的行为、动作表现出来。恩格斯说,人物性格不仅表现在他"做什么,而且表现在他怎么做"。"行为"常常表现为"做什么","动作"表现为"怎么做"。两者结合描写,便能充分揭示人物的内心世界。

3. 语言描写

即用个性化的语言表现个性化的人物。语言描写的方式有两种,一是独白(作品中人物自言自语),一是对话(两个或两个以上的人互问互答)。描写好语言,首先要做到语言符合人物的身份、处境、思想和性格特征,其次,语言要准确、简洁、传神。

4. 心理描写

描写人物的心理状态和思维活动叫心理描写。心理描写或直接概述人物内心活动,或通过人物的独白、追忆、幻觉、梦境等,展示人物在特定环境中的内心世界和思想活动。心理描写常常和人物的行动、语言情态描写相结合,以动态来揭示内部情态。跟外貌描写、语言描写等相比,心理的描写能够直接表现人物的七情六欲,把单靠外部形象难以表现的内心感受揭示出来。进行心理描写时,作者不能把自己的感情强加给人物,应铺垫好寄托心理活动的必要的环境条件,还可以与其他描写方法交错穿插,以避免做过长、静止、单调的心理描写。

(二) 环境描写

环境描写是记事写人文章的有机组成部分。环境描写可包含三方面的内容。

1. 自然环境描写

即对山川风物、生态气候、时间地点等的描写。自然环境描写被称为"风景画",通常为人物出场、情节发展交代背景或渲染气氛。描写自然环境要选好观察描述视点,抓住自然环境的特点,注意动静结合,同时写景时要融入情感。

2. 社会环境描写

其内容包括时代风貌、生活方式、风俗习惯、住所陈设、人与人的关系等。社会环境是形成人物思想性格的客观条件和依据,可以为人物的活动提供背景、氛围,烘托人物的志趣。

3. 场面描写

是对特定时间与地点内，众多人物共同活动的情景的描述，是人物、事件、环境三者构成的一个复合画面。场面描写主要有两种：一种是鸟瞰式，即从整体着眼，较全面概括地写出场面的总的景象和总的气氛。这种方法，不求点上的细微，而求面上的广度，关键是写出一个完整的艺术画面。另一种是特写式，即把场面中具有代表性、特征性的典型情景、人物的活动，集中、细致地突现出来。

（三）细节描写

即对人、事、景、物的富有典型意义的细枝末节的刻画与描绘，犹如电影里的特写镜头。如契诃夫的《在钉子上》，写下级官员斯特鲁奇科夫带领同事们到自己家过命名日，连续三次遇到自己家墙上的钉子挂着顶头上司的帽子，他们只好连续三次撤退。这就是典型的细节描写，讽刺了沙皇俄国时期下层官员的奴性。细节描写有以小见大的作用，可以促成情节的曲折和复杂，可以表现人物鲜明的个性，可以展现环境景物的独有特征，可以增强主题的表现力。

三、描写的方法

（一）正面描写和侧面描写

正面描写和侧面描写是按描写角度分类。

正面描写也叫直接描写，即不依靠陪衬烘托，作者按照一定的时间或空间顺序，把镜头直对事物进行刻画，使对象的状貌、性质和特点直接映入读者的视野，从而产生鲜明印象。正面描写是最基本的描写方法。一般人物描写、场景描写多采用这一方法。但它对描写的逼真、工细技术要求比较高。

侧面描写也叫间接描写，即不从正面入手直接描写对象，而通过有关的人、事、景、物的描写，来烘托、折射被描写的对象。侧面描写曲折含蓄，能引发读者的兴趣，给读者留下丰富的想象空间。侧面描写经常与正面描写相结合，多侧面地、立体地表现对象。

（二）主观描写和客观描写

主观描写和客观描写是以表现作者的感情比重来分类。

主观描写，即作者带着感情倾向去描写客观事物。描写时有意选用带有感情色彩的词语，运用比喻、拟人、象征的手法，自觉地把主观意识融入文字中，使读者从文章描绘的事物中感受到作者的喜怒哀乐。在文学作品中，写人状物就要求运用主观描写。

客观描写，是作者不带强烈主观感情，冷静地、客观地描写事物，以再现事物的状貌。客观描写的目的是通过事物的形象加深读者对事物本质的认识，但是作者对客观事物的描写不会处于"零度"情感状态，经过作者观察、描写的对象必然附着一定的情感色彩，所以，客观描写只是相对于主观描写而言的。根据文章主题的需要，客观描写可详可略，语言上可以修饰，但不用"感情"词。客观描写多用于科技类写作。

(三) 静态描写和动态描写

静态描写和动态描写是按描写对象的形态分类。

静态描写，即描写静止状态的物象。被描写的对象处在固定位置，作者抓住其富有特点的方面进行具体细致的刻画。静态描写还讲究抓住运动状态中的对象，"定格"处理后，描写其相对静止的面貌。

动态描写一是把物象运动状态下的情景、面貌描摹出来；二是用比喻、拟人等多种修辞手法，对相对静止的物象进行刻画，使这些物象"活"起来。

在描写中，何时用静态描写，何时用动态描写，何时化静为动，何时化动为静，全凭文章主题的需要而定。一般来说，动静结合，能使物象更富生气，更具感染力。在进行动态描写或化静为动的描写中，要注意动词的运用。

四、描写的技巧

(一) 拟声模状法

拟声摹状，即抓住事物的特征，进行摹拟性的描绘。作者从形态、声音、颜色、物性与动静等方面着笔，构成立体的画面，人、物活灵活现地跃然纸上，使读者可见、可闻、可触、可感，如身临其境。屠格涅夫在《树林和草原》中有这样一段描写：

深灰色的天空中有几处闪耀着星星；滋润的风时时像微波一样飘过来；听得见夜的隐秘而模糊的私语声；阴暗的树木发出微弱的喧噪声。仆人把地毯铺在马车上，把装茶炊的箱子放在踏脚的地方了。两匹副马畏缩着身子，打着响鼻，优雅地替换着蹄子站在那里；一对刚才睡醒的白鹅静悄悄、慢吞吞地穿过道路去。①

作家从视、听、嗅、味、触觉入手，对外在物象细致地描摹，众多景物鲜活地呈现在读者面前，使人如见其形，如闻其声，如触其体。

运用拟声摹状技法，首先要注意五官并用，将自己对事物的感觉传送给读者。描摹情状时，必须准确地运用色彩形容词；描摹声响，要注意拟声词的近似和逼真。

(二) 简笔白描法

白描，本是中国画纯用墨线而不着颜色勾勒物象的技法。借用到写作中是指，不用更多的渲染，不以华丽辞藻修饰，更不用曲笔陪衬，而以朴实的语言，简练的笔墨，准确描写出生动的形象。这是一种如鲁迅所说的"有真意，去粉饰，少做作，勿卖弄"②的描写方法。白描重神似，不追求形似，通常对对象不做静态的、孤立的展示，往往与叙述相伴，在动态流走状态中期盼"形神兼备"，给人以鲜明的印象。

(三) 工笔彩绘法

工笔也是绘画的一种技法。讲求工整、细致、纤毫毕露。用于写作，是指以绚丽、细密的文字，借用比喻、拟人、夸张等修辞手段，对描写对象进行逼真地、细致入微地

---

① 屠格涅夫：《树林与草原》，《猎人笔记》，丰子恺译，北京：人民文学出版社，1955年，第413页。
② 鲁迅：《南腔北调集》，北京：人民文学出版社，1980年，第205页。

精雕细刻。工描彩绘行文节奏缓慢，重视修饰，既求"形"似，又求"神"似，以"形"传"神"，追求形神兼备。如果以"细致"为标准衡量，简笔白描和工笔彩绘，前者既可细又可粗，运用广泛；后者一般是细致周到的，多在文学作品中出现。

（四）烘云托月法

所谓烘云托月法，是指对要表现的主要对象不进行正面描绘，而通过渲染其周围的人和环境来突出主要对象。金圣叹评点《西厢记》曾说："欲画月，月不可画，因而画云。画云者，意不在于云也；意不在于云者，意固在于月也。"[1] 由于受作者观察审美力的限制，受语言表达的限制，受读者审美情趣的制约，正面实写的再充分，也不会尽如人意；运用烘云托月不仅使所写对象鲜明突出，极富感染力，且以"不写之写"的"空影艺术"激发读者的想象，并进行创造，心里就会树立一尊完美无缺的形象了。《西厢记》中描写莺莺采用的就是烘云托月法。

上面讲了人物烘托人物，景物也可以烘托人物，比如许多小说、散文作品中对人物的生活环境进行细致描写，目的就在于烘托人物的品格和精神。

运用这一技法要处理好"云"与"月"关系。"云""月"妙理贯通，密不可分。月是主，云为次。尽管笔墨重在"烘云"，但最终目的还是为了"托月"。所以写"云"时得处处为"月"服务，笔笔与"月"关联，要"托"得恰到好处。

第三节 议　　论

一、议论的要素

议论是剖析事物、论述事理、发表意见、阐明作者立场和观点的一种表达方式。议论受逻辑思维方式的制约，议论过程的各个环节有机地连为一体，严密性是其突出的特征。一般来说，一段完整的议论或一篇学术论文是由论题、论点、论据、论证四个要素构成。

（一）论题

论题是有待于证明的命题，是所要议论的对象。论题规定、限制了议论的范围和重点，决定着议论展开的方向和途径。论题一般出现在文章的开头或序言中。论题通常并不表明作者对客观事物的认识，也不表示判断。

（二）论点

论点是对论题的回答，是作者在剖析客观事物的基础上得出的结论，或是作者对阐述的问题提出主张、看法和表明的态度。论点分为中心论点和分论点。中心论点是文章对所议问题总的最基本的看法，起着统帅全篇的作用。分论点是中心论点的派生物，是从属于中心论点并为阐明中心论点的若干思想观点。

---

[1] 金圣叹：《金圣叹评〈西厢记〉》，成都：四川文艺出版社，2000年，第61页。

（三）论据

论据是用来证明论点的理由和根据。论据是多种多样的，以其本身的性质和特征，分为事实性论据和理论论据。事实性论据可以是现实的、历史的具体事例或概括性事实，也可以是统计数字。理论性论据是经过实践考验，被人们公认的正确观点，主要有科学原理，经典著作的论述，权威性的言论，科学的定义，法规和规律等可以作为说理依据的有关内容。

（四）论证

论证是证明论据与论点之间逻辑联系的过程和推理的方式。论证的过程是用事实和理论具体分析问题、解决问题的过程，也是一个逻辑推理的过程。论证从角度讲可分为两大类。一类是立论，即作者正面论述自己的观点，证明观点的正确性，说服读者。一类是驳论，即作者通过批驳片面的、错误的观点，从而证明自己观点和主张的正确。不管是立论，还是驳论，最终都为了搞清事物间的规律。确立了某一论点，与之相对立的观点就得到了反驳；批驳了某一论点，也就证明与之对立的论点的正确。在实际论证中，立论和驳论常常结合使用。

议论这种表达方法在各类文体中都有应用，只是具体运用的方式，所占的分量、发挥的作用有所不同。在理论类文体中，议论是文章的主要表达方式。它通过事实材料和逻辑推理，剖析事理，论辩是非。在实用类文体中，也要说理议论，但不用完整的推理论证方法，议论只是发表看法，表明观点，乍展即收，并且与叙事结合，夹叙夹议。在文学类文体中，议论是一种次要的表达方法，运用时不要求"要素"齐备，只是在叙述、描写和说明的过程中，表明作者的主观感受、思想认识以及对事物的评价等，它是画龙点睛式的，目的在于深化主题。

二、议论的方法

议论的方法即通常所说的论证的方法。在各类教科书中对其有多样的分类。如果按性质来分，有一般论证和辨证论证；按议论角度来分，有正面论证和反面论证；按凭借的论据来分，有理论论证和事实论证；按使用的逻辑方法来分，有归纳论证、演绎论证和类比论证等。以下我们简要介绍几种常用的议论方法。

（一）举例论证

举例论证法是一种提出问题或摆出观点后，举出一个或数个具体事实进行说明、分析，而后得出自己观点正确的论证方法，亦称例证法。其论证过程体现了归纳推理的逻辑过程。例如，朱光潜在《咬文嚼字》一文中，举"烟"字为例，证明了"字有直指的意义，又有联想的意义"。应该注意的是，例证法并非观点与事实简单相加。要通过分析说理揭示论点和论据之间的内在联系。

（二）引证论证

这是一种通过引用经典作家的言论或其他名言警句、科学公理等来证明自己观点的论证方法。引证论证的过程体现了演绎推理的逻辑过程。

引证论证法从文字表现上可分为两种。一种是直接引用，就是不加任何变动的照引原话，通常都得加上引号；一种是间接引用，即在绝对忠实于原意的前提下对文字稍作改动，引用时可不加引号。两种引用可结合起来运用。

（三）比较论证

这是从"个别"推论"个别"的论证方法。其过程也体现了演绎推理的逻辑过程。比较论证法分为两种，一是类比法，一是对比法。

类比法是把性质、特点相同或相近的事物放在一起比较，从而证明论点的方法。比如培根在《论学问》中论证精神上的缺陷可以有相当的学问来补救这一观点时，就采用了类比论证的方法。类比论证的结论不是必然性的，它借助一个事物去说明另一个事物，而只有在双方事物本质完全相同的情况下，推导的结论可靠性才大；部分或少部分相同的情况下，结论会不大可靠。这就要求作为类比前提的事物首先是真实的，并且与要说明的事物有更多的共同属性，以保证论证的正确性。类比论证有打比方的因素，在以彼物说明此物的性质上与比喻相同，但类比与比喻有本质的区别，类比侧重于寻找相比类事物的共同点进行推理，其结果须提供一个新的认识，形成一个新的判断；比喻只是对原有判断做通俗、生动、形象的说明。

对比法着眼于事物的相异点，是把不同的事物或正反两方面对举出来，在比较分析中寻找矛盾的原因，证明论点。比如现实主义与现代主义的比较，腐败与廉洁的比较。运用正反对比，情感倾向性鲜明，褒贬之意强烈，也能使议论具有不易辩驳的气势。

（四）因果论证

这是用原因来证明结果，或由结果追寻原因的一种论证方法。因果联系是客观世界联系最普遍最紧密的联系。任何事情的结果都有前因，任何事情的前因也一定会引出其必然性的后果。因而运用此法就不但是扎实的，而且是必然的，能让人确信无疑。运用因果论证，要分析主要原因和次要原因，分析事物间互为因果的关系，而且必须说明在什么条件下，因果才会互相转化。

三、议论的技巧

（一）形象议论法

形象议论法是用具体形象的事物做论据，比喻阐说抽象深奥道理的一种技法。这种技法是对类比、比喻等论证方法的综合运用，目的是把真理形象化。议论说理主要是抽象思维活动，用形象思维去辅佐，既可使作者的情感观点在具体的意象中得到充分展露，又能使枯燥的理论鲜活起来。

用作比喻的形象事物，可以是一个故事，一个寓言，一个神话，一则事实。比如刘征《庄周买水》一文，用寓言的方式，讲述了具有仙风道骨的战国人庄子在 20 世纪 80 年代如何为生存而奔波的故事，讽刺批判商品流通领域以权谋私、凭空暴富的丑恶现象。

形象议论还可用勾画形象的方法去进行，即抓住事物的本质，以生动幽默的笔调，勾勒出对象的形貌神态，使读者以其"形"识其"神"。勾画形象的目的多用来批评、讽刺和揭露。它与取物比喻议论的区别在于：它的形象较完整，整个形象勾勒的过程就是论证的过程，形象描绘完毕，论证也就结束，论证与描绘融为一体。取物比喻是通过片断性的材料去说明一个道理，例证性强一些。勾画形象是一种"创造"，取物比喻是一种"借用"。

（二）欲擒故纵法

欲擒故纵法即批驳错误论点时不作正面交锋，而是先放过一步，故意把对方的错误论点加以合理引申，暴露它的谬误和荒唐，从而驳倒对方。

运用这一技法，一定要搞清错误论点的虚假处，然后有目的"纵"，要纵的彻底，越使其貌似正确，越能暴露它的虚假，"水到渠成"时，再擒住要害，猛力进击，错误论点就被驳得体无完肤，而正确的观点不用作者强调，便"树"在了读者心中。

（三）对台唱戏法

对台唱戏法，即议论时假想一个论敌，与论说的正面观点相反，真实的正方与虚假的反方展开心理和思想的交锋，使分析说理在不断反驳批评中完成。

从作者角度讲，这个戏台子是自己搭的，所树的种种敌论与自己所讲道理存在着联系，又是自己从不同角度寻找出的，这种针锋相对的"斗争"能使作者产生最佳辩驳的心理状态。运用这种对立法则，文势圆通活泼，说理能层层深入且又周密，如宋人谢枋得所说："凡议论，好事须要一段歹说，不好事须要一段好说。如此，文势亦圆活，义理亦精微，意味亦悠长。"同时，论辩的气势能够增强议论的说服力。

第四节 抒 情

一、抒情的含义

抒情是作者或文章中的人物对事件或景物的主观情感、情绪的抒发和表露，是作者反映客观事物不可缺少的一种表达方式。在写作中，情感因素的存在是广泛的。作者提笔为文，写人状物，不会是纯客观的表现，而必然渗入自己的情感。古人云："五情发而为辞章。"可见情感在文章写作过程中的地位。

抒情与前面提到的几种表达方法不同，它具有依附性，而不具备独立性，总是人、事、景、物先行，情才随之。就是因情而生文，这情的起根发苗仍然来自客观事物。叙述、描写、议论的对象是具体的，都存在于客观世界中。而情是看不见的，摸不着的，它存在于人的心里，存在于主观世界中，因而抒情具有鲜明的主观性和个性化特征。情感是抽象的东西，对情感的表现过程则是具体化的过程。只有通过具体的，生动的物象把它呈现出来，才能引人联想，启人心扉，使人产生共鸣。因此，抒情总是要与其他表达手段融为一体才显形露身。

抒情时忌用抽象、概括式的语言直陈感情。诸如，爱、恨、生气、高兴之词，用得多了便失之空泛,让人感到虚伪。正如叶圣陶所说:"你即使写上一百个'快乐'、一百个'痛苦',别人只能够知道你在说'快乐',在说'痛苦',却无从感受,当然说不上对你抱同感了。"① 在一些习作中,常见的抒情方面的毛病:一是喜用感叹式语句,抒情生硬,有无病呻吟之嫌;二是本为饱含情谊的事理,行文中情味却不够浓郁。解决前一问题得靠生活实践的磨炼,逐渐积蓄;解决后一问题靠掌握方法技巧,勤练笔。

总之,抒情作为一种手段是为实现文章主旨而存在,所以抒发感情要与文章主题的基调相吻合。要抒真挚自然之情,只有从作者心中流出来的真情才能感染读者,使读者心悦诚服。

二、抒情的方法

(一)直接抒情

所谓直接抒情,就是运用有强烈感情色彩和气势的语句,将赞颂、欢愉或愤怒、哀伤等感情毫不遮掩地直接倾吐出来。这种方法在诗歌中比较多见。在一般散文中也时有运用。当矛盾发展到高潮,人物内心感情激动到极点时,便会运用这个方法。如周彦文的《唱给大漠的歌》,抒发对大漠的情感,全文中,"我爱大漠,因为她是我的母亲"反复咏叹出现,直抒胸臆,将情感推向高潮。余秋雨在《道士塔》中讲述自己走进莫高窟,面对文明被毁弃时,写道:"偌大的中国,竟存不下几卷经文!""我好恨!"情感不可谓不激烈。

直接抒情率直公开,情感浓烈,感染力是很强的。但如缺乏激情,或抒情时没有铺垫,便会流于空泛、生硬或浅露,抒情语句会变成苍白无力的口号。所以直接抒情一定要有深刻的内涵,要多方酝酿,层层铺垫,谨慎运用。

(二)间接抒情

所谓间接抒情,即通常所说的寓情于事,寓情于景,寓情于物,寓情于理。间接抒情的特点是含蓄的,是让读者感受其情,体味其情,琢磨其意蕴。

1. 寓情于事,是把感情的抒发寄寓在叙事写人之中

这时的叙述和一般的叙述不一样,是用来抒情的手段,蕴含着明显的主观因素和感情色彩。因此不要求对事件的全过程或人物的事迹做细致完整的交代。比如,巴金《怀念萧珊》中这样叙事:

> 我进了门,看到她的面容,满脑子的乌云都消散了。我有什么委屈,牢骚都可以向她尽情倾吐。有一个时期我和她每晚临睡前服两粒"眠尔通"才能够闭眼,可是天刚刚发白就都醒了。我唤她,她也唤我。我诉苦般地说:"日子难过啊!"她也用同样的声音回答:"日子难过啊!"但是她马上加一句:"要坚持下去。"或者再加上一句:"坚持就是胜利。"②

---

① 叶圣陶:《文章例话》,北京:生活·读书·新知三联出版社,1983年,第22—23页。
② 巴金:《怀念萧珊》,《随想录》第一集,北京:人民文学出版社,1980年,第14页。

这是巴金对"文革"时期自己与妻子生活情况的叙述，作者把夫妻之间的深情和萧珊对他的关照全融注于叙事之中。这样的叙事抒情委婉、含蓄，看着淡，实则情意丰富，感人至深，耐人寻味。这样的抒情技巧是以无技巧的状态出现。

2. 寓情于景，即借景抒情

古人云"感时之作必借景以形"。把强烈的感情寄托于自然景物的描写中，写景是为了抒情，笔在写景，却"字字关情"；或触景生情，在景物描写中融入抒情之语，使画中有人，景中有情，情随景走，情景交融，以增强感染力。

3. 寓情于物，即通过描写客观事物来抒发情感

如王夫之所言："烟云泉石，花鸟苔林，金铺锦帐，寓意则灵。"① 作者将所要表达的思想感情寄寓在对物象的具体描绘之中，物化情感，托物寄意，委婉曲折地表现感情。

4. 寓情于理，即结合议论抒情

它把情感寄托在说理之中，情带着理出现，理包含着激情，既抒发了感情，又扩大了认知的深度；既说明了道理，又附着了个性的光彩，收到感染力和说服力两重效果。此时的议论不要求具备完整的逻辑系统，往往是一个带着强烈感情色彩的论断。传统经典作品如范仲淹的《岳阳楼记》、苏轼的《前赤壁赋》等等都是情感与哲思融为一体的杰作。

以上介绍的基本抒情手法既可单独运用，也可综合运用。而且，为了进一步增强抒情效果，还应采用一些抒情技巧。

三、抒情的技巧

（一）反复咏叹法

在写作中，作者抒情时有意识地重复使用某些词语或句子，以增强抒情的感染力，我们称作反复咏叹法。

这种反复不是分量相等的语意重复，而是情感的层递上升。情，由淡趋浓；意，由浅入深。每一次重复的词句所关联的内容都是一个新的方面，咏叹所传递的情感都应比前一词句强烈。例如黄一鸾的《寄至何方》便运用了这一技法，"你走了，我留在这里"一句，在文中反复出现，推进感情，深化意义。

（二）排比强化法

抒情时用结构相同或相似，语气一致的一连串语句，把意义相关的内容连续地表达出来，整齐的句式，铿锵的音律，可以增强气势，渲染气氛，强化感情。

（三）反问渲染法

抒情时，为了引人注目，提高抒情语句的鼓动力量，用连续反问的形式激发本意，掀起行文的波澜，即反问渲染法。

---

① 王夫之：《夕堂永日绪论·内编》，《姜斋诗话笺注》，北京：人民文学出版社，1982年，第4页。

第五节 说　明

一、说明的含义

说明，是以阐释事理、解说事物、传授知识为目的，对特定事物的形态、性质、特点、构造、成因、功能、用途等进行阐释或介绍的一种表达方法。它既可用来解说具体事物，比如山川河流、花草树木、田野工厂等，也可用来解说抽象事物，比如政治经济、品德修养、思维心理等。

说明不同于叙述和描写。叙述，重在记叙人物的经历和事物的发展变化过程；描写，重在逼真地描绘人物和景物的形象，求其生动性和感染力。它们都带有作者的感情色彩。说明，则带有解释的特征，要求客观地解说事物，不允许掺杂作者的主观因素。比如下面一节文字：

美学：研究自然界、社会和艺术领域中美的一般规律与原则的科学。主要探讨美的本质，艺术与现实的关系，艺术创作的一般规律等。[1]

这段文字以平实、准确的语言，客观地、科学地对"美学"这一概念进行了阐释性的解说。说明中没有丝毫的个人感情色彩。

熟悉说明对象的本质特征，是真实准确地说明事物的前提。同时要根据事物的不同特点、说明的目的，合理安排说明的顺序。如要说明事物的形状和构造，按方位顺进行，效果较佳；要说明事物的来龙去脉，自然是采用时间顺序为好；阐释因果关系时，按其内在的逻辑和人认识事理的过程进行。不管采用一种顺序，还是兼用几种顺序说明事物，都以说明白为标准。

二、说明的方法

（一）介绍说明

介绍说明，就是对要说明的对象作以扼要而又比较全面的介绍，所以又称其为概括说明。介绍说明是一种基本的说明方法，通常用它来介绍人物、地理概况、科技发展情况，书籍的内容及名胜古迹等。比如，《美的历程》一书的内容简介：

《美的历程》从宏观鸟瞰角度对中国数千年的艺术、文学作了概括描述和美学把握。其中提出了诸如原始远古艺术的"龙飞凤舞"，殷周青铜器艺术的"狞厉的美"，先秦理性精神的"儒道互补"，楚辞、汉赋、汉画像石之"浪漫主义"，"人的觉醒"的魏晋风度，六朝、唐宋佛像雕塑，宋元山水绘画以及诗词曲各具审美三品类，明清时期

---

[1] 中国社会科学院语言研究所词典编辑室编：《现代汉语词典》，北京：商务印书馆，2012年，第884页。

小说、戏曲由浪漫而感伤而现实之变迁等等主要概念，多发前人之所未发。①

运用介绍说明要根据写作目的，并从读者的知识水平出发，或对说明对象的基本特征进行简明的表述，或对说明对象的主要方面做概要说明，读者熟悉了解的少介绍，读者不了解或认识困难的要多介绍。

（二）定义说明

定义说明，是用精练的语言对事物的本质特征做确切的概括，使读者对被说明的事物，获取一个明确概念的说明方法。定义说明是以判断的形式表现的。这种方法在教科书和科技文中经常运用。

下定义是一种逻辑方法，按照形式逻辑的要求，首先要从纵的方面寻找出定义对象的"属类"，即定义对象的上位概念。其次，要横向寻找出与定义对象和同一属概念下的其他种概念的差别。如"人是能制造工具和使用工具进行劳动的高级动物"。这个定义中，人属于动物一类，动物是人的属概念，而"能制造工具和使用工具"是人的本质属性，是人区别于同类动物的差异，即种差。由此可知，要准确掌握定义说明法，首先必须确切认识定义对象的性质，即它属于哪一类事物，搞清楚它与同类事物的区别。定义说明是科学的方法，应避免用比喻方式或否定的形式。在实际的写作中，比较常见的是定义说明与注释说明配合着去说明事物与事理。

（三）诠释说明

诠释说明就是解释，是对事物的状况、性质、特征与成因等作简明概括的解释说明。诠释说明与定义说明有着鲜明的区别。从内容方面看，下定义着眼于揭示事物的本质特征，要说明的内涵和外延与事物相等，说明的对象与说明的内容可变换位置，比如"甲=乙"可以说成"乙=甲"，其意义不变。诠释说明则注重于事物的表象和某一方面的特征，或者解说它的构造、成因、功用等非本质的因素，其说明的对象与说明的内容不可变换位置。比如"激光是一种颜色单纯的光"就运用了诠释的方法，从颜色上解释了激光，就不能变换位置为"一种颜色单纯的光是激光"。

诠释说明与介绍说明不同。介绍说明只是把事物存在的现状说出来，回答清事物的情况是怎样就可以了。诠释说明则要讲出事物产生的原因及其特点、作用等，要讲明"为什么"以及"是什么"的问题。诠释说明的范围较宽广，介绍说明的范围比较小。

（四）分类说明

分类说明是根据事物的性质、用途，形状及关系等，把事物分成几个类别，然后按一定顺序，逐类地进行说明，这是说明较为复杂的事物常用的方法。在法规类文章、辞书、教科书中多被采用。

分类法主要有两种。一种是"一次分类法"，即依据一个标准给事物分类；一种是"多次分类法"，是从不同角度用不同标准多次分类。比如给"小说"分类：按篇幅的长短，可分为长篇小说、中篇小说、短篇小说、微型小说；按时间的范围，可分为古代

---

① 李泽厚：《美的历程》，天津社会科学院出版社，2008年，封里。

小说、现代小说、当代小说；按题材分类，又可分为农村题材、军事题材、都市题材等等。

（五）举例说明

举例说明，即列举具体事例说明事物。在说明复杂或难于理解的事物事理时常用这一方法，它可以使抽象的概念原理具体化与感性化。

举例说明和举例论证不同。举例论证意在将所举之例，作为论据去证明一个观点；举例说明意在说明事物本身。举例说明可以把抽象、深奥的事理解说得具体明白，把复杂事物解说得通俗易懂。运用此法要注意，所举事例必须是真实的，贴切典型的，为人们所熟知的，而且要与分类与定义说明相配合，方可收到好的表达效果。

（六）图表说明

图表说明，是运用图、画、照片、表格、符号以及由符号组成的公式等来说明客观事物与事理的表达方式。

图表的种类是多种多样的。比如图，按其形状可分为线图、柱图、圆图、点图以及立体线图等；按其内容和作用可分为示意图、流程图、比例图等。比如表，就可分为示意表、统计表、说明表以及计划表等。至于说明时该选哪种图表，可视情况而定。具体运用时注意图表与文字的衔接要自然，要符合汉语语法规律。其次，图表要规范、标准，有利于国际学术交流。同时，选用图表要有针对性，能够为明确文章主题服务。

（七）引用说明

为了使被说明的事物和事理准确、可信，便从有关资料中选择例子进行说明，这就是引用法。引用的内容是丰富多样的，既可以引用经典著作与历史文献，也可转引他人的研究成果、科学论文以及民间谚语，还可以引用名人名言、古今诗文、神话传说、历史事实等。引用说明可以增强说明的科学性和权威性，可以作为说明的依据和补充，可使行文生动有趣，引人入胜。

运用引用说明，所引材料要真实，经得起推敲，道听途说、未经证实的材料是不能随意引用的。

（八）形象说明

形象说明是用一些文艺的笔法，对说明对象进行形象化介绍。形象说明的方法很多，比如用比喻、拟人手法进行说明。

运用比喻说明，即根据事物之间的相似点，把甲事物比作乙事物，其效果可以使抽象变具体，深奥变浅显；在介绍一些专业性较强的科学知识时，单纯讲原理，一般读者不容易理解，此时可用比喻说明。比如用鸡蛋作比，说明地球构造，就浅显易懂。比喻说明的目的是为了说明事物的本质特征，要求形象、贴切，但不能夸张，一般只用明喻。

比拟本是根据感情的需要，故意把人当作物，或把物当作人，或者把甲物当作乙物来写的修辞方法，在说明事物时，为了帮助读者形象地认识事物本身的特征，常常用以物为人之法。比如《洲际导弹自述》一文中，就把洲际导弹拟人化了，使极为抽象的说明对象具有了鲜明的形象，极富情趣地显示了它的本质。

常用的说明方法还有数字说明、因果说明、比较说明等等。根据写作文体的要求，表达目的需要，灵活选用恰当的说明方法，会增强文章的表意效果。

第六节　行文的语言方式

一、行文的原则

（一）准确性

准确是指表达内容所选用的语言是确切的、恰当的。这是一般行文语言的重要属性，也是对作者遣词造句的最基本的要求。作者运用语言的能力，首先表现在对词、句确切地、规范地把握，以此为基础，才能创造出语言的生动性。

从思维内容角度来说，准确指的是作者对生活表象或艺术表象正确的认知；从思维形式角度来说，准确指的是作者选择语言符号进行表达，遵循了语法、逻辑和修辞规则。思维内容选择符号，每用一个词或一个标点，都合法（语法）、合理（逻辑）、合情（修辞）、合拍（音韵）。

不同的文体对语言的准确性有不同的要求，其表现特色也各不相同。实用性文体的功用是服务于社会，行文中，除了使用字、词、句、标点等自然语言符号，还大量使用人工语言符号，如图像、表格、符号、公式，等等。它们对语言准确性的要求相当高。比如公文，反映的是公务活动中的客观事实，要求用准确的语言来表达发文机关的意图。公文语言一旦出现紊乱或不得体，就会给工作带来不可弥补的损失，所谓"一字入公文，九牛拔不出"，就是这个道理。因此，作者必须准确地陈述事物的客观存在，清晰地揭示其内在联系，明确地指出其变化规律，在语义上要求单一明晰，词汇的选用必须简洁精练，语言规范有序，以此达到准确性。虽然如此，由于"大千世界中客观事物的各种属性、区别界限本身就具有相对性和模糊性；加之语言表达事物，存在语言符号的有限性、离散性与客观事物连续性、无限性的矛盾，因此，在语言交际实践中，词义又往往表现出模糊性"[①]，而实用文体语言表达存在模糊性又是必然的。表示时间、范围、程度、条件、频率、数量等的模糊词在政论语体中使用的也就较为频繁。例如："近年来，亚太经合组织在合作应对气候变化方面进行了有益尝试，特别是结合本地区特点，在森林保护方面采取了具体举措。""近年"是多少年，是两年，还是三年？这当然可以仔细计算；但如此追求准确细致，结果会适得其反。"有益"、"具体"等词，虽然没有明确的外延界限，处于特定的语言环境，这种模糊语义体现出积极向上的内涵，简洁地表达了讲话者对国际问题的态度，已非常恰当。客观事物的复杂性、事物发

[①] 苏宝荣：《词义研究与辞书释义》，北京：商务印书馆，2000年，第93页。

展的随机性，或者某些事件发生规模与影响的不确定性，用准确语言无法全面表述，因此，模糊性语言是有准确性语言不可替代的作用。

实用文中恰当运用模糊词语的概括性，可使表达简洁，避免累赘冗长的列举以及表意的绝对化；出于事件的复杂性，或者关系紧张、观点不同、礼貌需要等情况下，通过模糊的方式，委婉表达，效果良好。如果涉及个人隐私、国家机密或者处理政治和外交关系等内容时，需要使用模糊词语，含而不露、不卑不亢，以保证自己的话语主动权和处于有利地位。

文学类文体，使用的是字、词、句、标点等自然语言符号，其准确只着眼于贴切、恰当，所谓"章无疵"、"句无玷"、"字不妄"[1]，符合文艺世界的事物构造，其语言表达就必然是确切的了。比如陈祖芬《美》，讲述一位体操运动员的故事，说他训练中身体旋转时这样写道："轻轻巧巧地就把整个体育馆转了两个圈儿。"这里的描摹是不准确的，但却契合情感世界的生活。客观事物的特征不那么准确，甚至有点"歪曲"，反而使情趣特征更鲜明了。所以，文学写作的准确度不仅仅表现在语词的中心意义，亦即表面的意义上，而且表现在语言的联想、引申、暗示意义上。在通常理性的语言中，中心意义是起主要作用的因素，联想、暗示的意义是次要的，可以忽略的。然而在构成文学形象时，如果联想、暗示意义是不明确的，那就可能导致整个形象的崩溃。"准确"，主要是情感的、审美的"准确"，这是文学写作行文对语言准确性的特殊要求。

（二）简明性

所谓简明，即简要明白。简，含有选择之意。只有根据思维内容对词语进行严格的选择，语言才能达到清晰、简洁、明确的程度。

从主体角度看，简明性是对写作主体将思维成果用语言符号物化时提出的要求，着眼于作者思维成果物化的清晰度。从文体角度考察，学术写作和实用写作的行文语言不仅要简明，还要简约，易于接受，这是其写作性质和目的决定的。文学写作的行文简明与作者认识的周密及情感的细腻是有机的统一体。复杂多变的事物关系，深奥的道理恰恰要通过简明的语言表达出来，在读者才能引发共鸣。

纵观历代史家，"其言简而要，其事详而博"，若从心理角度分析，也正是："知道得多才会有所取舍，找到重点。只知道那么一点，便难割爱，只好全盘托出，而且也许故意虚张声势，添上些不必要的闲言碎语，以便在字数上显出下笔万言。"[2] 另外，汉语言短而意长的本质也决定了这些大师们每每凌空遣字，求弦外之音。中国古代作家最讲究"篇中不可有冗章，章中不可有冗句，句中不可有冗字"[3]；加之历代文人的实践和提倡，这种"事以简为上，言以简为当"，以"文省事增为尚"的写作风格便逐渐形成，简洁、明确，就被奉为评价文章优劣的最高标准。

---

[1] 刘勰：《文心雕龙选译》，周振甫译注，北京：中华书局，1980年，第194页。
[2] 老舍：《谈简练》，《出口成章·论文学语言及其他》，北京：人民文学出版社，1984年。
[3] 吴讷：《文章辨体序说·诸儒总论作文法》，北京：人民文学出版社，1962年，第14页。

从接受美学角度看，文章写得简洁明了，就能增强可读性，易于传诵。"言简意赅的句子，一经了解，就能牢牢记住，变成口号；而这是冗长的论述绝对做不到的。"①高尔基说，最大的智慧在于字句的简洁。文章能不能跨国度、越民族、超时空的存在，成为人类社会的宝贵财富长留世上，一方面是由其内容决定的，另一方面是由其语言决定的。因此，简明性首先是指思想内容要丰富，要言之有物，同时也指语言的流畅，美的音韵感和平易质朴的亲切感。

不管写什么文章，作者们追求的应是文章的可读性。为了获得更多的读者，引起巨大的反响，实现写作传播的最大效应，就必须始终遵循着简明性原则。

（三）生动性

生动性是指语言活泼、富有生气、能感染人，具有动态美。语言的生动性本源于语言呈现的身体手势动作，比如瞪眼、闭眼、低头、弯腰、挥手、握拳、跑步、跳跃、翻滚等，而内在思想的动作性，即储存在大脑中的各种记忆的动态表象，比如说到降温，就会想到冷得打战、开暖气、穿棉衣等一系列动作。动作不同，含义就不同，但都给人以动态感。不同的动作用不同的词语表达，会创造出不同的形象，从而具有了不同的生动性，语言也就具有了动态美感。常说语言表达要力求生动形象，但语言本身没有形象性，它是借助动作性来创造形象，使语言具体逼真，能见度强，可感度深，具有再造生活的特性，所以语言的形象性是生动性的一种具体表现。

语言生动形象可以使文章意趣盎然，对读者产生阅读诱导力，能将读者的兴趣和思维引向文章预定的思路。生动形象的语言所创造的丰富生活画面，能够激活读者的生活积累，使之心灵受到震撼；能够帮助读者理解作品的思想，缩短与作者的距离。生动形象的语言化抽象为具体，变生疏为熟悉，使读者产生丰富的联想和情感上的共鸣，也能够给读者的审美再创造留下空间。

所有文体写作都要求生动性，但在不同的文体里，对行文语言的生动形象的要求程度是不同的。文学文体在行文语言的生动形象方面要求较高。文学写作是个体生命的表现，文学作品是作者想象的产物，创造形象是文学文体对语言的特殊要求，以其增强艺术感染力。文学写作语言的生动性常常是通过选用丰富多彩的词汇，调动各种积极的修辞手法得以实现。

学术文体和实用文体求"真"求"实"，即客观真实地反映事物的发展规律、秉笔直书社会真实情况，语言追求精确简洁、质朴无华、平直自然，不需要创造语言的形象来追求生动性。但这并不意味着学术写作和实用写作语言不需要生动优美。世间万事万物之间具有复杂联系，对这种复杂联系的形象描绘本身造就了词语的多种形象色彩。凡服务于社会生活的写作，就自然有生动形象的审美表现。学术写作和实用文体行文语言的生动性，则必须以明确为前提。讲究词语的选用，文字、数字、图表的多元组合，长

---

① 恩格斯：《1891年社会民主党纲领草案批判》，《马克思恩格斯全集》第二十二卷，北京：人民出版社，1965年，第265页。

短句式的交错使用，表述的详略变化，适当运用妙语佳句，以及排比、对偶、层递、引用、反问等修辞格，这些都可以使学术写作和实用文颇具表现力，实现语言的生动性，增强表达的实际效果。

二、行文的语感与技巧

（一）斟酌词语

1. 辨析词义

语词有基本义、引申义、联想义，辨明语词的意义，才能把握好词与词的配合原则以及应用范围。为了给储存在大脑中的概念和表象找到合适的词语，就必须根据生活经验和知识积累，认真辨析词性词义，具体可从以下几方面去进行：

（1）准确掌握词的中心意义或基本意义。如"笑"，即指人的一种表情，有大笑、微笑、苦笑、讥讽的笑等等。

（2）把握词的辅助义。如"红"，颜色的一种，汉字本义指彩虹最外层的颜色。现代色谱学所定义的红色，是电磁波的可视光部分中的长波末端部分，类似于血液的颜色。在中国，红色传统上表示喜庆、幸福、吉祥，婚礼上和春节都喜欢用红色来装饰；又象征成功、顺利和受人重视，像红运、红人、满堂红等；红色在政治上经常用来象征革命，如红旗、红军；红还有旺盛、热烈、繁华和激烈的意思。而在北美的股票市场，红色表示股价的下跌；在东亚的股票市场，红色表示股价上升，等等。由以上例子可见，有些词的辅助意义非常丰富，如果不了解，很难做到对事物的贴切地表达。

2. 区分词语的色彩义

根据情感色彩，词语可以分为褒义词、贬义词、中性词。带有赞许、肯定、美好情感色彩的词称为褒义词，譬如：勇敢、坚强、舍生忘死等等；带有贬斥、否定、憎恶感情色彩的词称为贬义词，譬如：狡猾、顽固、斤斤计较等等；而不带有贬褒色彩的词称为中性词，譬如：批评、编辑、源源不断等等。正确区分词的感情色彩，恰当使用，使之与内容协调一致，有助于思想情感的准确表达。

社会在发展，词汇也在变化发展，一方面是新词语不断出现，比如软件、牛市、网吧、给力、电子商务、虚拟空间；另一方面是不少词语增加了新的含义，具有了新的特征，比如"美女"这个词的含义，原来是指"年轻貌美的女子"，现在不论某一女性年龄大小、相貌如何，都可称其为美女；称呼者自然亲切，被称呼者心情愉悦。废弃或"死亡"的词语又被利用起来，赋予它们原来的意义，如"小姐"一词，原指富家女儿，含有剥削的意思，被判了"死刑"，从80年代起，这个词又活起来了，并仿生出许多新的"小姐"，如促销小姐、礼仪小姐等，一般都是客气的称呼，而特殊的，则是指不正当的职业。认识词语变化中的新特征，就能准确地选择和运用。

（二）讲究语感

语感，指的是对语言的感受能力。获得良好的语感需要在遣词造句的分寸感和文体感等方面下功夫。

1. 语言分寸感

分寸感是指对词义的敏锐感觉和准确把握。语言活动都有所处的特定环境，这个环境可以由自然环境、社会环境和语句环境构成，我们统称为语境。在特定语境中语言的运用分寸感愈强，表达的效果愈佳。要掌握用语的分寸感，就应该根据话语的环境（时间、地点、场合、气氛），话语的目的，所写事物的性质，所写人物的特点（即年龄、身份、思想、性格、职业、处情）选词造句。这样，哪些词必须用，哪些词不能用；用词的本义，还是用词的辅助意义或引申意义；话要正说，还是反说；是直说，还是委婉地说；用语点到为止，还是说透说彻底，才能拿捏到位。

分寸感基于作者长期的生活体悟和用词实践的锻炼，是作者在经验的积累中积淀的潜意识理性，犹如作者大脑中的一架精密天平，时时衡量和支配着作者对词语的选择和运用。譬如对"死亡"一词的运用。对人的"死亡"有多种多样的说法，逝世、故去、归化、老了、亡故、走了、翘辫子等等，有的属于书面语，有的属于口语，有的比较文雅，有的显得诙谐，要运用的恰当，就必须准确把握话语的环境。对亲人，对熟悉的人、年长的人的死亡，我们会说他"去世"了，而对不熟悉，情感上疏远的人的死亡则可能信口说"死了"。显然这是用语的一种经验，是用词分寸感的体现。实践证明，人们不是机械地靠语法、修辞、逻辑去说话写作，而是靠对语言的分寸感表述。

既然分寸感是在用词实践中锻炼并培养起来的，这就要求作者细心体察生活，增强锤炼语言的意识。

2. 语体感

所谓语体，就是语言体式。是人们在各种社会活动领域，针对不同对象、不同环境，使用语言进行交际时所形成的习惯用语、常用句式、修辞手法等一系列运用语言的特点。在这里，我们要讨论的是作者对各类文体语言方式和特点的感受和把握，语体感也即文体感。根据书面文体的功能，其语体分为文艺语体、科学语体、政论语体等。

（1）文艺语体

文艺语体又称为文学语体或艺术语体。它的功能是通过文艺形象的塑造反映丰富复杂的社会生活，描绘多姿多彩的自然世界，抒发审美情感，表达思想。文艺语体具有形象性和情感性等特征。由于文学体裁的具体对象不同，所用语体又有区别，以下分而简述。

采用抒情语体的诗歌，将语体的声音特点放在了突出位置，节奏、双声、叠韵、叠字、押韵等是其声音的元素，恰当使用，语言声音的高低、快慢、长短等就会直接获得意义。在选词构词方面，抒情语体常会偏离规范的词法、语法，以词语的超常组合表达独特的、朦胧的、神秘的、不可言喻的情意。马致远的《秋思》中"枯藤老树昏鸦，小桥流水人家，古道西风瘦马"，只用名词连缀，缺少动词和其他联系词，通过这种超常构句方式所表现的图景，生动地表现了游子的心境。抒情语体特别偏爱比喻、象征等积极修辞手法，以表现微妙的、起伏跌宕的情感和朦胧跳跃的意向，显示它与叙事语体的区别。

小说、散文、报告文学等使用的是叙事语体。叙事语体即语言体式具有叙事性，文体内容涉及议论、抒情时，也都受到叙事语体的制约。叙事语体用词丰富，注重词语的感情色彩。我们看下面的几段描述：

蒋氏干瘦发黑的胴体在诞生生命的前后变得丰硕美丽，像一支被日光放大的野菊尽情燃烧。（苏童《1934年的逃亡中》）

机身早已脱离跑道，像一枚轻盈的银灰色太阳从地平线上摇身腾起。（陈染《破开》）

有几个娃崽跑过来，把我的眼镜片考察了片刻，然后紧张得兴高采烈，恐惧得有滋有味，"里面有鬼崽，有鬼崽！"一边宣告，一边四下奔逃。（韩少功《归去来》）

四周老静，枯河道里溢出来短小精悍的风。（莫言《爆炸》）

胴体与野菊、机身与太阳之间，形象距离极大，相似点的偏离使比喻显得陌生而怪异。紧张与兴高采烈、恐惧与有滋有味以及短小精悍与风的搭配，都是反常的，突破了常规搭配所带给人们的思维的约束，造成了情感或意象的错位甚至反差，创造出了在客观存在中不可能给出的感觉。

（2）科学语体

科学语体是在科学技术领域和生产领域所使用的，准确而系统地阐述自然、社会和思维现象及其规律的一种书面语体。概括性、抽象性、逻辑性、准确性、客观性是其语言特征。

科学语体较多地使用专门术语，意义抽象的词占多数，词义倾向单一化；大量地运用人工语言，一是图形语言，如表格、画图、照片等，二是符号语言，如化学中K代表钾，医学中P.O.表示此药口服等；科学语体中，积极修辞用得少，消极修辞用得多，不用特殊辞格，如比拟、借代等。句子单一，主要用陈述句，多用主谓句。

（3）政论语体

政论语体是在社会政治领域所使用的一种书面语体。这类语体涉及的是一些重大的政治问题，在词语选用上，多采用社会政治词汇，语言必须精确、规范。古语所谓"一言可以兴邦，一言可以丧邦"，一言之差，结果天壤之别，可见政论语体规范性和准确性的要求之高。具体应做到：谨慎选用政策性词语，确保语体的严肃性；准确，即不留政策的漏洞；规范，则便于贯彻执行。虽然政论语体主要用于阐述政治问题，使用政治术语较多，但是，文中也常常出现形象化的词语，各种修辞手法在政论语体中具有广泛的适应性。

（三）斟酌句子

汉语句式多样，在一定语言环境中，可以用不同的句式表达大致相同的意义，也可以表达各自不同的意义和情态。斟酌句式要注意以下几点：

1. 注意语气变化

句子是语言的基本使用单位，从基本用途和语气看，句子分为：陈述句、疑问句、祈使句、感叹句；从语序角度看，句子可以分为常式句和变式句。根据表意的需要，按照一定的规则，采用移位、添加、删除、替换等方法，使不同语气的句式灵活变化，可以表达不同的思想感情，提高表达的有效性。

2. 注意长短相间

这里的长短是从句子的结构组织着眼。所谓长句，是采用复句，把几个或几层意思分开来说，句子形体长，分句多，停顿多，结构复杂。长句的特点是细致、周详、宽松，语势舒缓，畅达，富有变化。所谓短句，是采用单句，把几个意思集中在一句里说，句子形体短，附加成分多，停顿少，结构简单。短句的特点是紧凑严密，明快有力，精悍活泼，语势紧迫，感情强烈。在文章中长短句并用，交错搭配，可使结构疏密相间，语气张弛有序，文笔波澜起伏。要注意的是，不要把长句硬截短，也不要把短句硬填成大肚子式。长句要层次清楚，关系明晰，避免结构混乱，上气不接下气。

3. 注意骈散结合

这里的"骈"是整齐，"散"是参差。骈句，句子对称，文字精练，结构严密，音节和谐；散句，自由活泼，不拘一格，富有变化。骈散互相映衬，对照强烈，凝练工整，读来朗朗上口，听来铿锵悦耳。写作中注意"骈散结合，以散为主"，可避免单调呆板。

（四）恰当运用修辞手法

1. 积极修辞手法

积极修辞的任务，是要把文章的意思生动形象地表达出来。在文学写作中，积极修辞被广泛地运用。比如运用比喻、拟人、借代、夸张、双关、婉曲、衬托、含沙射影、留白等等，增强表达的生动性、形象性；用排比、层递、回环、反复、反问、设问等，不但语言具有形式美和韵律美，也使文气贯通，语言流畅，语势强大，增强了说服力。在学术文体和实用文体写作中，恰当地选择和运用积极修辞手法，可增强表达的效果，比如用比喻、排比、对仗等修辞手法，行文语言庄重中会透出生动活泼性，给人以美的享受。但有些容易发生歧义和曲解的辞格，例如反语、夸张、双关等，则一般不采用或极少采用。

2. 消极修辞手法

消极修辞手法的任务，是要把文章的意思清楚明白地表达出来。以明确、通顺、平易为标准。消极修辞手法主要运用于学术文体、实用文体。具体要求：一是在通顺二字上下功夫。通，通达明了，其本身就含着准确性；能说清一件事，找到其中的内部联系，交代明白，打通读者的思想，就是好的语言。顺，合理无障碍。文章写得符合逻辑，思路顺，文理顺，语句顺，也就实现了文章写作的目的。二是慎用形容词和副词。工作任务没有按照计划全部完成，就不能说"基本上完成了"；一次公益活动只有一部分人参加，就不能用"广大群众普遍参加了"的语句。

（五）正确使用标点符号

标点符号是帮助文字记录表情达意的语言的符号系统，是一种辅助性的表达手段，是书面语言的有机组成部分。标点符号分为点号和标号。点号的作用，在于表示说话时的停顿和语气；标号的作用，在于标明语句的性质和作用。标点符号可以帮助作者准确表达思想情感，传达语言信息；可以帮助读者准确接收文章中的语言信息，理解作者的思想情感。

标点可以改变语义，比如，"这场激烈的网球赛的结果上海队战败了北京队获得了冠军"这句话，它的意思到底是上海队赢得了胜利，还是北京队赢得了胜利，因为句中没有标点，读者的理解会有不同。我们用标点做如下断句：

这场激烈的网球赛的结果，上海队战败了，北京队获得了冠军。
这场激烈的网球赛的结果，上海队战败了北京队，获得了冠军。

标点断的位置不同，话语意义大相径庭。由此可见，遣词造句和标点符号的运用是不可分割的，而正确熟练地使用标点符号也是作者语言能力的表现。

标点符号有语法性质，逻辑性质，情感性质。在特定语体环境中，文字无法表达的意思，往往可以借助标点符号来实现。它们可以表难言之思，诉难言之理，抒难言之情，不但解决了表达的某些难题，还省却了不少笔墨，又能让读者思考回味。

正确使用标点符号，先要了解标点的意义和用法，比如顿号和逗号、分号和句号。其次要有句子观念，遣词造句时就要想到标点。第三要掌握标点符号在句段书写中所处位置的规范。

标点依附于文字，又有相对的独立性。各种标点符号的超常使用，既能突破由语法决定的标点符号用法，还可以避免由于语言自身的局限性，所带来的感情表达上的呆板。比如，连续使用问号，可表现人物心理复杂的活动；用破折号中断人物话语，可以传达人物难以言表的思想情感。如此，便再现了生活的真实样貌和语言的丰富变化。

小结：表达和行文具有操作性，外在形式上，作者要用笔书写或用电脑制作。表达和行文还具有外化性，即用有组织的语言符号，去体现运思所酝酿成熟的未来作品的表象及意念。表达和行文并不是各自孤立存在的行为过程，而是作者操作和外化高度统一的体现，是胸有成竹、得心应手的综合性实践活动。在重视表达与行文具有操作性的同时，我们应该看到，生活是作者思想与技巧的来源与构成，表达与行文无疑与作者感知的客体生活、触发的思想紧密联系在一起，方法技巧非外于生活的主体意识与能力，而是写作者呈现"生活"内化成的主体心灵结构的方式。这一点需要在写作实践中用心体悟。

【思考与训练】

1. 2010年世界杯期间，"给力"成为网络上的热门词汇。11月10日，网络热词"给力"登上《人民日报》头版头条：《江苏给力"文化强省"》，而这一标题引起了网友的热议，请谈谈你对人民日报头条标题使用"给力"一词的看法。
2. 在实用文体中语言的精确性与模糊性有怎样的辩证关系？
3. 文学写作中如何做到行文语言的准确性？
4. 在莎士比亚的《威尼斯商人》中，夏洛克要求他和安东尼奥的合同能够履行。

鲍西亚假扮律师，为安东尼奥辩护。鲍西亚同意夏洛克按照契约规定割下安东尼奥的一磅肉，但是割这一磅肉必须严格按照契约执行，就是不能多割也不能少割，不能流一滴血，也不能因此伤害安东尼奥的性命。夏洛克无法做到，只好认输。请从语言角度分析，鲍西亚如何打赢了这场官司的。

5. 下面文字中连续使用了9个问号，请分析评价其使用意图和效果。

玛格丽特差不多坚决的要去巴黎的；在我向她提议说是留着陪在她身边的时候她似乎心里又镇定了下来。难道陷在一种圈套里面了？玛格丽特会骗我不成？或者她算计若可以赶上时间回来不教我觉察出她的偷空，却又被什么偶然事故牵留住了？为什么她什么话都不敢对娜宁讲？又为什么她什么话都不敢写下来留给我？那些眼泪又算什么意思？这逃亡？这神秘？

（小仲马《茶花女》）

6. 什么是叙述视角？叙述视角与人称有怎样的关系？

7. 下列句子运用了哪种修辞手法？有何作用？

① 从祭坛上蜂飞蝶舞般飞溅下来的烛泪，最终凝结在一起，汇成一片，牛乳般润泽，琥珀般透明，宛如天使折断了的翅膀。

② 你那哲理式地语言啊，不亚于浓烈的酒。

③ 建立人人有责任、事事按标准、步步有痕迹、环环有制约的内部责任体系。

8. 选用合适的表达方法和语言技法，写出某种情境下激动或者痛苦的心情，可以是第一次见到大海，或者是第一次面试失败，等等。

9. "坎坷的经历是否是对一个人的成长有利"是某辩论赛的题目，请分别为正方和反方写出开篇陈词，并为论点搜集合适的论据。

10. 阅读下面几段文字，分析其所用的表达方法。

① 葛朗台阴森森的老房子年久失修，楼梯踏级都被虫蛀坏了，女仆差点摔了跤，他还怪她不挑结实的地方落脚；每一顿饭的面包食物、每一天要点的蜡烛，他都亲自分发，一点儿不能多；女儿生日那天，有客人来，只不过多点了一支蜡烛；他限制妻子的零用钱，连别人送给她的一点，也要想方设法刮走；来了亲戚，他不让加菜，吩咐佃户打些乌鸦来煮汤；妻子卧床不起，他首先想到的是请医生得破钞。（巴尔扎克《欧也妮·葛朗台》）

② 她决定要跑进去了。然而……眼前一阵漆黑。房里的灯光突然灭了。她睁大眼睛，但是她什么也看不见。她拔不动脚，孤零零地立在黑暗里。无情的黑暗从四面八方包围过来。过了一些时候，她才提起脚，慢慢地走回自己的房间去。一路上什么都不存在了。她只顾在黑暗中摸索着，费了许久的功夫，她才摸到自己的房间，推开半掩着的门进去。瓦油灯上结了一个大灯花，使微弱的灯光变得更加阴暗。屋子里到处都是阴影。两边的几张木板床上摆了一些死尸似的身体。（巴金《家》）

③ 她挎着一篮子荸荠回去了，在柔软的田埂上留下一串脚印。明海看着她的脚印，傻了。五个小小的趾头，脚掌平平的，脚跟细细的，脚弓部分缺了一块。明海身上有一种从来没有过的感觉，他觉得心里痒痒的。(汪曾祺《受戒》)

④ 不管鸟的翅膀多么完美，如果不凭借空气，鸟就永远不能飞到高空。事实就是科学家的空气。你们如果不凭借事实，就永远不能飞腾起来。没有事实，那你们的"理论"就是徒劳。(巴甫洛夫《致青年的一封信》)

11. 选择一个社会热点话题，用叙述、议论等方法进行表达。
12. 选择一建筑物，按说明的要求写一篇不少于 400 字的短文，介绍该建筑物的特点。
13. 以"沙尘暴"为对象，用五种表达方法各写一句话。
14. 塑造一个你生活中最重要的人物形象。

要求：
① 使用精确的语言表述人物的品质。
② 描绘出主人公与众不同的特点。
③ 总结你的描述，要使读者意识到主人公对你意义深远。
④ 简要介绍你完成这一写作的运思程序。

第九章 文章修改

学习提示：修改，是文章写作中的最后一个环节，也是必不可少的一个重要环节。作者经过观察研究、选题运思、立意谋篇、执笔成稿，制作出来的文章仍然不是"完璧"。一方面，客观事物是复杂曲折的，而人的认识既受主体能力的制约，又打破自身条件的限制，使认识不断扩展和深化。另一方面，思维成果转化为文章这一物质形式，必须借助于"外语言"，一般的作者对语言文字的把握绝难下笔尽善尽美，收到"内"与"外"一一对应的效果。因此，对初稿反复斟酌，修改润色，实为文章成功的关键。本章从微观层面，对文章主题、结构和语言的修改提出比较具体的程序和办法。

第一节　主题的完善

一、主题修改步骤及方法

主题是文章的灵魂，是文章的立身之本。主题错了、偏了、模糊了，文章就失去了生命力。所以，文章修改的第一步就是完善主题，使主题更明确、更深刻、更集中。这是修改中最重要的一个方面。正如叶圣陶所说："修改文章不是雕虫小技，其实就是修改思想，要它想得更正确、更完美。"[①]

要修改主题，就必须清楚主题在各类文体中不同的形态及具体要求。比如说，文学类文体中，主题是人、事所显示的意蕴和作者对生活的体验，也可是一种情感、境界和哲理的表达，主题应意深情浓；学术类文体中，主题就是中心论点，这一论点是不囿于前人定法、观点或看法的新见，其确立要力求正确、鲜明、突出；实用类文体中，主题是文中所写事实的意义及其指导实践的价值，主题应集中、显豁；等等。无论怎样的主题，都是思维运动中的核心，都走了一条从思维内觉到语言物质外形的"转化道路"。因而，修改主题时又必须回思整个成文的过程，推敲思维程序中的每一个环节。这样，就能明晰问题的缘由，从而比较顺利地选取修改的方法。对于习作者来说，写完一篇文章，可采用以下步骤和方法进行修改：

第一步：以读者的身份、心态、视点审阅自己的文章

有人把文章比喻为孕育十月的"孩子"，可见其爱之切。这样的"爱"往往会使作者修改时缺乏冷静客观的态度，比如，已经发现文章存在的问题，却在取舍间徘徊，难以提笔删减。这些时候，我们可以用提问法、比较研究法、请教法等，检查主题的表达

[①] 叶圣陶：《谈文章的修改》，北京：教育科学出版社，1980年，第447页。

有无失误，是否深刻，是否新颖。比如修改文学类作品用提问，可涉及这样几个方面：

本文写人、写事、写景的目的是什么？表达了怎样的意蕴？传递了怎样的感情？

主题是鲜明地点了出来，还是含蓄地融于人物与事件之中，主题的呈现方式切合文体吗？

主题是否合乎时代精神？

作品写好后，若属命题写作可与同题作品相比较，从立意的高、深、新以及感情的真、意蕴的浓等方面挑剔自己文章的毛病。非命题写作，可请朋友、同学阅读，从他们受感染的程度，引起共鸣的程度去发现主题的不完善处。

修改学术类文的中心论点时，可这样来问：

本文的中心论点是什么？

表达中心论点的句子在文章的什么部位，是用什么方法提出的？是否鲜明、正确？

支撑论点的材料有哪些，这些材料是从哪些角度切入展开分析的？

分析问题全面吗？论点的证明是否多角度、多层面展开？

再用比较研究法把自己的文章与同论题，意相近的文章作以比较，寻找不同点，看自己的论点有何新意；还要与同论题，意不同的文章相对照，拿反面的观点来推敲自己文章观点的可靠性。倘若是重要的学术论文，可先与同辈学人讨论，也有必要向本学科领域的知名专家请教，再修改定稿。总之，运用多样的方式深思细想，是能够发现一些主题存在的问题的。

第二步：辨析主题不完善的原因

主题不完善的种种具体情状存在于文章之中，而总根子是扎在作者的思维认识里。不管文章是先提出主题，还是后归纳出主题；不管主题是用鲜明的话语提出，还是蕴含在事物之中，藏匿于人物背后，都是作者观察、剖析客观生活提炼出来的。而作者对生活的剖析又受思维运动的制约。若作者思维的概括力不强，就抓不住所论事物的本质；若没有把它放在同类事物中进行比较鉴别，文章的主题就难以深刻鲜明。表现在文章中，或者是材料太少，且代表性不足，难以说明主题；或者是运用材料太多，且无主次之分，以致材料淹没或冲淡了主题。而主题不深刻，大多数情况是作者对形成主题的材料认识肤浅所致；或者对所选之人、事包蕴的意义缺少深层次发现，其情感的体验也就浅淡了；或者对所选事物、事理没有多方分析，矛盾的突破口没有找准；或者对所选事物、事理的实践指导意义认识不足等等，从而导致了思维呆滞、运行不畅，缺乏灵活转换探究的机制。

由此看来，辨析主题不完善的原因得按这样一条思路走：立意—材料—主题—材料—思维。也就是从主题的"病症"出发，寻找材料取用与分析的不得当之处，再探究思维方式上存在哪些问题。

第三步：选择合适的方法去修改

当抓住了问题的要害，便可以进入第三步：选择合适的方法去修改。各类文体中主题存在的种种问题虽然有共性，但因文体表达要求的不同，又有其个体特点。所以修改的时候，选取的方法应符合不同体类文章主题表达的要求。

二、各类文体常见主题失误的分析

（一）意浅情淡

文章意蕴不深，感情不浓的原因是作者缺少写作冲动。文章是表情达意之物。只有写作冲动袭来，激情荡漾，文思如泉，才能写得痛快淋漓，情深意浓。若所写之事不能感己，岂能感人？所以文章的平淡，并非事情本身平淡，而是由于作者对事物的认识不深，体验不强烈，开掘不够，表现在用材料上无轻重详略之分。当然不排除因"外语言"功力不足影响了情、意等的表达。遇到这种情况，就不要急于进行修改，而是冷却文章，走出书斋，寻找与所写对象相关的生活空间，放开五官，再体验、再思考，展开想象、联想，催发写作激情，当认识道所表现的事物的本质意义时，怎样修改也就明晰了。

情意浅淡的另一表现是作者创作满足于短、平、快的功利观和价值取向，商业化写作本质上"缺钙"成为先在的事实，当作者缺失了现实精神，缺乏深刻的心灵与生存的痛感，就很难使读者心灵激荡，甚至会误导读者。这类文章的修改首先是观念与目标的修正，作者要有对读者负责的意识，在使命与责任的昭示下，才能发现文章的缺憾与不足。

（二）论点偏颇

文章出现论点偏颇这一毛病的原因，是作者的思维不周，思想片面，不能辩证的分析问题所致。有时为了强调现成论题的正确性，议论的时候执其一端，缺少正反比照，分析问题的意识。有时表现为某一侧面或某一层次比较薄弱，导致论证不周全，观点偏颇。这就需要予以丰富和加强，以使中心论点从各方面得到表现，使论证更全面。如果有某一分论点不明确，甚至与中心论点不一致，那就需要加强或者更换这个分论点。

（三）论点肤浅

文章论点肤浅的原因可追溯到运思之时。一是文章作者习惯于单线思维方法，往往是提出问题或摆出观点后，就把古今中外人们熟识的正面事例一一列举出来，末了用一句"以上事实充分证明了……"结束。没有用分析的文字揭示论点和论据这两个较大信息之间的关系，论证就显得干瘪无力，自然缺乏说服力。二是惰性思维所致，囿于已有的经验，人云亦云，没有创见。修改这类主题，宜用正反比较法、（这是着眼于用事类型）、求异法（这是着眼于开扩立论的角度）、纵横分析法（这是着眼分析层次），以变单线思维为网络状思维，改惰性思维为进取性思维，使论点出新化深。

（四）文事杂乱，题旨不明

这是一些实用类文体常见的毛病。实用文要求题旨单一明确，就是篇幅较长的总结、报告，也要有一个中心思想统摄全文。而学生在习作中，常为照顾各个方面的要求，不分主次，面面俱到，看来细致周全，实则分散了主题。有的把不同文种的内容统统揉进一文之中，情况杂乱，立意不明。追寻原因，或因谋题不清，或因认识不清，总之都是运思不成熟的表现。修改这类毛病，首先要重立文意，想清本文解决的中心问题是什么，达到的目的是什么，然后宜用开宗明义的主题句，旗帜鲜明地提出中心题旨，围绕这一中心，使叙议的各项内容步步展开。

第二节 结构的调整

一、调整结构的步骤和角度

调整结构是修改文章的第二个方面。结构的调整，从其外在形态来说，是对文章的各个组成部分的重新审视，调整组织安排。从结构的内部形态说，是作者对原思维态势的检验和改换。

结构是文章的"骨架"，是思想内容的表现形式。结构一方面依存于主题，取决于主题，另一方面它又有相对的独立性，它和语言文字一样具有很强的表现力。正是从这个意义上，我们认为，调整结构可按以下步骤进行。

第一步：根据主题的修改情况调整结构

在文章形成的过程中，主题是始终支配着结构的。所以，如果主题作了修改，结构自然也得随着调整。主题修改的程度决定着结构调整的幅度。若主题不正确，结构就不宜修补。若是主题不够深刻，那就要再次分析研究材料，挖掘其本质意义和内在规律；主题不够突出，若属于材料不充分，不典型，那就要补充材料，从多方面表现。总之，结构随着内容的改动和丰富得到调整和加强。如此，虽也能尽善尽美，但严格说起来，这种调整不是自觉的、有意识的。

第二步：借鉴不同文体最佳结构模式调整结构

当所写文章的主题达到了一般性的要求，无须进行"大手术"时，并不意味着结构就此定型，因为主题还应进一步完善和深化。为此，必须从结构意识出发，纵观文章整体"骨架"，以各类文体的最佳结构模式做比照，去检测自己的文章，寻找出不足；或从优秀文章结构中受到启示，并根据实际情况，创造性地加以运用，也会使结构趋于完美。

徐迟的报告文学《在湍流的涡旋中》记叙的是周培源先生的事迹，作品的初稿采用了以时间为序的纵向结构，后来，作者认为这样写像"流水账一样"，人物形象不够鲜明，便借鉴了清代作者方苞散文《左忠毅公逸事》的结构方法，把结构跨越的时间定为一个晚上，所有背景材料浓缩到一个晚上这一横断面中，其间穿插主人公的回忆、联想。事迹还是原来的事迹，但由于结构发生了变化，读来生动感人。

第三步：按结构的美学要求调整结构

结构虽然根据作者的风格和表达内容的具体情况变化形体，却有着总体美的要求。要使自己写的文章无懈可击，就应该从文章美学原则出发进行推敲。

一要推敲文章结构是否匀称，首尾圆通，具有和谐之美。如果比例失调，头重脚轻或头轻脚重，层次段落大小过分悬殊，都会破坏结构的和谐。习作中常见的三块式结构显然不和谐、不美。也有多段式结构：不考虑文体类型和段与段内容的逻辑关系，频繁分段，各段的长短没有区别，这是为了分段而分段，同样造成结构的不匀称。调整不匀称的结构可以从文体、篇幅、内容、性质，乃至读者等方面去进行。

二要推敲结构安排是否具有变化之美。结构如果平铺直叙，没有一波三折或层递转逆起伏变化，就不够完美，修改时可依各类文章技法为准绳。比如，推敲叙事类文章的结构时就可以这样去想，能用开合法结构，不用收束式；能用抑扬结构法，不单纯顺向结构；能用悬念式结构法，不采用一路平直的结构。论文的结构能用对比法，就不用单面平面结构；能纵横交错安排结构，就不用直线结构。灵活运用不同的结构，文章自然波澜起伏，富有美感。

三要推敲结构是否严谨合缝，精当细密，富有逻辑美。任何文体的结构安排都体现了作者逻辑思维的过程。思维严谨，条理分明，段与段之间环环相扣，表情达意流走自如，结构就能呈现出富有逻辑气势的美。审察自己文章的结构是否具有逻辑美，需要着眼于上下段之间的关系，推敲其是否通畅自然，表现了客观事物发展的阶段性和连续性。不管段与段之间是顺接、逆接、急接、缓接，还是远接、近接、明接、暗接，都得咬合严密，不能有丝毫的疏漏。可用取掉一段的方式测试结构是否严密精细。

二、常见结构问题分析

（一）结构庞杂紊乱

从表达角度看，这是结构与主题结合不紧密所致。或许文章的材料颇生动精彩，可不是件件都为立意服务，甚至与主题相离。从思维角度看，是思维缺乏条理性。作者没有把事情的来龙去脉，事物之间的内部联系认识清楚，自然也就不可能把它清晰地表现出来。修改这样的结构，首先要按时间、按空间、按逻辑理清思路，最重要的是把材料重新纳入一定的逻辑关系中去理解，并确定主次详略。逻辑顺序主要是反映事物的内部规律，如提出问题、分析问题、解决问题是一种顺序，按工作轻重缓急排列也是一种顺序，按事物的主次或因果排列也符合逻辑。只要按逻辑规则调整先后次序即可。比如，叙事类文章的结构，可按中心人物或事件的情节发展调整结构，所有其他人与事都要与这个中心紧密相关，可有可无的人或事，可说可不说的话都要毫不犹豫地舍弃。李渔曾说："作文之事，贵于专一，专则生巧，散乃入愚。"那些看来也精彩生动的内容，如纳入文章整体不那么恰当，就应忍痛割爱。头绪单纯了，结构也易紧凑严密。在学术类文章和实用文结构中，每一层次都要围绕中心论点或中心意图，通过归纳段意，分析层次间的关系，以及各层次对中心观点所起的作用，来决定取舍或换位。

（二）拼盘式结构

这种结构问题在实用文写作中尤为突出。如有的总结、报告，因涉及面宽，一个方面一大块，有的人简单地把几个方面拼在一起，各方面之间缺乏有机联系，甚至完全脱节。形成这种结构的原因是作者运思谋篇时胸无全局，没有把各类材料融解、化合、纳入一个统一的思想轨道。修改时，宜用分析综合的方法认识事物的本质特征，弄清事物之间内在的必然联系，以其内部联系安置其层次顺序，从不同层次或侧面去表现主旨。

(三) 结构要素不完整、运用不规范

这是公文常见的问题之一。公文都有其较为固定的内容结构要素和模式要求，不按要求，排布随意，造成逻辑上的混乱，影响了受文对象对文件的理解和执行。

1. 内容结构残缺

从某种角度看，结构的不完整实际是内容的残缺。比如下文：

关于表彰××省教育厅创先争优先进集体的通报

××教机党〔2012〕28号

机关各党支部、直属单位各党组织：

近年来，我厅机关和直属单位各级党组织在参与创先争优活动方面取得了可喜的成绩。为表彰先进，决定对作出贡献的8个先进集体予以通报表彰。

附件：××省教育厅创先争优活动先进集体名单

中共××省教育厅直属机关委员会

2012年11月1日

这是一份表彰先进的通报，缘由背景交代不详，缺少了根据，也就缺乏了说服力。没有提出要求和希望，从而使文章失去行文的根本目的。

2. 发文字号编写不规范

公文的发文字号由发文机关代字、年份、序号等组成，发文年份应用六角括号"〔 〕"括入，编序号时不编虚位，不加"第"字。例如这样一个发文字号：

西旅发［2012］局字第028号。

这个发文字号中有多处不正确的地方：① 用中括号［ ］替代六角形括号〔 〕；② 多加了"局字第"等多余的字；③ "028"中的"0"是虚位。正确的应为西旅发〔2012〕28号。

3. 标题不规范

或缺少发文事由，或主体和客体不明确，或大标题不涵盖小标题，或表意不完全等等。比如：《关于××局检查的通知》，从标题中看不出检查的内容和检查的范围等事项，"关于"这一介词放的位置也不正确，这一标题不符合公文标题应简明、准确、涵盖全文的基本要求。正确的标题格式应是：发文机关+事由+文种。

出现这类不规范和错误，是作者不熟悉国家对公文的规定。2012年4月6日中共中央办公厅，国务院办公厅联合颁布，并于2012年7月1日开始执行的《党政机关公文处理工作条例》，2012年6月29日中华人民共和国国家质量监督检验检疫总局、中国国家标准化管理委员会联合发布的《党政机关公文格式》国家标准（GB/T 9704—

2012），已就公文的规范问题作了颇为细致的规范与说明，修改时应严格按照国家对公文写作的规定进行，这样就能使文章合乎规范，便于传播沟通。

第三节　语言的修饰

一、从主题角度去推敲语言

语言是为主题服务的，语言的修饰自然要着眼于主题的需要。主题的形态风格不同，就决定了语言风格的不同。主题是含蓄的，是寄托于所叙之事、所状之物、所写之景中的，语言也应是含蓄的，作者不要把自己的见解或感情明明白白说出来，少用连词，太直、太硬的语句都要修改；凡文中要突现人物性格特征、展示事件所孕育的深刻意义，用笔便应泼墨如云，可采用铺陈、复沓、联想等技法细致运笔；非重点处，如交代、过渡、收束等处，语言应高度浓缩和概括。凡读者用联想可知的东西，作者决不多说一句话，要运用一些省略句、无主句和独词句。

主题要求鲜明，比如学术文体、实用文体的主题，用语就应是爽爽朗朗的，不但要用准确的语言，把自己的观点明明白白说出来，而且要借用"标目"、"提要"等方法，使观点更加突出。另一方面，要注意语言的繁简适当。须"繁"处未"繁"要增，该"简"处未"简"要减。少用修饰成分，能用人工语言的不用自然语言。这样修改，就会言简事丰，重点反而会更鲜明突出。

二、从文体与语境角度出发推敲语言的准确性

（一）根据各类文体不同的语言风格进行修饰

尽管各类文章的语言都应达到"行文"一节所提出的共同要求，但不同的文体有不同的风格，对语言有不同的要求，修改也有主次之别。比如文学作品追求生动形象的语言效果，精确性、科学性只求建立在确有其事的基础上，修改时，就要着重使更鲜明形象，生动感人。比如鲁迅对《藤野先生》中一段文字修改：

上野的樱花烂漫的时节，望去确也像绯红的轻云，但［花下］也缺不了［成群结队］"清国留学生"的速成班，顶上盘着大辫子！

但到傍晚，［有一间的］地板便常不免要［咚咚咚地］响得震天，兼以满房烟尘斗乱，问问熟识（精通）时事的人，答道，"那是在学跳舞"。

作者增补"花下"、"成群结队"两词，使清留学生置祖国危难不顾而沉湎于花香鸟语的情景及人数更具体，增补"有一间"，所指更明确，"咚咚咚地"象声词使语言更生动；改"熟识"为"精通"暗含贬义，作者愤郁之情更鲜明。

另外，还要注意推敲文本语境中人物的语言。什么人就应该说什么话，什么人在什么语境中会怎样说话，这是语言环境中由人物性格所决定的，修改时候也要由此出发，

反复斟酌。

学术文体在用词上，抽象词、科技术语、外来词占较大比例。为论证严密，句中限制成分较多，忌用口语，其语言要求精确性、科学性、简明性为主，生动形象则处于次要地位，修改时就要注意这个特点。

实用文体品类多，语言同一性中又有差别，修改时，写作的传播目的、写作主体的角色和受体的接受水平都是推敲语言要考虑的因素。

（二）推敲语言在特定语境中的适用性

由于媒介方式的发展，语言在实践中有了变化、发展，比如网络语境中运用的有些词语，若在传统媒介语境中运用的话，表意可能就不清晰、不准确、不合适。要从表意和接受的角度，推敲语言在特定媒介语境中的适用性。

三、从语言的"规范性"出发修饰语言

（一）推敲用字是否规范

现时，繁体字时髦，生造简化字盛行，别字消而不灭，所以修改时，除特殊情况，文中的繁体字应换为规范的简化字，凡拿不准的字不查字典不放行。

（二）推敲用词是否准确

用词的准确性来自对事物认识的准确和对词代表的概念含义、范围的确切把握。如果概念范围不确定，结果易生歧义，不仅影响内容的表达，甚至会给工作造成损失。比如，邓小平同志1992年的南方之旅，发表的讲话经《深圳特区报》发表出来后，称之为"南巡讲话"，有识之士改为"南方谈话"。修改后的表述就巧妙地抹去了"巡"所带来的一系列微妙影响，因为此时邓小平同志已经退休，再用"南巡讲话"就显得不甚妥帖，而用"南方谈话"就名正言顺，不会引起歧义和误会了。[①] 所以，修改时，对用词要从正面、反面，反反复复地推敲，甚至咬文嚼字，以求用得确切，有分寸感。

（三）推敲句子是否通顺

句子要通顺必须合乎语法规则，合乎逻辑要求和修辞规范。在习作中经常出现的问题有：句子搭配不当，句意残缺，句子累赘不清或繁简不明，推论不合事理等等。比如：

① 她是一位优秀的有20年教学经验的国家队的篮球教练。
② 勤奋的工作，换来了丰厚的成果。
③ 他发愤苦读，用三年时间就学完了大学所有课程。
④ 就学生的课业负担而言，老师们一年四季埋在作业堆里，太辛苦了。
⑤《王老虎抢亲》中江南才子周文宾男扮女装，被王老虎抢回家，把他送到妹妹王秀英房中。

---

① 张永璟：《规约意识与最优理念》，《华南师范大学学报》2008年第5期。

例①词语次序排列不当。正确次序是：她是国家队的（领属性的），一位（数量）有20年多教学经验的（动词短语）优秀的（形容）篮球（名词）教练。例②句子中修饰中心语的形容词"丰厚"与"成果"搭配不当，可将"丰厚"改为"丰硕"。例③概念范围不清，不合逻辑，"大学所有课程"浩瀚之极，"仅用三年时间"学完是不客观的，即使是某系、某专业也做不到。例④结构混乱，反客为主。前一句没有说完，就被第二句打断了，换成了另一个话题。例⑤成分残缺，此句前半部分的主语是"周文宾"，而后半部分转换为"王老虎"，应在末句加上"王老虎"这一主语。句子较长和暗中更换主语是造成缺主语的重要原因。

总之，可用朗读法去发现句子不顺当的地方，成分残缺的增补，多余的删除，用词不妥当的替换，语句过繁的要简要，搭配不当的要调整。修改不是再造，切忌改变句子的本意。改病句原则是简要、高效，使句式正确，语意畅达。

（四）要推敲标点符号运用是否正确

标点符号是书面语言不可缺少的辅助工具，用得好，能帮助作者正确、精细地表达思想感情，用得不恰当，会伤害文意，小则闹出笑话，大则造成很大损失。因此，修改语言时必须对标点符号的修改予以重视。

基本的标点符号有顿号、逗号、冒号、分号、句号、问号、感叹号以及破折号、省略号、引号、括号、书名号等。要能正确运用这些标点符号，必须弄清它们的含义和作用。在习作中标点运用不规范的情况有：

1. 用"."代替了文中所有的标点，这是作者受西文标点方式的影响，文字表现意识不强，或写作态度不严肃的表现。

2. 全文"一逗到底"，文章结束才出现一个句号，这种不按句意标出标点的情况，说明作者句子意识不强。

3. 运用感叹号时，用"!!"或者"!!!"以示感情强烈。有的甚至在一连串的句子后都用感叹号，反而使读者感觉不到感情的强烈。应该保留一个，删去多余的。

4. 在运用了疑问词的句子里，不管是不是真正发问，有没有疑问语气，就在句子后画上个问号。陈述句包含疑问成分，不用问号。

为了准确表达文义，要克服运用标点的随意性。修改时，要结合句意反复推敲斟酌，以保证语意得到完美的表现。

另外，学术类文章在写作中常用人工语言，如符号、图、表等，修改时要推敲人工语言与自然语言接口处是否自然、流畅，符号运用是否规范，图表是否精确。

四、从艺术性角度去润饰语言

文章的语言不仅讲规范性，还讲究艺术性。所谓艺术性，就是把话说得巧妙、优美。修改时要再度审视文章在语言上是否恰当运用了各种修辞手法，增强了感染力，唤起了读者的视觉、听觉以及内觉想象的审美愉悦等。

如果语言形式单调、板滞，可用句式的长短变化加以改变。在使用长句过多或短句过多的情况下，用删除法、省略法、化整为零法变长句为短句；用增加修饰成分、同位复指，变短句为长句。行文中长短交错使用，可以产生形体上、节奏上的美感。也可整散并用，奇偶对举，以引起句式的变化，避免单调，使语言生动活泼，富有音乐美。如果语言平淡，情蕴不足时，要注意调配使用色彩词语来传递感情。如用写物的语言来写人，或行文中加入一些口语，都可以使语言生动活泼，丰富多彩。还可巧用比喻、拟人、反语等法，以增强语言的形象性和幽默风趣的情趣。从艺术性角度修饰语言时，要注意不同文体对语言的要求。

文章修改完了要通读一遍，这时要注意文面的要求。

文面是文章的卷面，是文章的外表，它包括文字书写和行款格式。文面规范、整洁、清晰、美观，能准确传达文章内容，提高表达的效果。

小结："文无定体"，只要能循其规律即可。改，也无定法，因人而异，因文而异，因境而异，无论怎样改，只要能验证出文章符合规律就行。我们在这里提出的修改程序和办法，主要供参加自学考试的大学生修改文章时参考，也希望能给更多的写作者以启示。

【思考与训练】

1. 结合你的写作实践，谈谈如何使文章主题明确。
2. 为什么说调整结构也是修改思想内容？
3. 为什么要从主题角度去推敲语言？
4. 改正下列句子中词汇语法方面出现的错误，并简要说明理由。

① 那个售货员根本不接受意见，她冲着想要退货的母女俩冷冰冰地说："不是咱们的商品质量不好，而是你们这些顾客太挑别。"

② 通观全篇，由于恰切的例证和透彻辨证的分析，使每个事例都起到破唯心论，立唯物论的正本清源作用，并且使抽象的哲学深入浅出，成为看得见摸得着的东西。

③ 咸丰年间，淮北农民在满清王朝的残酷统治之下，在地主阶级的残酷剥削之下，天灾人祸逼得他们走投无路。

5. 从下面成语中选择一个，自定体裁，自命题目，写一篇文章投给原创写作网站，并查看一月内的点击率和评价意见，或让同学、朋友阅读你的文章并提出意见；对评价意见进行分析后，然后着手修改自己的文章。

井底之蛙　　龟兔赛跑　　衔沙填海　　啮雪餐毡　　枯鱼涸辙

6. 下面一段文字是一篇论文的摘要，论文题目：余华小说异化因素分析。请依据论文摘要的写作标准，从语言角度分析这一摘要。

内容摘要： 由于余华小说近年来持续升温，他的书卖得十分火热，对于他的作品，赞扬的多，批评的也不少，赞扬的说他的作品奇异多彩，批评的对他的作品嗤之以鼻，称为"地摊文学"。分析余华的创作道路和作品，其中有一种异化的因素在里面。本文从人性的角度深入分析了这种异化，分别从人性"求存在"的本能、人性中应有的真善美品质，分析余华作品的异化因素及其原因。让我们更准确更清醒的认识余华的创作和作品，树立正确规范的文学创作观和鉴赏观。

7. 请根据小说创作对主题、人物、情节、环境这些基本要素的要求，修改下面微型小说。

请　客

在班里，杰是个特困生，但杰多才多艺。

日前，杰写稿投到报上去，发表了，同学们说要杰请客以示祝贺。

杰强作笑颜，好不自在。

一次学校书画比赛，杰也参加，不想获得头奖。一进教室，同学们这次表现尤为激动，机关枪似的冲着杰嚷请客。杰难以为然。

平时生活紧巴巴的杰，恨不得把一分钱掰成两半用。今天总以为得点补助可以改善一下生活，不料又为请客的事而黄了。

这天，杰没有吃午饭，悄悄上街买了几斤水果，提在手里沉甸甸的。回来的时候说请客了。同学们蜂拥而上，脸上绽开了多日不见的笑容。

同学们津津有味吃着的时候，有人说，学校将在下周举行"校园十大歌手卡拉OK大赛"，同学们异口同声叫好，说杰是个能歌善舞的小帅哥，参加定能脱颖而出。杰听了，心里却酸溜溜的。

8. 阅读下面散文习作，请从主题、结构、语言方面指出其存在问题，并进行修改。

圣诞随想

那是16岁的圣诞节。那时我们的小镇下了雪。

那时云还是我的朋友。她打电话假装委屈地说我竟然都不陪她一起过节。但还是在晚自习时来到我的班级把好吃的苹果送来。

那时我和峰还依然在一起，我们逃了最后两节晚自习，这晚广场上人很多，我们做情侣间最俗气的事。放孔明灯、送巧克力、点燃仙女棒，那时我觉得时间这么长，一辈子可以做这么无聊的事情。我却忘了，打败我的不光是时间，还可以是焦炭的感情。

今年，我已是17岁。今年这座北方的城市没有下雪。

云在盛夏时和我逐渐疏远，我们之间甚至没有正式的争吵，只是因为很小的猜忌与不联系，渐行渐远。

我与峰已经分手。我怀念有的人因为我的一句话5点钟起床去很远买一份炒河粉。我怀念有人记得在我生病时候给我一杯温热的水，我怀念有人记得我所有的喜好并时刻留意。我尤其怀念一个人，在圣诞的雪地里，踩出我们的名字用桃心包围。

我上大学了，试图融入一个新的环境，可又总不愿向他人吐露自己的心声，也不再对人掏心掏肺，可还是期许有人主动付出。

　　今年的圣诞节，我约了朋友们一同度过。还是收到了苹果，还是去了市中心，还是有欢声笑语。只是她们都是新的面孔，我期许有一瞬，看到旧时的他们，我们一起大踏步向前走。

下 编

分体写作训练

第一部　文学写作

第十章　文学创作综论

学习提示：今天对"文学"的定义越来越与人们持有的文学观念相关。所以，理解文学的本质应该从最早的文学概念和观念开始，慢慢体会文学观念的演变与我们今天所形成的文学观念以及文学创作之间的关系。由此进一步理解文学创作区别于其他语言艺术和其他写作方式的不同特征，即文学创作的个人性、非功利性、情感性、个体无意识性以及文学语言的独特性。

第一节　文学与文学创作

文学是什么？在今天这个时代，她是一个越来越模糊的概念。以往我们认为，真正的文学是以经典作家创作出的，可以感动无数读者，具有艺术震撼力的精品为代表。然而，今天文学的边界越来越被一些新的文学现象所拓宽，如网络中的玄幻、穿越小说，网游文字，短信文学，博客文学，口水诗，图像诗等一些实验性的文字，还有引起网络热议的"梨花体"、"羊羔体"等。今天的人们经常会碰到这样的困惑或嘲讽："难道这也算文学？""这种所谓的文学一毛钱能买几百斤！"诸如此类的言论，让文学越来越尴尬和暧昧。

追溯文学定义或观念的源头，早期的文学其实也没有明确的界限，它和文章、文献混淆在一起，像一些古代的历史著作、学术典籍、哲学、书信等，既属于文学范畴，也属于历史哲学著作或公文。在中国，文学后来被分离出来，取得独立的意义范畴是魏晋南北朝时期，这个时期的文学开始注重文字的形式内涵，注重文字表达的尚美功能，将文学的价值从"辞达而已"的记事载言的实用批评中脱离开来。文学从此有了丰富的审美怡情功能，"诗缘情而绮靡"、"滋味"说、"神韵"说、"性情"说、"意境"论等等；而在西方文学中，文学的独立观念即我们今天常常说到的"纯文学"概念形成于19世纪。同样的，文学从被赋予的社会意识形态价值中开始抽取出独立的艺术审美标准，即文学是关于个人"亲身体验"的，具有"创造性"或"想象性"的作品。这种观念也直接影响了中国的现代文学观念。直至今天，我们的经典文学概念或观念均来自于这个审美标准的认同。尤其是在今天的大学教育中，汉语言文学专业的学生在文学的写作训练中，我们追求的标准也在于此。

尽管文学的观念和写作方式在变化，我们对文学及文学创作持宽容的批评态度，但对于大学教育来说，文学创作的认识和训练还是必须要坚持正规化，这将有助于我们的专业系统学习，建立我们的文学知识体系。我们反对那些类型化的文学写作模式，反对那些没有个人创造性和想象力的文字作品。汉语言文学专业的大学写作必须从专业的角度考量，培养学生的艺术感受力、创造力和想象力。至于今天社会上流行的类型化、大众化、网络化等写作模式，则是在掌握基础的文学写作能力之后的个人自愿选择的写作职业或爱好。

由此，我们进一步提出问题，文学创作是什么？一般的说法是，文学创作是写作者运用文字语言符号描述社会生活及心理，传达思想情感的一种审美艺术活动。它是写作者在精神生活领域中进行的一种具有审美性和创造性的艺术生产过程。文学创作跟一般的生产实践领域不同，其生产不是机械生产，没有模式和程式化的生产操作流程；跟其他的实用性文字写作也不同，其写作没有强烈的目的性，不解决实际社会问题，没有固定的形式规范或约定俗成的文体格式。

所以说，文学创作跟一般的写作练习不同，它是作者内心情感的语言符号化，是个性与创造力的表现，是想象力和心灵自由的传达，是现实生存背后的感悟。总之，用一句文学理论的术语来表述，文学生产是无功利的审美性的创造物。以下分别从写作学的几个要素科学地阐述：

从写作主体看，写作者是一个纯粹的自我，具有自主的生命情感和表达力。与实用写作的主体性不同，文学创作主体不以任何社会身份和角色来作陈述和解释，而是从内心出发，从感性经验出发，传达出属于自己生活体验和社会感发性的语言。文学创作即是写作主体的自我创造的过程，它是写作过程和写作机制的决策中心。

从写作载体看，文学创作所运用的工具为语言符号体系，它具有丰富的意义传递效果。与实用性语言追求的明确、简要的语体风格不同，文学语言追求语言传达的丰富性、多义性，充分发挥语言符号传递意义的间接化、隐喻性的功能，将现实世界中直观、直感的事物及意义转化为深度化的语言符号体系，在语言中承载丰蕴的意义含量。

从写作客体看，文学创作要完成的对象即文学文本。与一般的实用文章、音画作品不一样，文学文本是由文字符号体系所构成的一种形式化的审美结构。这种形式化的文本结构是几千年来的社会历史和人文心理积淀而成，如古典诗词、短篇小说、散文诗、抒情散文、剧本等等。这种由形式化的符号体系所建立起来的文本世界既是对现实世界的反映，又融入了作者的情感和理想，它代表了各个时代的人们对理想化的秩序的渴望。通过文学文本的书写，作家对现实世界积极探寻，从而在现实解决途径之外寻求更多的丰富性和可能性，以此达到对写作者自身的心灵慰藉，同时也给众多读者以审美快感。

从写作受体看，文学创作的接受者即读者。读者的阅读感受程度和共鸣反映了文学创作的成效和文学作品意义的实现。一本没有读者的作品只是潜伏状态的作品，永远得不到爆发的机会。每个优秀的作家在创作过程中，内心总是忘不掉一个理想式的读者。

在创作成果诞生后也必须依靠他们的读者不断地阅读和丰富自己的艺术成果。如果一个作家没有被读者所接受，则他的创作行为和结果是无效的，相当于是没被表现出来的内心独白。

诚然，文学创作不是各种因素的相加，也不是一个科学的分析过程，而是一个动态的整体过程，谁也不能脱离谁。换句话说，文学创作，即写作主体运用写作载体、实现写作客体、沟通写作受体的一个不断物化的过程。在这一创作行为过程中，文学创作的意义才得以完成。割裂任何一种因素都将导致文学创作上的偏颇。如过于强调客体的意义，容易导致文学创作上的主题决定论、题材决定论，也容易导致受政治或社会宣传意识对文学创作自由度的干涉，而过于强调文学载体则容易陷入文学史上经常批评的形式主义文风，导致文学作品的内容空疏、形式华丽，这在中国古典的宫廷文学中比较常见。如果写作者一味地强调对接受者的重要性，也容易造成为市场需要、投合读者群体的商业式写作，还有为某种现实群体或上级意图而进行的命题式写作。而从更深层意义上讲，文学创作虽然可以为了自我表达而来，写作主体成为写作的核心。但一方面，写作者如果没有时代意识，缺乏社会生活体验，自我书写成为绝对中心也容易造成文本世界的混乱，以及形式上文体规范的混乱，在文学创作上导致文学作品的极端晦涩，或触碰社会文化的禁忌等情形，这是一个比较复杂的创作心理和文化问题。因为不同时代有不同时代的禁忌，不同时代有不同时代的审美习惯，一些经典的作品有时候可以因为她的晦涩或禁忌在别的年代反而得到更多的审美认同。

正因为这样，文学创作的训练或书写跟一般的科学生产不同。尽管从表层上看，写作训练也需要一个运用语言不断书写的熟练过程，是一个"熟能生巧"的技术劳动，但从稍深的一个层面看，写作者需要良好的语感和文体意识。这种语感和文体意识有一种内在的敏感性，可能是写作者有生以来的文学熏陶，也可能是写作者良好的形象思维和艺术特质。这种对语言和文体的把握即便是语言学家也不能科学地把握，这是很多语言学家成不了文学家的原因所在。当然，从更深的层面看，写作者内心更为独特的个性、特殊的生存际遇，以及对世界的焦虑感和对理想的渴望程度等，铸就了他成为一个良好作家的禀赋。

如上所述，在很多情况下，掌握了文学理论的人不一定能成为良好的写作者。因为文学创作不是完成建立在知识和技能之上的复杂劳动。它依靠一些天赋、个性、际遇等。但这并不能让我们的学习文学创作的年轻人产生错觉，认为不用好好学习写作理论知识，不用努力训练写作，作家是天生的，是一种幸运的降临。对于现代写作这门课来说，文学创作的训练不是单纯地为了成为那种被千万读者认同的作家，而是为了提高自我的表达能力，完善自我的艺术修养，很好地展示一个成熟的现代人对情感和社会的认识和观念。从更专业性的一面来说，良好的文学创作能力也是为了提高对文学艺术作品的鉴赏和批评水平，提高从事文学研究的基本素质。

不是每一个文学创作水平高的人都能成为作家（或及时地成为受当下读者喜爱的作家）。文学文本的流通还和作者的个性、作品题材、形式风格、时代思潮和文化市场的需求等诸多因素相关。但随着社会的日益多元化和人们的文化艺术素养的普遍提高，拥有良好写作能力的人无疑能收获更多的成功机遇。由此，汉语言文学专业的学生尤其要提高这一份重要的文科素养。

第二节　文学创作的特征

文学创作与一般的非文学性写作，如公文写作、新闻写作、论文写作、专业文书写作以及日常文书写作等等，具有较大的差异性。从文学创作行为、文学创作过程到文学文本结果来看，其突出表现为以下几个方面的特征：

一、文学创作的个人性

即文学创作是一种体验性的精神生产活动，而非社会性的生产活动。文学创作的财富来源于作者个人内心积累的东西，无论是生活阅历、知识储备、写作能力，均内化到作者内心的精神资源当中，而不是一种外在的、可视的制作过程。另外，作者是自由的书写个体，即使有种种写作上的限制，或精神禁忌，或外在环境的制约，也均从内心体验上表现出来。所以，我们经常可以看到，一些经典作家可以突破社会现实的某种禁忌，或回避某种文化的禁忌，成功地进行写作，如曹雪芹写《红楼梦》；一些经典作家反而能超越现实物质条件的限制，更好地完成不朽佳品，如司马迁的"发愤著书"、杜甫的"文章憎命达"，说的就是这个道理。

二、文学创作的非功利性

即文学创作是一种无目的性的精神创造活动，它不解决任何社会问题，也不承担任何社会职责。即使文学在社会时代中发挥较大的作用和功能，也不像公文、法律文书等那样直接产生作用。尽管作者内心有受某种社会责任感的触动而进行文学创作，但创作本身是一种高度审美化的活动。在创作过程中，作者必须摒弃那种强烈的社会功利思想，进行自由的精神活动状态，如刘勰在《文心雕龙·神思》里所言："陶钧文思，贵在虚静，疏瀹五藏，澡雪精神。"这样才能写出好的文学作品。否则，即使作者有强烈的救世责任心，过于功利化的心理会极大妨碍写作艺术水平的发挥。

三、文学创作的情感性

即文学创作是一种情感型的思维活动。文字是主情的，是为了表达作者的思想情感而进行的一种语言思维外化活动。情感是主导一个作者进行写作的动因，且文学世界中的作者所遵循的也是情感上的逻辑，而非现实化的逻辑。所以，我们进行文学阅读世界时，发现人可以死而复生，动物可以用人的语言说话，人物有非凡的勇敢和智慧，情节经常发生不可能的巧合或逆转等等。所有的这一切跟日常生活不同的状态，读者都能在情感上接受下来，而不会用现实生活的逻辑经验进行"科学化"的质疑。正如《牡丹亭》的作者汤显祖在安排笔下的人物死而复生时解释说:"情不知所起,一往而情深。生者可以死,死可以生。生而不可与死,死不可复生者,皆非情之至也。"

四、文学创作的个体无意识性

即文学创作渗透着作者的个体无意识的创造性。精神分析学理论的奠基人弗洛伊德就把文学创作看成是作家的"白日梦"。而梦是无意识活动的表征。其实,作者在进行文学创作活动时,很多时候不是作者本人在控制作品的方向,而是作品本身在按照自己的情感方式来进行。作家在创作完一部作品时,经常会发出惊讶的感叹,感到不可思议,因为最后完成的文本跟最初的构思差异太大。确实,文学创作的过程不是受作者的意识所能控制的,其中渗透着大量的无意识创造性,而不像其他非文学写作,可以按照事先的计划安排一步步完成。这也正是文学作品能反映作者独特的艺术个性的原因。美国作家多萝西娅·布兰德在"创意写作书系"《成为作家》一书中也谈到,"像其他的艺术一样,创意写作是一个完整的人的实践活动。无意识必须自由丰富地流动,按照需要打开所有的记忆宝藏,所有的情感、事件、情景,还有储藏在记忆深处的人物与事件的密切联系;意识则必须在不妨碍无意识流动的情况下控制、联系、辨别这些素材。"① 所以她才建议作者在写作之前努力保留自己的想法,先别跟他人讲述自己内心的故事,否则,一旦自己开始写作时就会发现,再想要努力把自己的故事写完,已经索然无味,兴趣全无,因为在无意识之中,作者会认为故事已经写完了。

所以,对于文学创作者来说,适当保持自己内心的紧张感,努力忘记事先意识到的诸多计划和杂念,进入一种良好的写作状态,让个体无意识更多地参与你的创作进程,这样才能创造出真正的、富有艺术张力的文学作品。

五、文学语言的独特性

文学语言跟其他的实用语言、科学语言、理论语言和日常生活语言等不同,它追求的不是简单的表意的清晰,不是使用习惯性的表述方式增加沟通的顺畅,不是仅仅为了使语言的交流达到准确、严谨的效果。相反,文学语言追求的是语言表意的丰富性,语言沟通的深广度,以及语言传达中的延长性和回味性。文学语言忌浅易俗白,忌表意的直接单一,忌语言规则的逻辑化习惯化等。而是更追求语言表意的丰富含混,语言传达的多样性,语言规则的陌生化,语言表达方式的特殊性。一名作家在语言表达上的个性化程度,代表其文学创作的成熟度以及文学风格的形成。当代作家马原在谈论小说语言的虚构时曾说,非虚构式的散文类语言是通过式的、说明式的,基本上是不停留的;而虚构式文学语言则强调储存、保留,是延宕性的,直到需要时才散发出来。这与俄国形式主义文论家的观点接近,文学性是一种"陌生化"的手段,文学语言即是为了延长读者对文学作品的感受时间,增加文学的吸引力和审美效果,而不是像其他非文学语言

---

① 多萝西娅·布兰德:《成为作家》,刁克利译注,北京:中国人民大学出版社,2011年,第25页。

体式那样，文学符号仅仅是一种工具。从文学的角度来说，语言本身即是文学审美艺术的一部分。所以 20 世纪的很多文论家均把文学作品看成一种语言内部结构的艺术形式。

根据现代文学文体分类法，本部分对小说、诗歌、散文、报告文学等常见的四种文学文体进行分章论述。另外，由此各种文体的内涵和外延在当代文化文学的发展进程中越来越复杂，并经常伴有新的文体因素的出现，文体之间的交叉互渗，以及文学自身的先锋性元素的生长，以至于今天很难再对任何一种文学文体作出一种比较确定性的定义和划分界限。但我们可以尊重文学发展本身的复杂状态，对文体作出大致的特征化描述和类型化归纳，从而更好地认识和学习文学写作。

小结：本章关于文学与文学创作的概述，旨在引导学生理解文学文体对于汉语言文学专业写作的特殊性，从理论上深入理解文学形成的内部规律。从而很好地把握对小说、诗歌、散文、报告文学及纪实文学的艺术特性。为从事文学创作，正确理解文学创作的精神活动打好基础。文学创作不是一种简单的循规蹈矩的写作活动，而是一种高度创造性的个体化的思想活动。所以在第一次的写作实践中，才有了以"乱写"为题，让学生有意识地放弃以前的高考式习作模式，开始寻找一种新的写作方式和表达自我的途径。

【思考与训练】

1. 以"乱写"为题，写一篇关于自己生活理解的习作。不要有单一清楚的思路，不要有预先构思好的结果。

2. 以你阅读的一本文学作品为例，谈谈你对文学写作的几个特征的理解。

3. 写作水平的提高与丰富的阅读视野有关，古人说："功夫在诗外"。请你从自身的阅读视野出发，谈谈你个人对文学观念的理解。

4. 面对今天诸多的"非文学现象"的文学文本，如"口水诗"、博客文学、网游文字等，谈谈你对这些文学文本现象的看法。试举例说明。

5. 把你之前你认为写得最好的文字篇幅或段落取出来，再回忆一下当初写这段文字时的想法和动机，写一篇简短的"创作谈"。

第十一章 小 说

学习提示：对小说文体的理解需先从了解小说的演变史入手，然后通过对小说文体特征的把握，真正认识到小说文体的本质。在此基础上，我们要掌握小说文体的创作理论及方法，如编构故事、设置情节、塑造人物等的具体理论及方法。小说是叙事性文体，现代叙事学理论揭示了小说艺术丰富而具体的叙述手段，如各种叙述时间的运用，叙述视角的变化，叙述动作的设置等等。掌握现代叙事学的方法，是现代小说创作的形式外壳，剩下的就是如何将你心中的故事和人物充分展示出来。

第一节 小说文体概说

一、小说的定义与演变

尽管对小说的定义很难界定，仍然有许多编写教材的专家学者企图对它下一个比较准确的定义。

有人认为，小说是以刻画人物为中心，通过完整的故事情节和具体的环境描写来反映社会生活的一种文学体裁。也有人概括，"小说是以塑造人物形象为中心的叙事性的文学体裁"。还有人认为，"所谓小说，是一种以创造虚拟世界为方式，以诉说生命体验为重心，以情节为元素，以反讽为基调的语言艺术"。英国小说理论家 E. M. 福斯特在《小说面面观》里引用一位英国批评家的话说，一部小说是"用一定篇幅的散文写成的一部虚构作品"。

小说在现代文学文体中居首位。它是以叙事性为主导的文学文体。小说的核心就是讲故事。所以古典小说理论强调情节为小说的第一元素。亚里士多德就认为，情节在艺术作品中占首位，比"性格"更重要，因为文学作品（他论述的是"悲剧"这一叙事性的文体）模仿的不是人，而是人的行动、生活、幸福。艺术的目的在于组织情节，"性格"只是行动时候的附带表现，而中国的古典小说更加说明了这一点。它们更强调故事情节的生动性，一波三折，跌宕起伏，故事最后总有一个众望所归的大结局。而人物大多是在这条情节之线上串起来的不同类型化的"性格"珍珠。然而，到了现代小说的叙事观念中，人物无疑占到了第一位。"性格"塑造几乎成了现实主义小说唯一的准则。"性格决定命运"，人物的性格决定了情节发展的方向和结果，而且，随着现代小说对人物心理世界的拓展、意识流的表现，很多新小说出现了情节弱化的趋向。

不管小说的传统和现代观念如何变化，有一点是确定的，即小说的要素有两个，一是情节，二是人物。当然，还有一个要素也是不可或缺的，那就是环境。环境是故事情节展开的时代背景和现实空间，也是人物处身其间的时代逻辑和命运影响元素。不同年代里的情节发展和人物命运，均与环境息息相关。

概括起来，小说即是一种以散文体书写的，通过人物、情节、环境的具体描绘展现人类生活画面及其意义的虚构故事。如果我们要对小说文体的内涵、特征、功能进行更深层的认识，那么就必须从它本身的发展历程入手来了解。

追溯小说的发展源头很难，因为最早的文学没有现代的分类法，也没有形成有意识的"小说观念"。从已有的文学史线索考查，最早出现"小说"一词见于《庄子·外物》："饰小说以干县令"，指琐屑的言论；《汉书·艺文志》记载，"小说家者流，盖出于稗官"，被视为"街谈巷语，道听途说"的坊间"小道"，故"君子弗为"。中国古典小说经历了几个重要的阶段：从汉魏六朝时期的志怪志人小说的萌发，至唐传奇的小说格局的形成，宋明话本小说的影响推广，直到明清时期达到古典小说的高峰，收获了明清"四大古典名著"和蒲松龄的文言短篇小说集《聊斋志异》等诸多小说珍品。

然而，直到19世纪末，中国古典小说一直没能获得文学正统地位，跟诗文无法比拟。20世纪初的"小说界革命"促成了小说的书写与社会政治变革的结合，它强调了小说启迪民智的社会功能，小说开始在现代报刊业的推动下，向现代小说进行过渡。到五四时期，"文学研究会"明确提出"为人生"的小说创作主张，小说开始迅速取得了现代文学的正宗地位。

现代小说百年来的发展，它大量吸取了西方现代小说的表现方法，改变了传统叙事的形式和观念，将小说与社会政治文化生活高度融合在一起。通过对现代小说的不断探索，不仅使得小说在参与启蒙思想的传播、革命的宣传、个体生活的抒发，而且更达到了对整个民族国家的反思、生命体验的深度表达。可以说，小说几乎在方方面面地影响着各个时代的社会文化和人们的日常生活，成了当仁不让的"第一"文学文体。

综上所述，小说文体就其本质来说，是近现代的产物，是市民社会兴盛的一种艺术表征。它对故事的讲述与社会生活紧密联结在一起。

二、小说文体的类型

虽然我们已经改变了古典小说的文体观念和形式，但对于现代小说文体的认识反而更加复杂化。不仅因为现代小说吸取了诸多西方现代派小说的形式技巧，如浪漫主义小说、自然主义小说、现实主义小说、存在主义小说、形式主义小说、意识流小说、荒诞派、黑色幽默、新小说、魔幻现实主义等，而且现代小说的活跃还与其他文体杂糅互渗，20世纪80年代出现了一些如诗化小说、散文化小说等文体衍变现象。新世纪以来，网络小说创作的快速发展，对现代小说的既定观念有了较大的冲击。这样，我们对小说文体的认识更加复杂而丰富。

（一）古典小说类型

从形式上分：

笔记体小说：文人创作，如《世说新语》、《聊斋志异》等；

章回体小说：民间集体创作，文人整理，如冯梦龙、凌蒙初的"三言二拍"，明清古典长篇小说等。

从语言上分：文言文小说和白话文小说；

从题材上分：世情小说、公案小说、武侠小说、神魔小说、历史演义、谴责小说等。

（二）现代小说类型

现代小说最有影响的分类是根据篇幅长短不同，分为长篇、中篇、短篇、微型小说。

长篇小说篇幅长，容量大，结构复杂，适合反映开阔的社会生活和复杂的时代内容，揭示深刻的生活意蕴和社会发展规律。

中篇小说的篇幅介于长篇与短篇之间，具有中等叙事规模，一般在2至10万字的容量。

短篇小说则篇幅较短，结构独特，多截取社会生活中有意义的片断和侧面加以反映，小说内涵富有凝聚力，一般在两千至两万字的容量之间。

作家铁凝曾说过："短篇重感觉，中篇写故事，长篇表命运。"这三者之间的界限比较模糊，而且时代不同，界限也在位移。

微型小说，也叫小小说。篇幅极为短小，情节单纯，往往只展现事件的某个瞬间或细节，表现出"一粒沙中见世界"的艺术妙处。

此外，根据小说要素的侧重点不同划分：情节小说、心理小说、背景小说。

根据小说发展历史的实际来划分：

五四时期，现代小说形成了书信体如《伤逝》、日记体如《莎菲女士的日记》等、自传体如《呼兰河传》等富于自我表现的文体类型；

上世纪二三十年代，中国现代小说形成了"乡土小说"与"抒情小说"两大书写潮流，并一直影响其后几十年的发展；

紧接着在30年代，形成了三大小说潮流：社会剖析派、新感觉派、京派小说。

在50—70年代，当代文学集中在革命历史小说与农村题材小说两大领域。

80—90年代，受西方现代小说的强势影响，各种流派小说应运而生：社会小说、寻根小说、现代派、先锋小说、新写实、女性小说、新历史小说等。

此外，随着科技的进步，科幻小说、悬疑推理小说、网络小说等也应运而生。

第二节 小说的文体特征与阅读策略

一、小说的文体特征

（一）虚构性的情节

小说文体自诞生以来就是以情节为首要目的。虽然小说情节是反映社会生活内容的，但早期的小说情节偏重于怪诞与传奇性，即使现代小说占领的文学的高地，回归到书写普通人物命运及日常生活的讲述，但小说仍然脱离不了其假设性的虚构话语特色。而小说跟历史书写和纪实性报告不同之处正在于小说的这种假设性情境。小说作者通过对情节的虚构，巧妙设置种种圈套、巧合、悬念、冲突等，将社会生活的方方面面集中地反映出来。读者在阅读小说情节的过程中，虽然总是被离奇的情节线索所吸引，却总是在其中感受到社会生活的真切。小说在看似虚构的情节设置中，真实地透露出了社会的本来面目。虽假犹真，这正是小说虚构艺术的魅力。

一些现代小说有时出现淡化情节的现象，如放大对人物的心理变化过程描述的意识流小说，或强化环境、营造人物生存氛围的散文化小说。尽管这些小说的叙事节奏变得极其缓慢，但情节仍然在暗暗地主导着小说的发展进程和结构安排。

（二）体验式的人物

人物是小说文体表现的核心要素。作者对情节和环境的种种虚构设置，均是为了创造有利于人物性格或命运发展的情感逻辑过程。一篇小说的主题往往来自于人物的性格和命运所导致的结果，而人物也往往是小说作者本人所倾注全部情感的寄托之所，反映了作者内心对现实生活和生存的心灵体验程度。人物形象的塑造显示着作者对社会生活体验的深度和广度，是小说作品能够发挥持久生命力的关键点。光辉的人物形象甚至可以脱离小说文本，存活在不同的社会历史时代之中。

在一些寓言化的小说，或神魔、科幻、童话等小说之中，作者依然赋予笔下的种种生命以人格化的特征。运用虚构的能力，将自我的生命体验倾注在笔下的形象身上，使其染上作者对现实世界的一种生命感的体认。

（三）具有生命感的自由时空

小说作品展示的是一个由作者想象所创造的独特的小说世界，所有漫长离奇的情节和丰富杂多的人物形象，均包容在这个小说世界之中。小说有开头也有结尾，开头总是带来无限的预期，结尾总是带来无限的回味，这之间正好构成了一种自成一体的小说时空。小说的情节发展和人物形象的生存均离不开这种动感的时空背景。

较之同属叙事文学的戏剧文学和叙事散文，小说具有更广阔的题材领域和表现空间。无论是重大的历史事件或社会时代的变迁，还是一个家庭的兴衰、一群人物的命运，或是一段悲欢离合的感情纠葛、一曲荡气回肠的心理波澜，皆可被小说家摄入笔端，成为创作的素材。而不同于现实世界的是，小说空间可以自由变幻、并置、穿越、超维等。

从时间上看，小说也具有极大的自由。它可以展开漫长的历史画卷，也可以截取一个或几个生活片段或瞬间变化，在叙述中还可以根据表达的需要，运用顺叙、倒叙、跳跃、插入以及多条线索的并置或交错等艺术手段将故事的时间加以切换和重组，因此，小说中的时间可以倒转、超前、浓缩、放大，以便更丰富、更深入地表现生活和刻画人物。而戏剧文学或电影等叙事艺术由于受到时间、空间和技术手段的限制，只能有选择地表现那些在时间、地点、人物上都相对集中的题材，因而难以较完整自由地展现生活的不同侧面和丰富的生活原生态。较之叙事诗，小说则以能更加丰富而细致入微地展现生活的细枝末节和刻画人物的性格见长。较之叙事散文，小说又能包容更丰富的生活内容和感情层次。这是其他文学文体难以媲美的。

不仅如此，小说还可以自由地选择和转换透视生活的视角。作家们时而居高临下地俯瞰人生，描绘波澜壮阔的时代画卷；时而冷眼旁观，不动声色地展示人物的行动和事件的进程；时而又体贴入微地深入到人物内心，刻画复杂微妙的精神世界。传统的小说通常有一个无处不在的说书人式的叙事者，他以全知全能的外视角描述每个人物的外貌和内心，他们的相互关系和言行，甚至能够直接站出来评判人物的是非，表达作者的强烈爱憎。现代小说则时常采用内视角，即叙述者感同身受地认同于作品中某一角色的情感和视线，通过人物之间的相互观察来透视各种人物对事件的不同反映，以折射出人物复杂的意识世界。

总之，通过自由的时空呈现和视角转换，将复杂丰富的生命形态更充分地展示出来，从而多侧面、多视角地反映生活，这是小说文体独具的优势。

（四）形象而多层次地揭示生活的意义

小说除了讲述生活中的种种生动曲折的故事，塑造千姿百态的人物形象外，还要通过作者对生活的独特透视和发现，揭示生活的意义，或表现作者对社会人生的评价。但这种揭示通常不是采用诗歌和散文似的直抒胸臆的方式，而是将这种评价渗透到作品的环境描写，人物刻画或情节结构之中，通过人物独特的命运来展现作品的主题。

例如鲁迅的小说《风波》是通过一场围绕剪辫子事件发生的心理冲突，形象地显现了辛亥革命之后，中国的普通百姓身上依然保持着的精神麻木、保守，对革命的意义毫无所知的病态品格，以唤起人们疗救的注意。而《水浒传》中关于林冲与高俅父子之间的一系列冲突和雪夜上梁山等情节描写不仅生动地凸现出林冲充满矛盾的复杂性格，更深刻揭示出作品官逼民反，逼上梁山的主题。

优秀的小说所蕴含的思想意蕴和情感内涵常常是丰富的、多层次的。例如，《红楼梦》既通过对贾王史薛四大家族骄奢淫逸的生活状况及其社会背景的展示，揭露了封建统治阶级巧取豪夺的罪恶，通过贾府由盛而衰，树倒猢狲散的历程预示了封建制度走向没落的趋势。还借助对宝玉、黛玉、宝钗等大观园中的少男少女们儿女情长的描绘，表达了不能爱其所爱的痛苦，被誉为"古今言情小说之最"。而贾宝玉拒绝功名，最终遁入空门的命运抉择又表现出作者对人生意义的迷惘。正是这样的多重意蕴才给古往今来的读者留下了无尽的解读和阐释空间。

二、小说的阅读策略

阅读典范作品是学习写作的捷径，但这种阅读不应当是浅尝辄止的随性浏览，只有专业眼光的阅读才能收到事半功倍的效果。

古往今来，小说的写作方式千变万化，小说的阅读和欣赏自然也见仁见智、各有蹊径，难以归结为一两种统一的策略和定式。然而，要真正领略一部小说的思想艺术魅力，获得较为深入的审美体验，都需要关注一些基本的问题。

当我们读完一篇小说之后，应当有一个掩卷思索的阶段，一个有心的学习者可以通过逐层提问的方式将读过的内容进行一次整理，而释疑的过程即可不断加深你对作品的理解。

首先要努力把握故事情节的脉络。你要尽可能用几句话概括出小说讲述的主要情节，并指出它由哪几个主要的事件、人物和情境构成，其中主要的冲突或矛盾是什么，高潮在哪里，它构成了一条还是多条情节线索，其中是否包含着意外、巧合和悬念。同时，你还应考察故事的背景（包括自然的和人文的环境），以及小说中的一系列事件和背景之间是否形成了一个有机的整体。如果上述问题中有某些你感到难以回答，除了重新细读原作之外，还可以分析一下这部作品是否有一些不同寻常的特色或创造。

其次，应当关注小说中的人物形象，尤其是主要人物的言行，他们在故事进程中的各自地位，这些人物之间的相互关系以及他们的不同性格、情趣与思想，其中有哪些与众不同之处。还要想一想上述这些因素在作品中是通过特定的事件或人物行为及其动机显现出来的，还是由作者自己透露给我们的。在此基础上，我们再来判断某个人物的性格是静态的还是发展的，是扁平的类型化人物，还是圆形的具有多重性格的形象。

其三，是关于小说的思想和主题，作品表现了什么思想内涵，其意蕴是明晰的还是模糊的，是单纯的还是多层次的，它与情节及人物的关系如何，它与作者的意图和作品的背景又是什么关系，它能给读者带来什么样的启示？接下来要解答的问题是所有这些思想或主题是如何呈现的，是隐含在小说的形象体系之中，还是由作者或人物直接表述出来的，是寓言式的还是象征性的？

其四，是把握小说的结构特点和表达技巧。这是揭示小说艺术奥秘的重要一环，它要解答的中心问题便是前面提到的种种内容要素是怎样在本篇作品中得以展开和表现的。这里首先需要弄清的便是小说的叙事角度，即作者是借谁的口在讲述这个故事，或是通过哪个人物的眼光在观察作品中的人和事，他与小说世界的关系是外在的还是内在的，是处在情节发展的中心还是边缘，他给整篇小说带来了什么样的情调和气氛，这个讲述者或观察者在故事进程中是否发生过变化，作者为什么选择这样一个或几个视点切入？与此相联系的是作品的结构模式，其中包括小说是如何处理故事的时间进程及其与叙述的关系，作品中采用的空间展现顺序和转换方式，亦即人们通常说的顺叙、倒叙还是插叙等时间处理技巧，以及单线、复线、链式、网状、板块式、辐射式等不同的结构类型。

此外，小说的语言风格、环境描写、细节刻画以及各种表现技巧的运用都可以成为我们艺术鉴赏和学习借鉴中关注的问题。

然而，倘若仅仅当作问题来解答，那么即使我们回答出了上述所有问题，仍很难说是进入了艺术欣赏的境界，因为艺术鉴赏必须始终伴随着审美态度和情感，它要求读者的想象参与，情感的共鸣，并受到由读者生活经验与审美期待构成的前理解的制约。因此，一个有心的读者只有不断丰富自己的阅读经验，提高艺术的鉴别力，做一个热爱艺术的有心人，才能较深入地领略到小说的真正魅力。

第三节 小说的写作

英国批评家称小说是"用一定篇幅的散文写成的一部虚构作品"。捷克作家米兰·昆德拉在《小说的艺术》里说得更具体:"小说,某种伟大的散文形式。在小说中作家根据种种实验的自我(众多的人物),对种种存在的伟大主题进行彻底的探索。"这些作家或批评家均强调小说跟散文的区别,强调小说不同于散文的一点:虚构。虚构让小说的文本世界变成了多重意味的可能性世界。这里面可以展现独特的人物生存体验,展示世界复杂面貌背后的无限秘密。中国当代先锋小说家马原也说:"虚构便是小说的命脉。"因为在虚构的小说世界中,时间、空间、语言等都不会跟现实的时间、空间、话语等值,而是有了现实的不可能性和可塑性。

一、如何形成故事情节

将生活故事化是叙事文学形成的基础。小说作为一种典型的叙事文学样式,主要通过创造一系列以时间链条相连接的人物动作和事件,将世间百态的生活原型,情态万种的人生滋味编织成一幕幕生动感人的场面和故事,引导读者去了解社会,陶冶情感,品味人生。

作品所讲述的事件构成一个时间上的序列是叙事的基本条件之一,否则只能称为描写。如某一情节:A 金突然回家,B 苏珊是金的旧恋人,C 金寻找父亲的死因,D 苏珊告诉金杀死父亲的真相,E 金是一个精神病患者。从叙事的构成上看,A—C—D 是对情节的叙述,而 B、E 不在时间性序列中,只能称为描述。

小说不仅要按时间顺序叙述故事,更重视探求构成故事的一系列人物、事件、环境之间的因果关系,即小说时空中发生的一系列事件之间应当构成某种逻辑的必然性,因为这种因果关系是使小说获得扣人心弦的艺术魅力的情节要素之一。如英国小说理论家福斯特举例说,"国王死了,不久王后也死去。"只是按时间顺序叙述的故事,而"国王死了,不久王后也因伤心而死去",则因为前后两个事件之间有因果关系才构成了情节。总之,情节把生活中分离的、琐细的动作、事件通过特定的因果链条连接起来,使之凸显出不同寻常的意义。

一篇小说如何构思情节呢?一个最简单的办法,就是将一个素材,或偶然发生的事件作为结果,去探求它的原因和动机;或者将这个事件作为原因,去推想它的结果,就可以形成最基本的情节单元。小说正是以因果性为起点,推进形式一体化运动的。例如福楼拜从报纸上看到一个女人服毒自尽的消息而产生了探求原因的冲动,后来形成了《包法利夫人》的创作。托尔斯泰从朋友那里听到了一个贵族青年向一个入狱的妓女求婚的故事,于是通过想象去追寻其原因,继之又把求婚作为出发点,去推测它的发展和结局,从而形成了长篇小说《复活》的故事情节。

需要说明的是,一个题材或一种现成状态,并非只能有一种动机阐述,哪怕是同样的结果或传统的主题，也可以有不同的原因和动机阐释——不同风格的作者、不同的历史语境、不同的思想方法、不同的出发点都可能发掘出不同的动机，由此便形成了千差万别、多姿多彩的情节。

情节的另一个要素是行动。亚里士多德说："悲剧是对于一个严肃、完整、有一定长度的行动的模仿。"[①] "悲剧的目的不在于模仿人的品质，而在于模仿某个行动；剧中人物的品质是由他们的"性格"决定的，而他们的幸福与不幸，则取决于他们的行动。"[②] 从叙事的意义上看，事件就是行动，即某一状态的改变。行动可以是身体的动作，语言行动，思想或情感行动等等。行动的强化往往导致紧张激烈的矛盾冲突，即两种以上对立力量之间的斗争，从而构成推动情节发展的动力源。这种冲突既可以是人与人或人与环境之间的外在矛盾，也可能表现为思想或情感、心理方面的内在冲突，如鲁迅的《风波》即是通过七斤嫂、赵七爷一干人微妙的心理冲突形成情节的核心。

发现、突转、偶然、巧合也是构成小说情节的基本要素。亚里士多德认为"所谓'复杂的行动'，指通过'发现'或'突转'，或通过此二者而到达结局的行动。"[③] 巴尔扎克说："偶然是世上最伟大的小说家，若想文思不竭，只要研究偶然就行。"[④] 细心的读者不难发现，正是一系列的偶然、巧合与出人意料的突转，使小说的情节产生一波三折的戏剧性效果。聪明的作者总是尽可能将丰富的生活素材提炼为相对集中的由因果链连接的一连串动作，并通过行动进程中的意外突转，造成原因和结果在方向上的背离，从而创造出情节跌宕起伏，事件生动传奇，动作惊险曲折的小说世界。

情节在特定的场面中展开，通过环境与动作的相互作用构成情境。因而场面和情境是情节链条中的重要环节，也是使情节获得生命的重要手段。黑格尔指出："艺术最重要的一方面从来就是寻找引人入胜的情境。"优秀的作品正是以细致的场面描写和有声有色的情境显示出独特魅力的。

此外，生动丰富的细节描写作为创造情境的要素是小说成熟的标志，也是小说区别于叙事诗和戏剧文学等体裁的重要特点之一。巴尔扎克说："当一切可能的结局都已准备就绪，一切情节都已经加工过，一切不可能的都已试过，这时作者坚信，再前进一步，唯有细节将组成作品的价值。"高明的作者往往抓住人物的一招一式、一颦一笑，乃至一个细微的变化，便能栩栩如生的刻画出一个人物与众不同的个性。例如，茹志鹃的《百合花》中小通讯员稚气、羞涩中含着朴质与率真的个性正是通过与"我"去包扎所途中的窘态、借被子时的使性子和分手时放馒头等一连串细节凸显出来的。

[①] 亚里士多德：《诗学》，罗念生译，北京：人民文学出版社，1982年，第19页。
[②] 同上，第21页。
[③] 同上，第32页。
[④] 巴尔扎克：《〈人间喜剧〉前言》，伍蠡甫主编：《西方文论史》下卷，上海：上海译文出版社，1979年，第168页。

二、如何塑造人物

人物是叙事性文学中不可缺少的组成部分。它不仅是叙事行动的参与者和行动元素，而且也逐渐成为叙事文学的中心点。人物之间的相互关系是情节形成的支点，也是叙事作品意义与价值的体现。

传统小说关注的焦点主要是情节，人物只是情节链条中的一个环节，主要为推动故事服务。近代的西方小说开始由单纯讲故事向重在塑造典型性格发展，中国明清以来古典小说中的一些经典之作也将塑造鲜明独特的性格，展现人物的独特命运作为小说创作的中心。如曹雪芹的《红楼梦》、罗曼·罗兰的《约翰·克利斯朵夫》等均属此类。《红楼梦》对贾宝玉、王熙凤、黛玉、宝钗等一大批性格各异的典型形象的塑造，成为这部小说艺术魅力的核心之所在。同样，巴尔扎克笔下的高老头、司汤达笔下的于连、托尔斯泰笔下的聂赫留朵夫、陀思妥耶夫斯基笔下的拉斯科尔尼科夫、夏洛蒂·勃朗特创造的简·爱等都成为世界文学画廊中不朽的形象。

（一）人物在叙事性作品中的地位

1. 以情节为中心或非心理性的叙事作品

在这种叙事作品中，人物性格与其行动紧密地联系在一起，没有不付诸行动的动机和欲望。人物成了叙事线条上的一个行动元素。

如，好色——追逐女性，贪婪——索取财富，悲剧角色——最终酿成无法弥补的过失，侠客——最终力挽狂澜，等等。

2. 以人物为中心或心理性的叙事作品

在这种叙事作品中，人物性格会在叙事线条中得到多方面的展示。

在此类作品中，性格的因果律往往取代了情节的因果律，成为支配人物行动的依据。例如，安娜·卡列尼娜由于性格的驱使，最终不以作者意志为转移地扑向了列车的轮下；关羽重感情、重信义的特殊性格，使华容道放走曹操成为必然的结果。在这里，情节所依赖的动作的因不过成为特定的情感和心理的果，情节则退居次要地位，成为高尔基所说的"人物性格成长的历史"。

不仅如此，现代小说还可以直接深入到人物的内心世界，让读者听到人物的内心独白，触到人物的冥思玄想，甚至进入他们的潜意识领域，从而使人物的精神世界展示得更加充分，性格层次更加丰富。例如乔伊斯的《尤利西斯》即采用意识流的方法直接将布卢姆、斯蒂芬和玛莉恩三个主人公的幻觉和潜意识呈现在读者面前。另如，"青春体"小说中经常有情感的"梦魇"、恋人之"死"等情节，这些情节含蓄地表现了主人公内心对未来情感生活的憧憬与恐惧，以及对逝去的青春时光的眷恋，传达出青春期丰富的心理特征。

（二）人物在叙事性作品中的功能

1. 行动元

法国批评家格雷马斯在《结构语义学》中提出了神话的行动元模型，将叙事作品中的角色根据其在情节中的功能归纳为三组行动元。即主体/客体；发送者/接受者；辅助者/反对者。这里所谓行动元即人物作为一个发出动作的单位对故事进程产生推动作用的功能，也就是说，在以情节为中心的叙事作品中，人物其实只是情节链条上的一个功能符号。

一个角色有时可以承担多个行动元，如在一个有情人终成眷属的爱情故事中，男主人公是主体，同时又是接受元，女主人公作为客体（主体欲望的对象），又是爱情的发送元。

一个行动元有时候可以有多个角色来构成，如《西游记》里的所有妖怪均承担阻碍取经人的功能，他们的个性特征跟唐僧师徒四人相比单一得多，均是些类型化、符号化的人物，从行动元的角度看都是充当反对者的功能。

2. 人物形象（角色）

现代小说更倾向于将角色塑造为富有个性特征的人物形象。因为"某个伟大而坚强的性格，由于没有机会或者刺激的因素；往往默默无闻，无所表现"（丹纳语）。而小说通常借助情节中的突变将人物推出生活的常轨甚至推向命运的极端，使之在特殊情境下接受考验，使人物性格中那些隐而不显的因素得以展现，发现隐蔽在人物感情或性格结构深处的秘密，从而使人物的个性更加鲜明地凸显出来。例如小说《牛虻》中，神父的欺骗和琼玛的耳光将主人公亚瑟打出原有的生活轨道，因而铸就了牛虻的性格。简·爱在婚礼进行中得知了罗切斯特的疯妻子，毅然出走，在磨难中彰显了独立、自尊和刚强的性格。

人物性格不属于叙事逻辑上的时间链条，它不构成叙事链条上的一环。但人物的性格特征对叙事链条仍然产生重要影响。不同的人物性格可以直接或间接地改变故事的走向与进程。可以说，现代小说中特定人物依照性格逻辑对行动作出的选择已成为推动情节发展的内在动力。

(三) 人物塑造类型：圆形人物与扁形人物

这种分类是英国小说理论家福斯特提出的。

1. 圆形人物

指文学作品中具有复杂性格特征的人物。这类人物在小说中往往都是多义与多变的人物。其性格有形成与发展的过程。圆形人物的塑造按照生活的本来面目去刻画人物形象，更真实、更深入地揭示人性的复杂、丰富，具有更高的审美价值。这种塑造人物的方法给读者一种多侧面、立体可感的印象，往往能够带来心灵的震动。

例如西方现代小说夏洛蒂·勃朗特小说《简·爱》中的简·爱、列夫·托尔斯泰小说《安娜·卡列尼娜》中的安娜·卡列尼娜、司汤达小说《红与黑》中的于连等；中国现代小说杨沫《青春之歌》中的林道静、姚雪垠历史小说《李自成》中的李自成、路遥小说《平凡的世界》中的孙少安、孙少平等。

2. 扁形人物

有时也叫类型化人物或漫画式人物。多是围绕着单一的观念或素质塑造的，人物性格呈现的是一个简单的意念或特性，人物只是为了某一个固定念头而生活在种种的矛盾冲突之中。扁平人物多用集中、夸张、巧合等艺术手段来塑造。扁平人物塑造的效果有两点：一是容易辨认，二是容易记忆。

例如中外小说中的典型吝啬者的形象，莫里哀喜剧《悭吝人》里的阿巴贡、巴尔扎克小说《欧也妮·葛朗台》中的葛朗台、果戈理小说《死魂灵》里的泼留希金、吴敬梓小说《儒林外史》中的严监生等。

三、小说的叙述模式

小说创作要掌握叙述方法。小说是以叙事为主的文学文体，叙述是小说创作的方法论。一个自由的创作者，在表现自身的生命体验时，可以根据创作的目标和立意、表达的需要，决定小说文本的时态选择（回忆、现实、幻想），叙述角度（全知的、固定的、多变的），叙述次序与频率、节奏，情感语调（急切的、舒缓的，诗化的、理智的）等多重的叙述手段。

（一）如何改变叙述时间

主要有叙述时间的次序、节奏、频率三种情形。

1. 叙述次序

叙述时间，也就是作者在虚构世界中自由讲述的时间。作者在小说创作时，可以随着自己的主观意图改变故事中发生的时间，如颠倒、穿插、跳跃、重复、停止或省略，叙事学上即文本叙述话语或读者阅读的时间。

跟这一时间概念相对的是故事时间，即故事内容中发生的时间。它是相对客观的，跟现实世界相近似。

两种时间长度的关系变化构成叙述形式的变化：即顺时模式和错时模式。

叙述的顺时模式即叙述时间与故事时间相对应，即故事是从前到后发展的，叙述也是按此顺序来讲述的，没有构成时间次序上的变化。这种叙述模式常用于中国古典叙事和民间故事，总是"从前，有一个地方（一户人家）发生了什么事，……最后，夫妻过上了幸福的生活"或"话说某某年间，某地出现什么人事，……几番周折，故事的结局趋于圆满"之类。现代小说除了一些单纯的记叙短篇，较少运用顺时叙述。

较为复杂的则是错时模式，它是叙述时间与故事时间的次序不相吻合的状态。比如，叙述者可以打乱故事本身发展的先后次序，从中间、结尾开始讲述故事，或者交叉地进行讲述，造成故事阅读的多重艺术效果。现代小说在叙述时间的交错上表现得更为普遍。主要有两种情形：即回叙和预叙。

"回叙"，即对往事的追述。例如：

第一次见到爱华还是四年前一个温暖的冬日。那天，她穿着一件红棉袄，兴冲冲地来找我。

……

一九八四年的一天，这是我永远都不会忘记的。这一天，太阳正当顶，微风拂过树梢，远处飘着几丝白云，街面上十分安静。突然，一声刺耳的尖叫划破了这个宁静的正午……

《墙上的斑点》的开头：

大约是在今年一月中旬，我抬起头来，第一次看见了墙上的那个斑点。为了要确定是在哪一天，就得回忆当时我看见了些什么。现在我记起了炉子里的火，一片黄色的火光一动不动地照射在我的书页上；……

张洁的《无字》开篇：

尽管现在这部小说可以有一百种，甚至更多的办法开篇，但我还是用半个世纪前，也就是一九四八年那个秋天的早上，吴为经过那棵粗约六人抱的老槐树时，决定要为叶莲子写的那部书的开篇——

"在一个阴霾的早晨，那女人坐在窗前向路上望着……"

只这一句，后面再没有了。

这个句子一撂半个多世纪……

以上这些举例都是典型的回叙手法，也是较好的小说开头的借鉴方法。回叙让小说更具空间感，仿佛所有的往事都凝聚在过去的时空之中。好的回叙开篇也让读者对接下来的叙述充满着期待，感觉下面应该有丰富的故事意味。

还有一种就是"预叙"，即对未来的暗示与预期的叙述方法。例如中国古典叙事常用"书中暗表，……这是后话，咱们暂且不提"，这样的叙述套话就是预叙的手法。如评书《隋唐演义》里讲到秦琼与罗成俩表兄弟在后花园里相互传授武艺时，他们均发誓要把武艺倾囊相授，否则一个爬石吐血而死，一个万剑穿心而死，由于他们当时彼此都留了一手"撒手锏"和"回马枪"没有传授给对方，结果，小说最后真的应验了以前的誓言。评书的叙述经常会以这种的预叙方式告诉听众或读者。

还有《百年孤独》的开头也是一例典型的预叙手法开篇的叙述：

多年以后，奥雷连诺上校站在行刑队面前，准会想起父亲带他去参观冰块的那个遥远的下午。当时，……

预叙不仅让小说叙述构成前后照应，更让读者有一种期待，将故事的发展时时跟未来连接在一起，使得小说叙述时空更加紧凑，更具有内蕴性效果。

要注意，回叙和预叙不同于中学时期记叙文中的倒叙和插叙（这是适合中小学生掌握简单的叙述文体而划分的叙述次序）。因为在复杂的小说文本中，从结尾讲起或中间讲起，或平行交叉叙事，或顺叙中插入其他故事，或将叙事线索搁置不提，等等，都可以看成是错时模式，却难以辨别它的倒叙和插叙手法。

2. 叙述节奏

叙述时间的快慢即叙述的节奏，也叫叙述跨度。即文本虚构时间里的事件实际时间与叙述话语时间的比率。它由慢到快衍生为五种情形：

叙述停顿为描写，故事时间停滞，比率无限小，节奏极慢。

铺张叙述，对一段较短的故事时间充分展开叙述铺陈，比率变小，节奏慢。

场景对话，故事时间与叙述时间比值约等于一。

概括叙述，叙述话语把一段故事的时间压缩为主要特征的描写，则叙述时间比故事时间短，比率变大，节奏快。

叙述省略，故事在叙述中以沉默跳过，比率无限大，节奏极快。

3. 叙述频率

故事时间跟现实世界发生的时间一样，不仅不可以倒流，更不可以重来，正如哲学家所说："人不可能两次踏入同一条河流。"但故事虚构的讲述时间是可以重复的，不断地被讲述、引用、强化、忽略、合并，等等。这就叫做叙述频率，它指事件发生的次数与话语中是否重复的次数之间的关系。有以下几种情形：

单指：如"这天早上我起得很早。"

反复：如"昨天我去了海边，今天我又去了海边。"

重复：如《祝福》里的祥林嫂在小说中重复"我真傻，我单知道下雪的时候野兽在深山里没有食吃，才会到村里来的"。这句话，表示人物心理内心的困扰，该事在（人物或作者）潜意识中一再浮现。

复指：如"我连续三天早上都碰见他。"

（二）如何改变叙事空间

改变虚构故事的空间问题，即是寻求在小说文本世界中的叙述视角问题。

现实世界是物理状态的，无方位的。空间感是在人的进入之后才会产生的，而人的视界是有限的，他不可能看尽人世的方方面面，也不可能看真所有的细节。所以，小说世界在有人进入之后，独特的视角对展示空间感就显得尤为重要。

叙述空间的呈现方法，一般根据叙述者与人物形成的视角关系，存在三种类型的叙述视角：无聚焦或零聚焦、内聚焦、外聚焦。

1. 无聚焦或零聚焦

即是叙述者说的比任何人物知道的都多。用数学公式表示为：叙述者＞人物。例如：《三言二拍》中的《二刻拍案惊奇》卷之一"进香客莽看金刚经　出狱僧巧完法会分"开头是这样叙述：

话说上古仓颉制字，有鬼夜哭。盖因造化秘密，从此发泄尽了。只这一哭，有好些个来因。

从叙述者与被叙述的人物关系上看，显然，叙述者扮演着一个无所不知的角色，对创字的秘密，远古的鬼神之事都知道。大多的传统小说都喜欢用这种无聚焦方式来讲述，尤其是古典小说的叙述者通常是扮演一个说书人的角色，讲述历史演义和民间传说等。现代小说中，也有很多作者喜欢用这一聚焦方式，来讲述一些亲历亲闻的事。这个时候，叙述者总是站在一个时间的制高点上，讲清所有的过往。

2. 内聚焦

即是叙述者只说某个人物知道的情况。用数学公式表示为：叙述者＝人物。这种情形又分为三种不同的情形：

固定式：就是在小说讲述过程中，叙述者始终只是固定在一种身份上。现代小说中的日记体，自传性，书信体等就属于这种情形，如鲁迅的小说《伤逝》，郁达夫的小说《春风沉醉的晚上》等，叙述者即为主人公"我"，讲述"我"所知道的一切，无论是外在行为还是内心情绪，均可通过"我"的视角表现出来。还有一种内聚焦是叙述者固定在小说中一次要人物身上，如鲁迅的小说《孔乙己》，小说通过咸亨酒店的一个小伙计为叙述视角，来讲述孔乙己的故事。但小说采取的是限制性的固定内聚焦方式，小伙计只是讲述他所看到或听到的孔乙己的事，至于孔乙己其他的事则无法一一讲述。

不定式：就是在小说讲述的过程中，叙述视角会变化不定，一会儿站在这一人物的角度叙述，一会儿又变换了一个人物视角来叙述。如钱钟书的小说《猫》里的片断：

"打狗要看主人面，那么，打猫要看主妇面了——"颐谷这样譬释着，想把心上一团蓬勃的愤怒梳理乱发髻似的平顺下去。诚然，主妇的面，到现在还没瞧见，反正那混账猫也不知躲到哪里去了，此刻也无从去打它。只算自己晦气，整整两个半天的工夫，全白费了。

这段小说叙述中，视角从第三人称的叙述者的旁知视角转向人物的内部视角，使得叙述从客观一下子变得主观了，充分呈现出人物的内心情绪。再比如鲁迅的小说《离婚》里的片断：

庄木三和他的女儿——爱姑——刚从木莲桥头跨下航船，船里面就有许多声音一齐嗡地叫了起来，其中还有几个人捏拳头打拱；同时，船旁的坐板也空出四人的座位来了。……

爱姑瞪着眼看定篷顶，大半正在悬想将来怎样闹得他们家败人亡；"老畜生"，"小畜生"，全都走投无路。慰老爷她是不放在眼里的，见过两回，不过一个团头团脑的矮子：这种人本村里就很多，无非脸色比他紫黑些。

庄木三的烟早已吸到底，火逼得斗底里的烟油吱吱地叫了，还吸着。他知道一过汪家汇头，就到庞庄；而且那村口的魁星阁也确乎已经望得见。庞庄，他到过许多回，不足道的，以及慰老爷。他还记得女儿的哭着回来，他亲家和女婿的可恶，后来给他们怎样地吃亏。想到这里，过去的情景便在眼前展开，……

这段叙述文字中，叙述者的视角从旁知视角到爱姑的内部视角再到庄木三的内部视角。

多重式：则是不同的视角聚焦到同一件事情身上。如一些书信体小说可以根据几个写信人的视点多次追忆同一事件，这种聚焦方式运用较少。

3. 外聚焦

即是叙述者说的比人物知道的少。用数学公式表示为：叙述者＜人物。这类情形常在侦探，悬疑小说中出现。如一些惊险小说的开头都是以这种方式来处理，使叙述带有谜一样趣味性。

现代叙述中视角会经常地变动，一部作品很少有固定的聚焦方式。这样使得小说的叙述空间富于变化，情绪性和戏剧化十足，拉开了与一般的日常生活空间的感觉距离，获得了艺术化的叙述效果。

（三）如何选择叙事动作

作者在虚构一部小说文本世界时，已经不是现实中的作者了，而是叙事的代言人。在创作的当下，作者忘却了现实的自我，完全投入到自我的理想状态之中，他会在文本世界当中寻找一个合适的代言人角色，即叙述者。正是因为有了叙述者，才有了上述的叙述视角。它是作者在文本世界之中观察世界的角度。

1. 叙述者

即是作者在具体作品中的叙述身份，但作者不能简单地等同叙述者。他们之间隔了多重的距离。做一个由外到内的排列则是：

现实作者：作品署名的人，指向现实或历史中存在的人。

隐含作者：进入写作状态的理想作者，或阅读作品时读者期待的作者。

叙述者：具体的作品中发出叙述动作的人。

人物"我"：具体的作品中被叙述的人。

所以，同一个作家的不同作品中存在不同的叙述者。一般而言，现代小说中的叙述者大多由作品中的人物担任，构成不同的聚焦方式，而在传统小说中，叙述者多是由文本世界之外的局外人，如说书者，用全知视角的零聚焦方式。下面列举一些现代小说中不同形态的叙述者的范例。

阎连科的《丁庄梦》：

秋末的一天，黄昏的秋末。黄昏里的落日，在豫东的平原上，因着黄昏，它就血成一团，漫天漫地红着。铺红着，就有了秋天的黄昏。秋天深了，寒也浓了。因着那寒，村街庄头，也就绝了行人。

……

庄里的静，浓烈的静，绝了声息。丁庄活着，和死了一样。因为绝静，因为秋深，因为黄昏，村落萎了，人也萎了。萎缩着，日子也跟着枯干，像埋在地里的尸。

……

热病是藏在血里边。爷爷是藏在梦里边。

热病恋着血，爷爷恋着梦。

爷爷每天都做梦。三天来爷爷每天都做同一个梦，梦见他先前去过的汊县城里和东京城里边，地下管道和蛛网一模样，每根管道里都是流着血。……

做完了梦，上边就召爷爷去县上开会了。丁庄没村长，就让爷爷替着开会了。这一开，一回来，爷爷他明白了一连串的事。

明白了一是热病其实并不叫热病，它的学名是叫艾滋病；二是……八是埋在爷爷屋后墙下的我，刚过十二岁，读了五年书，我就死掉了。吃个番茄我就死掉了。在庄头捡个番茄一吃我就死掉了。毒死了。半年前我们家的鸡被人下药毒死了。又过了一个月，我娘喂的猪在庄街上吃了谁扔的一段萝卜死掉了。再过几个月，我在庄头上吃了人家一个番茄死掉了。那番茄是谁放在我下学的路边石头上的一个毒番茄，我一吃，满肚的肠子就如用剪子剪着样，没走几步就倒在了庄街上，待我爹跑着把我抱回家，放在床上我就口吐白沫死掉了。

我死了，可我不是死于热病或说艾滋病。

……

该文的叙述者为"我"，一个吃了毒番茄死掉了的小孩亡魂。通过"我"这一特殊的叙述者身份，小说可以自由地讲述丁庄人的故事，具有全知性视角的效果。

库切《幽暗之地》：

越南计划

当目睹影片上的战斗轰炸机飞行员们用凝固汽油弹成功地对越共目标实施轮番轰炸后一脸的兴奋，那些欧美观众深感惊骇和憎恶。他们的这种反感很难不令人产生共鸣。不过，想指望美国政府手下的飞行员里头会有人被他们一手制造的灾祸震慑而执行不了任务，或者良心不安，甚至有负疚感，也是不切实际的。

——赫尔曼·卡恩

我叫尤金·唐恩。我不得不那样。开始吧。

一

是库切让我修订我这篇文章的。它让他觉得如鲠在喉：他想让它文笔别那么冲，不然就干脆删了。他不想我碍手碍脚的，这我明白。我正在对付这个有权、友善，但是平庸而无远见的家伙。我怕他，但鄙视他的盲目无知。我应该有更好的待遇。可我现在是在这位主管大人的大拇指底下，在他面前，我的本能反应就是溜须奉承。我对我的上司总是俯首听命，而且自得其乐。如果当时预料到这篇越南计划会使我和一位上司产生冲突，我压根儿就不会开始写了。冲突引发不快，不快毒害存在。我受不了不自在，我要安宁、关照、有条理的工作。我就像只蛋，得躺在最毛茸茸的鸟窝里；在我那光秃秃、前途未卜的蛋壳尚未开裂，里头羞答答的神秘的小生命还没有探出头来之前，我需要最贴心的爱护，应该得到体谅。我是个思想家，而且颇有创意，在这个世界上绝非一文不值。在和有创意的人打交道上，库切应该是个老手，他本应更理解我的。许久以前库切自己也是蛮有创意的，可惜现在完了，只能靠像我这样有本事的人。他靠着别人的劳动，倒为自己树立了名声。他对越南一无所知，对生活一窍不通，现在居然成了"新生活计划"的负责人。我看我比他合适多了。

……

这篇小说的叙述者"我"为一个叫尤金·唐恩的人。作者库切有意在作品中设置了这么一个叙述者身份，并把他和作品中的那个"库切"对立起来。由此造成一种戏剧性的效果。从表面上看，作者库切和作品中的人物"库切"貌似同一个人。实际上，作者库切赋予作品叙述者功能的却是叫"尤金·唐恩"的人。即作者创造了一个反对者的角色来充当文本的叙述者身份。

卡尔维诺《如果在冬夜，一个旅人》：

故事发生在某火车站上。一辆火车头呜呜地鸣叫着，活塞冒出的蒸汽弥漫在本章的开头，一团烟雾遮盖了第一段的一部分。火车站的气味中夹杂着一股小餐馆的气味。有人透过雾气蒙蒙的玻璃向外观看，他打开玻璃门，酒吧里面也雾气腾腾的，就像近视眼或被煤灰刺痛眼睛时所看到的景象。这本小说的文字模糊，就像旧时火车上的玻璃窗户结满了水汽一样，雾气罩住了书页。这是个冬雨渐沥的夜晚，主人公走进酒吧，脱下潮湿的外衣，一股水汽顷刻裹住他的身躯。火车的长鸣在雨水中闪烁着寒光的铁轨尽头渐渐消逝。

年迈的小酒吧店员正用蒸汽咖啡机煮咖啡。咖啡机发出啸叫，喷出水汽，仿佛店员在发出信号，起码小说第二段的一连串的句子给人这么一种印象。听到这个信号，坐在桌边玩扑克的人立即把排成扇形的牌往胸口上一贴，分别转过脖子、肩膀和椅子望着这位新来者，而站在柜台旁的顾客则端起杯子，半开着嘴唇，眯缝着眼睛吹咖啡，或者小心翼翼地在盛满啤酒的杯口咂口酒。猫儿拱了拱腰，收款员关上钱柜发出叮咚一响。所有这些迹象都表明这是个乡间小火车站，陌生的面孔立即引起注意。

火车站都大同小异，即使灯光不亮也没什么关系，你对它们早已十分熟悉了。它们都有股火车气味，即使火车都开走了也有火车气味；它们都有火车站的特殊气味，即最后一趟火车开出后的那种气味。车站上的灯光以及你正在读的这些句子，仿佛是为了溶化而不是凸显那些悬浮在黑暗与烟雾之上的事物。我今天晚上在这个车站下车，有生以来第一次来到这里，可我觉得非常熟悉这里的情形。我从这个酒吧里走出来又走出去。时而是站台的气味，时而是厕所里湿锯末的气味，各种气味混杂在一起就是等候火车的气味。还有在电话亭里打电话的气味。如果你拨的号码没有反应，需要回收硬币时才能闻到电话亭的气味。

我就是小说的主人公，在小酒吧与电话亭之间穿梭。或者说，小说的主人公名字叫"我"，除此之外你对这个人物还什么也不知道；对这个车站也是如此，你只知道它叫"车站"，除此之外你什么也不知道，只知道你从这里打电话没人接。也许在某个遥远的城市里有个电话铃在响，但没有人接。

……

这篇小说的叙述者更离奇。初读时让读者摸不着头脑。认真阅读后会发现，作者其实将作品的叙述者设置成一个"读者"的身份。即正在叙述的"叙述者"与正在阅读的"读者"在不同的时空中奇异地重合了。这在现实中是不可能发生的，但作者却想象性地将这种魔法变成了现实。最后我们明白，原来叙述者还可以设置成"读者"。

从以上举例可以看出，作者总是在不同的作品中设置不同的叙述者身份，来增强叙述的艺术效果，增加叙述的自由度。从而给读者丰富的文本阅读体验。

2. 叙述动作

小说世界当中有了叙述者的存在，自然就会有叙述动作，即叙述者的声音。它是叙述动作在作品中的体现，经常会在叙述故事内容当中凸现出来，构成戏剧化的效果。

比如，传统小说中经常有"话说某某年间"，中间时常会出现"列位看官"，末尾会出现"欲知后事如何，咱们下回分解"等等，均是叙述者发出的声音，即叙述动作。

而在现代小说中，尤其先锋小说家的作品，经常有叙述动作出现。如上世纪80年代中国先锋小说家马原在他的小说《虚构》中这样开头：

我就是那个叫马原的汉人，我写小说。我喜欢天马行空，我的故事多多少少都有那么一点耸人听闻。我用汉语讲故事；汉字据说是所有语言中最难接近语言本身的文字，我为我用汉字写作而得意。全世界的作家都做不到这一点，只有我是个例外。

然后叙述者开始讲述一个跟西藏有关的故事。讲着讲着，到故事的中段叙述者又冒出来表明："比如这一次为了杜撰这个故事，把脑袋掖在腰里钻了七天玛曲村……"这种叙述动作即是现代戏剧中常用的"间离"效果，以此让读者或观众从文本世界的幻觉中清醒过来，从而对艺术世界中的人与事产生对象化的思考。

小结： 本章除了讲述关于小说必要的文体知识外，还详细归纳了小说文体的一般特征和阅读小说的基本策略。这些知识和理论分析有利于深化我们对小说文体的认识并提升阅读小说的能力。而本章更重要的是要传授进行小说创作的基本方法——如何构筑一系列事件之间的因果链，设置独具小说魅力的情节线索；如何在以情节为重和以人物为重的小说类型中塑造不同类型的人物性格，并充分利用人物在小说文体中呈现的行动元和角色的双重功能。通过现代叙事学理论与具体作品结合，探讨小说叙述的各种手段与方法，如叙述时间、叙述类型和叙述动作的运用。最后，我们才能达到从专业的角度出发，创作出具有现代风格的小说文本。

【思考与训练】

1. 分析老舍小说《断魂枪》中情节的因果链。
2. 运用以下关键词，如吝啬、嫉妒、好色、虚伪、狡诈、忠诚、智慧、善良等，在你的小说习作中塑造一个扁平式人物。
3. 改写课文中引用的钱钟书的小说《猫》的片断，用完全客观性的零聚焦叙述方式重新叙述一遍。
4. 阅读下面的小小说，按题中提出的现代叙述方式的要求进行改写。

一个东方的传说

〔俄罗斯〕屠格涅夫

巴格达①的人,谁不知道宇宙的太阳,伽法尔②呢?许多年以前,伽法尔还是一个少年的时候,有一天他在巴格达郊外散步。他忽然听见一声嘶声叫唤;有人在哀呼救命。伽法尔在一般他这样年纪的年轻人中间是以聪慧多智出名的;不过他有恻隐心;而且他自恃他有气力。他朝那叫声的方向跑去,他看见一个衰弱的老人,被两个强盗缚在城墙上,他们正在抢他的东西。伽法尔抽出他的剑,向那两个恶汉冲去。他杀死一个,另一个被他赶走了。得救了的老人便跪在恩人的面前,吻他的衣角,叫道:"豪侠的年轻人,我应当报答你的慷慨行为。我外貌是一个可怜的乞丐;不过只是外貌而已,我并不是一个平常人。你明天大清早到总商场来;我在喷水池旁边等你,那时你会相信我说的是真话。"

伽法尔想道:"这个人看外貌的确是一个乞丐;可是什么样的事情都会有的,为什么不去试一试呢?"他便回答道:"很好,老伯伯;我要来的。"

老人注意地看了看他的脸,便走了。第二天早晨,太阳刚起来,伽法尔赶到商场去。老人已经在那儿等着了,一只肘拐靠在喷水池的大理石盘上。他默默地牵着伽法尔的手,把他带进一个四面围着高墙的小花园里去。花园的正中,一块绿色草坪上长着一棵很奇特的大树。这树像是扁柏,只是它的叶子是天蓝色。朝上弯的细枝上悬着三个果子——三个苹果:第一个是长的,不大不小,像牛奶一样地白;第二个大而圆,鲜红色;第三个带黄色,小而起皱纹。虽然没有风,整棵树都在微微打战。它发出一声尖脆响亮的哀叫:它好像知道伽法尔来了似的。

"年轻人,"老人说:"你可以在这三个苹果中随便摘一个,不过你要知道,你要是摘白的来吃,你会变成人中最聪明的;你要是摘红的来吃,你会像犹太人洛齐斯尔特③那样的有钱;你要是摘黄的来吃,你会得到一般老妇人的欢心。你打定主意吧!不要迟疑了。一点钟里面,苹果就会枯萎的,连这棵树也要沉到地底下去!"

伽法尔垂下眼睛,沉思着。

"我应当怎么办呢?"他低声自语道,好像在同他自己辩论似的。

"要是你太聪明了,也许你就不肯好好地过活了;要是你比什么人都有钱,大家都会妒忌你;我不如摘第三个,就是干的那个,来吃!"他就这样做了;老人张开他没有牙齿的嘴大笑说:"啊,聪明的年轻人!你选得很好!白苹果对你有什么用?你其实比所罗门④还聪明。你也用不着红苹果……你就是没有它,也会有钱的。而且只有你的财富不会遭人妒忌。"

"告诉我,老人家,"伽法尔兴奋地说,"上天所保护的,我们喀立甫⑤的尊贵的母亲,她住在哪儿?"老人鞠躬到地,向这年轻人指示了路。巴格达的人谁不知道宇宙的太阳,伟大的著名的伽法尔呢?

注：
① 今属伊拉克。
② 回教的太阳神。
③ 犹太人，世界有名的大富豪。
④ 以色列王，以贤、智出名。
⑤ 回教国王的称呼。

（1）小小说是以回叙的方式开头的："许多年以前，伽法尔还是一个少年的时候，有一天他在巴格达郊外散步。"请把它改成预叙的方式。

（2）小小说是以零聚集方式来叙述故事的，请以伽法尔为固定内聚焦的方式将故事重新叙述一次。

（3）设置一个叙述者是现代人，充分运用叙述动作，对故事做全新的现代式叙述。

5. 写作练习：

请运用本章所学现代叙事学理论知识，对叙事诗《卖炭翁》进行全新的小说创作。

卖炭翁，伐薪烧炭南山中，满面尘灰烟火色，两鬓苍苍十指黑。卖炭得钱何所营？身上衣裳口中食。可怜身上衣正单，心忧炭贱愿天寒。夜来城外一尺雪，晓驾炭车辗冰辙。牛困人饥日已高，市南门外泥中歇。翩翩两骑来是谁？黄衣使者白衫儿。手把文书口称敕，回车叱牛牵向北。一车炭，千余斤，宫使驱将惜不得。半匹红纱一丈绫，系向牛头充炭直。

提示几种写作思路：

（1）以卖炭翁为叙述者，用内聚焦的方式。
（2）以城门守护者为叙述者，用外聚焦的方式。
（3）以豪吏为叙述者，用内聚焦的方式。
（4）以拉木炭车的老牛为叙述者，用内聚焦的方式。
（5）以白居易为内层叙述者，用现代的"我"为外层叙述者，用双重聚焦的方式。

第十二章 诗 歌

学习提示：要认识诗歌这一文体就需了解中国诗歌发展的源流，关于诗歌的概念变化，诗歌文体形式的流变，古今诗体的类型，以及从古典诗歌到现代诗歌的转变等。在此基础上，我们再对现代诗歌的文体特征进行较深的理解，增加对中西现代诗歌的阅读和鉴赏经验。最后，我们才能尝试现代诗歌的创作。学会如何运用抒情的方法，把内心的情感转化为声音和画面的组织形式；如何选取和凝聚独特的意象以及意象的结构方式；如何发挥自身的想象和灵感效应；如何运用诗歌的节奏韵律。最后在对诗歌语言的修改中一步步成熟。

第一节 诗歌文体概说

一、诗歌的概念

关于诗歌的概念描述有很多种。在中国古代，不合乐的称为诗，合乐的称为歌，后世将两者统称为诗歌。《尚书·舜典》里讲："诗言志，歌永（咏）言，声依永，律和声。"东汉文论家陆机又称："诗缘情而绮靡。"

今天，对诗歌的定义也有很多。如，诗歌是"用凝练的语言、充沛的情感以及丰富的意象来高度集中地表现社会生活和人类精神世界"。还有，诗歌是"一种以意象为元素，以想象为方式，以建构精神意境为重心，以韵律节奏为外形的语言艺术"。

诗歌在中国古典文学文体中居首位。它以抒情性为主导的文学文体。古典诗歌以格律诗的形式为最高，注重诗歌意境的创造，对诗歌的声韵要求也比较高，且古典诗歌经常表现社会现实题材，关注民生；现代诗歌则以自由诗为形式规则，适当吸收一些传统形式的因素，强调对诗歌意象的捕捉以及意象组合的方式，讲究诗歌的自由多变和隐喻性，诗意深奥，个性化色彩浓厚。

诗歌的创作和评价标准均比较主观，经常会出现各种诗歌观念和评价之间的争论与冲突。所以，我们在学诗和写诗的过程中，不要求太多统一性的标准和固定的诗歌创作观点，应该对前人诗歌艺术营养多汲取，对当代诗歌多采取宽容的姿态。诗圣杜甫说过："转益多师是吾师。"

二、诗体的流变

诗歌的历史源远流长，它是最早发生的一种艺术文体。《宋书·谢灵运传论》里说，"歌咏所兴，宜自生民始也"。上古时期的劳动歌谣即是最早的诗歌形态，它与音乐、舞蹈、巫术等融合一起。

中国是个泱泱诗国，并形成了"诗教"的传统。从《诗经》开始，经楚辞、汉乐府诗歌、建安诗歌，直到唐诗宋词元曲，大量反映民生疾苦、爱国感愤、抒怀咏史等，奠定了深厚的"饥者歌其食，劳者歌其事"的现实主义传统。同时还形成了以咏叹山水田园、边塞风光、羁旅愁绪等为内容的诗词散曲的浪漫主义诗歌风貌。从诗歌形式发展看，从最早适合反复咏叹的四言体诗，到吸收地方民歌形式，创造了句法参差灵活、结构富于变化的"楚辞"诗体，再到汉乐府诗歌更加自由变化的五言诗和七言诗过渡。经魏晋南北朝时期对诗歌声律变化的完善，至唐代格律诗到达中国古典诗歌发展的最高峰。其形式体裁完备，有古体诗（乐府诗、歌行体）与近体诗（律诗、律绝）之分。其诗歌流派风格多样化，这是艺术整体成熟的标志，出现了享誉后世的大诗人李白、杜甫、白居易等一批杰出的诗歌代表。

诗歌发展到宋诗阶段开始走向理趣化，重视诗歌的政治和道德表达功能，以议论、才学为诗，弱化了诗人个性抒情表达的时空。缪钺在《论宋诗》中评价道："唐诗以韵胜，故浑雅，而贵蕴藉空灵；宋诗以意胜，故精能，而贵深折透辟。唐诗之美在情辞，故丰腴；宋诗之美在气骨，故瘦硬。"虽然各有所长，宋诗的地位仍然强势，但其后的影响却显出一斑来。及宋以降，在"尊唐"与"宗宋"的长期争论中，诗歌越来越正统化、学问化，渐渐成为文人的学术表演、应和之体裁。文体形式一旦真正脱离了社会生活，无法成为人民表达的艺术手段，就意味着其式微的命运。

词作为一种文体，滥觞于六朝和隋，起源于唐，兴盛于宋。词牌是一种独特的文体体制，融音乐性与文学性于一体，像诗经时代的诗歌一样。有人称，诗词异曲同工，词是都市社会发展的流行乐，既有清新的民歌风味，又有典雅的文人气息。而词发展到宋词阶段，在文人化进程中形式逐渐完备，雅与俗的艺术趣味相互渗透，尤其是相继出现了苏轼、李清照、辛弃疾等一批大词人之后，词的抒写对象由狭小的生活面转变为阔大的社会领域，大大提升了词的境界与地位。

中国现代诗歌的发展几乎是在全盘否定古体诗词的形势下发展的。但这只是纯粹为了文学革命的需要。其实古典诗词的创作至今经久不衰。从早期现代白话诗的发展也能看到，随着激进的诗体解放运动的过去，现代诗歌的发展自然回到理性的发展状态之中，现代诗人既汲取古典诗歌的营养，又大胆借鉴西方现代诗歌的技巧。从偏重于学习西方现代诗歌的早期象征诗派，到重新找回格律诗的形式实践的新月诗派，再到融合中西诗歌的优长的现代派诗歌的逐步形成。短短二三十年的时间，中国诗歌走上了现代诗歌探索的正途。

20世纪40年代，出现有将现代自由诗歌与革命现实融合的七月诗派，还有将西方现代派诗歌技艺与中国个体的抒情方式融合的学院诗歌探索的九叶诗派，还有延安时期将现代自由诗体与民歌结合的实验诗歌活动，形成了表达时代政治内涵的政治抒情诗。之后，在20世纪80年代又出现了朦胧诗派，以现代派的诗歌技巧和内心复杂的抒情内容契合来反映时代的心声。随着社会的开放和多元化、全球化的文学势态，诗歌形式的实验与探索也越来越频繁，口语诗、图像诗、网络诗歌等形态万千。

三、诗歌的文体类型

从诗歌的发展史分：汉语诗歌可分为旧体诗和新诗。

旧体诗包括古体诗、近体诗和词。一般说来，古典诗歌发展最完备、最成熟的形式是格律体，大致在唐初，故以此为界，之前的诗歌形式如四言诗、骚体诗、乐府诗、歌行体等均称为古体诗，格律诗则称为近体诗。而形成于唐、成熟于宋的词，则是古典诗歌的另一种形式。

上世纪的新文化运动也带来了文学文体上的变革，诗歌界兴起了"诗界革命"、"诗体大解放"，彻底抛弃古典诗歌的创作方法，提倡写白话诗，这样就诞生了新诗。新诗在形式理论上也可以分为格律体、自由体和民歌体，这些均是新诗在发展过程中适当地吸取了古典诗歌、外国诗歌和民歌等营养所导致的形式的创新。

根据诗歌的容量分：短诗、长诗和组诗。

根据诗歌的题材分：爱情诗、山水诗、田园诗、边塞诗、政治诗、军旅诗、儿童诗，等。

根据诗歌的表现方法分：抒情诗与叙事诗。

此外，在各种具体的时代和语境下产生过一些的活泼诗歌文体形式：打油诗、回文诗、藏头诗、题画诗、讽刺诗、街头诗、图像诗……

第二节　诗歌的特征

一、强烈的抒情性

在所有的文学文体中，诗歌对情感的表达最直露、最强烈。诗歌几乎是诗人内心的灵魂在舞动，通过激越的文字和诗行，将内心情感形式化为可观可感的具象符号。

在经典诗人中，屈原的"天问"、陶渊明的避世、李白的豪放、杜甫的沉郁、陆游的忧愤、郭沫若的女神式的狂呼、艾青忧郁的大地情怀、北岛挑战式的审问、海子"亚洲铜"式的呐喊等，无不展示着深切的情感。

二、凝聚的意象感

诗歌的传达靠凝聚着的意象来进行的。记住一首诗最核心的就是记住她的意象特征，意象即是诗歌的形象，是诗人将丰富而强烈的情感外化的表现。读者通过意象的特征以及意象的结构方式来体现诗人内心丰富而强烈的情感状态。

三、直观的形式美

诗歌文体的外在特征几乎一目了然，即其形式上的美。现代诗人闻一多提出诗歌有三美：音乐美、绘画美、建筑美。这些视角可感的形式美是诗歌文体的最明显的外在特征。从古典诗歌的四言、五言、七言诗，歌行体、民族体，到现代诗歌或整齐或自由的诗节，有规则的断行，短诗，楼梯式、图像式等，均显示出诗歌文体独特的形式美特征。而这些均是其他文学文体无法直观的一种外在特征。

四、独特的语言效果

诗歌语言的追求的是无逻辑性、跳跃性，这跟所有的文章语体风格均不一样。诗歌思维的独特性也决定了其运用词语的方式。凝练而高度表意性的文字，最简洁的语言承载最丰富的诗歌内涵。惜字如金，天马行空，没有来由的词语排列。诗歌既有"吟安一个字，捻断数茎须"的推敲打磨，也有灵光一现时对某一高度凝练的词语的惊喜发现。

第三节　诗歌创作方法

一、诗歌创作首先要掌握抒情方法

诗歌是以抒情为主的文学文体，抒情是诗歌创作的方法论。

（一）抒情主体与抒情内容

中国古典诗歌有悠久的"诗言志"传统。诗歌创作的抒情主体——诗人内心处于高度的情绪状态，所以才有强烈的诗情表达。《毛诗序》中对诗歌的表现形容为："在心为志，发言为诗。情动于中而形于言，言之不足故嗟叹之，嗟叹不足故咏歌之，咏歌之不足，不知手之舞之足之蹈之也。"从古人的描述可以看出两点：一是诗人需要有饱满的情绪冲动；二是诗人还需要有"发言"成诗的语言天赋。从第二点又可以推出两个诗歌创作的问题，即：没有语言才能的人只能借助形体语言来即兴抒发情绪，将内心的情感表现为外在的具体声音和动作形式；有语言才能的人通过语言符号来表现，但语言必须是具有声音效果和形象性的语言。

显然，通过语言来抒情比借助歌咏和舞蹈来抒情要难一些。用诗歌的形式传达情感需要一个过程，即诗歌表达的语言符号化的过程。虽然也有很多诗人喜欢或善于即兴创作，就像弹奏和舞蹈一样，但大多诗歌创作则是需要经历高度的语言组织才能实现。英国诗人华兹华斯说："诗是强烈情感的自然流露。它起源于在平静中回忆起来的情感。"这句话告诉我们，诗歌创作主体要有高度的情绪状态，同时又要具备情绪体验之后非凡的语言思维能力。

那么，如何抒情，抒情主体如何学会运用一般的抒情话语，把抽象的情绪状态转化为形象可感的语言组织形式？

从现代抒情的概念入手来理解抒情的性质、形式及运用。在文学理论的表述上，所谓抒情，即用话语的声音组织和画面组织来象征性地表现情感。它偏重于写作者对于世界的主观表现，也包含着对现实的反映和评价。

这首先使得抒情具有高度的表达自由度，能超越具体时空，达到对现实世界之上的审美世界的创造。从这个意义上看，抒情主人公跟一般状态下的人不同。他必须是思绪自由灵动，情绪超越现实之外，具有激情状态之人，而非日常生活状态的人。正是这种能激发诗意状态的人，内心才充满着一种将内心情感表现于外的冲动。

其次这种情感状态的抒情内容，即诗歌所要表现的某种情感过程和意义，只是一种体验、感悟或心境，具有一种表达的"不可言传"性。故其朦胧性与含混性导致抒情者对抒情话语形式的直接依赖。

(二) 抒情话语

抒情话语，是一种表现性的话语形式。它借助于声音和画面的组织形式来象征性地表达情感。与普通话语不同，它强调对普通话语系统的改造，打破语言的常规，使语言更加精练，语义趋于复杂化和陌生化，从而创造象征化的情感符号体系。

如何将情绪和情感转化为声音和画面组织形式？

其一，要理解声与情、画与情的关系。《礼记·乐记》说：

> 乐者，音之所由生也，其本在人心之感于物也。是故其哀心感者，其声噍以杀；其乐心感者，其声啴以缓；其喜心感者，其声发以散；其怒心感者，其声粗以厉；其敬心感者，其声直以廉；其爱心感者，其声和以柔。六者非性也，感于物而后动。

这段文字很好地说明了外在声乐与内在情绪的对应关系。也就是说，人的内心情绪和情感可以通过声音效果来细致地表现。

对于景与情的关系，古人经常会将自己内心的理想和情感融注在外在山水画景之上，同时也产生了许多题画诗。苏轼在观赏唐代大诗人王维的蓝田烟雨图时评说道："味摩诘之诗，诗中有画；观摩诘之画，画中有诗。"清代大家王夫之提出"情景论"时说："景以情合，情以景生，初不相离，唯意所适。"这些都很好地说明了情感表达与画面感是分不开的。

现代著名诗人闻一多也曾提出过诗歌创作的"三美"原则。即诗歌要追求音乐的美、绘画的美和建筑的美。向我们传达了诗歌的抒情表达法则，即必须借助于声音和画面组织形式来传达内心的情感方式。

例如《诗经》，本身就是文学与音乐的一体化，借助音响、音调、韵律、节奏等组合，构成了情感运动形式的流畅配合，达到声情并茂的效果。《诗经·桃夭》的诗句：

> 桃之夭夭，其灼华华，之子于归，宜其室家。

《诗经·采薇》的诗句：

> 昔我往矣，杨柳依依；今我来思，雨雪霏霏。

这些诗句最初是可以咏唱出来的（曲调已亡佚），如今读来仍然有丰富的声音效果，如叠音词、押韵词等。前一首的声音效果很好地渲染了热闹欢快的情绪及场景；后一首的声音效果渲染了离别时的留恋和回归时的急切的伤感情绪及场景。

古典诗歌经常出现这样的佳句，如：

> 大漠孤烟直，长河落日圆。
>
> ——王维

野旷天低树，江清月近人。

——孟浩然

枯藤老树昏鸦，小桥流水人家，古道西风瘦马，夕阳西下，断肠人在天涯。

——马致远

这些纯粹的画面组织勾起了读者丰富的情绪体验和无限的遐想与沉思。

再如，现代诗歌徐志摩的《再别康桥》：

轻轻的我走了，正如我轻轻的来；
我轻轻地招手，作别西天的云彩。

那河畔的金柳，是夕阳中的新娘；
波光里的艳影，在我的心头荡漾。

软泥上的青荇，油油的在水底招摇；
在康河的柔波里，我甘心做一条水草！

那榆荫下的一潭，不是清泉，是天上虹
揉碎在浮藻间，沉淀着彩虹似的梦。

寻梦？撑一支长篙，向青草更青处漫溯，
满载一船星辉，在星辉斑斓里放歌。

但我不能放歌，悄悄是别离的笙箫；
夏虫也为我沉默，沉默是今晚的康桥。

悄悄的我走了，正如我悄悄的来；
我挥一挥衣袖，不带走一片云彩。

十一月六日中国海上

全诗不仅有柔和的音调，婉转优美的旋律，而且有丰富的辞藻、画面意境，经常被作为诗歌朗诵的经典选篇。

我们经常说声情并茂、图文并茂，声音和画面跟情感之间的黏合关系可见一斑。

其二，是要练习与模仿优秀诗人的抒情方式。

如何练习和模仿？初学者首先要学会写韵诗，学会节奏和韵律的运用。即使是今天自由诗流行，也应该要学会写韵诗。在打破规则之前，应当先了解这些传统的诗歌规则。罗伯特·麦泽说过："一位不能用韵文来写作的诗人就像一位不会画素描的画家，或者像一位不懂得如何运用科学方法来工作的科学家。"[①]

如何练习韵诗，初学者一边需要读优秀的格律诗，一边尽力模仿它们的声音。在中

---

① 罗伯特·麦泽：《诗人，向你的同行求艺》，敏言编译：《文学创作手册》，北京：中国国际广播出版社，2000年，第409页。

国传统教育中，儿童背唐诗是一种最有效的方法，至今父母们仍在效仿。同样，反复吟读你喜爱的诗人诗作，让它深深地影响你对诗歌的兴趣和记忆模式。诗歌里面的音响、节奏、韵律、意象及意境，在潜意识地培养了你对诗歌本身的直觉度。

每个喜欢诗歌的人的脑海中一定都储存着自己最钟爱的诗人的作品。比如印度诗人泰戈尔是很受欢迎的世界诗人，他的诗集《飞鸟集》有许多美妙的诗句：

四：大地的泪水，使她的微笑永不凋谢地开花。

七四：雾，你爱情一样，在山峦的心上游戏，创造出了种种惊人的美丽。

二四九：乌云受到阳光的接吻，便变成天上的鲜花。

二五五：我的心啊，从世界的运动中探索你的美吧，正如小舟之美，得之于风与水的激荡。

二七二：当我离去的时候，让我的思想来到你的身边，正如那夕阳的余晖，映在寂静星空的边缘。

二八零：上帝啊，我看见了你，就像似醒非醒的孩子，在黎明的薄暗里看见了他的母亲，于是微微一笑又睡去了。

三二零：我攀登高峰，发现名誉的高处荒凉贫瘠，找不到栖身之所。我的向导啊，趁着光明尚未消失，领我进入安静的山谷，让一生的收获在山谷里成熟，化为黄金般的智慧。

泰戈尔的这些灵动的小诗深得众多诗人和读者的喜爱，并影响了中国诗人冰心和宗白华，这二位中国现代著名诗人也由此喜欢上了创作小诗。冰心有小诗集《繁星》、《春水》，如其诗句：

墙脚的花，你孤芳自赏时，天地便小了。

——春水·三三

宗白华的小诗集《流云》，如：

太阳的光，洗着我早起的灵魂。天边的月，犹似我昨夜的残梦。

——晨兴

可见，学习和模仿优秀的诗人，是学写诗必不可少的环节。

其三，找出自己内心潜藏的对诗歌的声音和敏感性。

有了一些喜欢的诗人和诗作，我们的内心就会储藏对抒情方法的敏感度和直觉，即诗歌创作的语感。这些储存在大脑当中的诗的"声音"，即是隐藏着的由诗句中的语汇和句法揭示出来的作品的品质。比如，一名新手的诗作是这样开始的："布满青苔的河水越过碧绿的山峰滚滚向前……"，只要听一下词语的重心和语言节奏就知道不大协调，这里先后两个形容词"布满青苔的"和"碧绿的"的重复修饰显得有些生硬。初学诗者常常喜爱选择这些极致或强烈的词语，以至听起来有点儿假。若调整一下词语的顺序和重心,改成"从绿色的山涧出来,河水被苔藻覆盖……",这样听起来就显得朴实多了,而且句子也灵动活泼。[①] 所以,诗的语言本来就是淡化逻辑性,避免长句子的拖沓,增加节奏感和跳跃性思维。

关于诗的声音,还有一个"音调"问题,即指作品的整体气质和情绪。好的诗歌作品其音调总是前后一贯,这种一贯跟诗人内心的诚实度相关。很多时候,作诗容易出神,失掉自我的情绪,被外在的东西刻意牵动,使得情绪突然丧失、冷漠,或者找不回来的感觉。这个时候,你得重新凝神,找回内心属于自己的调子。诗歌是激情与冲动的产物,不是一种外表的装饰,所以作者必须让内心发出自己的声音,创造出一种个性化的感觉来。

其四,要获得属于自己的有个性的声音和画面组织形式。

不仅每个诗人都是独特的,而且每个人都是独特的。每个人内心的情绪体验均是多变、难以捉摸的,完全无法被他人的情绪和情感代替。

这就要求一个人"活回自己",时时用自己的眼光看待世界,用自己的内心思考问题。而不是按照习惯的思维和世故的经验来面对生存与生活。培养一个敏感的自我,通灵的自我是需要一颗善感的心灵的。只有这样,个人才会发现,世界上有种唯一的东西跟自己的内心对应着。在你的生存记忆中,一些独特的声音和画面是你深深体验到的,而却被他人忽略。

古典文论家刘勰在《文心雕龙》里提出"神与物游"的创作状态。说作者一旦进入了创作状态,则"寂然凝虑,思接千载;悄焉动容,视通万里;吟咏之间,吐纳珠玉之声;眉睫之前,卷舒风云之色;其思理之致乎!故思理为妙,神与物游"。这即是说,丰富的想象(神)会促使作者的情感变化找到恰当的意象(物)来呈现。只要作者的内心保持良好的状态,就一定能够找到表现自己内心情感对应的独特意象。如美国意象派诗人庞德的一首名作《在地铁车站》,作者在地铁中看到了现代城市人生活的一个司空见惯的日常场景,突然产生了瞬间感受和奇特的联想:

人群中这些面孔幽灵般地显现;
湿漉漉的黑色枝条上的许多花瓣。

这首意象派的诗丰富地传达了现代人生存的诸多体验。现代生活城市中的人群像幽灵一样,在整个城市交通的网络中穿行,在灰色的世界中拥挤的人群显得没有个性,表情麻木,偶尔出现的透露出鲜活个性的灵魂,在阳光下显得亮丽夺目。

优秀的诗人总是能找到独特的意象来传达自身丰富的情绪情感体验的。有时候,为了拉长感受的距离,制造这种独特的意象效果需要作者采取远譬喻的方式来呈现的。如英国象征派诗人艾略特的《普鲁弗洛克的情歌》诗句:

[①] 格雷格·格拉兹纳:《向隐藏在诗中的形式进军》,敏言编译:《文学创作手册》,北京:中国国际广播出版社,2000年,第414页。

当黄昏展开遮没了天空，
像一个麻醉在手术台上的病人。

将"黄昏的天空"喻成"麻醉的病人"，二者之间的联系很远。将视觉效果转换成触觉，让读者的感受更加丰富。一旦这种独特的联想和意象产生，无疑增加了诗歌抒情表达的个性效果，其诗歌创作也必定增色不少。

其五，提炼与时代共鸣的声音和画面组织形式。

一个时代有一个时代的抒情方式，一个时代的人有一个时代人的声音与物像的记忆。关注时代，诗人是边缘的社会观察者，是世界的审美者。所以，伟大的诗人在创造属于自己的声音与画面组织来象征性地展示自我形象时，自然在语言结构上烙有时代的独特印迹。

"五四"时代是一个反抗传统，表现自我，张扬个性的时代，这个时代的诗歌，经常会出现以自我形象为喻设的抒情主人公，以物喻我的方式来抒发诗人对时代的情感。这个时代的诗歌意象都比较宏大集中，如郭沫若的《天狗》、《凤凰涅槃》、《炉中煤》等。

我是一条天狗呀！
我把月来吞了，
我把日来吞了，
我把一切的星球来吞了，
我把全宇宙来吞了。
我便是我了！

——郭沫若《天狗（节选）》

再比如，被鲁迅称为"中国最杰出的抒情诗人"的冯至，其代表诗作《我是一条小河》也是直接以这种以物喻我的方式来抒情。

我是一条小河，
我无心由你的身边绕过——
你无心把你彩霞般的影儿
投入了我软软的柔波。

我流过一座森林，
柔波便荡荡地
把那些碧翠的叶影儿
裁剪成你的裙裳。

我流过一座花丛，
柔波便粼粼地
把那些凄艳的花影儿

编织成你的花冠。
无奈呀，我终于流入了，
流入那无情的大海——
海上的风又厉，浪又狂，
吹折了花冠，击碎了裙裳！

我也随着海潮漂漾，
漂漾到无边的地方——
你那彩霞般的影儿
也和幻散了的彩霞一样！

像这样以物喻我的抒情方式的诗作还有闻一多的《红烛》、《孤雁》等。

到了抗战时代，由于民族国家的命运上升到时代的主题，个性解放和个人表现逐步被个人与国家、民族的关系所代替。于是，诗歌中经常会出现在时代与自我的隐喻中坦露情怀的抒情主人公，诗人多在自我与时代的关系中寻找物象的对应关系，以此抒发对民族与国家命运的关切之情。如艾青的《我爱这土地》。

假如我是一只鸟，
我也应该用嘶哑的喉咙歌唱：
这被暴风雨所打击着的土地，
这永远汹涌着我们的悲愤的河流，
这无止息地吹刮着的激怒的风，
和那来自林间的无比温柔的黎明……
——然后我死了，
连羽毛也腐烂在土地里面。

为什么我的眼里常含泪水？
因为我对这土地爱得深沉……

艾青是代表这个时期最伟大的诗人。他的诗作中经常出现"土地"、"太阳"这样象征祖国和希望的宏大意象。类似的还有戴望舒的《我用残损的手掌》等。

而到了解放年代，出现了作为人民代言人的抒情主人公形象，诗人们将自我转化为一个"人民"的符号、代码、传声筒，以此抒发对国家与人民的赤诚之心。代表作有贺敬之的《回延安》，郭小川的《甘蔗林——青纱帐》等。

南方的甘蔗林哪，南方的甘蔗林！
你为什么这样香甜，又为什么那样严峻？
北方的青纱帐啊，北方的青纱帐！
你为什么那样遥远，又为什么这样亲近？

我们的青纱帐哟，跟甘蔗林一样地布满浓阴，那随风摆动的长叶啊，也一样地鸣奏嘹亮的琴音；
我们的青纱帐哟，跟甘蔗林一样地脉脉情深，
那载着阳光的露珠啊，也一样地照亮大地的清晨。

——郭小川《甘蔗林——青纱帐》（节选）

经历了漫长"文革"劫难之后的新时期来临，诗歌界出现了作为动乱过后的历史见证者与思考者的抒情主人公形象，他们将那种既对历史的怀疑和迷茫，又对祖国的热爱和坚定的矛盾复杂的思想情绪，通过各种对立意象的组合与碰撞来象征性地表达出来。朦胧诗歌即是这个时代的代表。

黑夜给了我黑色的眼睛，
我却用它寻找光明。

——顾城《一代人》

我是你河边上破旧的老水车，
数百年来纺着疲惫的歌；
我是你额上熏黑的矿灯，
照你在历史的隧洞里蜗行摸索；
我是干瘪的稻穗；是失修的路基；
是淤滩上的驳船
把纤绳深深
勒进你的肩膀；
——祖国呵！

我是贫困，
我是悲哀。
我是你祖祖辈辈
痛苦的希望阿，
是"飞天"袖间
千百年未落到地面的花朵；
——祖国呵！

我是你簇新的理想
刚从神话的蛛网里挣脱；
我是你雪被下古莲的胚芽；
我是你挂着眼泪的笑窝；
我是新刷出的雪白的起跑线；
是绯红的黎明
正在喷薄；

——祖国呵!

——舒婷《祖国呵,我亲爱的祖国》(节选)

20世纪八九十年代之交是一个社会转型时代。在经济大潮的裹胁下,消费主义的生活方式让个人理想与社会道德受到极大的侵蚀,社会的多元化和文化上的"众声喧哗",使得这个时代的诗歌中出现了两种向度的抒情形象,一种是对时代忧虑的深度抒情者,如海子的诗歌;一种是对时代反讽的反抒情者,如韩东的诗歌。

海子的诗追求形而上的抒情理想,寻求诗歌语言与宗教、生命的象征化融合。如他的诗作《五月的麦地》:

全世界的兄弟们
要在麦地里拥抱
东方,南方,北方和西方
麦地里的四兄弟,好兄弟
回顾往昔
背诵各自的诗歌
要在麦地里拥抱

有时我孤独一人坐下
在五月的麦地　梦想众兄弟
看到家乡的卵石滚满了河滩
黄昏常存弧形的天空
让大地上布满哀伤的村庄
有时我孤独一人坐在麦地里为众兄弟背诵中国诗歌
没有了眼睛也没有了嘴唇

而韩东的诗歌则是口语化的抒情,力图通过一种诗歌的实验方式来消解语言背后深度的文化意蕴。如他的诗作《有关大雁塔》:

有关大雁塔
我们又能知道些什么
有很多人从远方赶来
为了爬上去
做一次英雄
也有的还来第二次
或者更多
那些不得意的人们
那些发福的人们
统统爬上去

做一次英雄
然后下来
走进下面的大街
转眼不见了
也有有种的往下跳
在台阶上开一朵红花
那就真的成了英雄——
当代英雄

有关大雁塔
我们又能知道些什么？
我们爬上去
看看四周的风景
然后再下来

以上几个时代的诗歌抒情方式均烙上了时代的印迹，使得我们今天的人能用诗歌见证历史。这些代表性的优秀诗人们，都找到了一个时代人共通的声音和物像记忆。

二、诗歌的意象创造成为诗歌创作的核心问题

意象，即充满意蕴、意义、意味的"表意之象"。意象的形成使得诗歌在文学文体的意义上走向独立与自觉。诗歌忌直白、浅易、味短。古典诗歌讲究含蓄、意境空灵；现代诗歌则讲究表意的深度，意象的繁复。

我们从以上的诗歌举隅中也能看到，诗歌的意境和意象就像小说的主题和人物一样，让读者记忆深刻。对于大多数诗人来说，意象是诗歌作品的核心。虽然有些伟大的作家非常善于在诗歌中运用有力的抽象表述，但对于大多学诗者来说，如果不是通过意象的转换来传达思想情绪的话，这种直接性的抽象表述效果往往显得虚假而平板。

比如一位年轻的诗人有这样一句诗：

由于你的缺席，我怀着热望彻夜无眠

这一诗句从语法结构上看比较有序、规范，若把它修改成下面这句诗：

你走了，街灯熄灭/那蓝白色的光芒掠过我的床前

这一改立即将视觉和触觉融为一体，诗句顿时生辉。

在现代诗歌的创作中，声音对抒情的直接影响力在减弱，而画面对抒情的影响力在增加。经常阅读诗歌的人们会发现，现代诗歌跟以前的诗歌作品相比，越来越不适合朗诵和吟咏，而只是适合阅读或内心吟唱。我们进入了一个体言说和个体抒情的年代。同时，现代诗歌也越来越以意象结构为中心，来传达现代人多变的情绪与复杂的思想。

诗是一种美的体验，而不是浅薄的哲学思想的表达，也不是无聊琐事的堆砌。对于大多诗人来说，意象是使作品生动起来的重要方法。

因此，对于现代诗歌的创作来说，意象的结构也显得比较重要了。

相比传统诗歌意象结构单纯或中心化，如浑然一体的意境营造，或单一性的咏物诗等，现代派诗歌的意象明显复杂化。诗歌的意象群体、段落之间多表现为打破常态的时空结构，经常出现的有以下几种结构方式：跨越式、压缩式、层次化、四维化、镜头组接式等。

跨越式：

这么多
鳞次栉比的房屋
仅仅留存了
断垣残壁
几堵

这么多
患难与共的朋友
幸运的
生者
屈指可数

一个个十字架
竖立心中

我的心灵
是最悲伤的坟墓

——〔意〕翁加雷蒂《卡尔索的圣马提诺镇》

诗歌的意象从"房屋"跨到"朋友"，再转到"心灵"，由大到小，由外到内，由具象入抽象，一步步将诗人对战争岁月的怀念传达出来。

压缩式：

雾打湿了我的双翼
可风却不容我再迟疑
岸呵，心爱的岸
昨天刚刚和你告别
今天你又在这里
明天我们将在
另一个纬度相遇

是一场风暴，一盏灯

把我们联系在一起
是另一场风暴,另一盏灯
使我们再分东西
哪怕天涯海角
岂在朝朝夕夕
你在我的航程上
我在你的视线里

——舒婷《双桅船》

诗歌先抒写"船"与"岸"在恶劣的环境当中所遭受的境遇,展示一个阔大动荡的航海之旅,到最后慢慢收缩为一条静止性的哲理化诗情,造成一种时空浓缩感。

层次化:

当蜘蛛网无情地查封了我的炉台
当灰烬的余烟叹息着贫困的悲哀
我依然固执地铺平失望的灰烬
用美丽的雪花写下:相信未来

当我的紫葡萄化为深秋的露水
当我的鲜花依偎在别人的情怀
我依然固执地用凝霜的枯藤
在凄凉的大地上写下:相信未来

我要用手指那涌向天边的排浪
我要用手掌那托起太阳的大海
摇曳着曙光那枝温暖漂亮的笔杆
用孩子的笔体写下:相信未来
……

——食指《相信未来》

诗歌中每节的意象虽不尽相同,但句式、节次都很整饬,且出现复沓,显得很有层次性,传达出诗人在复杂的思绪中对"相信未来"的执着信念。

四维化:

一千年一万年
也难以
诉说尽
这瞬间的永恒
你吻了我
我吻了你

> 在冬日朦胧的清晨
> 清晨在蒙苏利公园
> 公园在巴黎
> 巴黎是地上的一座城
> 地球是天上的一颗星

——〔法〕普列韦尔《公园里》

将三维空间里的瞬间注入永恒的时间之流，传达出了爱情的永恒。

镜头组接式：

冬日的黄昏沉淀下来——/带着烤牛排味儿沉在走廊里。/六点钟。/冒烟的白昼燃成了烟蒂。/此刻一阵急雨/卷起肮脏残破的枯叶/和空地上刮来的报纸，/旋着，缠绕着你的脚；/急雨把百叶窗的烟囱/一阵阵敲击，/一匹拉车的马冒着热气/踏着沉重的步子走过街角。/这时分，灯亮了。

——〔英〕艾略特《序曲（之一）》

通过一连串的伦敦冬日黄昏时的街巷镜头组接，滞缓而平淡的情绪空间让人感到都市生活的无聊，人生的腻烦与无奈。

三、如何激发诗歌的想象与灵感

诗歌是文学文体中最富自由想象精神和创造力的一种，想象是诗歌的思维方式。诗歌的想象需要满足两个条件：一是要有强烈的情感性，如刘勰的《文心雕龙·神思》里说："登山则情满于山，观海则意溢于海。"二是要有自由的联想能力，运用无逻辑、跳跃、组合变形、夸张、幻化等思维手段来达成想象的可能。如陆机在《文赋》里所说："精骛八极，心游万仞。观古今于须臾，抚四海于一瞬。"

比如：

长风破浪会有时，直挂云帆济沧海。

——李白《行路难（一）》

现实形象不可能完成的状态在狂放的想象中得以合理的实现。

又如：

> 鸟儿死去的时候，
> 它身上疲倦的子弹也在哭泣，
> 那子弹和鸟儿一样，
> 它唯一的希望也是飞翔。

——〔俄〕日丹诺夫《鸟儿死去的时候……》

"子弹"和"鸟儿"毫无共同点，甚至是两个对立的形象。但诗人发现了两者中间的隐秘联系，揭示了一个深刻的哲理：子弹本身也像鸟儿一样，渴望着自由飞翔，但它击中了鸟儿，它的命运也就和鸟儿一样，无法实现自己的愿望。

可见，诗歌的想象需要反常规，找到不可能中的"可能"，发现没联系中的"联系"。现代诗人甚至会利用一些非理性的思维方式来进行诗歌创作，如梦幻暗示，直觉意识，神秘通感等。这些非理性的思维方式尤其在一些象征主义诗歌、意象派诗歌、超现实主义诗歌等现代派诗人那里常见。

而诗歌的想象如此奇特，有时和灵感也是分不开的。所谓灵感，是人们在艺术构思探索过程中由于某种机缘的启发，而突然出现的豁然开朗、精神亢奋，取得突破的一种心理现象。

有些诗人崇尚"本能冲动"，很少重写或修改诗作，也有的诗人喜欢反复推敲以至完美。这些均是到达理想诗歌的途径。但我们也知道，灵感也是来自于后天的艰苦学习、长期实践，不断累积经验和知识而突然出现的富有创造力的思路。所以，唐代诗人卢延让说道："吟安一个字，捻断数茎须。"18世纪的英国诗人亚历山大·蒲伯也曾说："诗艺之精巧来自推敲而非偶然/正如善舞者之步履轻盈。"

有些句子是上天赋予我们的，这叫灵感，而另一些句子正是为了实践这灵感而反复推敲出来的，这叫辛劳。几乎所有的诗都是二者的混合物。无论你是否属于有诗歌天赋的人，记住，灵感还不是一首诗，当她来临时，只要你肯下功夫，努力去创作一个相应的意象，灵感就一定能变成一首真正的诗。

四、学会运用诗歌的节奏韵律

人类对节奏的最初认识来自于大自然中各种生命形式的模仿和再现，比如人的呼吸、脉动，山川的形态，季节的更替，等等。其次，人类又从自身主观的情绪宣泄与表达中体会到轻松与紧张、飞扬与沉郁、高兴与悲伤、奋进与消极，等等。慢慢地，人们开始体会到了规律之美、变化之美、参差之美、抑扬之美。这些节奏的变化只有在诗歌文体中被鲜明地表现出来，这不仅在于诗歌最早是跟音乐、舞蹈一体产生的，更在于节奏韵律是诗歌语言的物质外壳。

陈本益在《汉语诗歌的节奏》一书这样定义诗歌节奏："诗歌节奏，是诗歌语言中某种对立的语音形式在一定时间间隔里的反复。"

在古典诗歌的节奏韵律中，传统的语言方式有很多种：对仗、重复、排比、押韵、平仄、回环、照应等等，这些都是我们在诗歌阅读中经常见到的方式。如以下一些诗句：

无边落木萧萧下，不尽长江滚滚来。（对仗）

——杜甫《登高》

坎坎伐檀兮，置之河之干兮，河水清且涟猗。不稼不穑，胡取禾三百廛兮？不狩不猎，胡瞻尔庭有县貆兮？彼君子兮，不素餐兮！

坎坎伐辐兮，置之河之侧兮，河水清且直猗。不稼不穑，胡取禾三百亿兮？不狩不猎，胡瞻尔庭有县特兮？彼君子兮，不素食兮！

坎坎伐轮兮，置之河之漘兮，河水清且沦猗。不稼不穑，胡取禾三百囷兮？不狩不

猎，胡瞻尔庭有县鹑兮？彼君子兮，不素飧兮！（重复）

——《诗经·伐檀》

赏花归去马如飞，去马如飞酒力微；酒力微醒时已暮，醒时已暮赏花归。（回环）

——苏轼《赏花》

现代诗歌虽然继承和借鉴了古典诗歌的这些语言方式来表达自身的节奏和韵律，但比起古典诗歌来说，现代诗歌则更讲究自由的节律和诗行，正如现代诗人戴望舒所言："诗的韵律不在字的抑扬顿挫上，而在诗的情绪的抑扬顿挫上，即在诗情的程度上。"

对于现代诗歌创作来说，诗人们更注意语义符号上的表现，如英美新批评派提出几种诗歌批评术语：复义（含混）、反讽、悖论、张力、隐喻等，这些手法可以增加诗歌语言的深度，丰富诗歌表达的内涵。

含混（复义），指文学语言的多义形成的复合意义。也就是说，意义含混指的是一个语言单位（字、词）包含两种或两种以上的意义，一句话可以有多种理解的现象，是指某种修辞手段所产生的多种效果。例如舒婷的《双桅船》：

雾打湿了我的双翼/可风却不容我再迟疑/岸呵，心爱的岸/昨天刚刚和你告别/今天你又在这里/明天我们将在/另一个纬度相遇

是一场风暴，一盏灯/把我们联系在一起/是另一场风暴，另一盏灯/使我们再分东西/哪怕天涯海角/岂在朝朝夕夕/你在我的航程上/我在你的视线里

舒婷的诗歌是咏叹爱情还是人生？从诗歌的语言技巧中体现出诗人表达的情感的隐秘性与复杂性。

反讽，为语境对一个陈述语的明显的歪曲。反讽可以表现在语言技巧上，如故意把话说轻，但听者却知其分量，也可以表现在整个作品结构之中。例如闻一多的《死水》：

这是一沟绝望的死水，
清风吹不起半点涟漪。
不如多扔些破铜烂铁，
爽性泼你的剩菜残羹。
也许铜的要绿成翡翠，
铁罐上锈出几瓣桃花；
再让油腻织一层罗绮，
霉菌给他蒸出些云霞。
这是一沟绝望的死水，
这里断不是美的所在。
不如让给丑恶来开垦，
看他造出个什么世界。

诗中的"翡翠"、"桃花"、"罗绮"、"云霞"等这些美丽的辞藻放置在对现实世界

诅咒的"死水"语境中，显然有了跟词的本义不一样的涵义，体现出"明显的歪曲"的讽刺意义来。

悖论也是一种表达复义的语言技巧。它使通常互相干扰、冲突、排斥、相互抵消的方面，在诗人手中结合成一个稳定的平衡状态。文学的悖论来源于生活本身的悖论性，相互矛盾的因素共同构成了现实世界。如北岛的《一切》：

一切都是命运
一切都是烟云
一切都是没有结局的开始
一切都是稍纵即逝的追寻
一切欢乐都没有微笑
一切苦难都没有泪痕
一切语言都是重复
一切交往都是初逢
一切爱情都在心里
一切往事都在梦中
一切希望都带着注释
一切信仰都带着呻吟
一切爆发都有片刻的宁静
一切死亡都有冗长的回声

诗中用悖论式的诗句，传达对"文革"时期那种荒谬的现实世界的反映。又如俄罗斯诗人涅克拉索夫的诗句：

你又贫穷，又富有，
又强大，又孱弱，
俄罗斯，我的母亲。

"贫穷"与"富有"，"强大"与"孱弱"，两组矛盾、相悖的词语，在更高意义上却更加真实、准确地表达出了诗人对于祖国的复杂的心理情感。

张力，就是指诗歌当中由词的字典意义与延伸意义所产生的相互牵制、相互依托的关系，诗歌的张力便来自于词的全部外延与内涵所表现的各种意义的统一。诗歌应该是其字典意义与延伸意义的平衡，字面意思与隐喻意义这两种因素要同时存在并处于张力的状态。如下之琳的《断章》：

你站在桥上看风景，
看风景的人在楼上看你。

明月装饰了你的窗子，
你装饰了别人的梦。

全诗从字面意义描写出的生活场景，到延伸出有关情感的诗，再引申到一种哲理化的诗歌意蕴，显示出丰富的诗歌张力。

隐喻，是比喻中的一种，也是诗歌的一种基本要素。一般来讲比喻中的明喻是喻体对喻旨的直接说明，而隐喻则要求喻体与喻旨"远距离"、"异质"。如顾城的《一代人》：

黑夜给了我黑色的眼睛，
我却用它寻找光明。

这里的"黑夜"隐喻的是"一代人"经历的"文革"时期的迷茫岁月，"光明"则隐喻"一代人"对祖国的坚定信念，对真理的追求。

以上这些常用的语言技巧，成为现代诗歌创作向语义转向的节奏韵律。

小结：本章除了介绍有关诗歌文体的基本知识外，还从现代诗歌的特征入手，概括地总结了现代诗歌阅读和鉴赏的要点。接下来重点讲授的是诗歌创作的方法问题。诗歌创作是一种极具个性表达和独特形式的写作活动，较少有普遍的共识和可套用的模式。但是从诗歌创作的基本方法看，每一个诗歌创作者均需要有抒情话语表现的能力，即把内心情感的朦胧性和难以言传性转化为具体的声画形式，还需要有丰富的诗歌阅读经验和对某种诗歌形式的偏好，还要有善于寻找到有别于他人的独特的意象或意象结构方式，有发挥想象力的灵感效应的潜力空间，有善于利用已有的诗歌节奏和韵律的能力，等等。这一切均是可以通过大量的诗歌阅读和丰富的创作实践来摸索和习得的。所以，写诗并非仅仅依靠天赋的写作活动。

【思考与训练】

1. 请用一种或一组声音和画面的组织形式来表达一种离别时的爱恋情绪，使其具有可感性。
2. 请找出一首与当下生活最贴近的诗歌作品，反复阅读它，试作出你的个人分析。
3. 阅读一首现代派的诗歌，分析其意象的结构方式，并试着仿写一首类似意象结构的诗作。
4. 请在一种无准备的状态下，即兴创作一首诗歌作品。然后进行反复修改。
5. 请从中外诗歌作品中，给课文中列出的诗歌节奏韵律技巧——对仗、重复、排比、押韵、平仄、回环、照应等各找出一个范例。
6. 写作实践：

诗歌需要有超凡的想象力，讲究远譬喻、反讽、悖论、张力等。如课文中提到的《鸟儿死去的时候……》一诗中的"鸟儿与子弹"，或《一代人》一诗中的"黑暗与光明"。下列几组词语的相关性比较远，请选择其中一组词语为主题词，充分发挥现代诗歌的创作技巧，创作一首现代诗歌习作。

  停电与爱情 堵车与诗歌 残酷与亲情 失败与灵光

第十三章 散　　文

学习提示：散文文体是一种较自由的文学形式。不仅散文范畴内部包含诸多的种类，而且散文与其他的文体形式更容易融合，如散文诗、散文化小说，新闻体中有文学性倾向的作品大多也可进入散文的范畴之内。所以学习散文文体不宜从核心概念和相关理论入手，反而是运用排他性原则来把握散文的文体感，即在与小说、诗歌和戏剧等文体的比较中得出散文的认识。而散文的写作也就成了不拘一格的自由笔墨。作者随意运用各种文学手法传达主体情思，并形成或自然朴素，或文采斐然，或充满个性趣味的语言文字篇章。

第一节　散文文体概说

一、散文的文体流变

中国古代，散文是与韵文、骈文相对应，指不讲究韵律、不重排偶的散体文章。它的历史可以追溯到甲骨文，包括政论、史论、传记、游记、书信、日记、奏疏、小品、表、序等各体论说、杂文。而中国现代散文受晚明小品文和英国随笔影响，早期称之为"美文"，包括杂文、随笔、游记等。

关于散文的定义，不同的教材和专著有不同的描述。有人认为，现代散文是指与小说、诗歌、戏剧并列的一种文学体裁，有广义和狭义之分。广义的散文，是指诗歌、小说、戏剧以外的所有具有文学性的散体文章。除以议论抒情为主的散文外，还包括通讯、报告文学、随笔杂文、回忆录、传记等文体。随着现代写作的发展，许多文体渐渐获得了独立的文体地位，散文的范围日益缩小。而狭义的散文专指文艺性散文，它是一种以记叙或抒情为主，取材广泛、笔法灵活、篇幅短小、情文并茂的文学样式。还有人定义，散文是一种以情思为元素，以自由感知为方式，以营造韵致情味为重心，以本色为基调的语言艺术。

由于散文是最自由的文体，不讲究音韵，文笔随意，没有任何的束缚及限制，所以散文文体的概念也一直处于争议当中。总而言之，现代散文的特征是形散而神不散，短小优美，生动有趣。

散文文体的出现可以追溯到先秦历史散文。中国古代散文是伴随着史官记言记事而出现的。从记言为主的《尚书》，到记事为主的《春秋》，再到《国语》、《左传》、《战国策》，先秦历史散文奠定了古代史传文学的传统。将严谨的史笔与生动的文采结合起来，达到真实性与生动性的统一。

与此发展稍晚的是先秦诸子散文。从《论语》和《老子》的语录体散文，到《孟子》、《庄子》和《荀子》、《韩非子》，散文文体渐次发展完备，且文体丰富多样，有长篇专论、自由灵活的驳难体、抒情化的杂感短文、笔记体、韵文等。郭沫若曾评价，"孟文的犀利、庄文的恣肆、荀文的浑厚、韩文的峻峭，单拿文章来讲，实在是各有千秋"。

其后经历汉赋，至《史记》的诞生，不仅开创了中国纪传体的历史学，而且开创了以人物为中心的叙事文学，并奠定了中国散文文学的发展格局。魏晋南北朝时期发展成的骈文虽与散文相互对峙，但从文章发展的历史来看，它是散文的一种特殊形态。一直延续到唐代，散文（古文）与骈文均处于不断消长变化之中，直到中唐"古文运动"直至宋代又重新倡导古文，形成享誉文学史的"唐宋八大家"。这个时期散文的辉煌又与时政革新、思想论争的关系密切，形成了多样化的散文风格。之后，元、明的散文发展在复古的大旗下一直进行着观念的论争与拟古倾向，强调文与道的统一，讲究文章法度，并日益陷入一种模拟化的形式文风之中。受此影响，明代八股文形成于明代成化年间，并逐步演化为科举作文之法。其基本结构由破题、承题、起讲、入题、起股、中股、后股、束股、大结等部分组成。

值得肯定的是晚明小品文的出现。其创作从思想上卸去"文以载道"的沉重负荷，行文上洗净传统古文章法格式，以悠然自得的笔调和漫话絮语式的形态轻松自然地体味人生与社会，其语言自由别致，并营造一定的艺术意境。不仅对当时的八股文起到了一定的冲击作用，而且影响了现代散文的形成。

清代桐城派散文既是古代散文发展的理论高峰，也是古代散文式微的象征。在"复古明道"的提倡下，散文创作更加强化了对古文理论规范化的章法见解，但由于思想的守旧，无法使散文的发展符合文学和社会发展的内在规律。

与其他文学文体的革命不同，现代散文的兴起是过渡最平稳，对传统文体传承、转化得最好的文体。五四时期的现代散文一开始就繁荣并达到较高的水准。文体品种之丰，名家之多，风格之绚烂多彩。有《新青年》作家的"随感录"，周作人等的知识小品文，"冰心体"的美文，朱自清的抒情散文，丰子恺等的生活随笔，许地山的散文诗，庐隐的书信体散文，郁达夫的自传体散文，徐志摩的艺术性散文、陈西滢的闲话体散文，等等。

其后的三四十年代，现代散文的发展既有以林语堂为主的幽默闲适小品，也有以左翼作家为主的"鲁迅风"杂文，注重散文的现实批判性与论战效果，"像匕首，像投枪"，还有京派文人团体的艺术抒情散文与散文小品。

这个时期，由新闻体游记发展并形成的报告文学文体的产生，是现代散文发展的重要现象。报告文学的发展规模直到新时期，才彻底从散文文体中分离出来，开始了文体门户独立。

新中国成立以来，通讯、特写、回忆录与传记文学等散文类别发展迅速。新时期散文在"说真话、诉真情"，以"人"为中心的抒情表达中回归。散文开始"向内转"，真诚抒写情感、体验、裸露自我的灵魂，沟通人性，陶冶性情。

这个时期的散文文体的混杂现象越来越多，不仅有小说散文化与散文诗化的文体互渗，而且各种非文学的因素也慢慢融入散文文体的篇章结构之中，由此也产生了散文文体观念的争论。有文体净化论者提出，散文应该是一种以第一人称的"独白"写法，真实、自由的"个性"笔墨，用来抒发感情、裸露心灵、表现生命体验的艺术性散体篇章。而贾平凹创办《美文》提出"大散文"的主张，其基本观点为：一是散文要有大境界，反对把散文变成一种"小摆设"；二是强调散文广泛面，各类题材各种形式都可以进入散文创作，从境界、题材、形式的范围内确定一个"大"字。

二、散文文体的类型

散文文体的类别众多。对古代散文的分类，清人姚鼐在《古文辞类纂》中将其分为论辩、序跋、奏议、书说、赠序、诏令、传状、碑志、杂记、箴铭、颂赞、辞赋与哀祭等13类；而在现代散文中，文类形式也是多种多样，有小品、随笔、杂感、短评、杂文、通讯、游记、日记、书信、特写、速写、回忆录、传记、演讲稿等等。

目前常用的散文分类方法，是根据现代散文立意的侧重点不同，分为叙事性散文，抒情性散文和哲理性散文。

1. 叙事性散文

偏重于记人叙事为主的散文。

很多回忆性的散文，一些游记性的散文大多属于此类。如鲁迅的《藤野先生》、巴金的《怀念萧珊》，冰心的《寄小读者》、李健吾的《雨中登泰山》等。叙事性散文虽然也以叙述为主，但跟小说却有分别。一是因为叙事性散文在记人叙事时讲究真实性，描写的是真人真事，很少虚构；二是叙事性散文在叙事过程中具有浓郁的自我主观色彩，着重写出作者对人与事的主观感受，并直接地表现出来，并不需要追求情节和人物性格的完整性。当然，在现代文体发展中时有一些作家作品经常在小说和散文的边界交叉混同，尤其是一些写法散文化的小说。如鲁迅的《一件小事》、冰心的《小橘灯》、史铁生的《我的遥远的清平湾》等。

2. 抒情性散文

侧重于写景状物为主，作者多采用借景抒情、或托物言志的方式来抒发情绪，寄寓内心的情感。

大多数的写景散文都属于此类。如朱自清的《绿》、《荷塘月色》，杨朔的《荔枝蜜》等。抒情性散文由于其浓厚的抒情成分，所以常在语言层面追求一种诗化的审美效果，着意于意境的营造。也正是因为抒情散文与诗歌文体的接近，所以才出现了散文诗（诗化的散文）这一样式，如鲁迅的散文诗集《野草》。

3. 哲理性散文

侧重于寓情于理的方式来表达对自然与人生的哲思。

不同于单纯的论说文，哲理性散文在议论说理时运用多种艺术表现手段，很好地将抽象的道理与生动的情感结合一起，产生一种理趣之美。如英国作家培根、法国作家蒙田、我国作家钱钟书均是哲理性散文家的代表。

当然，还有一些散文，将记人叙事、景物描绘与人生感悟融为一体，以致我们很难把它们明确地区分开来，如史铁生的《我与地坛》、贾平凹的《丑石》等。可见，所有的分类都是相对的，而作品本身有其丰富性和复杂性。

除上述三大散文类型之外，批评界有时也给散文很多分类的名称。如学者散文、女性散文、儿童散文等。

第二节 散文的特征

一、题材广泛

散文写作入题非常广泛，从宏观世界到微观世界和心灵世界，无所不包。取材自由，不拘一格，充分体现了散文文体的"散"的特征。不仅如此，散文之"散"还体现在散文作者在创作时不必像诗歌那样或冥想或雕琢，和小说那样酝酿日久，而是很随想式地随手拈来，融情思于所涉对象之中。显然，散文创作的为文之用心比较轻松自然，没有其他文学文体创作那样苦心孤诣，凝思长久。这也正是散文题材涉及广泛的深层原因。

二、情思串联

散文虽"散"，但必须要有文体的整体感，这就需要情思串联起来。散文虽然不像小说那样有明显的线索和结构特点，但情思却是一条隐藏着的行文主线。在看似散漫中，情思却一直在牵连着，暗暗主导着文本的发展。正所谓"形散而神不散"，作者在创作散文时，虽然文笔灵活多变，但情思却是一贯的，换一种心情，散文的连续就难以为继了。这也是散文篇幅一般不能太长的原因。我们在阅读散文时，首先要领会的即是作者的情思。情思虽不能像小说主题那样可以归纳、概括出核心的思想意义，但却是鲜活可感、真切自然的。

三、文辞优美

现代散文最初又称"美文"。这也说明了散文的言辞必须优美，阅读时让人赏心悦目。散文总是有一些精彩的文字段落、生动的修辞效果和通畅的语感。传统散文在章法、句式和节奏上更加讲究，特别适合抑扬顿挫地朗诵；现代散文同样有良好的阅读节奏感、精彩的文句修辞，时常成为初学写作者的范文，体现文章形式美的特征。

第三节 散文的创作

散文创作是最自由无度的，甚至可以说是很随便、散漫。鲁迅说过："散文的体裁，其实是大可以随便的。"泰戈尔也说："散文像什么呢？散文就像涨大水时候的沼泽，两岸淹没了,一片散漫。"这不仅仅说写作的主题和结构上可以随意,而且指写作的表达形态上。不像诗歌,要有强烈的情感、核心的意象、凝练的结构,以及抒情的主要表达形态,也不像小说,有深度的生命体验、结构的复杂有序,和主要的叙事表达手段来完成。散文可以没有主题,漫无目的地写,运笔如风,自由无羁,不拘一格,或小题大做,可微言大义,可言近旨远。想抒情则抒情,想叙述则叙述,想说理则说理,没有限定的形式和套路。

虽然散文创作如此自由无度,不依赖任何一种主要的表达手段,也不需要刻意营造意境、意象,编织情节,塑造人物,制造冲突、氛围。但要学会散文写作,还是需要训练一些基本的技巧与方法。

一、学会描写,倾注主体情思

无论是记人叙事,或者写景状物,散文写作都需要有细腻的描写本领。

描写跟叙事、抒情不同,它不是某种文体的主要手段,而几乎所有文体都需要依靠描写来表现。小说文体需要描写来展示人物、环境的特征,诗歌文体需要描写来展示意境、意象的细部特征,增加形象可感的生动性。描写成了叙事文体和抒情文体必不可少的辅助手段。然而,对于散文来说,没有什么主要手段,也没有什么辅助手段。散文的核心是要表现情思。散文的情思跟诗歌表现的情感不同,也不是单纯借助抒情来表现的,而是要呈现或裸露作者内心经历与生活情感沉淀之后的真切领悟。这些无形的情思几乎附着或融化在人、事、物、景之上,但却又不能把它分开。这个时候,作者只是用心地去专注对象,描绘它,让这种随着在物之上的情思呈现出来。举个例文来说,如叶圣陶的《藕和莼菜》:

这藕离开它的家乡大约有好些时候了,所以不复呈玉样的颜色,却满被着许多锈斑。削去皮的时候,刀锋过处,很不顺爽。切成了片,送入口里嚼着,颇有点甘味,但没有一种鲜嫩的感觉,而且似乎含了满口的渣,第二片就不想吃了。只有孩子很高兴,他把这许多片嚼完,居然半点钟工夫不再作别的要求。

作者只是细致地描绘了眼前的藕的色泽、形状、口感,然后读者却深刻地体会到作者内心的情思:即两代人对吃的不同反应背后,是作者对于故乡留恋所承载的那段独特的情感记忆和苍凉回味。这种对家乡的情思超越了单纯的情感喜欢,是作者人生沉淀之后,情理交融中体味到的一种"曾经沧海"。如果作者不是对眼前的"藕"进行用心的描绘,这种真切的情思是很难传达出来的。

一直以来,优秀的散文都离不开精彩细致的描写片段。如:

潭中鱼可百许头,皆若空游无所依,日光下澈,影布石上。佁然不动,俶尔远逝,往来翕忽。似与游者相乐。

——柳宗元《小石潭记》

不必说碧绿的菜畦，光滑的石井栏，高大的皂荚树，紫红的桑椹；也不必说鸣蝉在树叶里长吟，肥胖的黄蜂伏在菜花上，轻捷的叫天子（云雀）忽然从草间直窜向云霄里去了。单是周围的短短的泥墙根一带，就有无限趣味。油蛉在这里低唱，蟋蟀们在这里弹琴。翻开断砖来，有时会遇见蜈蚣；还有斑蝥，倘若用手指按住它的脊梁，便会啪的一声，从后窍喷出一阵烟雾。何首乌藤和木莲藤缠绕着，木莲有莲房一般的果实，何首乌有臃肿的根。有人说，何首乌根是有像人形的，吃了便可以成仙，我于是常常拔它起来，牵连不断地拔起来，也曾因此弄坏了泥墙，却从来没有见过有一块根像人样。如果不怕刺，还可以摘到覆盆子，像小珊瑚珠攒成的小球，又酸又甜，色味都比桑椹要好得远。

——鲁迅《从百草园到三味书屋》

　　曲曲折折的荷塘上面，弥望的是田田的叶子。叶子出水很高，像亭亭的舞女的裙。层层的叶子中间，零星地点缀着些白花，有袅娜地开着的，有羞涩地打着朵儿的；正如一粒粒的明珠，又如碧天里的星星，又如刚出浴的美人。微风过处，送来缕缕清香，仿佛远处高楼上渺茫的歌声似的。这时候叶子与花也有一丝的颤动，像闪电般，霎时传过荷塘的那边去了。叶子本是肩并肩密密地挨着，这便宛然有了一道凝碧的波痕。叶子底下是脉脉的流水，遮住了，不能见一些颜色；而叶子却更见风致了。

——朱自清《荷塘月色》

　　听听，那冷雨。看看，那冷雨。嗅嗅闻闻，那冷雨，舔舔吧，那冷雨。雨在他的伞上这城市百万人的伞上雨衣上屋上天线上，雨下在基隆港在防波堤海峡的船上，清明这季雨。雨是女性，应该最富于感性。雨气空而迷幻，细细嗅嗅，清清爽爽新新，有一点点薄荷的香味，浓的时候，竟发出草和树林之后特有的淡淡土腥气，也许那竟是蚯蚓的蜗牛的腥气吧，毕竟是惊蛰了啊。也许地上的地下的生命也许古中国层层叠叠的记忆皆蠢蠢而蠕，也许是植物的潜意识和梦紧，那腥气。

——余光中《听听那冷雨》

　　以上这些脍炙人口的散文片段，无不显示出描写的独特优势来。显然，学好写散文，掌握细致描写的本领是不可少的。然而，如何练习描写？

　　首先需要有良好的观察力和真挚的生活态度，这几乎成了所有文学写作的前提。

　　我们知道，描写作为一种基本的语言表达形态，它反映了人类不断地认识世界与揭示世界的方式和目的。语言符号的功能和目的不仅仅是为了人类之间的交流，更是为了人类认识与揭示表象世界之上的精神世界，从而获得更具生命力的经验世界。如果只是认识表象世界，符号本身的描写作用就大大减弱了。所以，描写不只是一种揭示事物的工具，更是揭示我们对事物认识背后的生命感悟。从上面列举的一些经典散文段落可以看出，散文家笔下的"藕"、"小石潭"、"百草园"、"荷塘"和"雨"，无不充满着生命感，融注了作者内心的情思。

传统的写作观念把描写看成一种静态的语言刻画，认为对事物状态的描绘是描写的核心功能，它只能增加文章的具体色彩，而不能像叙述那样表达事物的过程以推动行文的进程。然而，事实上，文学写作中的描写是蕴含着一种内在的动态感的，它表现的是静中之动。正如亚里士多德说："诗人的职责不在于描述已发生的事，而在于描述可能发生的事，即按照可然律或必然律可能发生的事。"这也正说明，文学对客观事物的描述跟历史记录不同，它更注重的是作者感受到的可能性，是人倾注在事物身上的生命感。这一点美学家朱光潜在《西方美学史》里有更详细的说明，他说"诗（指文学，引者注）描绘物体也只能通过动作去暗示，只能化静为动，不能罗列一连串的静止的现象"，并归纳出"图画叙述动作时，必化动为静，以一静面表现全动作的过程；诗描写静物时，亦必化静为动，以时间上的承续暗示空间中的绵延"。

所以，我们在学习对事物的描写时，必须要找到在对象身上的那种动态感，即写作者内心意识到的生命流动感。就像叶圣陶先生眼里的"藕"，余光中视野中的"雨"一样。

即使是描写本身具有生命感的动物或者人，我们还要在这些生命体身上发现作者自己所意识到的不同的生命感受特征。如散文家丰子恺这样专注地描写动物"鹅"：

> 鹅的吃饭，常常使我们发笑。我们的鹅是吃冷饭的，一日三餐。它需要三样东西下饭：一样是水，一样是泥，一样是草。先吃一口冷饭，次吃一口水，然后再到某地方去吃一口泥及草。大约这些泥和草也有各种滋味，它是依着它的胃口而选定的。这食料并不奢侈；但它的吃法，三眼一板，丝毫不苟。譬如吃了一口饭，倘水盆偶然放在远处，它一定从容不迫地踏大步走上前去，饮水一口，再踏大步到一定的地方去吃泥，吃草。吃过泥和草再回来吃饭。这样从容不迫的吃饭，必须有一个人在旁侍候，像饭馆里的堂倌一样。因为附近的狗，都知道我们这位鹅老爷的脾气，每逢它吃饭的时候，狗就躲在篱边窥伺。等它吃过一口饭，踏着方步去吃水、吃泥、吃草的当儿，狗就敏捷地跑上来，努力地吃它的饭。没有吃完，鹅老爷偶然早归，伸颈去咬狗，并且厉声叫骂，狗立刻逃往篱边，蹲着静候；看它再吃了一口饭，再走开去吃水、吃草、吃泥的时候，狗又敏捷地跑上来，这回就把它的饭吃完，扬长而去了。等到鹅再来吃饭的时候，饭罐已经空空如也。鹅便昂首大叫，似乎责备人们供养不周。这时我们便替它添饭，并且站着侍候。因为邻近狗很多，一狗方去，一狗又来蹲着窥伺了。邻近的鸡也很多，也常蹑手蹑脚地来偷鹅的饭吃。我们不胜其烦，以后便将饭罐和水盆放在一起，免得它走远去，让鸡、狗偷饭吃。然而它所必需的盛馔泥和草，所在的地点远远无定。为了找这盛馔，它仍是要走远去的。因此鹅的吃饭，非有一人侍候不可。真是架子十足的！
>
> ——《白鹅》

对"架子十足"的"鹅老爷"的精彩描写，其根源是来自于丰子恺先生对动物人格化的诗性眼光，对可笑又可怜的鹅需要"站着侍候"，则印证了作家那爱惜生命的善良心灵，以及超脱于世又深情于世的生活况味。如果作家没有那种对生活的从容、阅历的丰厚和内在的信仰，是不可能写出这种看似朴实，却又性情化的描写文字来。

再看看当代作家张洁写一位结识很久的老炊事员伊伯的散文：

从那以后，虽然每每看见面条，便有一种未吃先饱的感觉，但是，只要我再到福建去，我一定要去看看伊伯，哪怕再有一碗那样令人生畏的面条在等待着我。碗筷旁边，还总是放着几瓣小蒜瓣，那蒜瓣和北方的蒜瓣比起来，全像得了营养不良症。从这得了营养不良症的蒜瓣上，我猜出这蒜瓣找来得很不容易。

因为我是北方人，大约伊伯有一种理论依据，认准了北方人若不吃蒜头便活不下去吧？尽管我三番五次说过，我这北方人例外，是不吃蒜头的。或许他以为我是客气，依然固执地坚持着按他的理论办事。我呢，不大忍心让他的理论破产，每餐饭总是硬着头皮吃一瓣蒜，当他看到他的理论终于被实践证明是正确的时候，他那么诚心诚意，开心地笑了，像个孩子。于是，我便觉得即使那瓣蒜辣得我够呛，也还是值得的。

作家不顾那面条"令人生畏"，还"一定要去看看伊伯"，这一方面体现出作者对伊伯的情感很深，宁愿"硬着头皮吃一瓣蒜"换来伊伯"诚心诚意开心地笑"；在另一方面，实则是作家在伊伯身上发现了那种人格的朴实、醇厚。也正是作家在这个人物身上倾注了自己的情思，才使得这样一篇描写普通人的生活散文显得耐人寻味、情趣十足。

二、学会提炼意象，巧妙传达情思

散文的基本特征是形散神聚。因此不能因为行文随意散漫而造成枝节蔓延、描绘烦冗、思绪泛滥，通过提炼意象来传达情思就显得比较重要。意象提炼跟诗歌创作的意象凝聚不同，散文是自由的文体，没有太清晰的情节线索，要学会以无形的情感线索来檃栝全文，不然就太生硬，没有韵味，也不能有太突出的意象结构，这样就比较刻意，太刻意雕琢了。散文写作要以有形化无形，在看似散漫中不经意地带动行文的走向。

那么，散文的意象提炼靠的是什么呢？仍然是作者内在的情思。当代散文家秦牧说过："散文虽'散'而不乱，全靠思想把那一切材料统一起来。用一根思想的线串起生活的珍珠，珍珠才不会遍地乱滚，这才成其为整齐的珠串。"这里的"思想"指的就是作者的情思。他的代表作《社稷坛抒情》正体现了这一点。文章思绪万千，联想丰富。时而历史怀古，时而眼前抒怀，时而庄严的帝王、忧愤的诗人，时而辛劳的农民、漂泊的游子，可谓上下五千年，纵横八万里。然而，无论作家的笔触散漫到什么程度，文章的线索却始终牵连在由社稷坛所触发而凝聚在作家内心，对土地和人民的情思上。虽然不像小说那样有清晰的线索可以抓住，但散文的这条情感之线看似模糊淡去，实则一直攥在作家的手中，如放入高空的风筝下面系着的看不清的丝线。

要说提炼意象，不得不提到朱自清的经典散文《背影》。写父爱的散文很多，写人记事的散文更普通。然而，作家将对父爱、对往事的回忆全部倾注在一次父亲在车站送别时的"背影"上。这一次送别仿佛被作家艺术化地定格了。

  我看那边月台的栅栏外有几个卖东西地等着顾客。走到那边月台，须穿过铁道，须跳下去又爬上去。父亲是一个胖子，走过去自然要费事些。我本来要去的，他不肯，只好让他去。我看见他戴着黑布小帽，穿着黑布大马褂，深青布棉袍，蹒跚地走到铁道边，慢慢探身下去，尚不大难。可是他穿过铁道，要爬上那边月台，就不容易了。他用两手攀着上面，两脚再向上缩；他肥胖的身子向左微倾，显出努力的样子。这时我看见他的背影，我的泪很快地流下来了。我赶紧拭干了泪，怕他看见，也怕别人看见。我再向外看时，他已抱了朱红的橘子往回走了。过铁道时，他先将橘子散放在地上，自己慢慢爬下，再抱起橘子走。到这边时，我赶紧去搀他。他和我走到车上，将橘子一股脑儿放在我的皮大衣上。于是扑扑衣上的泥土，心里很轻松似的，过一会说，"我走了；到那边来信！"我望着他走出去。他走了几步，回过头看见我，说，"进去吧，里边没人。"等他的背影混入来来往往的人里，再找不着了，我便进来坐下，我的眼泪又来了。

  其实，作家对父亲的回忆，不光只有背影，还有父亲肥胖的身材、蹒跚的步伐、给儿子买橘子时的体贴，以及那渐次老去的颓唐的面容，等等。然而，在作家叙述的笔下，却反复提到父亲的"背影"，将对父亲所有的怀念全部固定在这一"背影"里，以致"背影"成了一个高度凝练的意象——父爱的象征。"背影"也就成了一个凝聚着父爱的情思，贯串整篇散文。

  所以说，形散神聚。"神聚"尤其难，它需要靠作家的为文之用心，审美之情思。漫无目的、过于随意的散文创作者，是无法提炼成一篇好的散文情思。

三、借用多重艺术手法，丰富情思的内涵

  散文文体表达的自由度，使得它可以随意地叙事、抒情、描写、议论和说明，这也容易使散文与别的文体形成混合状态，比较常见的有散文诗、散文化小说等。反过来看，散文写作有时候也可以运用小说、诗歌、戏剧和电影等多重的艺术手段。

  叙事性散文经常运用独特的视角。散文中独特的视角不光是叙事中的视角，如人称和聚焦的变化，更是选材立意的视角。因为散文没有专门虚构一个叙述者身份，而是全部由真切地寄托情思的散文作者本人发出的，所以，散文的独特视角是作者内心情思流露在外的审美体现，是一种构思、一种创意、一种发现。如贾平凹的《丑石》，作者先写我对"丑石"的感情：

  我常常遗憾我家门前的那块丑石呢：它黑黝黝地卧在那里，牛似的模样；谁也不知道是什么时候留在这里的，谁也不去理会它。只是麦收时节，门前摊了麦子，奶奶总是要说：这块丑石，多碍地面哟，多时把它搬走吧。

  接着叙述了"丑石"的经历：

  于是，伯父家盖房，想以它垒山墙，但苦于它极不规则，没棱角儿，也没平面儿；

用錾破开吧,又懒得花那么大气力,因为河滩并不甚远,随便去搞一块回来,哪一块也比它强。房盖起来,压铺台阶,伯父也没有看上它。有一年,来了一个石匠,为我家洗一台石磨,奶奶又说:用这块丑石吧,省得从远处搬动。石匠看了看,摇着头,嫌它石质太细,也不采用。

……

终有一日,村子里来了一个天文学家。他在我家门前路过,突然发现了这块石头,眼光立即就拉直了。他再没有走去,就住了下来;以后又来了好些人,说这是一块陨石,从天上落下来已经有二三百年了,是一件了不起的东西。不久便来了车,小心翼翼地将它运走了。

最后,大家都被这块"丑石"震惊,最终在与"天文学家"的议论中得出一个道理:

"真的,是太丑了。"

"可这正是它的美,"天文学家说:"它是以丑为美的。"

"以丑为美?"

"是的,丑到极处,便是美到极处。正因为它不是一般的顽石,当然不能去做墙,做台阶,不能去雕刻,捶布。它不是做这些玩意儿的,所以常常就遭到一般世俗的讥讽。"

奶奶脸红了,我也脸红了。

我感到自己的可耻,也感到了丑石的伟大;我甚至怨恨它这么多年竟会默默地忍受着这一切?而我又立即深深地感到它那种不屈于误解、寂寞的生存的伟大。

这篇散文之所以成功,不仅在于文章的情、事、理的结合,而在于作者独特的选材和立意之效,作者从生活中发现了一种"以丑为美"的生活哲理,从而赋予了散文以独特的叙述视角。

抒情性散文经常运用意境营造的手段。散文对意境的营造不同于诗歌,作者的情思是通过对景、事、物的描绘,含蓄地传达出来,让读者感到一种诗化的美,所以散文的意境不是情景交融、虚实相生的审美空间的呈现,而是情、景、理的统一。

如法国作家乔治·桑的散文《冬天之美》。作家开篇即摆出自己对冬天的情感态度,"我从来热爱乡村的冬天",紧接着却议论富翁们的无趣和都市生活的"令人恶心",然后,作家以欲扬先抑的方式开始赞美冬天。将整个冬天的情景用诗化的语言描绘出来,以传达作家对冬天的喜爱之情。

在巴黎,人们想象大自然有六个月毫无生机,可是小麦从秋天就开始发芽,而冬天惨淡的阳光——大家惯于这样描写它——是一年之中最灿烂、最辉煌的。当太阳拨开云雾,当它在严冬傍晚披上闪烁发光的紫红色长袍坠落时,人们几乎无法忍受它那令人炫目的光芒。即使在我们严寒却偏偏不恰当地称为温带的国家里,自然界万物永远不会除掉盛装和失去盎然的生机,广阔的麦田铺上了鲜艳的地毯,而天际低矮的太阳在上面投下了绿宝石的光辉。地面披上了美丽的苔藓。华丽的常春藤涂上了大理石般的鲜红和金色的斑纹。报春花、紫罗兰和孟加拉玫瑰躲在雪层下面微笑。由于地势的起伏,由于偶然的机缘,还有其他几种花儿躲过严寒幸存下来,而随时使你感到意想不到的欢愉。虽然百灵鸟不见踪影,但有多少喧闹而美丽的鸟儿路过这儿,在河边栖息和休憩!当地面的白雪像璀璨的钻石在阳光下闪闪发光,或者当挂在树梢的冰凌组成神奇的连笔都无法描绘的水晶的花彩时,有什么东西比白雪更加美丽呢?在乡村的漫漫长夜里,大家亲切地聚集一堂,甚至时间似乎也听从我们使唤。由于人们能够沉静下来思索,精神生活变得异常丰富。这样的夜晚,同家人围炉而坐,难道不是极大的乐事吗?

"广阔的麦田铺上了鲜艳的地毯","天际低矮的太阳在上面投下了绿宝石的光辉","地面披上了美丽的苔藓","华丽的常春藤涂上了大理石般的鲜红和金色的斑纹","报春花、紫罗兰和孟加拉玫瑰躲在雪层下面微笑"。如果用诗行将它排列,不亚于一首优美的写景抒情诗。但我们知道,散文的诗化美不仅体现在散文化的语言上,更体现在作者在创造一种热爱冬天的意境氛围中,将热爱乡村的冬天之情、灿烂、辉煌的冬日之景与冬天可以带给人们丰富的精神生活和同家人围炉而坐的乐事之理高度融合。

哲理性散文则经常借鉴象征化的手段。但它不像象征主义诗歌那样语言晦涩、诗意深奥、表意抽象。散文化的象征手法喻体清晰,形象生动。其象征化的手法自然婉转,一点也不隐藏对意义的传达。说到底,其象征仍然是作者表达情思的一种凝聚,追求的是情、事、物与理的融合。如冰心的散文《谈生命》:

我不敢说生命是什么,我只能说生命像什么。

生命像向东流的一江春水,他从最高处发源,冰雪是他的前身。他聚集起许多细流,合成一股有力的洪涛,向下奔注,他曲折地穿过了悬崖峭壁,冲倒了层沙积土,挟卷着滚滚的沙石,快乐勇敢地流走,一路上他享受着他所遭遇的一切:有时候他遇到巉岩前阻,他愤激地奔腾了起来,怒吼着,回旋着,前波后浪的起伏催逼,直到他过了,冲倒了这危崖他才心平气和的一泻千里。有时候他经过了细细的平沙,斜阳芳草里,看见了夹岸红艳的桃花,他快乐而又羞怯,静静地流着,低低的吟唱着,轻轻地度过这一段浪漫的行程。有时候他遇到暴风雨,这激电,这迅雷,使他心魂惊骇,疾风吹卷起他,大雨击打着他,他暂时浑浊了,扰乱了,而雨过天晴,只加给他许多新生的力量。有时候他遇到了晚霞和新月,向他照耀,向他投影,清冷中带些幽幽的温暖:这时他只想憩息,只想睡眠,而那股前进的力量,仍催逼着他向前走……

终于有一天,他远远地望见了大海,呵!他已到了行程的终结,这大海,使他屏息,使他低头,她多么辽阔,多么伟大!多么光明,又多么黑暗!大海庄严地伸出臂儿来接引他,他一声不响地流入她的怀里。他消融了,归化了,说不上快乐,也不有悲哀!也许有一天,他再从海上蓬蓬地雨点中升起,飞向西来,再形成一道江流,再冲倒两旁的石壁,再来寻夹岸的桃花。然而我不敢说来生,也不敢相信来生!

生命又像一棵小树,他从地底聚集起许多生力,在冰雪下欠伸,在早春润湿的泥土中，勇敢快乐的破壳出来。他也许长在平原上，岩石上，城墙上，只要他抬头看见了天，呵！看见了天！他便伸出嫩叶来吸收空气，承受阳光，在雨中吟唱，在风中跳舞。他也许受着大树的荫遮，也许受着大树的覆压，而他青春生长的力量，终使他穿枝拂叶的挣脱了出来，在烈日下挺立抬头！他遇着骄奢的春天，他也许开出满树的繁花，蜂蝶围绕着他飘翔喧闹，小鸟在他枝头欣赏唱歌，他会听见黄莺轻吟，杜鹃啼血，也许还听见枭鸟的怪鸣。

他长到最茂盛的中年，他伸展出他如盖的浓荫，来荫庇树下的幽花芳草，他结出累累的果实，来呈现大地无尽的甜美与芳馨。秋风起了，将他叶子，由浓绿吹到绯红，秋阳下他再有一番的庄严灿烂，不是开花的骄傲，也不是结果的快乐，而是成功后的宁静和怡悦！终于有一天，冬天的朔风把他的黄叶干枝，卷落吹抖，他无力地在空中旋舞，在根下呻吟，大地庄严地伸出臂儿来接引他，他一声不响地落在她的怀里。他消融了，归化了，他说不上快乐，也没有悲哀！

也许有一天，他再从地下的果仁中，破裂了出来。又长成一棵小树，再穿过丛莽的严遮，再来听黄莺的歌唱，然而我不敢说来生，也不敢信来生。

宇宙是个大生命，我们是宇宙大气中之一息。江流入海，叶落归根，我们是大生命中之一叶，大生命中之一滴。在宇宙的大生命中，我们是多么卑微，多么渺小，而一滴一叶的活动生长合成了整个宇宙的进化运行。要记住：不是每一道江流都能入海，不流动的便成了死湖；不是每一粒种子都能成树，不生长的便成了空壳！生命中不是永远快乐，也不是永远痛苦，快乐和痛苦是相生相成的。等于水道要经过不同的两岸，树木要经过常变的四时。在快乐中我们要感谢生命，在痛苦中我们也要感谢生命。快乐固然兴奋，苦痛又何尝不美丽？我曾读到一个警句，它说"愿你生命中有够多的云翳，来造成一个美丽的黄昏"。

作品不仅讲了一个抽象的生命哲理，仿佛是讲述了一个关于具体可感的生命故事。虽然运用了象征化的手段，但描写细致，形象生动。充分显示了现代散文文体之美。

四、学会运用散体式的语言之美

我们经常说的散文化，更多地是指散体式的语言形态。诗歌的语言凝练、雕琢，小说的语言过于叙述化，戏剧的语言富有动作性。与之相比，散文的语言自然、本色，更贴近生活。当代学者佘树森说："散文的语言，似乎比小说多几分浓密和雕饰，而又比诗歌多几分清淡和自然。它简洁而又潇洒，朴素而又优美，自然中透着情韵。可以说，它的美，恰恰就在这浓与淡、雕饰与自然之间。"

文学语言均是个性化的语言。然而，真正能"文如其人"地显示个性化的语言风格，则是散文式的语言。如上面引述的散文篇章中，冰心散文《谈生命》的清新自然，丰子恺散文语言的朴实，乔治·桑散文语言的华丽，朱自清既有《荷塘月色》的典雅，又有《背影》的朴素。

散文语言有种本色的美。我们可以见到鲁迅那种犀利的杂文语言，也能见到周作人那种学者式从容舒展的语言，还能见到郁达夫传统文言式的典雅，巴金散文语言的洗练。这就要求写作者在生活之中提高自身的文化修养，加深对生活的体验和感受。同时，多在生活中学会活泼的口语和典雅的文学语言，努力做到表达自如，谈吐自然。

需要注意的是，散文一般篇幅较小，作者切忌行文放任，拖泥带水。而要讲究朴素、简练、优美、隽永。朴素是指自然流畅，简练是指语言干净利落，隽永是指语言耐人寻味，优美是指语言富于审美效果，富于音乐美。

向经典文学作品学习语言，向生活学习语言，保持自身对美的理想的追求。散文被称之为"美文"，一个热爱生活，追求美的理想的人，定能写出美的语言。

小结：散文是在与小说、诗歌、戏剧等其他文学文体的区别中得以认识和鉴赏的。通过这种排他性的认识，我们才能体会到散文的"散体"特点、情思表达方式、语言特色等。散文创作的一般方法首先是文学描写的运用，要学会在描写中倾注主体情思；其次写作者可以自由地选取丰富的文学艺术手段进行符合自身语言风格的书写，并最终写出贴近内心，展示本色的散文篇章。

【思考与训练】

1. 请细致观察身边的生活，找出一例引起自己内心关注的人或事，写一段充满情趣的描写文字。

2. 多阅读几篇经典散文作品，然后理清文本的情感线索，分析作者是运用什么手段提炼意象，传达情思。

3. 试运用多种文体的表现方式，写一篇富于哲理性的散文习作。

4. 下面是宗白华的一首小诗《晨兴》，请把诗人表达的情绪转化为散文式的情思，写作 500 字以内的散文片断。

太阳的光，／洗着我早起的灵魂。／天边的月，／犹似我昨夜的残梦。

5. 写作实践：仔细观察周边的事物，然后根据你最近的情感或思绪状态，写作一篇散文，要求在你观察的对象身上融注自己真切的情思。要求充分运用本章所讲述的散文创作方法。

第十四章　报告文学与纪实性写作

学习提示：报告文学曾经只是散文中的一个门类。但随着中国社会的全面现代化进展，报告文学迅速地成为一门独立的、有巨大社会影响力的文体形式。20世纪80年代开始，报告文学的新闻功能和社会效应进一步地向更加自由的纪实性写作迁移，不仅保持着对社会热点的书写，而且在结合信息时代的媒介传播上吸引了更多的大众读者群体。本章介绍了从传统的报告文学到纪实文学的文体转变，把报告文学带入到一个开放的、多样化的文学领地。在写作指导上仍然侧重介绍报告文学的基本写作方法，而把纪实性写作留给那些对文学创作和报告文学写作融合有悟性的写作者。本章写作指导的最终目的是期望学习者达到面对社会实际问题进行独立的报告文学写作的能力。

第一节　从报告文学到纪实文学

一、报告文学与纪实文学的定义及变迁

从文体的发生看，报告文学本是从新闻报道和纪实性散文中生成并独立出来的一种散文体裁，也是一种以文学手法及时反映和评论现实生活中的真人真事的新闻文体。

茅盾曾在《关于"报告文学"》中说："每一时代产生了他的特性的文学。'报告'是我们这匆忙而多变的时代产生的特殊的文学样式。读者大众急不可耐地要求知道生活在昨天所起的变化，作家迫切要将社会上最新发生的现象（而这是差不多天天有的）解剖给读者大众看。"充分道出了报告文学随时代应运而生的文体特点。

然而，面对今天的信息化时代，报刊、网络新闻与时评、通讯等逐渐代替了茅盾所说的传统报告文学的新闻功能。今天的报告文学更体现出一种文体交叉的优势，它是新闻文体和散文文体的混合物，随着纪实性写作日益受到当今读者的喜爱，报告文学也越来越得到作者和读者的青睐，成为引领潮流的纪实文学或"非虚构文学"的重要组成部分，其表现范围和文体功能也更加丰富而灵活。

本章作为文学写作的章节，将重点讲述报告文学作为文学文体的创作方法，强调其以文学手段及时处理新闻题材，表现现实生活中具有典型意义的真人真事的一种文学样式。

跟诗歌、小说、散文、戏剧等传统文学文体不同，报告文学从散文文体中分离出来形成一种新的独立文体，是近代工业发展的产物。早在19世纪的晚清时期，现代报刊在中国的出现，形成了一种散文与新闻相结合的写法，出现了第一批初具报告文学雏形的作品。"五四"新文化运动之后，越来越多的现代知识分子，像鲁迅、冰心、瞿秋

白、柔石、谢冰莹和文学研究会的诸作家等，写作了大量介绍世界见闻的新闻体游记。他们以亲身经历的事件为素材，用敏感的现代视野描述世界发生的一切。作品中表现了同情人民生活疾苦、揭露帝国主义和封建军阀罪恶、寻求中国出路、赞扬苏俄革命、表现北伐革命等思想内容。

"报告文学"这一名词直到1930年才正式被引进。1932年阿英选编的《上海事变与报告文学》是第一部以"报告文学"命名的作品集，对"报告文学"这一新兴体裁的发展起到了积极的推动作用。

30年代初是报告文学创作的兴盛期。在"左联"的推动下，革命文学中反映工农苦难生活的现实作品日益增多。题材开拓的同时，报告文学在思想、技巧、文体等方面也日趋成熟。到30年代中后期，报告文学创作迎来了丰收的成熟时期。出现了一批风格各异、形式多样，在思想和艺术上都非常成熟的作品，有夏衍的《包身工》、萧乾的《流民图》、宋之的的《1936年春在太原》、胡愈之的《莫斯科印象记》、林克多的《苏联见闻录》、戈公振的《东北到庶联》、邹韬奋的《萍踪寄语》和《萍踪忆语》、范长江的《中国的西北角》等。

抗战爆发使报告文学成为这个时代文学的主流。范长江的《芦沟桥畔》系列战地报告文学，丘东平的反映国民党军队正面抗战情况的作品《第七连——记第七连连长丘俊谈话》，碧野的《北方的原野》、姚雪垠的《战地书简》等再现了中华人民的抗日热潮；肃乾的《血肉筑成的滇缅路》披露了鲜为人知的国际援助的滇缅路的修造情况；黄钢的《开麦拉前的汪精卫》运用镜头语言，刻画了大汉奸的内心世界；《上海一日》是沦陷后的上海抗战的纪实，也是一部珍贵的报告文学集……

同时，解放区的报告文学创作积极反映劳动人民中的先进人物、民族英雄。如周而复的《诺尔曼·白求恩片断》，华山的战争题材作品，刘白羽关于东北战场的报告文学等，均以强烈的新闻性和政治抒情色彩取胜。

新中国成立后的报告文学多以讴歌新社会、新生活、新人物、新事物为主要表现内容。其中，抗美援朝是50年代最引人瞩目的题材。同时，这一时期的革命历史传记、回忆录、通讯、特写等也大量涌现，成为纪实文学的先声。但之后，报告文学同其他文学文体一样，受到政治气候的影响，写作上出现了低潮。

新时期，《人民文学》以醒目的标题，将徐迟的《哥德巴赫猜想》刊发在1978年1月号头条位置，揭开了新时期报告文学复苏与繁荣的序幕。这一时期，通过撰写科学家、老一辈无产阶级革命家、坚持真理的英雄这三类人物，掀起了报告文学复兴的热潮。紧接着，改革开放的风起云涌，报告文学家们贴近生活，紧跟现实，追随时代的脚步，不断地拓展创作题材，开始了中国报告文学的新纪元，有影响的作品层出不穷。黄宗英的报告文学如《小木屋》、《大雁情》、《橘》等带有强烈的批判意识；陈祖芬的报告文学在思想和艺术手法上都不断创新；理由的作品则以文采见长，其"小说式"作品强调了他对报告文学艺术价值的重视；以儿童文学创作著称的柯岩，在报告文学创作中保持了她一贯的童心；李延国以个性鲜明的人物形象为写作核心，诠释他"礼赞这英雄的国土"的创作理想，代表作《在这片国土上》刻画了引滦工程中的英雄群像；刘亚洲的军事题材作品题材新颖，知识性、新闻性强，信息量大；此外，还有李玲修以体育界、艺术界人物的闪光点为创作基点，肖复兴则是通过普通人的遭际，揭示现实的隐忧；值得一提的是，这个时期还出现了《二月逆流始末记》、《李宗仁归来》、《将军决战岂止在战场》等历史题材的报告文学作品，开启了历史题材纪实作品的先河。

随着中国的经济建设的飞速发展，报告文学这一紧贴现实的文学形式，也以坚实的步伐，不断地迈向文体泛化的开放道路。不仅出现了全景式报告文学、问题报告文学的写作样式，而且在不断地扩展其写实性的表现领域，深入到社会、历史、教育、体育、经济等各个专业领域，并借助丰富的文学手段，向更为宽泛的纪实性写作延展。

纪实文学作为一个文学概念，无疑是伴随着新时期的社会与文化开放势态而兴起的。从早期的革命历史传记和回忆录等纪实性写作样式，到80年代中后期，很多专业作家也开始进行纪实性文学的创作。如张辛欣、桑晔的口述实录文学《北京人》，刘心武的《5·19长镜头》、《公共汽车咏叹调》，梁晓声的《父亲》、《京华见闻录》等，这些新时期著名的小说作家，开始有意识地以纪实性写作展示小说另一种艺术魅力。

纪实文学在形式上有多种称谓，有称纪实小说、报告小说、口述实录文学，还有以新新闻体小说，非虚构小说来命名。后者的命名受西方文学观念的影响，在西方的《文学词典》中，认为非虚构文学创作是文学的一个分支，与虚构性文学创作相对，是以事实和现实内容为依据，但仍然运用想象与虚构的文学手段的一种文体形式。

纪实文学的概念比较宽泛，我们可以把它放置在报告文学与正统的文学概念之间的领域来理解。从报告文学这一面看，纪实文学是一种迅速反映客观真实的现实生活的新兴文学样式，亦称报告小说，是报告文学化的小说，也是小说化的报告文学。它以真人真事为基础，可以有一定的虚构性，但对虚构有一定的限制。报告文学与纪实文学的关系在于，后者更趋向于文学性创作，主要人物和主干情节是纪实的，一些细枝末节存在虚构的成分。其表现领域可以是最近发生的新闻性事件，也可以是最近发现的历史性事件，相对报告文学而言纪实文学扩大了社会表现的内容。

若从正统的文学观念一面看，关于纪实文学的定义，还有多种观点。如李辉提出："纪实文学，是指借助个人体验方式（亲历、采访等）或使用历史文献（日记、书信、档案、新闻报道等），以非虚构方式反映现实生活或历史中的真实人物与真实事件的文学作品，其中包括报告文学、历史纪实、回忆录、传记等多种文体。"这样，纪实文学的外延就更大了，不仅包括报告文学，还有很多非虚构类的文学创作。

新时期以来，纪实文学有了长足的发展，除了前面提到的一些纪实小说创作，还有以知青题材和文革历史题材的纪实小说作品。如邓贤的《中国知青梦》、冯骥才的《一百个人的十年》、老鬼的《血色黄昏》、成坚的《审问灵魂》，等等。而一些历史纪实类的作品更多，邓贤的《大国之魂——第二次世界大战滇缅印战区纵横》和《淞沪大决战》，邢军纪的《黄河大决口》，还有解放军文艺出版社的《中国抗日战争纪实丛书》、《红军征战纪实丛书》，团结出版社的《民国风云秘录丛书》等。

在其他题材领域，纪实文学也有较大的成就。如黄传会、何建明、范香果、舒云等对中国教育问题的关注，有《"希望工程"纪实》、《中国山村教师》、《落泪是金》、《最后的堡垒——二十一世纪中国教育最新报告》、《高考殇》等。还有对中国农民问题强烈关注的陈桂棣、春桃夫妇的《中国农民调查》，卢跃刚的《以人民的名义——一起非法拘禁人民代表案实录》、《讨个"说法"》、《大国寡民》等作品。

此后，在世纪之交，一些史志型纪实文学和新传记体文学也陆续登场。如陆键东的《陈寅恪的最后二十年》、李辉的《风雨中的雕像》、章诒和的《往事并不如烟》、庞瑞垠的《东平之死》、阿成的《赵一曼女士》、傅国涌的《1949：中国知识分子的私人记录》、史景迁的《王氏之死——大历史背后的小人物命运》、杨绛的《我们仨》、老鬼的《母亲杨沫》，等等。这些纪实类的作品在文学批评界和大众阅读中均引起过较大的反响。

同时，在影视文学领域也出现了一股纪实文学的潮流。如《周恩来外交风云》、《新中国重大决策纪实》、《共和国五十年》、《中国大案录》、《中华之剑》、《唐山大地震》、《离开雷锋的日子》、《孔繁森》、《张思德》等等。

纵观三十年，纪实文学的兴盛把报告文学文体带入到一个开放的、多样化的文学领地。

二、报告文学与纪实文学的分类

常见的报告文学类型是按报告的内容分类，分为人物性报告文学和事件性报告文学；

1. 人物性报告文学

是指以人物叙写为中心，完整地塑造一个现实生活中人物形象或群体的报告文学。如穆青、冯健、周原等的《县委书记的好榜样——焦裕禄》，围绕焦裕禄为人民服务的工作作风和崇高精神，选取了他在兰考县工作时的几个生活片断来写，塑造了一个鞠躬尽瘁的党的好干部形象；乔迈的《三门李轶闻》，则是人物群体的报告文学，通过写五名党员在农村实行责任制时倔强地团结，不为群众抛弃的怪事，塑造了他们发扬党的优良传统的群体形象。

2. 事件性报告文学

是指以反映重大事件为中心，叙述现实生活中具有典型意义的社会事件的经过、原因和社会意义。如房树民、王石等的《为了六十一个阶级兄弟》，报道了1960年初山西省平陆县发生的民工中毒事件。作品记叙事件发生以后，从地方到中央各方抢救、争分夺秒、齐心协力，最后成功救治61个阶级兄弟。这篇激动人心的报告文学发表后，产生了巨大的社会效应。

此外，可按篇幅分为长篇、中篇、短篇和微型报告文学等。

按性质可分为歌颂性、揭露性和问题型报告文学等。

按题材可分为工业报告文学、农业报告文学、军事报告文学、生态报告文学、历史题材报告文学等。

纪实文学由于其概念的宽泛性，其分类的界限也比较模糊。但根据其狭义与广义的定义，我们可以将其按概念的外延，以辐射状方向进行大致地分类。

首先是纪实性较强的文体：纪实散文、回忆录、传记文学、报告文学、文学性强的通讯与调查报告。

其次是有点虚构倾向和情感色彩的纪实类创作：纪实小说、新闻体小说、口述实录小说，等等。

最后是一切非虚构类的作品，其界限更加模糊：可能包括略有文学色彩的新闻通讯和调查报告，以及有更多虚构成分但又有历史事实根据的文学创作。前者可能接近新闻文体，后者更接近纯文学创作。

第二节　报告文学和纪实文学的特征

一、报告文学的文体特征

1. 新闻的功效

报告文学从文体意义上说，具有交叉性。它具有新闻文体的特征，跟文学文体比较，它是一种具有明显的社会功利性的文体。报告文学必须发挥其新闻的功效，不仅要及时地反映社会问题，报道现实生活中新近发生的有意义的真人真事，而且要敢于触及社会上的敏感地带，以引起人们的关注和思考。报告文学在社会文化传播中要发挥"文学轻骑兵"的作用。

2. 文学的风格

从文学文体的角度上看，报告文学最早萌芽于新闻性的游记，最终脱胎于散文门类，成为独立的文学文体。所以，报告文学的母体应该是文学，它是文学新闻化慢慢衍生而来的，是文学参与社会文化实践的结果。报告文学对社会的反映效果是通过文学的魅力来实现的，它需要运用丰富的表现手法和艺术技巧，生动真切地反映社会生活事件，塑造现实人物形象。没有文学色彩的报告文学即沦为了新闻报道，在读者中产生不了深度阅读的效果。

3. 政论的色彩

报告文学的作者必须站在时代的前沿、思想的高度，去敏感地触及和探讨社会上受关注的真人真事，这就要求作者带着一定的思想评判标准，分析问题的角度来审察写作的对象，并最终得出自我对社会问题和社会现实的思考。在报告文学的行文过程中，作者需要以敏锐、鲜明、带有情感色彩的笔触，或褒扬奖掖，或贬斥抨击，以政论性的语言特色对社会时代生活作出理性的反映。

二、纪实文学的美学特征

1. 纪实性

纪实文学与一般小说最大的区别在于"纪实"二字。忠实于生活中的真人真事是纪实文学的一个基本特征。若作家远离生活真实,任意主观虚构,则就失去了纪实文学的特质。作家刘心武这样说过:"一般小说是去了解一百件事后,加以融汇提炼,写出第一百〇一件事来;纪实小说是在了解一百件事后,从中选出一件最值得写的事来展现。如果在了解了一百件事后仍感到没有值得写的,那就再去了解,直到发现有一件值得移于纸上的事为止。"

但与报告文学严格的真实性相比,纪实文学允许一定的虚构,尤其是在一些次要人物、情节或细节上有一定的可塑性空间。作者或隐去真人姓名,或添加一些情节或细节丰富人物形象的效果。另外,纪实文学不一定具有新闻性效果,选材上较为广泛,不追求时效性。既可以关注现实,也可以沉入历史,进行富于审美价值和阅读效果的写作。

2. 文学性

纪实文学并非简单地复制现实生活,在对现实的反映上可以借助丰富的文学手段,达到良好的审美效果。从对文学性的运用程度上看,报告文学虽然可以借助多种文学表现手段,但受真实性的制约比较大;而纪实文学则在人物塑造、环境渲染、细节刻画,甚至心理描写上融入更多的小说笔法,并允许作者在真实的基本框架上进行一定程度的适当虚构,表现出作者个人更多的创作自由度和艺术想象力。所以,纪实文学的文学色彩比报告文学更浓厚。

3. 论说性

纪实文学在对生活内容的表现上,具有较强的作家主体意识的渗透。作者甚至直接坦露出自我的立场观点和审美评价。虽然略带主观,但却有情理的真切。在这一特点上,纪实文学与报告文学具有比较接近的表现形态。作者均可以对现实生活进行比较直接和强烈的干预,具有较鲜明的现实立场和是非评判标准。更细微地比较,则报告文学作者更多地站在社会时代的理性层面作出判断,纪实文学作者较多表现出个人的社会见识和情感倾向性。

从以上报告文学与纪实文学的特征看,二者具有较大的相似性与兼容性,没有明显的界线,体现出两种文体之间的同中之异。

第三节 报告文学的写作

一、加强自身的社会关怀与政论水平

写好报告文学首先要满足的条件跟一般的文学作家不同,它需要写作者自身拥有强烈的社会责任感和社会观察力。报告文学创作跟其他文学文体不同,他是一种带有社会

功利性的写作，而不是纯粹的个体精神书写。其他文学创作的追求和过程更多地体现出审美无功利性，其写作的目的性是隐性的。即便是畅销文学、网络文学的创作，虽然商业性较浓，但其创作的过程中首先要注重的还是文学作品本身的审美效果，否则就达不到畅销的目的。

而报告文学文体的特征决定了写作者是带着显性的社会目的去写作的，写作的首要目的不是为了作品本身的审美效果，而是为了揭示社会问题，反映社会真相，报道社会人物等。报告文学首先是要具有鲜明的新闻效果，其次要有正确的社会效果，最后才是具有丰富的文学艺术表现。

所以，根据报告文学文体特征的重要性，对写作者本身素质提出了综合性的要求：

首先，他需要有直面现实的勇气，敢于面对现实中的人和事进行客观的报道。这更多地反映出作者创作选材时的眼光、提出问题的能力和勇气。

贴近生活，关注民生、社会热点及焦点。要敢于为人民代言，在创作中坚持批判性与真实性的统一。许多优秀的报告文学家在这一点上都做得很成功，如早期的报告文学家夏衍对《包身工》的创作。当时正值抗日战争爆发，世界范围内爆发的资本主义的经济危机使得日本帝国主义加快侵占我国的步伐，加紧对我国经济的掠夺。为了避免上海工人运动不断涌起的罢工高潮的威胁，日本资本家大量雇用没有任何人身自由的"包身工"代替普通的自由劳动者。为了创作这篇报告文学，夏衍亲自深入东洋沙厂采访调查。他得到一位女工的帮助，混进包身工群体中两三次。夏衍为了看到包身工们上班的真实情景，足足做了两个多月的夜工。他深入生活获得了大量第一手材料后，终于写成了这篇影响力巨大的《包身工》。

另外，在抗战爆发中，涌现了一大批亲力亲为、不畏艰险的报告文学家，如萧乾、范长江、骆宾基等，如实地反映出全国抗战的信息，鼓舞了广大人民的士气，并带动了中国现代报告文学的兴盛。新中国成立后，在抗美援朝的战争中，也涌现出像魏巍这样优秀的报告文学家。

所以，要写好报告文学，写作者要有直面现实的生命勇气，在困难面前决不退缩。为了获得第一手的翔实材料，要有一种"战地记者"式的无畏的心，还要有一种深厚的社会观察力和为民请命、为民立言的胸怀。如2003年第六期在《当代》选发的陈桂棣和春桃采写的长篇报告文学《中国农民调查》即是当代报告文学的范例，影响巨大。

其次，报告文学作者要有高度的政论水平和对问题的真知灼见。这更多地代表作者利用材料、分析问题、深化主题的能力。一名优秀的报告文学家要有高度的社会视野和政治水平，能看到社会发展的正确方向。如徐迟创作《哥德巴赫猜想》时，"文革"刚刚结束，但旧的社会思想的阴霾仍然没有扫除，思想解放运动正在酝酿当中，一些人的头脑仍然被"文革"的政治思维所禁锢。而作者徐迟却敢于报告一个被称之为"修正主义苗子"的陈景润，叙述他的传奇经历，多方面展示他的个人遭遇，并由此上升到时代的高度，揭示了知识分子的不幸与民族命运的关系。当数学家陈景润还在被一些同行中人诬蔑为"白痴"时，作者毫不避讳地批驳说："讲这话的人才像白痴呢！"并一针见血地论说：

> 权力使人昏迷了；派性叫人发狂了。

发表于 1978 年的《哥德巴赫猜想》最早展现了"文革"给知识分子带来的时代烙印和心灵伤痕，呼唤对人的价值、科学、知识的尊重，被誉为新时期报告文学繁荣的"报春花"。

要培养自身的政论水平，除了具有丰富的社会观察力和敢于直面现实的勇气外，显然还需要有一定的理论水平，要有透彻地分析问题、解决问题的能力和水平。

最后，写作者要具有良好的文学修养和对现实问题的艺术处理能力。许多优秀的报告文学家既是优秀的文学家，同时还身兼社会职务。如夏衍是剧作家、导演，萧乾是小说家、大公报记者，魏巍是散文家、记者，徐迟是诗人、散文家、翻译家，等等。他们具有良好的文学修养，还具有丰富的社会阅历，能用手中的笔解决社会实际问题。

二、报告文学的写作程序

从实用文体的角度看，报告文学无疑属于报告的一种。所以，报告文学的写作需要安排一个实用性的具体写作步骤与过程。

首先，写作者要深入体验生活，收集写作材料。材料的收集途径与方法一般有两种：一是观察、调查。具体的方法有开调查会、个别访问、亲自实践等。当代报告文学家理由曾说过："六分跑，三分想，一分写。"对于报告文学作者来说，他不仅要有一般的新闻观察采访能力，更要具备深度的社会观察能力和敏锐的社会触角做指导，善于发现生活当中正在发生的有意义的新闻事件，和人们普遍关注的社会生活心理动态，从而开掘出能反映时代风貌、展示时代脉搏的主题。二是查阅。查阅不仅仅是获得二手材料的途径，而且是对历史材料和理论材料掌握的必不可少的途径和方法。因为生活是原生态的，作者需要通过历史材料的对照，找出事情发展的线索和规律，同时又需要通过理论材料深化对现实问题的认识，上升到思想的高度。

其次，写作者要对材料进行筛选、甄别和加工。实用文体的写作一般坚持两条原则：一、尽量采用第一手材料，准确核实间接材料；二、纵横兼顾，正反对比，点面结合。报告文学的写作则在此基础上，学会选择那些典型的人物性格、具有重大意义的生活事件和具有独特性的社会环境来写。如魏巍在写作报告文学《谁是最可爱的人》之前，在朝鲜前沿阵地上采访了三个月，亲眼看见了无数的战士们英勇顽强、奋勇杀敌、血染疆土的事例。几乎每个战斗事例都是感人的。但在写《谁是最可爱的人》时，作者只是选择了几个例子，写完之后又删了两个，最后只选取了松骨峰战斗、火中救小孩和雪地吃炒面三个独立的事例来写，从各个方面充分体现了志愿军战士的优秀品质。

最后，写作者要掌握具体的撰写方式。包括标题、正文和结尾的写作规范。

报告文学的标题比较灵活，既用一般公文式标题（事由 + 文种）的方式，如何建明的《中国高考报告》、陈启文的《南方冰雪报告》；又用新闻式的双标题，如张胜友、胡平等的《世界大串联——中国出国潮纪实》、何建明的《生命第一——5·12大地震现场纪实》等；还可以像一般的文学作品那样设置标题，如理由的《扬眉剑出鞘》、梅洁的《西部的倾诉》等。标题的设置也充分反映了报告文学写作的灵活性和文体交叉性特征。

一般的公文报告正文主要由报告缘由、报告内容和报告结语组成。报告缘由一般承接标题中的事由落笔入题，并用"现将有关情况报告如下"等开启下文。报告内容一般要写明主要情况、措施与结果、成效与问题，有的还要写明经验或教训，意见或建议，打算或安排等。最后一般用"特此报告"的结语收尾。

对于文学性的报告来说，写法相对灵活些，但同样需要开头写清楚报告的原因、背景。但开头的方式可以有很多种，如以下几种方式开头：

说明式：把报道的对象简要交代清楚，鲜明扼要地亮出报道的主题，或首先交代作者的写作动机。这是最常见的实用文体式的开头方式。

叙述式：将事件的高潮或结局事先讲述出来，造成一种叙述上的悬念感，增加阅读的效果。如《扬眉剑出鞘》：

一辆闪着红十字标记的救护车和两辆小汽车，驶出马德里体育宫，沿着公路向前疾驰。

这是1973年3月26日的晚上。西班牙的首都沉浸在深蓝色的夜幕里……

汽车停在一所医院的门前。

鬓发斑白的西班牙击剑协会主席和中国青年击剑队教练员庄杏娣，簇拥着一个年轻的中国女运动员，直奔医院的急诊室……

姑娘受伤了，左臂上包扎着绷带。她叫栾菊杰，中国女子花剑运动员，二十来岁的样子。身子修长，亭亭玉立。红润的脸颊，红得像一朵山茶花……

描写式：描绘一个真实生动的场面，带给读者以强烈的现实感。如夏衍的《包身工》：

已经是旧历四月中旬了，上午四点过一刻，晓星才从慢慢地推移着的淡云里面消去，蜂房般的格子铺里的生物已经在蠕动了。

"拆铺啦！起来！"穿着一身和时节不相称的拷绸衫裤的男子，像生气似的呼喊，"芦柴棒，去烧火！妈的，还躺着，猪猡！"

议论式：通过对事件或人物的评论，首先揭示出报道对象的重大意义。如魏巍的《谁是最可爱的人》是这样开头的：

在朝鲜的每一天，我都被一些东西感动着，我的思想感情的潮水，在放纵奔流着。它使我想把一切东西，都告诉给我祖国的朋友们。但我最急于告诉你们的，是我思想感情的一段重要经历，这就是，我越来越深刻地感觉到谁是我们最可爱的人！

谁是我们最可爱的人呢？我们的部队、我们的战士，我感觉他们是最可爱的人。

也许有的人在心里隐隐约约地说：你说的就是那些"兵"吗？他们看来是很平凡，很简单的哩。既看不出他们有什么高明的知识，又看不出他们有丰富细致的感情。可是，我要说，这是由于你跟我们的战士接触太少，因此，你没有能够了解到：他们的品质是那样的纯洁和高尚，他们的意志是那样的坚韧和刚强，他们的气质是那样的淳朴和谦逊，他们的胸怀是那样的美丽和宽广！

提问式：把报道中所要反映的问题以设问的方式提出来，引起读者的注意。如萧乾的《血肉筑成的滇缅路》：

有谁还记得幼年初初涉足"罗汉堂"时的经验吗？高耸的石级，硕大的飞栋，乳鸽雏燕啁啾在阴森黑暗的殿顶，窸窣着翅膀，而四壁泥塑的"云层"上排列着那一百零八尊：盘膝而坐的，挺然而立的，龇牙笑的，瞪眼嗔怒的，庄严、肃穆、却又诙谐，一种无名的沉甸压在呼吸器官上。

旅行在崭新的滇缅路上，我重温了这感觉。不同的是，我屏息，我微颤，然而那不是沉甸，而是为他们的伟大工程所感动。正如现代人对蜿蜒山脊的万里长城惊愕得倒吸一口冷气，终有一天我们的子孙也将抱肘高黎贡山麓，叹止地自问：是可能的吗？九百七十三公里的汽车路，三百七十座桥梁，一百四十万立方尺的石切工程，近两千万立方尺的土方，不曾沾过一架机器的光，不曾动用国库的巨款，只凭二千五百万民工的抢筑：铺土，铺石，也铺血肉。下畹段（下关至畹町）一九三七年一月动手，三月分段试车，五月便全路通车。

数据摘要式：将最重要的数字摘录下来，突出事件的结果或意义。如钱钢的《唐山大地震》：

第一章
蒙难日"7·28"
3时42分53.8秒……
历史将永远铭记地球的这一个坐标：东经118.2°，北纬39.6°。
人类将永远铭记历史的这一个时刻：公元一千九百七十六年七月二十八日，北京时间凌晨三时四十二分五十三点八秒。
……

报告文学的主体部分依然要讲究实用文体和文学文体的双重特性，即清晰性和生动性。所以，在具体的行文中要注意两个问题：一是结构安排；二是典型事例的运用。

一般说来，报告文学的结构方式有三种：历时性、共时性和时空交错式结构等。

历时性结构：指按照事件的发生、发展、结局的时间顺序，或按事件发展的因果逻辑来展开。这种结构方式线索清晰，前后一贯，紧紧围绕所要报道的中心事件或核心人物而展开。如《为了六十一个阶级兄弟》即是运用了这一结构方式。

共时性结构：指围绕一个主题，同时报道几个人物，或几件事情，根据人物或事件之间的逻辑关系来安排行文的结构方式。这种结构方式使得主题更加集中、突出。如《唐山大地震》即是运用了这一结构方式。

时空交错式结构：指在报道复杂的事件状况或丰富的人物阅历时，在历时性的线索中时常穿插共时性的事件，从多方面多角度来表现报告的主题。这种结构方式很有艺术张力，适合报道当下发展的复杂多变的生活事件和人物事迹。如《生命第一——5·12大地震现场纪实》即是运用这一结构方式。

除了结构上的清晰安排，使得报道的内容清楚、完整，主体部分的写作还需要增加报道的生动性，提高作品的感染力。这就需要恰当地选取典型事例，抓住富有特征性的细节来表现。

报告文学既不能编织情节，又不能虚构人物，而是在真人真事的基础上进行文学加工。这个时候，恰当的事例、剪裁安排与富有特征性的细节表现就重要了。一般来说，正文部分需要运用典型性的事例、细节的捕捉，人物性格的刻画、人物心理的挖掘等手段来丰富具体的行文逻辑。

最后是报告文学的结尾。跟一般公文的固定式结语"特此报告"不同。报告文学的结尾多以议论收尾，或深化主题，进行哲理性的总结；或展望未来，提出鼓舞和希望；或强化问题意识，提出进一步关注的期待。

三、多重文学手法的运用

报告文学还可以吸收丰富的文学手法，以增进文字的表现效果，增加可读性和关注度，从而产生更好的社会效应。

除了不能过于虚构，报告文学的写法非常自由。可以将叙事、写人、状物、抒情和议论融为一体。如萧乾在《血肉筑成的滇缅路》一文中这样饱含深情地书写哀鸿遍野的难民状况：

我哪里是在乘火车！两边车窗外尽是白洋洋的水，坐在陇海路的车里，我竟有跨海渡洋的幻觉了。大湖站以西，还只是轨道北面汪着无际的大水，水里斜卧着坍倒的草屋；浮着狼狈的小木筏。南面干土上却还有牛车满载着新割的禾稼。草垛上坐着衔了烟袋的农夫，成为一幅水陆与悲喜的绝妙对照图。车过大许家站，大水便已漫溢到轨道的两边了，不再看见干土，漂在水上的尽是逃难的木排和小船，上面堆满了由一间农家茅舍搬出的零星什物，坐着一簇表情呆痴的逃荒人。我俯首向车窗外探望，陇海干线的路基虽还稳固，横暴的水正在不甘休地用猛浪击撞着护路的木桩和石块呢。

报告文学还可以充分借鉴小说的叙述技巧、电影镜头的蒙太奇组接等。如《为了六十一个阶级兄弟》，采用倒叙、平叙、跳跃、穿插等叙述手法，大量运用剪辑、组合、时空转换等类似电影蒙太奇的艺术手法，显示一种救人的迫不及待和齐心协力的叙述效果。

这已经是二月三日的中午了。时间啊，你停滞一会吧！你为什么老是从人们的身边嗖嗖地疾驰而过，想挽也挽不住……

郝书记急切而坚定地指示："我们还是应该就地解决。向运城县去找！向临汾县去找！向附近各地去找！"

就在这时，张村公社医院又来了电话："如果明晨以前拿不到'二疏丙醇'，十四名重患者，将会有死亡！"

找药的电话，不断头地回来了：

运城县没这种药！

临汾县没这种药！

附近各地都没这种药！

郝书记斩钉截铁地说："为了六十一位同志的生命，现在我们只好麻烦中央，向首都求援。向中央卫生部挂特急电话！向特药商店挂特急电话！"

于是，这场紧张的抢救战，在二千里外的首都，接续着开始了……

人心向北京，北京的心立刻和平陆的心一起跳动……

二月三日，下午四时多，在中华人民共和国卫生部的一所四合院里，药政管理局的许多同志，都停下了别的工作，忙办这件刻不容缓的事。药品器材处长江冰同志，在接到平陆县委打来的电话后，就一面叫人通知八面槽特种药品商店赶快准备药品，一面跑去请示局长和正在开党组会议的几位部长。徐运北副部长指示：一定要把这件事负责办好，立刻找民航局或请空军支援送药！

现在，处里胖胖的老吴同志，头上汗水津津，正在紧张地向特种药品商店催药。共青团员冀钟昌正在与民航局联系。电话里传来的是不匀称的呼吸，显然对方也在焦急：

"明天早晨，才有班机去太原，那太迟了，太迟了！……对啦，请求空军支援！"

真急人，电话一个劲占线。当小冀接通了空军领导机关的电话时，空军已晓得了这件事。原来民航局先一步为此事打来了电话，这时，值班主任向小冀又进一步了解了卫生部的要求，立即跑去请示首长。首长指示：全力支援，要办得又快又好！于是，像开始了一场战斗一样，有关人员各就各位，研究航线，研究空投，向部队发出命令……这一切都办得十分神速，这一切都贯注着人民军队的光荣传统，都贯注着对人民极其深沉的爱！

阶级友爱，情深似海。在我们中间，一个人发生困难，就有上百、上千、上万个素不相识的人，热切地向你伸出手，不遗余力地帮助你……

报告文学的写作还可以运用诗歌的表现方式，增加文章的阅读性和感染力。如徐迟的《哥德巴赫猜想》，作品充满着诗的语言和节奏，作家充分运用了诗的想象和意境，展示其对笔下的人物的赞美之情：

但当他已具备了充分依据，他就以惊人的顽强毅力，来向哥德巴赫猜想挺进了。他废寝忘食，昼夜不舍，潜心思考，探测精蕴，进行了大量的运算。一心一意地搞数学，搞得他发呆了。有一次，自己撞在树上，还问是谁撞了他？他把全部心智和理性统统奉献给这道难题的解题上了，他为此而付出了很高的代价。他的两眼深深凹陷了。他的面颊带上了肺结核的红晕。喉头炎严重，他咳嗽不停。腹胀、腹痛，难以忍受。有时已人事不知了，却还记挂着数字和符号。他跋涉在数学的崎岖山路，吃力地迈动步伐。在抽象思维的高原，他向陡峭的巉岩升登，降下又升登！善意的误会飞入了他的眼帘。无知的嘲讽钻进了他的耳道。他不屑一顾；他未予理睬。他没有时间来分辨；他宁可含垢忍辱。餐霜饮雪，走上去一步就是一步！他气喘不已；汗如雨下。时常感到他支持不下去了。但他还是攀登。用四肢，用指爪。真是艰苦卓绝！多少次上去了摔下来。就是铁鞋，也早该踏破了。人们嘲笑他穿的鞋是破了的：硬是通风透气不会得脚气病的一双鞋子。不知多少次发生了可怕的滑坠！几乎粉身碎骨。他无法统计他失败了多少次。他毫不气馁。他总结失败的教训，把失败接起来，焊上去，做登山用的尼龙绳子和金属梯子。吃一堑，长一智。失败一次，前进一步。失败是成功之母；功由失败堆垒而成。他越过了雪线，到达雪峰和现代冰川，更感缺氧的严重了。多少次坚冰封山，多少次雪崩掩埋！他就像那些征服珠穆朗玛峰的英雄登山运动员，爬呵，爬呵，爬呵！而恶毒的诽谤，恶意的污蔑像变天的乌云和九级狂风。然而热情的支持为他拨开云雾；爱护的阳光又温暖了他。他向着目标，不屈不挠；继续前进，继续攀登。战胜了第一台阶的难以登上的峻峭；出现在难上加难的第二台阶绝壁之前。他只知攀登，在千仞深渊之上；他只管攀登，在无限风光之间。一张又一张的运算稿纸，像漫天大雪似的飞舞，铺满了大地。数字、符号、引理、公式、逻辑、推理，积在楼板上，有三尺深。忽然化为膝下群山，雪莲万千。他终于登上了攀登顶峰的必由之路，登上了（1+2）的台阶。

他证明了这个命题，写出了厚达二百多页的长篇论文。

总之，报告文学的写作不同于实用报告的写作，可以充分发挥写作者的主体意识，在不损害报告的真实性的前提下，适当拉近报道对象与读者之间的距离，增强文本的阅读效果，从而充分满足读者对文学文体的接受期待。

小结：本章探讨了报告文学这一文体的混合特性及其社会时代效应，同时也指出纪实文学在新的时代环境下对报告文学的后续发展及开放式的功能。由此得出，报告文学与纪实文学的特征是一种既继承又发展的动态关系。继而，本章重点从报告文学写作的基本要求和基本写作方法入手，强调了报告文学写作主体必须具备的综合素质，梳理了报告文学写作的一般程序和写作方法：从收集资料到撰写格式的实用文体写作要求；从多种开头方式、结构安排到多样化的文学手法的运用的文学性写作的体现。

【思考与训练】

1. 关注身边的社会问题，试选一例，仔细阐明问题的原因，并分析其中的症结，用报告文学的形式写出来。

2. 选择一种特殊的文学方式开篇，试写一篇报告文学的开头，要达到良好的阅读效果。

3. 选择周围真实的人或事,运用文学的手段,真实地描摹对象的状态和特征。注意不能违背对象的真实性。

4. 请指出课文中列举的萧乾的《血肉筑成的滇缅路》一文中的片断运用了哪些文学表现手法,结合课文谈谈这些文学手法运用的效果。

5. 写作实践:请选取周围社区或村落作为考察范围,关注其中一个比较突出的问题或现象,然后进行社会调查,或问卷或采访,并收集相关书面资料、阅读相关理论书籍,写一篇较长的报告文学习作。要求有清晰的思路,务实的解决方法,丰富的文学手法运用。

第二部 学术写作

第十五章 学术思考与学术写作

学习提示：一切学术论文的写作皆应建立于学术思考之上，学术研究则是在学术思考的支撑下展开的专门性工作。只有对学术问题想得清楚，研究得深入，才能写出好的学术论文。本章试图通过介绍学术思考与学术写作的基本特性及其相互关系，帮助同学区分学术写作与文学写作及实用写作的不同规律和特性，了解学术写作的一般方法。

第一节 学术思考与学术研究

所谓学术，是指某个知识领域系统、专门的学问，学术思考便是对各类事物或考察对象上升到具有普遍意义的知识、理论和规律层面的思考与探索，而学术研究不仅包含着学术思考，还包括为发现事物的规律或建构科学理论而进行的资料收集、调查统计、科学实验或验证研究成果的试验等实践活动。总之，学术思考和学术研究是学术写作的基础，其思考和研究的深广度决定着学术论文的得失成败。学术写作是学术思考的呈现，它将学术研究的成果用语言文字的形式固定下来，显现出来，使世人知晓。毋庸置疑，学术思考需贯穿于学术研究全过程，对于文史哲一类的人文学科而言，学术思考、学术研究、学术写作往往是融为一体的，研究者常常是边思考，边写作，学术思考与学术写作因而紧密相连，相互交融，共同推动着研究工作走向成功的终点。与以想象和情感为支点的文学思维不同，学术思考是以理性和逻辑为武器，以材料和事实为支点的思考。学术思考要树立两个意识：

一、问题意识

发现问题，提出问题，对于学术思考非常重要。爱因斯坦说："提出一个问题往往比解决一个问题更重要，因为解决问题也许仅是一个数学上或实验上的技术而已。而提出新的问题，新的可能性，从新角度去看旧的问题，却需要有创造性的想象力，而且标志着科学的真正进步。"

学术思考要从问题出发，一个好问题，往往是学术思考的良好开始。哲学家波普尔指出："问题就是研究活动的出发点，科学只能从问题开始，科学和知识的增长永远只能始于问题、终于问题。愈来愈深化的问题，愈来愈能启发大量新问题的问题。"常有人说：好的问题等于成功一半。有"问题"的论文，不一定是好论文；而没有"问题"的论文，肯定不是好论文。提出问题、分析问题和解决问题是学术研究的根本任务，问题意识是学术研究的基本立足点。

学术写作者要注意树立问题意识，注意有意识培养自己的问题意识，要明确哪些属于问题，如何发现问题。学术思考的问题，应该是具有学术价值和研究意义的问题。自己在学习中由于尚未理解和掌握而存在的知识性问题，不属于学术思考所说的问题。学术思考的问题，应该是在学科体系中尚待发现或尚需深入研究发掘的问题。

问题不是凭空产生的，常常是在学习或关注学术研究史的过程中产生的。成功的学者常在学习和梳理某学术问题研究史的过程中，发现新问题，提出新思路。他们常常关注前人在这个方面已经做过哪些研究工作，提出过哪些观点，使用了哪些数据，论据与观点是否一致，论证方法是否合理。在同一个问题上所有研究者是否观点都相同，如果不同，各人的论点、论据、论证又各是怎样，谁更有道理。他们在比较中把前人的研究工作梳理清楚，并在这样的过程中发现很多值得研究的问题。

二、事实意识

学术思考是从基本事实开始的认真、细致的思维活动，必须从事实出发，必须充分尊重事实，通过深入细致的调查分析，得出结论。这是学术研究者最基本的态度和功夫。学术思考的一切内容观点都要建立在客观事实基础之上，所有分析论述都应有事实依据，而不是仅凭主观臆想，这样才能保证学术写作的科学性和客观性。

例如，有些人的《红楼梦》研究，仅从主观感觉和想象出发，毫无事实根据地索隐作品中的人物事件，煞有介事地对所谓作品中隐藏的本事进行揭秘，甚至把无端幻想出的人物事件当作证据展开论述，得出耸人听闻的结论，把戏说娱乐当成学术思考与写作，这种缺乏事实意识的做法是不可取的。与之相反，著名学者俞平伯年轻时，虽有感于元人杂剧、《长恨歌》及《长恨歌传》对马嵬之变的描写，撰写《〈长恨歌〉及〈长恨歌传〉的传疑》，认为作品透露出现实中的贵妃并未死亡，而是成功脱逃，后流落风尘，此事成为难以启齿、引为"长恨"的宫廷丑闻，但他深知自己文章缺乏事实依据，纯属阅读中的想象臆测，故在文章开头和结尾处反复强调"佐证缺少，难成定论，姑妄言之，姑妄听之"，"今日既仅有本文之直证，而无他书之旁证，只可传疑，未能取信"，表现出一位严谨学者对待学术思考与学术写作的客观科学的态度。

学术思考的基本品格大致可以用八字概括：**好奇、脱俗、求真、务实**。

好奇，是学术研究的主要动因，也是学术思考的重要品格。英国历史学家汤因比说："促使我研究历史的动力是贯穿我一生的好奇心。"[①] 美国物理学家丁肇中为上海交通大学题词："好奇心是学术研究的原动力"。好奇是人类学术活动最本真的动机。在整个学术研究和学术思考的过程中，研究者始终要有一颗好奇心，这样才能保证学术研

[①] 汤因比：《历史研究》，上海：上海人民出版社，2000年，序言第1页。

究和学术思考充满活力。

脱俗，即超脱世俗的功利动机，它是学术研究的另一重要动因，也是学术思考的重要品格。爱因斯坦1918年在物理学家普朗克六十岁生日庆祝会上演讲时指出："我同意叔本华所说的，把人们引向艺术和科学的最强烈的动机之一，是要逃避日常生活中令人厌恶的粗俗和使人绝望的沉闷，是要摆脱人们自己反复无常的欲望的桎梏。"类似的意思，我国著名史学家陈寅恪在所撰清华大学《海宁王静安先生纪念碑铭》中说过，"士之读书治学，盖将以脱心志于俗谛之桎梏，真理因得以发扬"，即认为学术研究的动机和目的是为了将心志从世俗观念的束缚中挣脱出来，并认为脱俗才能发现真理。学术思考时，只有真正超脱凡俗，才可能取得像样的研究成果。

求真，即探求真理，它既是学术研究和学术思考的动因，也是其最终目的，同时也是学术思考的重要品格。孔子说："朝闻道，夕死可矣。"屈原说："路漫漫其修远兮，吾将上下而求索。"古希腊哲学家亚里士多德说："吾爱吾师，吾更爱真理。"英国哲学家培根说："研究真理，认识真理和相信真理，乃是人性中最高的美德。"古今中外大学者无不把探求真理作为一生矢志不渝的追求。求真，是人类学术活动最本真的动机和目的，渗透在纯学术的思维之中。求真是人性中的崇高美德，它使学术思考超越世俗，摆脱功利，不趋时媚俗，不曲学阿世，能讲求实际，实事求是，甚至能让人不惜为真理献身。

务实，即讲求实际、实事求是，这是学术思考的重要品格，又是学术思考求真的结果。务实是一种崇高美德。东汉思想家王符说："大人不华，君子务实。"学术思考的目的在于求真，这就必须在进行思考时始终秉持务实精神，拒绝空谈，排斥虚妄，抛弃华而不实，杜绝弄虚作假。

好奇、脱俗、求真、务实，学术思考的这四个品格相互密切关联，互为因果。因为学术思考是好奇的，脱俗的，才可能是求真的；因为是求真的，才可能是务实的；而只有务实，才能真正达到求真的最终目的；而正是通过求真——通过对真理的不断探求，学术思考和学术活动才能不断推动人类和社会的发展进步。

第二节　学术思考的精神

严谨、专注、理性、大胆，是人类美好的道德品质，也是学术思考的基本精神。

一、严谨

在进行学术思考以及学术写作时，一定要坚持严谨精神。对于所涉及的事实要核对清楚，真实可靠。各种引文要准确无误，引用别人观点成果，要在文中注明，不掠人之美。提出观点，质疑谬误，要言之有据。

对马克思在学术思考及学术写作中的严谨态度，拉法格做过如下描述："他所引证的任何一件事实或任何一个数字都是得到最有威信的权威人士的证实的。他从不满足于第二手材料，总要找原著核对，不管这样做有多麻烦。即令是为了证实一个不重要的事实，他也要特意到大英博物馆去查阅书籍。反对马克思的人从来也不能证明他有一点疏忽，不能指出他的论证是建立在经不起严格考核的事实上的。参考原始材料的习惯使他连最不知名的作家都读到了，只有他才引用这些作家。《资本论》里引证了那么多无名作家的话，人们也许会以为这是要炫耀自己的学识渊博。但马克思却绝不是出于这种动机。他说：'我执行历史的裁判，给每个人以应得的奖励。'他觉得，一个作家即使毫不重要，毫无名气，只要这个作家第一个提出某种思想，或作出精确的表达，他就有责任指出这一作家的姓名。马克思对待著作的责任心，并不亚于他对待科学那样严格。他不仅从不引证一件他尚未十分确信的事实，而且未经彻底研究的问题他决不随便谈论。凡是没有经过他仔细加工和认真琢磨的作品，他决不出版。他不能忍受把未完成的东西公之于众的这种思想，要把他没有作最后校正的手稿拿给别人看，对他是最痛苦的事情。他的这种感情非常强烈，有一天他向我说，他宁愿把自己的手稿烧掉，也不愿半生不熟地遗留于身后。"马克思在学术思考及学术写作所表现出的严谨精神值得学习。

二、专注

在进行学术思考以及学术写作时，一定要有专注精神。学术研究不是轻而易举就能完成的，需要研究者长期关注于所研究的对象，不断思考，不断探求，遇到困难不动摇，不放弃，才可能取得一定成果。著名历史学家范文澜先生以"板凳甘坐十年冷，文章不写半句空"自勉，即是强调学术思考以及学术写作既要专注坚韧，又要严谨求实。

例如，司马迁撰写《史记》，广泛收集史料资料，认真实地调查，仔细核对，专心撰写，前后用去15年，才最终完成"究天人之际，通古今之变，成一家之言"的史家绝唱。陈寅恪晚年，在双目失明的情况下，仅靠口授，历时10年，完成80万字的历史名著《柳如是别传》。钱钟书写《管锥编》，笔耕不辍，历时10年，引述了四千多位作者上万种著作中的数万条材料，终于写成这部130余万字的比较文化学术名著。巴尔扎克说的"持续不断的劳动是人生的铁律，也是艺术的铁律"，同时也是学术思考的铁律。学术思考一定要有这种专注精神，抓住一个问题，不断深入钻研，不断发掘拷问，不能见异思迁，不能知难而退，才可能取得一定成就。

三、理性

学术思考一定要有理性精神。进行学术思考时，应该头脑客观冷静，不受主观因素影响，不情绪化；应该独立思考，不跟风，不人云亦云；应该重视证据，推理合乎逻辑。只有这样才能保证学术思考的准确、客观、科学。例如，20世纪80年代，学界虽然开始重估沈从文作品，但仍受传统思维定式束缚，认为沈从文"往往孤立地描写人物，而不是把人物放到社会矛盾中加以刻画，时代色彩淡薄，对各种人物形象所体现的社会意义挖掘不深。"① 而著名学者严家炎理性思考，不随流俗，在《论京派小说的风貌和特征》中指出沈从文的基本特征在于运用抒情写意的浪漫手法，赞美纯朴原始的人性美、人情美，给予沈从文作品应有的评价和地位，突破以往仅用现实主义一种标准衡量所有作品的削足适履的做法。②

四、大胆

学术思考时发现新问题，提出新观点，常会质疑潮流，挑战权威，会有风险，有时甚至要冒生命危险。意大利科学家布鲁诺宣传日心说，被宗教裁判所关押多年，并最终处以火刑，他却毫不畏惧，毅然坚持自己的信念。如马克思所言，"在科学的入口处，正像在地狱的入口处一样，必须提出这样的要求：这里必须根绝一切犹豫，这里任何怯懦都无济于事"。学术思考、学术研究需要大胆精神。胡适说的"大胆假设，小心求证"，也正是强调了学术思考、学术研究"大胆"和"严谨"这两种精神。没有大胆精神，就不可能有好的学术思想和学术研究成果。20世纪50年代末，《青春之歌》问世伊始，便引起争论，一些极左评论者认为该书有严重政治思想问题，应该全盘否定。这时，著名小说家、评论家茅盾敢于顶着极左风潮，实事求是撰文评价《青春之歌》，大胆肯定其积极意义和教育作用，他指出："《青春之歌》是有一定教育意义的优秀作品，思想内容上没有原则性的错误，艺术表现方面却还有须要提高之处；因而……全盘否定它，而且从思想上否定它，是不对的！"③ 表现出了老一辈革命作家大胆求真的学术精神和高尚品格。

王国维《人间词话》指出："古今之成大事业、大学问者必经过三种之境：'昨夜西风凋碧树。独上高楼，望尽天涯路'，此第一境也。'衣带渐宽终不悔，为伊消得人憔悴'，此第二境也。'众里寻他千百度，蓦然回首，那人却在，灯火阑珊处'，此第三境也。"此三境说法，用于描述学术思考与学术写作的过程也很贴切生动。

学术思考与学术写作的过程一般要经历三个境界：

第一境：学术思考与学术写作的初始阶段，筚路蓝缕，往往挫折不断，困难重重，正所谓"昨夜西风凋碧树"。而成功的研究者能够顶着挫折困难，不怕孤独，耐得寂寞，力排众议，独立思考，不断向上攀登，直至学术研究的制高点，将自己学术思考与学术写作的对象一览无余，全盘掌握，即所谓"独上高楼，望尽天涯路"。

第二境：学术思考与学术写作的攻坚阶段，最是考验人的精神毅力，稍有懈怠就会前功尽弃，因此要坚定执着，不言放弃，即所谓"衣带渐宽终不悔，为伊消得人憔悴"。

第三境：学术思考与学术写作的最后阶段，研究者所期待的学术思考的完成和学术写作的成功，往往是经过不断的努力而在不经意中偶然得之的，即所谓"众里寻他千百度，蓦然回首，那人却在，灯火阑珊处"。

---

① 唐弢主编：《中国现代文学史简编》，北京：人民文学出版社，1984年，第388页。
② 严家炎：《论京派小说的风貌和特征》，《湖北大学学报（哲学社会科学版）》1989年第4期。
③ 茅盾：《怎样评价〈青春之歌〉》，《中国青年》1959年第4期。

每一位认真投入地进行学术思考与学术写作的人,都会经历上述悲欣交集的三个境界,都会在这其中承受或享受学术思考与学术写作所带来的痛苦与欢乐,并最终成功登上自己学术研究的某座山峰。

第三节　学术写作的特性

学术写作与文学写作的不同在于它有鲜明的理论思辨色彩,作者的学术思考成果需要通过论文获得尽可能准确和充分地传达,有时还需与不同的观点展开交锋。因此,作者应更注重内容表达的精确、严密、规范,作者的创造力需要在更多的约束条件下展现,其成果也将受到更加苛刻的检验,甚至质疑。这就要求学术写作具备如下特性。

一、科学性

学术写作的科学性是学术研究的任务和目的决定的。学术研究要认识客观世界,解释客观事物的规律,探索真理,推动人类和社会进步,就必须保证学术论文首先具有很强的科学性。

科学性是学术写作的灵魂。科学性主要表现在,学术写作的选题必须是有学术价值和研究意义的,学术写作所运用的理论方法必须是专业的、科学的,文章中的论点论据必须是严谨准确的,整个论证过程必须是完整严密的。科学性要求写作者善于运用灵活而又严密的思维方法进行思考,准确论证自己所认识的真理,恰如其分地描述研究成果,让结论建立在可靠基础上,以正确揭示科学规律。

例如,著名语言学家赵元任先生论文《音位标音法的多能性》,运用现代语言学理论方法,深入研究分析语音问题,提出"音位标音法对于任何语言,不是单答案性的,乃是有多种可能方式的答案的",阐明从语音材料归纳音位系统时可以有多种选择,答案不是唯一的。这篇论文以极强的科学性,成为音位理论的奠基之作,被列为现代语言学的经典,美国著名语言学家裘斯说:"我们很难想到有比赵元任这篇文章更好地对早期音位学具有指导意义的单篇论文了。"

二、客观性

学术写作的客观性主要表现为:学术写作中的事实必须是客观的,而不是主观想象的;对事实的调查分析是客观的,而不是先入为主的;得出的结论是符合事实的,而不是牵强附会,更不是胡编乱造的。学术写作最常见的问题是带着先入为主的想法去找材料,作分析。客观世界是复杂的,随便找几个或一些例子,常常并不能反映实际情况。王力先生在谈论文写作时说过:"凡是先立结论、然后去找例证,往往都靠不住。因为你往往是主观的,找一些为你所用的例证,不为你所用就不要,那自然就错了。"[①] 要

---

① 温儒敏主编:《中文学科论文写作训练》,北京:北京大学出版社,2003年,第279页。

想学术写作的结论符合事实，就要保证文章论据是可靠、充足和典型的。可靠，主要是真实，实事求是，出之有据，不为己所用，不断章取义。充足，是有充分的说服力，据此可以很好展开论证，树立论点。典型，是有代表性，不是孤证，不是随意的列举。比如语言研究，材料分析一般需要量化，汉语史研究界有一种说法："例不十，法不立；例不十，法不破。"就是说，无论确立一个论点还是反驳一个论点，都要有足够的可靠、充足和典型的例证。

三、创新性

学术研究贵在创新。发现新问题，探索新领域，提出新观点，是学术研究与学术写作的生命。

学术写作的创新性通常表现为"创建新说"，即在自己研究的课题范围内，发现前人未曾发现的问题，经过研究探索，提出新看法、新观点。或"发展新说"，即在充分吸收前人成果基础上，发现和占有新的材料，从新的角度进行探索，以新的成果发展前人的观点。或"否定旧说"，即在论文中针对前人旧说，发现问题，勇于剖析，指出谬误，提出己说，在"否定"中创新。还可以"新证旧说"，即针对某个领域的传统观点，选择其中一个角度，对它进行分析、证明，既丰富了传统观点的内涵，也提出了自己的创见。

上世纪初，著名学者王国维的《红楼梦评论》，开创性地运用西方哲学美学思想，解读中国古典文学名著《红楼梦》，指出其悲剧意义和美学价值，开创红楼梦研究新景观，成为"创建新说"的学术典范。对于普通学生来说，学术储备不多，研究经验不足，选择"新证旧说"作为自己的创新点，或许更易于把握，完成起来不致太过吃力。

小结：本章论述了学术思考中至关重要的问题意识与事实意识，以及好奇、脱俗、求真、务实等四种有助于学术思考形成的基本品格。进而提出了学术思考中严谨、专注、理性、大胆四种基本态度。总结了学术写作的科学性、客观性、创新性三大特性。通过本章学习，可以为各类学术文体写作的深入实践打下良好的基础。

【思考与训练】

1. 请举例说明学术思考应有哪些意识？
2. 请举例说明学术思考应该具有哪些精神？
3. 请分别举例谈谈学术写作的三大特性。

第十六章　文　学　评　论

学习提示：文学评论是一种有感而发、应用面广、形式灵活的议论性文体，它与文学研究类的学术论文有共通性也有差异。本章将要分析文学评论的特性，介绍文学评论的类型，总结其写作特点。并将遵循文学评论的写作步骤，具体剖析其重要写作元素和写作环节，指导同学展开针对性练习，要求学生掌握文学评论的写作特点和规律，初步具备写作文学评论类文章的能力。

第一节　文学评论的特性

一、文学评论与研究性文学论文

文学评论，主要是指对作品、作家、流派、理论、动向、潮流等文学现象进行描述、解释、评价和批评的文章。文学评论与文学研究类学术论文有很多相似之处，二者的区别主要表现在写作目的和写作内容有所不同。

文学评论的写作目的，重在评价当下文学创作成果，总结创作规律，指出出现问题，推动文学发展。文学学术论文的写作目的，重在了解研究前人文学成就，描绘或阐释文学发展状况。前者重在文学的共时阐释，后者重在文学的历时研究。由于写作目的的不同，文学评论和文学学术论文在内容上又各有侧重。文学评论文章内容一般为当前的文学现象，即主要是当代文学现象；而文学研究类学术论文的内容则比较宽泛，既包括当前的文学现象，也包括过往的文学现象，即当代文学、现代文学、近代及古代文学都可以成为文学学术论文写作的对象。与文学学术论文相比，文学评论具有更强的实践性和倾向性，更注重对文学创作的影响和推动，更具有肯定或批评的鲜明倾向。

著名翻译家傅雷以"迅雨"为笔名的《论张爱玲的小说》[①]，是20世纪40年代，张爱玲小说在文坛崭露头角时的重要文学评论之一。文章在回顾了五四以来文坛创作缺乏技巧、题材单一的缺陷后，指出张爱玲作品无论在技巧还是题材、人物、风格等方面都成绩突出，丰富了当时的文学创作，成为"文坛最美的收获"。傅雷既肯定《金锁记》的成功，也指出《倾城之恋》的不足和出现不足的原因，以及改进的可能。文章及时对张爱玲作品的创新性成就和价值给予充分肯定，并做出准确深刻的阐述，这种严肃客观的分析有助于推动文学创作的良性发展。

时隔65年，同样以张爱玲小说作为阐释对象，而著名学者黄子平的《世纪末的华

[①] 迅雨：《论张爱玲的小说》，季季等编：《永远的张爱玲》，上海：学林出版社，1996年，第139—155页。

丽……与污秽》①，则是一篇极有特色和理论深度的学术论文。黄子平站在新世纪的时空制高点，回望20世纪历史和文学，高屋建瓴地指出张爱玲小说中所渗透的"世纪末视景"，这"视景"的最主要特点就是"华丽与污秽"，并指出"以张爱玲为中介，一种'从世纪末到世纪末'的文学史叙事于焉成型"。

傅雷的《论张爱玲的小说》作为文学评论，更注重张爱玲作品对当下文学创作的影响，具有鲜明的实践性和倾向性。黄子平的《世纪末的华丽……与污秽》作为学术论文，更注重阐释张爱玲作品在文学发展历史中的地位、特点以及思想文化意蕴，比之前文有较突出的理论性和客观性。

二、文学评论的论述类型

文学评论的论述类型，主要包括作品论、作家论、现象论。作品论、作家论、现象论各自的写作特点不同，撰写文学评论前要明确自己到底要写哪一种论述类型的文章。论述类型确定后，就要依照该论述类型的写作特点和要求进行写作活动。

（一）作品论

作品论，着重对文学作品的分析阐释。

作品论文章内容，可以是某一作家的某部作品，或某一作家的多部作品，或涉及几位不同作家的几部作品。如周作人的《沉沦》是就郁达夫的一部小说做出的分析评述。

内容涉及一位作家多部作品或几位作家几部作品的文章，常有归纳和演绎两种写法。如傅雷的《论张爱玲的小说》，文章依次分析张爱玲的几部代表作，就此归纳总结出其作品的特色，主要用的是归纳的写法。郜元宝《余华创作中的苦难意识》以"苦难意识"为核心，展开对余华多部代表作的分析阐释，主要用的是演绎的写法。洪治纲《逼视与守望——从张炜、格非、余华的三部长篇近作看先锋小说的审美动向》②论述三位作家的三部长篇，文章从共同的审美动向入手，阐释了这三部先锋小说带给文坛的精神收获，主要也是用了演绎的写法。

作品论文章常选取某一或某几视角，对作品展开分析探讨，不必面面俱到。郜元宝《余华创作中的苦难意识》从"苦难意识"，洪治纲《逼视与守望——从张炜、格非、余华的三部长篇近作看先锋小说的审美动向》从"审美动向"，切入作品进行分析。而季红真《忧郁的土地，不屈的精魂——莫言散论之一》则选择了叙述方式、小说基调、审美特征等三个切入点，展开对莫言作品由表及里的深入剖析。

（二）作家论

作家论，侧重对某位作家的分析评价。

作家论最常见的写法是将作家所处时代的社会思想，文化潮流，作家本人的生活、思想个性等，与其作品结合起来研究，以获得对该作家的认识与评价。如能由个别作家

---

① 黄子平：《世纪末的华丽……与污秽》，《现代中文学刊》2009年第3期。
② 洪治纲：《逼视与守望——从张炜、格非、余华的三部长篇近作看先锋小说的审美动向》，《当代作家评论》1996年第2期。

的认识，进而升至对某一文学现象或文学潮流的认识，则更见评论者功力。

例如，茅盾《徐志摩论》[①]，把诗人所处时代、诗人的生活和思想变化、诗人不同时期作品所透露出的思想情绪，融会贯通加以分析，令人信服地得出徐志摩"是中国布尔乔亚'开山'的同时又是'末代'的诗人"的结论，并预言"百年来的布尔乔亚文学已经发展到最后一阶段，除了光滑的外形和神秘缥缈的内容外，不能再开出新的花来了！这悲哀不是志摩一个人的"。文章最终由对诗人徐志摩的评论，上升到对他所代表的某一文学潮流的发展方向的深刻预言，可谓作家论典范。

（三）文学现象论

现象论，主要指对于新流派、新动向、新趋势或热点争鸣问题等的分析评论。

20世纪80年代初，面对改革开放后出现的新诗潮——"朦胧诗"，一些思想僵化的评论者对其上纲上线，大加挞伐。著名学者、评论家谢冕勇敢地挺身而出，冒着挨批判的风险，撰写《在新的崛起面前》，公开支持"朦胧诗"。文章肯定"朦胧诗"最初的实践，主张对新的探索应该"适当的容忍和宽宏"，指出

我们有太多的粗暴干涉的教训（而每次的粗暴干涉都有堂而皇之的口实），我们又有太多的把不同风格、不同流派、不同创作方法的诗歌视为异端，判为毒草而把它们斩尽杀绝的教训。而那样做的结果，则是中国诗歌自"五四"以来再也没有出现过"五四"那种自由的，充满创造精神的繁荣。

该文在推动了新时期文学创作的繁荣和发展上具有重要作用。

三、文学评论的文体类型

文学评论的文体类型主要有两种：论文体文学评论和随笔体文学评论。论文体文学评论和随笔体文学评论，各有不同的特点和功能，在写作中要善于区分和正确使用，要懂得善用评论文体。在撰写文学评论之前，要明确自己所选择的文体类型，一旦文体类型选择确定，就要严格按照文体类型的写作要求进行写作。

（一）论文体文学评论

论文体文学评论是最为常见、使用最广泛的一种批评文体。

论文体文学评论一般内容丰富，思维周密，系统性强，逻辑谨严，语言庄重，格式规范，常用于对重要复杂问题进行系统描述与深入阐释。

例如，谢冕《一个世纪的背影——中国新诗1977—2000》，从粉碎"四人帮"开启了一个诗歌的崭新时代，老诗人的归来成为新时期诗歌创作的前奏，新诗潮产生的过程，后新诗潮的兴起，台湾近半个世纪的诗歌创作及20世纪中国诗歌的成就等几个方面，全面系统地论述了中国新诗发展的百年历程，全文内容丰富，思考周密，逻辑严谨，语言庄重而充满激情，格式规范，是一篇典范的论文体文学评论。

[①] 茅盾：《徐志摩论》，《茅盾论创作》，上海：上海文艺出版社，1980年，第156—175页。

上文列举茅盾《论鲁迅的小说》、傅雷《论张爱玲的小说》、季红真《忧郁的土地，不屈的精魂——莫言散论之一》、王蒙《躲避崇高》、谢冕《在新的崛起面前》等文章，都是论文体文学评论的成功范例，值得学习借鉴。

（二）随笔体文学评论

与论文式文学评论相对，还有一批形式风格十分不同的文体，本书为叙述方便姑且用随笔体文学评论统称之。它们包括随笔、序跋、书评、书信、对话等。这些文体的共同特征是内容生动有趣，形式自由活泼，主观色彩、感情色彩较浓，语言或诙谐俏皮，或激情四射。论述常以小见大，举重若轻，形象生动，活泼风趣，知识性、趣味性、思想性兼备，可读性强。既可用于表达最初的新鲜感悟，又可用于发表缜密思考后的成果，还可展开辛辣幽默的批评。下面简要介绍随笔、序跋、书评的写作特点。

随笔，是报刊中最常见的一种文学评论文体。它形式最自由，用笔最灵活，常借助掌故、趣闻展开分析议论，常用比喻、象征等修辞手法，取事似小而寓意丰富，能对文学现象做出快速反应，敏捷而尖锐，深受欢迎。

例如，王蒙的随笔《大地和青春的礼赞——读〈北方的河〉》，用饱含激情的诙谐语言，从自己读后的鲜明主观感受写起，甚至不惜使用国骂来加强对这篇作品的极度褒奖：

> 他怎么找到了一个这样好的、我要说是非凡的题目？您羡慕得眼珠子都快燃烧起来了！三十挂零的小伙子张承志竟有这样的气魄，这样的胸怀，在一部六万多字的中篇小说里一口气写了四条北方的河，黄河、无定河、湟水、永定河，还有追忆中的新疆阿尔泰地区的额尔齐斯河与梦想中四月的黑龙江。别骗我们啦，张承志，你其实是到过黑龙江的，要不你怎么写得那样真切、切近、迫近、如在眼前？这是何等的胆量，何等的匠心！在看完《北方的河》（载《十月》一九八四年第一期）以后，我想，完啦（作品在用"了"字的地方几乎全部用"啦"，这赋予张承志的颇经过一番锤炼的语言以一种亲切和利索），您他妈的再也别想写河流啦，至少三十年，您写不过他啦。

序跋，是附于书前或书后，向读者介绍该书的内容、特点，评价其价值、意义等的文章。序跋对作品虽有褒贬，但以肯定为主，因为"序跋"的目的是为向读者推介该书，而非为了"封杀"。而序跋的语言也如随笔，是非常自由灵活的。

例如，鲁迅《田军作〈八月的乡村〉序》，以一位名作家的话作为基本论点，就此展开论述，借题发挥，由远及近，肯定了所论小说的成就，更辗转斥责了统治阶级的荒淫与无耻：

> 爱伦堡论法国的上流社会文学家之后，他说，此外也还有一些不同的人们："教授们无声无息地在他们的书房里工作着，实验X光线疗法的医生死在他们的职务上，奋身去救自己的伙伴的渔夫悄然沉没在大洋里面。……一方面是庄严的工作，另一方面却是荒淫与无耻。"

这末两句，真也好像说着现在的中国。然而中国是还有更其甚的呢。手头没有书，说不清见于那里的了，也许是已经汉译了的日本箭内亘氏的著作罢，他曾经一一记述了宋代的人民怎样为蒙古人所淫杀，俘获，践踏和奴使。然而南宋的小朝廷却仍旧向残山剩水间的黎民施威，在残山剩水间行乐；逃到那里，气焰和奢华就跟到那里，颓靡和贪婪也跟到那里。"若要官，杀人放火受招安；若要富，跟着行在卖酒醋。"这是当时的百姓提取了朝政的精华的结语。
……

但是，不知道是人民进步了，还是时代太近，还未湮没的缘故，我却见过几种说述关于东三省被占的事情的小说。这《八月的乡村》，即是很好的一部，虽然有些近乎短篇的连续，结构和描写人物的手段，也不能比法捷耶夫的《毁灭》，然而严肃，紧张，作者的心血和失去的天空，土地，受难的人民，以至失去的茂草，高粱，蝈蝈，蚊子，搅成一团，鲜红的在读者眼前展开，显示着中国的一份和全部，现在和未来，死路与活路。凡有人心的读者，是看得完的，而且有所得的。

书评，主要表达对某书的评介。它类似读后感，只是比之思考更缜密。它也类似序跋，虽然从道理上说，应该是对书的客观评价，该贬即贬，该褒即褒，不讲情面，无奈背后或有挚友的请托，或有书商的利诱，使其多以肯定褒扬为主，即便有所指摘，也是小骂大帮忙。有没有真骂不帮忙的？有，不过为数不多。但还是有客观公允、求真求实的书评，如钱钟书评曹葆华诗集《落日颂》。

曹葆华是钱钟书的清华学长，而钱钟书对他的诗集《落日颂》却是直言不讳，不留情面：

在作者手里，文字还是呆板的死东西；他用字去嵌，去堆诗，他没有让诗来支配字，有时还露出文字上基本训练的缺乏。
……
作者比喻，不是散漫，而是陈腐，不是陈腐，便是离奇。
……
看毕全集之后，我们觉得单调。几十首诗老是一个不变的情调——英雄失路，才人怨命……①

对曹葆华诗有一定"气概阔大"特点的唯一褒扬，乍看上去还像批评：

读作者的诗，你至多是急迫到喘不过气来，你决不会觉得狭小到透不过气来。

而在全文最后钱钟书指出：

作者最好的诗是作者还没有写出来的诗。对于一位新进的诗人，有比这个更好的，不，更切实的批评么？

钱钟书的书评为书评写作提供了一个难以企及的范例。

---

① 钱钟书：《落日颂》，《新月月刊》第4期第6卷。

第二节　文学评论的选题

选题，一般指选择论题，即指选择文学评论文章所要分析讨论的问题。选题，是文学评论写作的第一步，也是非常重要的一步，它决定了文章的基本内容和基本方向，恰当的选题是文章写作的基础和保证，以至于有人说"选题是文章成功的一半"。

一、选题范围

文学评论常见的选题范围有以下几种：

（一）新文学现象

新作品、新作家、新流派、新理论、新动向及新潮流，尤其是具有突破性、创新性的文学现象，是文学评论最常关注的论题。

例如，20世纪80年代，莫言以先锋姿态闪现文坛，季红真立即以《忧郁的土地，不屈的精魂——莫言散论之一》[①] 一文，对莫言小说从内容到形式的创新，进行了系统而深刻的评说。文章分析了莫言作品新鲜独特的叙述方式，以及这种叙述方式的成因。从莫言小说忧郁的基调入手，分析其作品中所隐含的人物喻象系统，以及作者内在的精神矛盾。并论述其作品的浪漫主义审美特征，以及充分的民族民间性质。文章以精准深刻的分析，描述了莫言作品的鲜明特点和突出成就，充分肯定了其作品的文学价值，有助于推动当代文学创作活动。

（二）热点文学问题

热点文学问题，常是有争议的问题，于是需要评论者撰写文章加以说明，表明观点，经过讨论，厘清认识。

20世纪20年代，当郁达夫小说《沉沦》饱受"不道德"恶评时，周作人撰文《沉沦》[②] 指出该作品并非不道德的文学，它"虽然有猥亵的分子而并无不道德的性质"，属于"非意识的不端方的文学"，充分肯定其文学价值，有助于人们建立对该作品的正确认识。

20世纪八九十年代之交，王朔曾一度成为文坛热点，"一面是群众以及某些传播媒介的自发地对于他的宣传，一面是时而传出对王朔及王朔现象的批判已经列入大批判选题规划、某占有权威地位的报刊规定不准在版面上出现他的名字、某杂志被指示不可发表他的作品的消息"，作家王蒙撰文《躲避崇高》，给予王朔作品客观公允的分析评价，指出其作品不同于传统的特异之处与文学价值，剖析了其作品产生的原因，尤其指出其作品是生活和时代的产物。针对"亵渎神圣"的指责，王蒙指出：

但是我们必须公正地说，首先是生活亵渎了神圣，比如江青和林彪摆出了多么神圣

[①] 季红真：《忧郁的土地，不屈的精魂——莫言散论之一》，《文学评论》1987年第6期。
[②] 周作人：《自己的园地》，湖南：岳麓书社，1987年，第59—63页。

的样子,演出了多么拙劣和倒胃口的闹剧。我们的政治运动一次又一次地与多少神圣的东西——主义、忠诚、党籍、称号直到生命——开了玩笑……是他们先残酷地"玩"了起来的!其次才有王朔。①

王蒙文章有助于人们对王朔及王朔现象的认识,有助于推动文学创作健康繁荣的发展。

(三) 重要的有代表性的作家作品

重要的有代表性的作家作品,内涵丰富,评论者、研究者有必要对其多加关注,持续分析。有时,一位评论者会对某作家作品多次撰文讨论,从不同层面深化对该作家作品的认识。

茅盾 1923 年写《读〈呐喊〉》,指出鲁迅《呐喊》里的作品批判了传统旧礼教,讽刺了辛亥革命以来的社会现实,并开创了文学作品的新形式。到 1927 年茅盾再次撰文《鲁迅论》,对鲁迅其人其作品做出较前文更为全面深入的分析。至 1948 年又写《论鲁迅的小说》,指出鲁迅小说不仅批判现实,而且憧憬新生,因此超过西方批判现实主义,是"中国社会主义现实主义的先驱",该文反映了 40 年代末期左翼文学运动对于鲁迅作品价值的新阐释。

有时,多位评论者会在同一时段或不同时期,共同关注某一重要作家。如余华是当代文坛重要作家,曾引起众多评论者关注,不断有人对其作品进行分析阐释,有部分人就其作品中的苦难意识不断研究发掘。

郜元宝《余华创作中的苦难意识》② 是较早就此论题发表看法的文章,该文认为"密集而刺目地铺陈人间的苦难"是余华作品的突出特色,着重从"苦难意识"视角剖析其创作,丰富了对余华作品的认识。

此后,齐红《苦难的超越与升华》进一步指出余华的前后期作品中的"苦难"有所不同:"……对于人类的苦难遭遇及承受能力的表现就是从余华的前期写作一直延续至今而没有中断的核心内容。如果说余华的前后期作品也存在着一些不同内涵的话,那么这个不同就在于余华 80 年代的小说表现的是人对生之苦难的直面、咀嚼甚至回味;而进入 90 年代,余华和他小说中的主人公似乎共同经历了一场灵魂的洗礼,面对苦难,更多的是超越之后的宁静、宽容与大度。"③

再后,夏中义、富华的《苦难中的温情与温情地受难》进而指出余华前后期作品的"苦难"存在着"苦难中的温情"与"温情地受难"的差异,而这差异背后表现着价值的改变:"因为梳理余华母题演化轨迹,难免会发现余华小说与本土语境之间的某种微妙感应;而当代史已在 20 世纪 80 年代与 90 年代之间划出一道沟堑。有意思的是,余华母题变异恰巧可用来注释上述时势。余华的《呼喊》与《活着》,这两部长篇先后

---

① 王蒙:《躲避崇高》,《读书》1993 年 1 月号。
② 郜元宝:《余华创作中的苦难意识》,《文学评论》1994 年第 3 期。
③ 齐红:《苦难的超越与升华》,《当代文坛》1999 年第 1 期。

刊于《收获》杂志,仅仅相隔一年,竟别有洞天。从《呼喊》'苦难中的温情'到《活着》推崇'温情地受难',看字面只是那对母题基因的词序的先后置换,但其纸背却正策动着一场价值哗变。"①

（四）对文学创作的归纳总结

对某一时期的文学创作情况加以归纳总结,指出其特点和规律,肯定成就,发现问题,展望未来,是文学评论常见的选题。

例如,谢冕《一个世纪的背影——中国新诗1977—2000》,回顾总结了改革开放三十年来新诗创作,描述了新诗发展的艰难历程,肯定了新诗创作的成就,也表示了对新诗未来的担忧:

多灾多难的20世纪已经过去,那些为中国的命运祈祷和奋斗的大师也已走远。他们的离去,给我们留下一片空旷。在这灯红酒绿、纸醉金迷的"欢乐今宵",我们将用什么来填补这无边的空旷?新世纪给我们留下的是新的思考和新的忧患。②

二、选题角度

文学评论文章的篇幅有限,要在有限的篇幅里把所要论述的问题说清楚,就不能面面俱到,贪大求全,而是要选择一个叙述角度展开分析。

文本意蕴、人物形象、叙事方式、语言文体、审美风格等作品元素,都可作为文章的叙述角度。作家、作品的突出特色、未被前人论及的问题,更是文学评论常见的选题角度。

例如,茅盾《读〈呐喊〉》主要是从文本意蕴入手,分析鲁迅作品批判旧礼教和社会现实的特点。

傅雷《论张爱玲的小说》,主要是从人的情欲的挖掘与表现入手,分析张爱玲的作品。

季红真《忧郁的土地,不屈的精魂——莫言散论之一》主要从莫言的叙述方式和小说基调入手,描述其作品的鲜明特点和突出成就。

郜元宝《余华创作中的苦难意识》主要从"苦难意识"入手,剖析余华作品的突出特色。

第三节 文学评论的写作

一、写作准备

（一）熟悉评论对象

评论文学现象,如同评价一个人或一件事,只有对人对事十分了解,才可能做出准

---

① 夏中义、富华:《苦难中的温情与温情地受难》,《南方文坛》2001年第4期。
② 谢冕:《一个世纪的背影——中国新诗1977—2000》,《文艺争鸣》2007年第10期。

确分析。因此，了解、熟悉评论对象，全面掌握所要评论的文学现象的全貌，是文学评论写作前一项重要的准备工作。

著名诗人、散文家何其芳说，写一篇评论文章，不读三遍不敢下笔。著名美学家朱光潜说，不读五遍不敢写一个字。[①] 毛泽东说，《红楼梦》至少读五遍才有发言权。都是在强调必须熟悉评论对象。文学评论的写作者要对所评论的对象，尤其是所评论的作品，反复研究，深入了解，烂熟于心，这样才可能对评论对象做出准确恰当的评判。

(二) 广泛收集材料

广泛全面地收集与写作对象有关的材料，是文学评论写作前的另一项重要准备工作。

撰写作品论前，要注意收集作品作者的情况、作品创作背景、相关社会文化背景以及有关评价等。

撰写作家论前，要注意收集所写作家的各种情况。作家的家世，生活经历，学习经历，爱好交游，思想状况，作家所处时代社会的特点，思想文化潮流特征等。

撰写现象论前，要注意收集与该文学现象相关的各种信息。该文学现象出现的时代社会背景资料，与历史或现实中其他文学现象的关联，与该文学现象相关的作家作品等。

材料收集得越多越细越好，所谓"韩信将兵，多多益善"。因为，材料越丰富，越全面，写作的视野就越开阔，越有利于发现问题，抓住关键，得出更准确深入的认识和见解。

(三) 选择批评方法

分析评论文学现象，总要依据一定的思想理论方法，因此在文学评论写作前，确定文章采用何种理论方法也是一项重要准备。文学评论理论方法主要有社会历史批评、审美批评、文化批评、心理批评、形式主义批评、比较文学批评、女性主义批评等。在文学评论的写作实践中，常有人采用一种批评方法，也有人以一种为主，兼用其他。这里仅简要介绍两种常用的批评方法：

1. 社会历史批评

社会历史批评是世界上历史悠久、影响最大的一种文学评论的理论方法。社会历史批评强调文学与社会生活的关系，认为分析作品必须与其产生的时代、历史、作者经历等联系起来考虑。

中国自古就有这种批评传统。孟子说，"颂其诗，读其书，不知其人，可乎？是以论其世也"，就是强调文学评论要"知人论世"，即在评论时既要了解作家，也要了解作品产生的社会历史。鲁迅说："我总以为倘要论文，最好是顾及全篇，并且顾及作者的全人，以及他所处的社会状态，这才较为确凿。要不然，是很容易近乎说梦的。"[②] 也是强调在评论的写作中，要运用社会历史批评的方法。

---

① 参见段轩如、杨杰《写作学教程》，北京：中国人民大学出版社，2008年，第270页。
② 鲁迅：《"题未定"草（七）》，北京：人民文学出版社，1973年，第180页。

西方社会历史批评作为一种流派，主要出现、盛行于十八九世纪，意大利著名学者维科、法国著名学者圣·佩韦和丹纳等人是社会历史批评的著名人物。丹纳指出"种族、环境、时代"是决定文学创作和文学发展的三个重要因素，影响深远。

我国现当代很多评论家常采用社会历史批评的方法。评论大家鲁迅、茅盾等人基本都是采用这一方法。如茅盾的《徐志摩论》，就是以历史唯物论为理论工具，成功运用社会历史批评方法，写出的经典文学评论。

由于不同的评论者各自所持世界观和方法论不同，所采用的思想理论工具不同，虽然同样是运用社会历史批评方法，但其所撰写的文学评论，往往会在思想观念上有很大差异。例如茅盾的《徐志摩论》和傅雷的《论张爱玲的小说》，虽然基本都是运用社会历史批评方法，但由于茅盾的思想理论工具是历史唯物论，傅雷的思想理论工具主要是人文主义、心理学理论等，二者对文学现象的研究视角和阐释便有很大不同。因此，在采用社会历史批评方法的同时，写作者还需明确自己用来剖析文学现象的思想理论工具是什么。

2. 审美批评

审美批评也是世界上历史悠久、影响很大的一种文学评论的理论方法。审美批评将美视为文学的本质特性之一，将文学作品视为审美对象，着力研究文学作品的美的构成、审美价值等，具有某种赏析式评论的性质。

由于中外古今美学思想和流派对美的认识和审美标准各不相同，使审美批评呈现各种不同主张。但是作为一种理论方法，审美批评具有一些共同的基本特征。

首先，审美批评是一种情感批评。它着眼于作品表现了什么情感，情感的表现是否成功、是否能打动读者、是否激起读者的心灵震荡。

其次，审美批评是一种出世批评。文学作品是一个用想象虚构的世界，阅读作品、领悟作品虽然需要联系现实生活，但是更要持有一种静观状态，跟作品保持一定距离，以便更好地感受和评价它的美，让生命在阅读欣赏中超越凡俗。

第三，审美批评是一种直觉批评。文学作品主要由形象构成，并通过形象直接作用于人的五官感受，因而审美批评表现为是一种对形象或形式的直觉评判，如形象是否鲜明独特、形式是否和谐完美等。

沈从文的《论冯文炳》、李健吾的《边城》、《九十九度中》等文章都是成功运用审美批评的文学评论佳作。

例如，李健吾的文章《九十九度中》，运用审美批评的方法，评价了林徽因的小说《九十九度中》。文章开头用生动的比喻，说明了内容、形式与辞藻的关系：

> 我不明白内容和形式怎样分开。一件将军的铠甲只是铠甲，并不是将军；剥掉铠甲，将军照样呼吸。杀掉将军，铠甲依旧存在。这不是一个妥当的比喻。如若"陀斯妥夫斯基往往是被当做好像没穿制服的将军"，并不妨害陀氏之为伟大。所以铠甲不是形式，而是辞藻。形式和内容不可析离，犹如皮与肉之不可揭开。形式是基本的，决定的；辞藻，用得其当，增加美丽；否则过犹不及，傅粉涂红，名曰典雅，其实村俗。一

个伟大的作家,企求的不是辞藻的效果,而是万象毕呈的完整的谐和。他或许失之于偏,但是他不是有意要"偏",这只是他整个人格的存在。所以批评家唯恐冒昧,轻易不敢把这叫做"偏",而另寻别的字样象征,例如有力,深刻,透辟等等。他的作品(由一个全人格产生出来的作品)根据着他全部的生活,而支配作品的方向的,多半是他先天的性情。一部作品和性情的谐和往往是完美的符志。①

在风趣地阐述了内容和形式难以分开后,李健吾就此引出《九十九度中》是一篇内容和形式完美结合的佳作的评判。

二、文学评论的写作模式

(一)叙议结合

叙,指叙述,即对作品作家的介绍;议,指议论,即对作品作家的阐释。叙述是议论的基础,议论是叙述的深化,将叙议有机结合,便能产生好的文学评论。

例如,季红真《忧郁的土地,不屈的精魂——莫言散论之一》:

在莫言的笔下,祖父、祖母辈的主要人物,几乎都是能人好汉,他们几乎都是形象魁伟美丽,活力充沛,性情剽悍,血性方刚,情感奔放,带有浓烈的豪强气息。《秋水》中的奶奶听凭情感的召唤,随着爷爷一把火烧了娘家的庄园,漂泊到荇荡草洼中,艰难地开辟生活。那为了白衣盲女而杀了哥哥的黑衣汉子,与为报父仇而杀了黑衣人的紫衣女人,也全都枪法精湛,性情骁勇。这篇小说的意旨颇近于鲁迅的《铸剑》,但在复仇雪耻之外,又有男女情爱的内容。而且,《铸剑》的故事是子报父仇与为民除暴式的政治仇杀,《秋水》则主要是情爱引起的血亲仇杀。这个特点几乎贯穿在莫言小说中所有涉及祖父母一辈人们的故事中。

文章既介绍了莫言作品的情节、人物,又表述了评论者对莫言作品的认识和理解,并将二者有机融合,天衣无缝。

(二)析赏结合

析,指分析;赏,指鉴赏。在论述中,将分析和鉴赏有机结合起来,也是文学评论写作中的一种常见的叙述手法。析赏结合与叙议结合很相似,其主要差别在于一个是"叙",一个是"赏","叙"更侧重介绍描述,"赏"更侧重感悟想象。

文学作品由文学形象构成,诉诸人的情感,对文学作品和作品中形象的感悟、鉴赏,是文学评论的基础。好的文学评论常常将分析与鉴赏相结合,常由鉴赏入手,展开分析,由分析深化鉴赏,用鉴赏推动分析,最终使对作品的认知和阐释达到一个新的高度。特别是对于那些以感悟见长的作家的作品,更要注重表达出阅读中的整体感觉和领悟,并通过鉴赏与分析的文字,将渗透在作品中的作家的体验与感悟一一揭示出来。

例如,傅雷《论张爱玲的小说》,将富于感性色彩的鉴赏与深刻犀利的理性分析相

---

① 李健吾:《九十九度中》,《李健吾创作评论选集》,北京:人民文学出版社,1984年,第452—454页。

融合，给予作品深刻丰富的阐释。如：

> 她的痛苦到了顶点（作品的美也到了顶点），可是没完。只换了方向，从心头沉到心底，越来越无名。愤懑变成尖刻的怨毒，莫名其妙的只想发泄，不择对象。她眯缝着眼望着儿子，"这些年来她生命里只有这一个男人，只有他，她不怕他想她的钱——横竖钱都是他的。可是，因为他是她的儿子，他这一个人还抵不了半个……"多怆痛的呼声！"……现在，就连这半个人她也保留不住——他娶了亲。"于是儿子的幸福，媳妇的幸福，女儿的幸福，在她眼里全变作恶毒的嘲笑，好比公牛面前的红旗。歇斯底里变得比疯狂还可怕，因为"她还有一个疯子的审慎与机智。"凭了这，她把他们一齐断送了。这也不足为奇。炼狱的一端紧接着地狱，殉难都不肯忘记把最亲近的人带进去的。
>
> 最初她把黄金锁住了爱情，结果却锁住了自己。

这段人物分析，在生动形象的析赏中，深刻揭示了《金锁记》主人公曹七巧的性格特征和人物意蕴。又如：

> 遗老遗少和小资产阶级，全都为男女问题这噩梦所苦。噩梦中老是淫雨连绵的秋天，潮腻腻的，灰暗，肮脏，窒息与腐烂的气味，像是病人临终的房间。烦恼，焦急，挣扎，全无结果。噩梦没有边际，也就无从逃避。零星的磨折，生死的苦难，在此只是无名的浪费。青春，热情，幻想，希望，都没有存身的地方。川嫦的卧房，姚先生的家，封锁期的电车车厢，扩大起来便是整个的社会。一切之上，还有一只瞧不及的巨手张开着，不知从哪儿重重的压下来，要压瘪每个人的心房。这样一幅图画印在劣质的报纸上，线条和黑白的对照迷糊一些，就该和张女士的短篇气息差不多。

这段作品分析，把鉴赏和分析紧密结合，准确深刻地揭示了张爱玲小说"苍凉"的风格特色。

（三）情理结合

情，指情感，即文学评论文章中情感的抒发与宣泄；理，指理论，即文学评论文章中理论方法的巧妙运用。情理结合是文学评论写作中的一种常见叙述手法。文学作品是充满感情力量的制作，对文学作品的分析评论也应该是感情激越的文字。文学评论是闪烁智慧光芒的成果，应该具有较强的理论深度。因此，好的文学评论，总是能将情理二者有机结合，使文章情理兼备，感人耐读。

让我们通过季红真《忧郁的土地，不屈的精魂——莫言散论之一》中的一段，感受一下情理结合的文章之美：

> 他沉默着走上文坛，像大地活泼的精灵，神出鬼没，任性姿情，全不顾艺术的成规戒律，一支笔呼风唤雨，赋灵于草木众生。于是，出现了北方古老的土地，土地上颓败而喧嚣的村镇，村镇里形状各异的人生，人生中历久弥新的故事。而热情洋溢的红色主旋律，就像氤氲的地气，从世世代代的贫困战乱与生死仇怨中，从祖祖辈辈的屈辱压抑与希冀抗争中，丝丝缕缕升华汇聚，透过漫无边际的高粱地，越来越激昂高亢，惊天

地、泣鬼神，民族的血性精魂便以这翻腾狂舞的红色主旋律，呼唤着众多在现代生存的困扰中日趋萎缩的生命。

这便是莫言的小说，如歌如画，如剪接奇妙的电影，如音响嘈杂的现代音乐——繁多的意象与痛苦纷扰的情绪，都以原子裂变般的冲击力，震荡得人们头晕目眩，这使我们不能不首先关注这位才华横溢的小说家独特的叙事个性。

……

毫无疑问，莫言是一位敏于感觉而富于想象力的作家。然而即使是本性所致，这也绝不仅仅是个人的天分问题。正如马克思所指出的那样，一方面"人以全部感觉在对象世界中肯定着自己"，另一方面，"五官感觉的形成是以往全部世界史的产物"。世界史太漫长，我无力也无须溯寻，但追踪一下这位作家走过的足迹，对进一步分析他作品中全部知觉内容形成的外部现实，还是有必要与可能的。

三、文学评论的结构模式

文学评论的开头和结尾，通常由单个自然段或若干自然段构成。开头一般是说明文章的写作目的、意义、主旨等，常用的叙述模式有开宗明义、介绍情况、先谈感受、引用比较等。结尾篇幅通常比开头略短一些，太长的结尾会让人感到拖泥带水，短小精悍显得简洁有力、意味深长，结尾常用呼应开端、概括全文、指出价值、表达展望等叙述模式。

文学评论的中间部分是文章的主干，所占篇幅最多。一般包括文章的主要内容、核心概念、中心论点和分论点以及各种论据、分析论证过程等。在文本形式上，文学评论的中间部分可由若干自然段构成或由若干小节构成，小节可有标题，也可仅用序数标明。文学评论中间部分的叙述模式，最常见的有以下四种：

（一）并列式

并列式，主要论点论据，按顺序排列，从不同角度阐述问题，有时可能是大并列里套着小并列，这种叙述模式条理简明清晰，最为常见。

例如，茅盾《王统照的〈山雨〉》中间部分，按主人公上一代、主人公同一辈和主人公本人三类并列，分别用"第一、第二、第三"标出。每一并列部分内部也采用并列结构，如第一部分列举"奚二叔"、"陈大爷"、"魏二"和"徐老秀才"等四个性格不同的人。

又如，季红真《忧郁的土地，不屈的精魂——莫言散论之一》，全文由并列的四节构成：第一节，简述莫言小说的叙述方式以及与整个新时期小说的叙述方式之间的联系。第二节，分析莫言的叙述个性形成的几个因素极其痛苦的本体根源。第三节，从莫言小说忧郁的基调入手，分析其作品中所隐含的人物喻象系统，以及作者内在的精神矛盾。第四节，重点论述其作品的浪漫主义审美特征，以及充分的民族民间性质。

（二）对比式

对比式，是指在与其他作品的对比中，分析所要论述的作品的特点。对比时，常以风格迥异的作品作为对照物，也可以相似的作品作为对照物。与风格迥异的作品进行比较，更容易凸显所要论述的作品的特点。

例如，郜元宝《余华创作中的苦难意识》，整篇文章都是在与刘震云、张炜、张承志等三位作家的对比中，剖析余华作品的特色：

> 小说家族中，我们挑出三位颇有代表性的作家——刘震云、张炜、张承志——和余华稍作比较，就会发现余华小说苦难意识的独特之处。以"官场"系列饮誉文坛的京都俊才刘震云显然更关心社会政治层面上苦难的造因以及克服苦难的现实可能。刘震云后来发表的《温故一九四二》、《故乡天下黄花》、《故乡相处流传》，意味着他已经同曾经涉足过的"新写实"挥手告别，重新汇入中国文学神远脉长的"讽刺"传统。只有在这个传统中，刘震云的才华才能得到淋漓尽致的发挥。同辈作家中，张炜、张承志思索苦难问题的深入、持久与执着也许无人能比。在我们的印象里，这两位作家一直是无家可归的精神浪子，是傲岸强悍的灵魂苦斗者。他们一脸汗尘，满面戚容，难得展颜欢笑。但是，到了《九月寓言》和《心灵史》，张炜、张承志终于成了幸福的归家者，他们关于苦难痴迷的追问似乎都有了比较理想的答案。人世的苦难在这两部长篇中被归家的充实、落定和至乐之情彻底冲刷和化解了。张承志的"家"是心灵的乌托邦，是笃诚的信仰之国。张炜的"家"就在载育万物的大地之上。人只要以大地的尺度为自己的尺度，只要具有格通天地自然的本源的德行，他在大地上的栖居就是任何人世的苦与罪都无法败坏的。皈依"信仰"，守望"大地"，是张承志、张炜在传统的"讽刺"之侧为苦难人生另外开辟的两条文学救赎之道。
>
> 不能说余华没有讽刺精神，没有心灵的信仰，没有朴素的大地之恋。但是，这些都不足以构成余华小说主要的取向。我们在他的作品中看不到刘震云式的强烈的现实讽刺。实际上，现实在余华的文字中只是一个虚化的概念。对于刘震云念念不忘的那个现实，余华甚至不屑一顾。余华也没有张承志那种近乎迷狂的信仰冲动。余华虽然对流俗的现实不屑一顾，但也并没有因此而超越现实，另外建立一个心灵的乌有之乡。余华所关注的毋宁说是被流俗的现实掩盖了的另一种真实。……当然，在余华的小说中，我们更感受不到张炜那种亲近大地的栖居之乐，那种与天地自然息息相通的至性至德。读余华的小说，我们只有透过弥漫的阴霾和鬼气，才能依稀看到不太真实的河流、村庄、房舍、道路和街区。大地之上的一切存在物对人来说都是可疑的，充满了危险和阴谋。

（三）递进式

递进法的论述内容，或从浅到深，或从远及近，或由小到大，或由表及里，段落之间层层递进，环环相扣，思路清晰，论辩透彻。

例如，茅盾《徐志摩论》，全文共有五节，采用了递进式的叙述方式：第一节，剖析徐志摩代表作《我不知道风是在哪一个方向吹》，指出诗中的"伤感的情绪"、"轻烟似的微哀"，可表明徐志摩是"末代的诗人"——即"最后一阶段的现代布尔乔亚诗人"，点明文章的基本观点。第二节，着重分析徐志摩第一期代表作，指出其第一期作品表现了对"资产阶级德谟克拉西"的盼望。第三节，比较第一期和第二期作品，指出第一期作品充满理想主义和乐观情绪，第二期作品完全是颓唐失望的叹息。第四节，指出徐志摩逐渐诗情枯窘，是因为信仰破产，悲观失望。第五节，指出徐志摩是布尔乔亚的代表诗人，他最初的作品是布尔乔亚政权的预言，而他最后的作品却成为布尔乔亚的绝笔。

谢冕《一个世纪的背影——中国新诗 1977—2000》因是史论，基本上是按时序由远及近结构文章的。文章第一部分"重新开始的时间"，指出粉碎"四人帮"开启了一个诗歌的崭新时代。第二部分"悲喜交集的归来"，说明老诗人的归来成为新时期诗歌创作的前奏。第三部分"在新的崛起面前"，分析新诗潮产生的过程。第三部分"后新诗潮的挑战"，论述后新诗潮的兴起。第四部分"心不会被隔绝"，回顾了台湾近半个世纪的诗歌创作。因台湾诗歌内容特殊，无法和大陆诗歌合述，故单辟一节专论。大递进中又有小并列，一切皆从实际出发，只要层次清晰就好。第五部分"世纪绝唱"，概括并赞颂了 20 世纪中国诗歌的成就。

（四）复合式

文学评论中间部分的撰写，常会出现几种叙述模式的复合使用。

有时是递进法与并列法的复合使用。例如：周作人评论郁达夫《沉沦》的文章，采用了递进法套并列法的叙述方式。递进的第一层谈三种所谓不道德的文学，是用三个自然段并列三种不道德文学。递进的第二层用两个自然段，深入分析《沉沦》属于第二种所谓的不道德文学。

有时是并列法与对比法的复合使用。例如：李健吾文章《边城》的中间部分，大结构是用并列法，小结构采用对比法。

小结：本章在区分文学评论与文学研究型学术论文的前提下，着重分析了文学评论的一般特性、评论内容、文体类型及写作的基本要求。进而，按照文学评论的选题范围与选题角度、文学评论写作的准备工作、文学评论常用的两种批评方法以及文学评论的写作模式与文章主干的结构模式，并要求学生有针对性地开展文学评论的写作练习。

【思考与训练】

1. 简要说明茅盾《冰心论》这篇作家论文章的写作特点。
2. 简要说明王蒙随笔《大地和青春的礼赞——读〈北方的河〉》的写作特点。
3. 简要分析谢冕《在新的崛起面前》选题范围及选题角度的特点。
4. 简要分析李劼《刘索拉小说论》选题范围及选题角度特点。
5. 收集与某作品相关的作家、创作背景等材料，写出不少于 1000 字的文献综述。
6. 试以递进式为文学评论的线索写一个 500 字左右的提纲。
7. 鉴赏茅盾《徐志摩论》，仿写一篇作家论类型的文学评论，不少于 3000 字。
8. 鉴赏季红真《忧郁的土地，不屈的精魂——莫言散论之一》，仿写一篇作品论，不少于 2000 字。

第十七章 学术论文

学习提示：学术论文的写作过程，是一个"复杂艰难"的从研究到表述的过程，要经历选题、构思、撰写等多个环节。本章从选题策略、构思环节、各部分的撰写技巧、形式规范等方面细致地总结了学术论文的写作技巧，以使学生通过学习思考、操作训练，掌握学术论文的写作特性，并初步具备撰写学术论文的能力。

第一节 学术论文的选题策略

温儒敏说："写学术论文是复杂艰难的思维活动，从选题、构思到完稿，大多数情形下，都会经历从迷惘到梳理清晰的途径。"[①] 这是著名学者的经验之谈。

选题，即选择学术论文所要研究和论述的问题。选题非常重要，它决定了研究和写作的对象与内容。选题恰当与否，决定了文章的成败与价值。选题被专家学者视为最关键的一步。如温儒敏指出："选对了题目，可以说写论文最关键的一步也就走过来了。"[②] 一个好选题并不意味着就有一篇好论文，但是一篇好论文一定有一个好选题。关于学术写作选题的一般原则前面的章节已有讨论，在这里主要就语言文学类学术论文的选题策略作进一步的说明。

一、选题的一般策略

(一) 选择具体而微、有独创性的问题

网上有篇讨论毕业论文选题的帖子，大意说初中生往往会选《伟大的中国文学》这类大题目，高中生会选《南北朝文学在文学史上的地位》，本科生会选《试论齐梁时代形式主义文学对唐诗的影响》，硕士生会选《从〈文选〉看梁代文学观念》，博士生会选《〈昭明文选〉研究》，博士后会选《〈昭明文选序〉的价值与影响》，再后评教授的论文题目是《论"事出于沉思，义归乎翰藻"》，到国外演讲的题目是《何谓"翰藻"》。虽是夸张调侃，但也多少符合实际，社会上不少学生不了解研究规律，常选空泛的大题目作为选题，是不恰当的。学术论文一般提倡选小题目做。小题目，容易把握，容易讲深讲透。尤其对于刚入门的学生来说，更应该选择小题目，做扎实文章。

题目小并不意味着论文分量轻。语言学家王力先生在谈论文写作时提倡"小题目做大文章"："论文的范围不宜太大……范围大了，你一定讲得不深入，不透彻。……讨

[①] 温儒敏主编：《中文学科论文写作训练》，北京：北京大学出版社，2003年，第6页。
[②] 同上，第8页。

论问题要深入，深入了就是好文章。……小题目可以写出大文章。"① 选题范围不宜过大也与论文发表有关。目前国内学术刊物一般要求论文字数在五千至八千字左右，选题范围过大，五至八千字的篇幅不易论述清楚。

语言学家曹先擢先生，深谙其中三昧，他的《"打"字的语义分析》，仅选择了一个"打"字作为研究对象，却做出一篇深入透辟的大文章。"打"虽然只是一个字，可却是《现代汉语词典》里排名第一的超常多义字，且语义之多到了难以讲清楚的程度，曾被语言学家刘半农戏称为"混蛋字"。文章从最俗白常见的一个小小的"打"字入手，深入研究它的语义类型，最终将这纷繁混沌的"打"字概括为四个语义层面，让这"混蛋字"变得清晰起来。

（二）选择从事实出发而非从概念出发的问题

好选题，通常是从事实出发而非从概念出发或主题先行的。王力先生在谈论文写作时说过："凡是先立结论、然后去找例证，往往都靠不住。因为你往往是主观的，找一些为你所用的例证，不为你所用就不要，那自然就错了。"②

举个反面例子。胡适看到学生罗尔刚写了一篇题为《清代士大夫好利风气的由来》的文章，写信指出："这种文章是做不得的。这个题目根本不能成立。"胡适历来主张"有几分证据，说几分话"，他认为好利之风历代皆有，并非清代独专，清代士大夫好利风气在历史上没有特殊之处，不值得格外重视加以研究。罗尔刚有个研究清代军制的计划，胡适对他的"湘军以前，兵为国有；湘军以后，兵为将有"的观点提出质疑："凡治史学，一切太整齐的系统是形迹可疑的，因为人事从来不会如此容易被装进一个太整齐的系统里去。"胡适建议他"且把湘军一段放下，先去看看湘军以前是否没有'兵为将有'的情形"，而胡适认为以前也有这种情况，并举出具体例证。他对罗尔刚说，从事历史研究的人"切不可这样胡乱概括论断"。

这两件事从反面说明，一个好的选题，一定不能仅凭作者某个感觉或从某种概念的臆想出发，一定不能主题先行，而是一定要立足于具体事实并从对具体事实的观察出发。

二、选题的生长点

学术论文选题常见的思考向度和切入点有以下几种：

（一）填补空白

填补空白，即填补学术空白，这是指前人鲜有涉及或从未涉及的问题。这类选题学术意义和创新机会都比较大，但是由于前人涉猎较少，可供参考的材料不多，研究写作的难度一般比较大。

例如，"通感"是诗文描写的重要手法，但在很长一段历史时期被研究者忽略，直

---

① 温儒敏主编：《中文学科论文写作训练》，北京：北京大学出版社，2003 年，第 276 页。
② 同上，第 279 页。

到钱钟书的《通感》①首次提出这个现象,并用古今中外文学创作和文学理论的丰富例证,对"通感"这一古代批评家和修辞学家未能理解或认识的诗文描写手法,做出深入透辟的阐述。

现在,乍看起来,中文专业的很多问题似乎都有人研究过了,写过了,可供选择的课题仿佛越来越少了。不过,也不必担心。社会时代在发展,人的认识在变化,新选题还会不断出现,因此我们看到每年仍有不少新选题被人完成并以论文的形式面世。

(二) 对前人研究的完善发展

从古到今,很多有学术价值的选题已经被人研究过了,想选择真正的填补空白的选题有一定难度,人们更多的是在前人研究的基础上,作进一步的深入探讨。有些课题前人曾经关注过、研究过,但研究得不够充分、不够完善,还有进一步探讨与阐释的必要。有的时候,因为有了新的材料,新的理论方法,新的研究视角,以及人的认识有了新的发展变化,都会对固有研究成果产生冲击、突破和创新。因此,完善发展前人研究成果的选题应是学术论文最多见的选题。

这类选题的论文常以更全面翔实的材料,更细腻完善的方法,在前人基础上将研究引向纵深,取得新的更丰硕的成果。例如,"打"字前人已有研究,但还有补充完善、深入探讨的余地。曹先擢《"打"字的语义分析》,其附注⑩已透露文章是对前人研究的完善:"胡明扬先生《说"打"》,俞敏先生《"打"雅》。均拜读再三,获益良多。"而该文在前人成果基础上,采用了更丰富翔实的材料和细腻完善的分析方法,将"打"字的研究推向了新的高度。

此类选题的论文还可以新视角、新方法的使用,让老课题焕发新光彩。例如,意境是中国古典美学的重要范畴,20 世纪 80 年代前人们已多有论述,袁行霈选择新的研究视角和研究方法,"从中国古典诗歌的创作实践出发,联系古代文艺理论,我们可以在广阔的范围内总结古代诗人创造意境的艺术经验,探索古典诗歌表现意境的艺术规律"②,完成《论意境》,将有关"意境"的研究向前推进一步。

这类选题的论文常以新视点令老话题耳目一新。例如,《春江花月夜》是古代名篇,历代论者甚众,而程千帆仍就此再发议论,他选择了这篇诗作在历史上"被理解与被误解"这一全新视点,以《春江花月夜》为线索考察了初唐诗对后代的影响、唐以来诗歌审美趣味的变化等问题,丰富了《春江花月夜》及中国古代诗歌史的研究。程千帆在文章结尾指出:

以上就是我们所知道的从明代以来这篇杰作的被理解和被误解的大概情况。每一理解的加深,每一误解的产生和消除,都能找出其客观的和主观的因素。认识,是无限的。今后,对于张若虚《春江花月夜》的理解将远比我们现在更深,虽然也许还不免

---

① 钱钟书:《通感》,《文学评论》1962 年第 1 期。
② 袁行霈:《论意境》,《文学评论》1980 年 4 期。

出现新的误解。①

这番话不仅可用于《春江花月夜》,也可用于学术论文的选题。"认识,是无限的",人们对语言文学现象将总会有更深的理解,也总会有更新的选题。

(三) 质疑颠覆

质疑颠覆,是指对原有学术观点,甚至是权威认识的质疑反思,甚至是否定颠覆。有些学术问题随着时间的推移,随着新材料、新理论、新方法的出现,会出现与此前完全不同的新认识,甚至是颠覆性的新认识,这类选题的极致即所谓"翻案文章"。完善发展与质疑颠覆都源自人的认识的发展变化,不过完善发展侧重从正面补充深化,而质疑颠覆则侧重从反面解构重建。质疑颠覆类选题需要有能纠正或推翻既有定论的过硬材料,以及新的研究视角及方法。

例如,齐森华等的《"一代有一代之文学"论献疑》②,敢于质疑"一代有一代之文学"这一20世纪中国文学研究中重要的学术命题,而大胆质疑的勇气来自丰富翔实的有说服力的材料证据。文章通过大量材料的整理分析,在指出这一观念对中国文学史观的建构产生深远影响的同时,更着重说明其理论局限和对文学研究的负面影响,令人信服地指出这个传统而又权威的观念阻碍了古典文学研究的繁荣发展,应该暂时"悬置"。

又如,谭帆《"演义"考》,作者在阅读研究明清两代小说史料中,发现"演义"一词的使用长期以来存在错误,其用法跟中国小说史的实际情形相左,作者运用大量翔实的材料,通过缜密的分析,对"演义"一词的用法和含义详加考辨,得出科学结论:

1. "演义"源远流长,有"演言"与"演事"两个系统,"演言"是对义理的通俗化阐释,"演事"是对正史及现实人物故事的通俗化叙述。2. "演义"一词在小说领域,是一个小说文体概念,指称通俗小说这一文体,而非单一的小说类型概念,故在小说研究中,以"历史演义"直接对应"演义"的格局应有所改变,"历史演义"仅是演义小说的一个组成部分。3. "演义"在历史小说领域,其最初的含义是"正史"的通俗化,所谓"按鉴演义",但总体上已越出这一界限。③

最终正本清源,还"演义"以本来面目。

(四) 分歧争议

由于学术观点或研究方法不同,对某个学术问题可能会出现不同意见,有时意见分歧很大,相互争执不下。选择这类选题需要把各种不同意见搜集起来,加以分析鉴别,找出分歧的实质或焦点,采用新材料、新视角,科学地反驳与扬弃偏颇意见,建立自己的观点,把研究推进向前。

例如,《长恨歌》的主题历来存在争议,张中宇收集了各种意见,加以比较分析,

---

① 程千帆:《张若虚〈春江花月夜〉的被理解和被误解》,《文学评论》1982年第4期。
② 齐森华等:《"一代有一代之文学"论献疑》,《文艺理论研究》2004年第5期。
③ 谭帆:《"演义"考》,《文学遗产》2002年第2期。

在此基础上，采用新视角，将《长恨歌》与同一题材的《长生殿》，以及唐以来各种文学文本中关于"贵妃之死"的描写，加以比较，写成《关于〈长恨歌〉的主题倾向与文化意义》一文，指出：

《长恨歌》这种非大团圆模式结局的文化意义在于：未加"消解"的真正悲剧中，警醒、批评的成分总是主要的。因此，从《长恨歌》的非大团圆悲剧模式可以推断，白居易是要以一段富于传奇性的爱无可挽回的逝去，婉转地表达劝讽主题。从唐以来各种文学文本中关于"贵妃之死"描写的比较来看，《长恨歌》铺陈的血腥场面细致而鲜明，也表明了其深刻而显著的警示意义，《长恨歌》主题并非着意于歌颂或同情。①

确立了自己的新观点，将《长恨歌》主题研究向前推进一步。

（五）综合归纳

综合归纳前人研究成果的综述类文章，也是很常见的一类学术论文。综述有助于梳理对某问题的研究情况，为进一步研究奠定基础。

例如，张中宇《〈长恨歌〉主题研究综论》② 系统收集归纳了自《长恨歌》问世以来的各种评论，尤其是近半个世纪以来的研究成果，摸清了《长恨歌》主题研究的基本情况，是深入研究、撰写《关于〈长恨歌〉的主题倾向与文化意义》等论文的坚实基础。

第二节　学术论文的构思

一、确立论点

论点是学术论文的核心和灵魂，是决定论文学术质量的最重要指标。在论文材料收集整理后，要用大气力提炼基本论点。提炼论点要实事求是，遵循科学态度，不要主观预设，不要从既定的理论框架出发，要通过对大量材料的深入分析研究，用科学的理论方法，进行"去粗取精，去伪存真，由此及彼，由表及里"的加工。这样分析材料，提炼论点，就不是为观点找例子，而是从感性上升到理性，从现象揭示出本质。例如，温儒敏《〈围城〉的三层意蕴》中第一层意蕴的论点，就是通过对大量材料的深入分析研究而得出的：

《围城》用大量的笔墨客观而尖刻地揭示出种种丑陋的世态世相，读者从中可以感受到四十年代中国社会生活的某些落后景致与沉滞的气氛。这个描写层面可称为"生活描写层面"。以往一些对于《围城》的评论，大都着眼于这一层面，肯定这部小说"反映"了特定时期社会生活矛盾，具有"认识"历史的价值。因而有的评论认为，《围

---

① 张中宇：《关于〈长恨歌〉的主题倾向与文化意义》，《文学评论》2004 年第 4 期。
② 张中宇：《〈长恨歌〉主题研究综论》，《文学遗产》2005 年第 3 期。

城》的基本主题就是揭示抗战时期教育界的腐朽，批判站在时代大潮之外的知识分子的空虚、苦闷。这样归纳主题不能说错，因为《围城》的"生活描写层面"的确带揭露性，有相当的认知价值，但这种"归纳"毕竟又还是肤浅的，只触及小说意蕴的第一层面。

二、设立论据

独到的思考和观点，还需有力的论据的支撑。合理论据的标准是可靠、充足和典型。不管确立一个论点还是反驳一个论点，都要有可靠、充足、典型的论据和例证。在确定论点时，就可开始初步设定相关论据，考虑哪些论点配合哪些相关论据。不同学科的研究、不同论文的撰写，常会使用不同类型的论据。例如，语言论文，常用语料作为论据；文学论文，常将作品的细读分析作为论据；而那些被学术界普遍认同的科学理论，也可以在论证中作为论据。例如，温儒敏《〈围城〉的三层意蕴》用下面这段作品的细读分析，论证了《围城》的第一层意蕴：

> 小说写方鸿渐、孙柔嘉等赴内地求职时长途旅行所见，有点类似欧洲的"流浪汉"体小说的写法，以人物的遭遇体验为线索，将闭塞乡镇中种种肮脏污秽都"倒弄"出来。其如"欧亚大旅社"的"蚤虱大会"，鹰潭小饭馆卖的风干肉上载蠕载裹的虫蛆，等等，以嘲弄的笔触勾勒种种民风世俗，给人的印象真深。这些描写，并非猎奇，自然也都映现着当时的社会情状。
>
> 小说还用较多的篇幅写"三闾大学"的乌烟瘴气，校当局不择手段争官弄权，教职员拉帮结派尔虞我诈，鸿渐在乱麻一团的恩怨纠葛中左右不是，疲惫不堪。这简直不是什么学校，而是一口龌龊的"大酱缸"。这些描写也带揭露性，从教育界溃流的脓血来看社会的痛疽。

三、确定方法

研究语言文学现象，撰写相关学术论文，要依据一定的理论方法。不同的理论方法会产生不同的研究成果，而新理论和新方法的运用，总会为学术领域带来创新和惊喜。正如程千帆《张若虚〈春江花月夜〉的被理解和被误解》结尾所言：

> 闻、李两位的论点显然不是王闿运及其以前的批评家所能措手的。与此相较，我们对梁启超《中国韵文里头所表现的情感》一文中有关此诗的评论，也感到平庸。这只是接受过现代的哲学、美学以及对马克思主义有所研究的学者才能如此地看问题，从而得出前所未有的新结论。他们对此诗意义的探索，无疑地丰富了王氏所谓"孤篇横绝，竟为大家"二语的内涵，即提高了这篇作品的价值和地位。而其所以能发前人之所未发，也显然带有鲜明的时代烙印。这，应当说，是对此诗理解的进一步深化。

闻一多、李泽厚接受过现代学术思想的洗礼，并将其运用于研究，其研究成果便超过古代、近代学者，达到新的高度。

汉语语言理论方法丰富，既有文字学、音韵学、训诂学等传统理论方法，又有历史语言学、结构主义语言学、转换生成语法、系统功能语言学、语义学、语用学等现代理论方法。研究者可以根据研究对象的特点，选择某一种适用的理论方法，或综合运用几种理论方法，开展研究，撰写论文。

例如，朱德熙先生曾运用美国描写语言学（即美国结构语言学）中"替换"和"分布"两种分析方法，分析汉语里使用频率最高的词"的"，写成《说"的"》一文，指出："的"是"形式相同的三个语素：'的$_1$'是副词性语法单位的后附成分，'的$_2$'是形容词性语法单位的后附成分，'的$_3$'是名词性语法单位的后附成分"。该文'分析"的"字的基本方法是比较不带"的"的语法单位——假定为 X——跟加上"的"之后的格式"X 的"在语法功能上的差别。由此分离出"的"的性质来'。这套分析方法显然是借鉴了美国描写语言学的替换分析法和分布分析法。这篇论文虽只讨论一个"的"字，却涉及语法研究的整个方法论问题，特别是如何确定语法单位的同一性问题。因此这篇文章发表后，立刻引起了整个语言学界的注意，围绕着这篇文章展开了语法研究方法论问题的讨论。"[①]

文学学术论文所采用的主要理论方法，跟文学评论常用的理论方法相同。包括社会历史批评、审美批评、文化批评、心理批评、形式主义批评、比较文学批评、女性主义批评等。在文学学术论文的写作中，可以采用某一种理论方法，也可以以一种为主，兼用其他，或者兼用几种。不同理论方法，从不同视角丰富了对文学现象的研究，扩大了研究谱系，增加了研究成果。

例如，同样是对张爱玲的研究，不同理论方法形成不同研究成果，丰富了对张爱玲的阐释。黄子平的《世纪末的华丽……与污秽》主要运用社会历史批评及审美批评的理论方法，指出张爱玲小说中渗透着的"世纪末视景"的最主要特点就是"华丽与污秽"，以此确定其在 20 世纪中国文学史上"从世纪末到世纪末"的"中介"意义："张爱玲的'世纪末视景'，是身处 20 世纪末的我们，回溯性地解读而建立起来的。这种回溯，同时也把 19 世纪末（晚清）的历史图像，带进了对张爱玲写作的解读。以张爱玲为中介，一种'从世纪末到世纪末'的文学史叙事于焉成型。"[②]

而孟悦、戴锦华《张爱玲：苍凉的莞尔一笑》[③]，主要运用女性主义及精神分析等理论方法，指出"《倾城之恋》是张爱玲的文本序列中唯一一个逃遁并且成功的故事。然而这亦不是绣屏上的白鸟展翅飞出了织金云朵的传奇，而只是一次历史的偶然，战火焚毁了那架无限精巧、又无限沉重的屏风。于是一个死女人得以"复活"。但在这部文本中，张爱玲的叙事重心已转移到对"历史中的女人"——倾国倾城的男权神话的重写中去了。那是对特洛伊——海伦式的女性原型的解构。"

---

① 陆俭明：《八十年代中国语法研究》，北京：北京大学出版社，1993 年，第 8 页。
② 黄子平：《世纪末的华丽……与污秽》，《现代中文学刊》2009 年第 3 期。
③ 孟悦、戴锦华：《浮出历史的地表》，北京：中国人民大学出版社，2004 年，第 233—249 页。

四、理清头绪

确定了论点论据和研究方法之后,还要思考中心论点和各个层面分论点的排列组合,也就是设计论文的逻辑线索与结构框架。论文的写法不同于教材,不能只是简单罗列研究成果,而是要在文章中显示出研究思路逐步展开的顺序和线索。有些文章内部缺乏逻辑联系,前后论述没有关联,好像中药店,党参、黄芪、枸杞等各种药材各放一个抽屉,互不相关,这样的文章往往缺少活力,会很沉闷。因此,要讲究文章的逻辑性,文章各个段落之间要有逻辑联系,有过渡性的论述衔接前后内容。要注意每个分论点前后的逻辑联系。重要的分论点可以作为文章的小标题。

文章头绪纷乱,条理不清,常常是因为思路不清。在理清思路的同时,还可采用一种易于操作的办法:在文章中注意突出核心概念的位置。要让文章的核心概念贯穿全篇,不断显示它的存在,不让它被大段的论述淹没。中心论点放在文章的开头,各层的分论点放在每一部分的起始段,并在每一部分和全文的结尾处与之呼应。通过这种形式上的安排,使文章的中心论点与分论点得到凸显,使文章变得眉目清楚。

温儒敏指出:"通常这是比较难的一步,所谓可操作的思路,主要就是在这个时候理出来,所以用的时间不妨多一点,考虑周到一点。因为一开始头绪往往比较乱,初学论文写作者可以设想自己是在考虑如何用最简洁的几段话,把研究的思路告诉你的同学朋友。先说哪些,后说哪些,都力求适当安排得让人能听懂。这就是化繁为简,纲举目张,把论述层次结构设计出来了。先清理出思路的线索和组成这线索的几个重要的'点',然后再不断充实和论证这些'点'的存在及其与中心观点的关系,文章才能写成。"①

【思考与训练】
1. 简要分析孙静《宇宙灵秘、山水真面——谈魏源的山水诗》的选题特点。
2. 简要分析傅璇宗《李白任翰林学士辨》的选题特点。
3. 简要分析袁良骏《白先勇小说的传统特色》的选题特点。
4. 简要分析王卫平、马琳《张爱玲研究五十年述评》的选题特点。

第三节 学术论文的撰写

一、学术论文的基本架构

学术论文的本体一般由标题、摘要、关键词、文章正文及注释、参考文献等六部分构成。文章正文是学术论文的主体,通常由绪论、本论、结论三部分构成。绪论,是指文章的开头部分的引言;本论,是指文章主体的分析论证部分;结论,是文章结尾部分

---

① 温儒敏主编:《中文学科论文写作训练》,北京:北京大学出版社,2003年,第16—17页。

的小结。绪论、本论、结论的语义逻辑关系通常是：总——分——总。即绪论提出文章所要讨论的问题；本论分项分析阐释论点论据，通常会有分节或小标题；结论概括全文，归纳主要思路和观点。

以上所说的是学术论文的标准格式。但在实际写作中，除学位论文要求形式规范严整之外，一般的研究论文写作格式相对灵活，并不一定所有部分都完整呈现，故学术论文的结构框架通常有三种变体。第一种：绪论、本论、结论，三论俱全，这是最为常见的规范格式。第二种仅有绪论、本论两部分，有一些学术论文在绪论、本论之后，不设独立的结论部分，直接用本论最后一段结束全篇。第三种情况是只有本论，绪论、结论皆无，其文开门见山、直接进入论述主干，有快速入题、主干突出、务实简洁的叙述特点。此类不设绪论的文章也常不设结论部分，即将论文本论的结尾作为全文结束。出现这种情况或是因为文章篇幅不大，内容单纯明了，无需再穿靴戴帽；或是因为全文内容复杂，各部分逐层演进，分工明晰，结论已融入每部分的论证中，故难以形成简短概括的绪论和结论。

可见，在学术论文撰写中，本论是不可缺少的，结论是可以省略的，而绪论是时有时无的。不过，作为习作者，首先应当掌握完整规范的写作格式。

二、绪论的撰写

绪论，也可写作"引言"等，是对论文研究对象高屋建瓴的简要概括，其主要功能是提出论题。绪论通常开门见山，直截引出论文所研究讨论的主要问题。绪论一般文字不长，在文本形式上，有单独列为文章首章或首节的，也有在篇首由一段或多段文字构成自然段落的。无论哪种格式，在文本内容和语言表达上，都有一些常用的撰写方式。

（一）绪论的内容

普通论文绪论的内容主要涉及以下五个方面：点明文章主旨；交代写作动机；介绍研究方法；说明研究背景；界定研究对象。在论文写作中，作者常会侧重其中某一方面或兼及某几方面叙述。下面就绪论所侧重某一方面内容，分类举例展示：

1. 点明文章主旨

例如，温儒敏《〈围城〉的三层意蕴》绪论：

> 钱钟书的《围城》是意蕴丰厚的长篇小说。其所表现的生活内涵，作者对社会、人生的思索及其独特构筑的"艺术世界"，并不是读者所能一目了然的，需要反复琢磨，深入体味。近十年来，我先后读过多遍《围城》，几乎每读一遍都有新的体验与发现。这部小说基本采用了写实的手法，总体结构却又是象征的，是很有"现代派"味道的寓意小说。其丰厚的意蕴，须用"剥竹笋"的读法，一层一层深入探究。我看起码有这么三个层面。

本绪论开宗明义，点明文章主旨是探讨《围城》的丰厚意蕴。

2. 交代写作动机

例如，谭帆《演义考》绪论：

一般认为，"演义"主要是指以历史为题材的小说作品，近人以"历史演义"、"英雄传奇"、"神魔小说"、"世情小说"等来划归长篇章回小说之类型后，人们更视"演义"为"历史演义"或"讲史演义"之专称。这一将"演义"视为小说类型概念的认识，长久以来已约定俗成。然而，中国小说史的实际情形并非完全如此，翻检明清两代的小说史料，我们看到，"演义"其实并非小说之类型概念，而是小说之文体概念，以"演义"命名的通俗小说更远远超出了历史题材的范畴。古今认识之差异可谓大矣，"演义"一词由此不得不详加考辨，以清其源、正其本。

本绪论侧重交代写作动机：长期以来，"演义"一词的使用与小说史实际情况不符，有辨析讨论之必要。

3. 介绍研究方法

例如，袁行霈《论意境》绪论，简要交代了本文研究"意境"所采用的不同于前人的方法以及研究的意义和目的。

意境是中国古典美学的重要范畴。早在王国维提倡意境说之前，已经有人使用意境一词，并对诗歌的意境作过论述。研究意境固然不能抛王国维的意境说，但也不可为它所囿。从中国古典诗歌的创作实践出发，联系古代文艺理论，我们可以在广阔的范围内总结古代诗人创造意境的艺术经验，探索古典诗歌表现意境的艺术规律，为今天的诗歌创作和诗歌评论提供有益的借鉴。

4. 说明研究背景

例如，曹先擢《"打"字的语义分析》开头一节，侧重说明文章的研究背景。

《现代汉语词典》（1978年版，下同）收单字一万多个，单字义项在10个以上的25个，其中24个字的义项在10～20个之间，而"打"义项为24个（如果加上另立字头的介词则为25个），"排名"第一……

"打"是一个超常的多义字，一千多年前北宋时代的文学家欧阳修说"其本义谓考（敲）击，故人相殴，以物相击，皆谓之打，而工造银器谓之打可矣——盖有槌击之义。至于造舟车者曰打船、打车，网鱼曰打鱼，汲水曰打水，役夫馈饭曰打饭，兵士给衣粮曰打衣粮，从者执伞曰打伞，以糊粘纸曰打糊，以丈尺量地曰打量，举手试目之昏名曰打试。至于名儒硕学，语皆如此：触事皆谓之打。"这实际上是一篇小小的研究文章。本世纪30年代，也是一位文学家（又是语言学家）刘半农，说"打"的语义之多到了难以讲清楚的程度，戏谑地称"打"为"混蛋字"。

研究"打"的语义可分两个方面：1."打"的语义有多少？2."打"的语义有多少类型？这些类型有什么特点？二者是有联系的，但又不同。以前的研究多偏重于前者。

本文则着重研究后一个问题。我们在进行"打"字语义分析的时候，所依据的材料主要是当代辞书，进行抽样分析；对语义的分析以辞书注释为参证项。

本文采用首节绪论的结构方式，简要交代了前人对"打"字的研究，并介绍了文章的研究范围和方法。

5. 界定研究对象

例如，严家炎《论京派小说的风貌和特征》[①] 绪论：

这里说的京派小说，既不是后来人们所称的"京味小说"，也不是一种单纯的地域性的概念。它是指新文学中心南移到上海以后，三十年代继续活动于北平的作家群所形成的一个特定的文学流派。他们处在周作人、沈从文的影响之下，与北方"左联"同时并存，虽未正式结成文学社团，却在全国文学界具有一定的号召力。京派作家的小说是一种什么样的小说？有些什么特色？我们试图从以下几个方面作些综合的考察。

全文绪论，从关键词"京派小说"释疑开始，首先界定了文章的研究对象，并以提问方式引出论题。

以上所列主要是篇幅适中的单篇论文的绪论，若是篇幅较长的学位论文，绪论一般会作为独立的章节，其内容除上述各项之外，还需包含对本论题研究现状和研究资料较为系统的分析综述。

（二）绪论的表达模式

绪论撰写的表达模式有以下几种：

1. 首句扣题

绪论的第一句，往往紧扣标题中体现全文核心内容的关键词写，常将标题关键词作为主语表达。这样入题快，凸显文章主旨，文意显豁，逻辑性强。例如：

袁行霈《论意境》首句："意境是中国古典美学的重要范畴。"句子紧扣标题，将标题关键词"意境"作为主语，点明文章论述对象，接着围绕"意境"叙写，回顾以往对意境的研究，提出新研究方法。

温儒敏《〈围城〉的三层意蕴》首句："钱钟书的《围城》是意蕴丰厚的长篇小说。"也是紧扣标题，将标题关键词"《围城》"作为主语，点明文章主旨，随之引出写作动机和研究手法。

2. 高屋建瓴

所谓高屋建瓴，即从一个大的构架开始，逐渐论到一个相对小的具体问题，包括叙述从大到小，从远到近，从虚到实，从抽象到具体，从理论到实际等，显得居高临下，很有气势和说服力。例如：

孙中田《〈子夜〉与都市题材小说》绪论，由五个自然段构成，第一自然段指出都市题材小说是都市文学的重镇，也是现代文学研究的重要领地；第二三自然段简要回顾了中外古今都市文学的历史发展；第四自然段进而指出中外都市文学对中国现代文学具

[①] 严家炎：《论京派小说的风貌和特征》，《湖北大学学报（哲学社会科学版）》1989 年第 4 期。

有影响；最后一个自然段引出本文论述的主要对象——都市题材小说与其代表作《子夜》。该文绪论从都市文学这个大的构架开始，层层深入，最终将视点聚焦于主要论述对象——都市小说与《子夜》，论述清晰，逻辑严密，具有理论深度和论说气势。

3. 开端话题

开端话题，即绪论常常不直截说明论文主旨，而是选取一个有趣话题作为切入点，渐将读者引入正文。例如：

程千帆《张若虚〈春江花月夜〉的被理解和被误解》的绪论：

在古代传说中，卞和泣玉和伯牙绝弦是非常激动人心的。它们一方面证明了识真之不易，知音之难遇；而另一方面，则又表达了人类对真之被识，音之被知的渴望，以及其不被识不被知的痛苦的绝望。当一位诗人将其心灵活动转化为语言，诉之于读者的时候，他是多么希望被人理解啊，但这种希望往往并不是都能够实现的，或至少不都是立刻就能够实现的。有的人及其作品被淹没了，有的被忽视了，被遗忘了，而其中也有的是在长期被忽视之后，又被发现了，终于在读者不断深化的理解中，获得他和它不朽的艺术生命和在文学史上应有的地位。

在文坛上，作家的穷通及作品的显晦不能排斥偶然性因素所起的作用，这种作用，有的甚至具有决定性。但在一般情况下，穷通显晦总是在一定的历史社会条件下发生的，因而是可根据这些条件加以解释的。探索一下这种变化发展，对于文学史实丰富复杂面貌形成过程的认识，不无益处。本文准备以一篇唐诗为例，研究一下这个问题。

张若虚的《春江花月夜》今天已成为家喻户晓的唐诗名篇之一。当代出版的选本很少有不选它的，而分析评介它的文章，也层见叠出。但是回顾这位诗人和这一杰作在明代以前的命运，却是坎坷的。从唐到元，他和它被冷落了好几百年。

本文绪论，先以卞和泣玉和伯牙绝弦故事，作为话题，展开议论，逐渐引出作家作品常会经历穷通显晦的历史事实，进而指出"穷通显晦总是在一定的历史社会条件下发生的，因而是可根据这些条件加以解释的。探索一下这种变化发展，对于文学史实丰富复杂面貌形成过程的认识，不无益处"的道理，最后指出文章写作的动机：依据这个道理来观察研究张若虚和《春江花月夜》的坎坷命运。开端话题，使文章的起始更具生动性、形象性，更易吸引读者阅读的兴趣。

4. 开端引用

即在绪论起始引用有关语句。文学类论文常用此法，即在开端引用所讨论作家作品的代表性话语，以此作为论据，推动论点阐述。例如：

孙静《宇宙灵秘、山水真面——谈魏源的山水诗》[①]绪论：

魏源《戏自题诗集》说："太白十诗九言月，渊明十诗九言酒，和靖十诗九言梅，我今无一当何有？唯有耽山情最真，一丘一壑不让人。"在倾情山水、搜讨一丘一壑之

[①] 孙静：《宇宙灵秘、山水真面——谈魏源的山水诗》，《文学评论》1985年第6期。

奇上，魏源自负不让古人。同诗又说："渊明面庐无一咏，太白登华无一吟。永嘉虽遇谢公屐，台荡胜迹皆未寻。昔人所欠将余俟，应关十诗九山水。"他又是以山水补亡自任的。魏源的这些自述并非夸张，翻开他的诗集，其山水诗数量之多，创作自觉性之高，描写范围之广，都是前人中少见的。在我国山水诗的发展中魏源无疑占有一席地位。

本文开篇即引用魏源诗句，证明他山水诗创作数量之多、创作自觉性高、描写范围广，是重要山水诗作家，值得研究。原诗的引用增强了论证的力量。

二、本论的撰写

本论，包括论文的主要内容、核心概念、中心论点和分论点以及各种论据、分析论证过程等，是文章的主干，所占篇幅最多。在文本形式上，本论可由若干自然段构成或由若干小节构成，小节可有标题，也可仅用序数标明。学术论文本论最常见的论述模式有并列式和递进式两种。

（一）并列式

并列式，与文学评论本论常用的"并列式"叙述模式相似，即文章各部分或各个分论点分论据，按语义逻辑顺序排列，有时可能是大并列里套着小并列或其他结构，从不同角度阐述问题，论证中心论点。这种叙述模式思路简明，条理清晰，最为常见。例如：

陆俭明《周遍性主语句及其他》的本论，即采用并列式撰写。该本论基本上是由并列的七部分构成，下面是这几部分的小标题：

关于 A 类周遍性主语
关于 B 类周遍性主语
关于 C 类周遍性主语
周遍性主语句的共同特点
所谓"前置宾语"
关于主语和话题
话题的形式标记

该本论的第1—4部分和第5—7部分是一个大并列，分别论述"周遍性主语句"和与之相关的"其他"问题。第1—4部分内部是分总结构、第5—7部分内部是并列。本论内容层层分列，条理清晰，逻辑严密，论证有力。

严家炎《论京派小说的风貌和特征》的本论，由并列的五部分构成，下面是这五部分的小标题：

一、赞美纯朴的、原始的人性美、人情美
二、扬抒情写意小说之长，熔写实、记"梦"、象征于一炉
三、总体风格上的平和、淡远、隽永

四、简约、古朴、活泼、明净的语言
五、京派小说的思想性质

本论从京派小说的文学追求、创作手法、总体风格、语言特色、思想性质等五方面，论述了京派小说的风貌和特征。

并列部分之间的排序，一般是按事物的主次关系、时序关系或事物内在逻辑关系等。按事物主次关系的结构，常是先主后次，有时也可先次后主。陆俭明《周遍性主语句及其他》，本论第1—4部分和第5—7部分根据主次关系并列，各类"周遍性主语句"是文章重点，在前；与之相关的"其他"问题是次要问题，随后。第5—7部分排列次序主要是依据时序关系，"前置宾语"问题提出在前，"主语和话题"问题提出在后。本论第1—3部分表层是按ABC序列并列，但ABC三类周遍性主语排序深层是根据事物内在逻辑关系，即依据汉语语法系统内部叙述结构：一般名词在前，数量词在后。严家炎《论京派小说的风貌和特征》本论并列的五部分，一方面是根据事物内在逻辑关系排列，即根据文学理论对于文学作品的描述结构，一般先谈思想内容（文学追求属思想内容）、创作手法，后谈风格、语言；另一方面又根据事物的主次关系，先次后主，将重点部分"思想性质"置于最后，使结尾厚重有力。

（二）递进式

递进式，即叙述内容常存在一层比一层深入的递进关系，或从浅到深，或从远及近，或由小到大，或由表及里，层层递进，环环相扣。采用递进式论述，条理清晰，论辩透彻。例如：

温儒敏《〈围城〉的三层意蕴》的本论由三段递进的部分构成，下面是这三大段开头阐明分论点的段落：

第一层，是比较浮面的，如该书出版序言中所说，是"写现代中国某一部分社会，某一类人物。"具体讲，就是对抗战时期古老中国城乡世态世相的描写，包括对内地农村原始、落后、闭塞状况的揭示，对教育界、知识界腐败现象的讽刺。

……

如果不满足于运用"通过什么反映什么"这个简易却往往浮面的批评模式，而更深入思考作品以"反映"的东西是否有作家独特的"视点"，这就更深一步发掘到《围城》的第二个意蕴层面，即"文化反省层面"。

……

那么，这部长篇为什么要以"围城'为题呢？读完这部小说，从这题旨入手反复琢磨作者的立意，我们也许就能越过上述二个层面的意蕴，进一步发现小说更深藏的含义——对人生对现代人命运富于哲理思考的含义，这就是作为作品第三层面的"哲理思考意蕴"。

从反映现实的层面，到文化反省层面，再到哲理思考层面，递进的三段内容由浅入深，环环相扣，条理清晰，剖析透彻。

三、结论的撰写

结论，也可写作"结语"等。结论的篇幅通常和绪论差不多，也可以略短一些，但一般不可太长，太长的结尾会给人拖泥带水的感觉，而简洁有力、意味深长的结尾往往是短小精悍的。最常见的结论由单自然段或多自然段构成。有时也可由单独列为文章末节的段落构成。

结论通常包括以下几方面内容：

1. 总结概括全文的基本论点

例如，谭帆《演义考》结论如下：

通过上述粗略考辨，我们的最终结论是：1. "演义"源远流长，有"演言"与"演事"两个系统，"演言"是对义理的通俗化阐释，"演事"是对正史及现实人物故事的通俗化叙述。2. "演义"一词在小说领域，是一个小说文体概念，指称通俗小说这一文体，而非单一的小说类型概念，故在小说研究中，以"历史演义"直接对应"演义"的格局应有所改变，"历史演义"仅是演义小说的一个组成部分。3. "演义"在历史小说领域，其最初的含义是"正史"的通俗化，所谓"按鉴演义"，但总体上已越出这一界限。以上是笔者阅读明清小说史料时的感想，不妥之处，恳请方家同好指正。

此结论用主要篇幅总结概括全文的基本论点，最后用一句话表示自谦。

又如，温儒敏《〈围城〉的三层意蕴》结论，用简短两段话，总结概括了全文中心论点。

直到当今，我们才越来越体会到《围城》特有的艺术魅力。这魅力不光在妙谕珠联的语言运用，甚至也不光在对世态世相谐谑深刻的勾画，更在其多层意蕴的象征结构以及对人生社会的玄想深思。

《围城》是一个既现实又奥妙的艺术王国，只要进入这片疆域，无论接触到哪一层意蕴，总会有所得益，深者得其深，浅者得其浅。

2. 指出需要补充说明的某些问题

例如：曹先擢《"打"字的语义分析》的结论，梳理概括了全文的分论点，又补充说明了研究方法：

"打"的语义包括四个方面：1. 本义；2. 变义；3. 泛指义/使动义/发生义；4. 介词义。我们讨论了前三个方面。"打"的介词义缺乏研究，暂付阙如。

《新华字典》注解正好反映"打"义的四个层次。词义是一种概括。"打"的意义虽然多，但如果进行较好的概括，也并不是不能理出头绪的。30年代刘半农先生感叹"打"字义多得无法计算时，陈望道先生就批评他研究"打"义忘记了概括的办法。陈望道将"打"义概括为四个方面，《新华字典》与之相同。

我很赞同陈望道先生对"打"的研究方法。当然，我们在进行概括的时候，要详细地占有材料。本文在材料运用的方面,均属"抽样",所作的探索是初步的,缺漏、不妥之处,敬请专家、同行、读者批评指正。

本结论是三个自然段构成的一小节,本文将其作为文章的最后一部分单独列出,与文章开头单独列出的绪论呼应。

3. 指出有待进一步探讨的问题

有时需要补充说明及有待进一步探讨的问题篇幅较长,可以以"余论"的形式作为全篇结尾。例如:

陈保亚《语言接触导致汉语方言分化的两种模式》[①] 以"五、余论"的形式指出需要补充说明的问题,并作为全文的结尾:

本文引言提到地域方言的形成可能有语言系统内部自己变化的原因,也有受民族语言影响的原因。从我们一开始给出的羌苗语谱系分类树可以看出,现在所知道的汉语方言都是从原始汉语或原始汉语以后的切韵系统汉语分化出来的,而在原始汉语时期,南方已经分布了各种不同的少数民族,因此汉语南方方言在形成过程中不能不考虑民族语言的母语干扰和母语转换。

和一般的母语干扰、母语转换形成的汉语方言相比,民族式转型汉语方言是一种极端情况,还存在大量中间状态。这些不同的干扰深度和方式在民族语言地区可以广泛观察到。无论是哪一种情况,包括学者们提到的许多"混合语",我们都可以通过基本语素和核心语素中主体对应语素的有阶分布断定是民族语言干扰汉语还是汉语干扰民族语言,断定受民族语言干扰的汉语最初总是和汉语对话的,是汉语的一种方言变体,和受干扰前的原汉语有父子关系,有直接亲属关系。考虑到转型汉语方言的存在,用语音、语法的结构特征给方言进行发生学分类要特别谨慎。

汉语方言在形成过程中民族语言的干扰起了很大的作用,这些干扰必然给汉语方言增加很多原始汉语不存在的结构因素,所以原始汉语的构拟要特别小心,方言中存在的语法、语音现象并不一定是原始汉语中也存在的,汉藏语系亲属语言中存在的语音、语法现象更不一定总是在原始汉语中也存在的,所以现代方言、亲属语言中存在的现象并不一定总要在原始汉语中得到解释。根据历史比较法用现代方言或亲属语言的结构特征构拟原始语言,首先要分清这几种情况:1. 哪些结构特征是语言接触引起的;2. 哪些结构特征是后来分化形的;3. 哪些结构特征是原始语言的保留。

只有最后一个条件是历史比较法在构拟原始形式时可以利用的,而区分这三种情况的工作还远远没有完成,所以目前各家对原始汉语或上古汉语的构拟都是高度假设性的。

此结论对论文正文难以安排而又需要说明的问题做了补充,并指出有待进一步探讨的问题。在实际写作中,以上结论内容,有时仅及一两方面,有时几方面兼顾。

---

① 陈保亚:《语言接触导致汉语方言分化的两种模式》,《北京大学学报(哲学社会科学版)》2005年3月刊。

第四节　学术论文的形式规范

为了保证学术论文内容的科学、严谨,知识来源准确、清晰和学术成果交流、检索的便利,学术论文对文章的形式构成都有较为严格的规范性约束。除正文之外,学术论文还要求撰写摘要、关键词,对文中引用的文献、数据等必须进行详细的标注,研究中有所借鉴的参考文献和资料来源也应明确列出。一篇论文的上述要件是否完整规范,不仅体现了作者学术训练的水平,而且也能折射出作者的治学态度和学术品格。因此,学习者应高度重视。

一、摘要与关键词

(一) 摘要的撰写

摘要,顾名思义就是摘录文章的要点。而学术论文的要点是什么? 通常是文章的论题、方法、思路和结论。中华人民共和国国家标准《科学技术报告、学位论文和学术论文的编写格式》规定:"摘要一般应说明研究工作目的、实验方法、结果和最终结论等,而重点是结果和结论。"这一规范的某些部分可能更适用于科学论文,对于语言文学类学术论文来说,实验方法与相应的结果很少在论文中涉及,因此,摘要主要应说明论文的研究对象、研究方法、基本思路和最终结论。

摘要是论文内容的高度概括和简要陈述,应具有独立性,即不阅读论文的全文就能获得必要信息。因此,摘要应是一篇相对完整的短文,可以独立使用或引用。摘要应包含论文的主要信息,供读者确定有无必要阅读全文,也可供数据库检索引用。

摘要写作的要点是准确、简练,尽可能去掉所有的修饰,减少背景的陈述,避免将摘要写成论文的引言,要尽可能全面概括论文探讨的问题、主要观点和线索,以较少的篇幅最大限度地传达本文的基本信息。在字数上,"中文摘要一般不宜超过200—300字;外文摘要不宜超过250个实词。如遇特殊需要字数可以略多。"[①]

摘要的实际写作则因论文内容的不同特点而各有侧重。

有些摘要侧重陈述基本论点和最终结论。例如,陈保亚《语言接触导致汉语方言分化的两种模式》摘要:

民族语言在和汉语的接触中通过两种方式影响汉语。首先是汉语民族方言通过母语干扰有规则有系统地影响汉语,导致方言的形成,其次是汉语民族方言通过母语转换变成汉语方言。对话状态是认识这两种方式的关键,汉族说民族语言和民族说汉语是不同的对话状态。通常所说的混合语往往可以通过对应语素的有阶分布确定其早期对话状态,因此很多混合语可以看成转型汉语方言。孤岛条件下的母语干扰是形成转型汉语方言的重要条件。

---

① 参见中华人民共和国国家标准《科学技术报告、学位论文和学术论文的编写格式》。

此摘要概括说明了文章各段落所阐述的基本观点,并指出结论。

有的摘要主要总结论文的论证思路和基本观点。例如,韦凤娟《魏晋南北朝"仙话"的文化解读》①摘要:

  本文从神仙信仰的确立、神仙的"人化"趋势、"洞天福地"的构建、仙界与俗世不同的时间系统设置等四个方面探讨了"仙话"叙事语境的形成历程及其内蕴的文化意义。笔者认为,"仙话"以追求肉身不坏的神仙信仰作为核心意旨,凸显出古代中国人对于现实生命意义和生死终极问题的独特考量。"仙话"的话语体系即是在这种独特考量中逐步建构起来的。

此摘要概括说明文章的 4 个层次的研究视角及中心论点。

有些摘要侧重说明研究目的和研究方法,例如:杨义《〈论语〉还原初探》②摘要:

  本文旨在探讨《论语》由孔门弟子后学编辑成书的复杂过程,还原其中呈现出来的教育体制、编纂义例、修辞观念、文乐思想、言诗法式的多重关系,追寻导致"儒分为八"以及演化为汉学、宋学的最初的隐微踪迹,为研究先秦诸子文本的编撰体制、成书过程及其思想体系的成形提供了有启发的借鉴。

此摘要主要概括了研究目的、结构的基本线索与方法。

由于文章小标题常标明论文的分论点,因此将摘要与论文的小标题对照有时是检验摘要概括力的方法。也有不少摘要直接将文章小标题汇总。例如,严家炎《论京派小说的风貌和特征》摘要:

  京派是三十年代在周作人、沈从文的影响下活动于北平的一个文学流派。京派小说具有独特的风貌:赞颂纯朴、原始的人性美和人情美;作为一种抒情写意小说,将写实、记"梦"、象征熔于一炉;总体风格上平和、淡远、隽永;语言简约、古朴、活泼、明净。京派小说思想性质上属于现代,并非"向后看";艺术上不仅有现实主义,更有较重的浪漫主义成分,甚至还接受了现代主义的某些影响。

通过将摘要与论文的小标题对照可知,此摘要基本是由文章各节小标题汇总串联而成,最后加上对论文基本观点的总结。

(二) 关键词的撰写

关键词是为了文献标引工作从论文中选取出来用以表示全文主题内容信息的单词或术语。关键词最主要的功能是为文献检索、归类提供便利,因此一定要有明确的指向性,通常是选取最能代表论文讨论对象范围、基本内容和方法的词语。关键词选择失当,就会使同行难以从探讨同类问题的文献中查找到你的学术成果。

关键词的选择有两条途径,一是当学术论文的标题是论题型的,可直接从论文题目

---

① 韦凤娟:《魏晋南北朝"仙话"的文化解读》,《文学遗产》2008 年第 1 期。
② 杨义:《〈论语〉还原初探》,《文学遗产》2008 年第 6 期。

中撷取。例如徐行言论文《"拿来"的尴尬与选择的迷惑——论现代中国文学的现代性困扰》[①]的关键词是现代中国文学、现代性、拿来主义。第一个标明范围，后两个涉及论题，全部来自论文的标题和副标题。

二是若论文标题不足以完整标示研究领域和选题范围，则可从论文摘要中选择相关术语补充。例如：谭帆《演义考》，关键词为演义、文体观念、历史演义、类型观念。其中"演义"来自标题，是论文讨论对象，"文体观念"、"类型观念"、"历史演义"皆自摘要中提取，对本文讨论的角度和范围做了进一步提示。另如杨义《〈论语〉还原初探》，关键词为《论语》、成书、编纂体制、还原。其中前后两个来自标题，中间两个来自摘要，对本文讨论的切入点做了明确提示。

关键词的撰写有一个忌讳，那就是选择不具有标示范围和论题意义的形容词和动词，因为这类词语不具有区分类别的指向性，难以在检索中标示出论文的所属领域。例如，刘宁《李白是浪漫诗人吗？》[②]关键词为浪漫主义、李白、接受、拒斥、反思。前两个词有效，后三个则不具备检索上的区分作用。

有关关键词的数量，中华人民共和国国家标准《科学技术报告、学位论文和学术论文的编写格式》规定：每篇"论文选取 3—8 个词作为关键词"。在中文学科学术论文的实际写作中，使用四个关键词的情况最为多见，有时也会选用三个或五个，但更少或更多的情形就较少见了。

二、引文、注释与参考文献的撰写

（一）引文的撰写

引文多是引用其他文献资料或他人观点，以论证本人论文论点。为保证学术研究的实事求是和严谨公正，所有引文都应加以注明，不能将别人论著内容跟自己论文混在一起。引文是引用文献资料或他人观点，一般不能作为论点，而只能作为论据使用，全文论点要由作者自己得出。

引文撰写的格式：按照一般的学术规范，直接引用引文要用引号，并在注释中注明出处。间接引用引文可不用引号，但也要在注释中加以说明。例如，严家炎《论京派小说的风貌和特征》：

沈从文在论及废名小说时说："冯文炳是以他的文字'风格'自见的，用十分单纯而合乎'口语'的文字，写他所见及的农村儿女事情，一切人物出之以和爱，一切人物皆聪颖明事。作者熟悉他那个世界的人情，淡淡地描，细致地刻画，且由于文字所酝酿成就的特殊空气，很有人欢喜那种文章。"

这是一例直接引用的例子。作者用引号引出沈从文原话，并在注释中说明："沈从文：《论中国创作小说》，《沈从文文集》第十一卷，三联书店香港分店、花城出版社联

[①] 徐行言：《"拿来"的尴尬与选择的迷惑——论现代中国文学的现代性困扰》，《文艺理论研究》2009 年第 3 期。
[②] 刘宁：《李白是浪漫诗人吗？》，《文学遗产》2008 年第 3 期。

合出版。"

直接引用也可单独成段、用不同字体加以标明，例如，上文中的另一处引文。

沈从文说：

> 我是个乡下人，走到任何一处，照例都带了一把尺，一把秤，和普通社会总是不合。一切来到我命运中的事事物物，我有我自己的尺寸和分量，来证实生命的价值和意义。我用不着你们名叫"社会"为制定的那个东西，我讨厌一般标准。尤其是什么思想家为扭曲蠢蚀人性而定下的乡愿蠢事。

全文主要用宋体，单独成段的直接引文用楷体，并左侧缩进四格，以此凸显引文内容。由于是引用，需注明出处："《水云》，《沈从文文集》第十卷，三联书店香港分店，1984 年版。"

直接引用还可融在作者论文语句中间，例如，程千帆《张若虚《春江花月夜》的被理解和被误解》：

> 根据我们对"诗分唐宋乃风格性分之殊，非朝代之别"的认识，则宋代诗风，始则由唐转宋，终于由宋返唐……

引文"诗分唐宋乃风格性分之殊，非朝代之别"，融在作者论文语句中间，作者用引号将其标出，并在注释中注明："钱钟书说。见《谈艺录》此条。"

间接引用，不直接引用原话，常是作者对原话加以重述。这种引用虽不必使用引号标出，但要在注释中加以说明。例如：袁行霈《论意境》：

> 他指出构思规律的奥妙在"神与物游"，也就是作家的主观精神与客观物境的契合交融。

"作家的主观精神与客观物境的契合交融"，是间接引用黄侃对"神与物游"的解释，为此作者在注释中说明，"黄侃《文心雕龙札记》：'此言内心与外境相接也。'"

（二）注释的撰写

注释，也作"附注"。注释用序号排列。正文中序号标于注释项后边右上角。注释内容按序号附于页脚或文后。页脚下注释，可省略"注释"或"附注"的字样，每页单独排序。文后注释，"注释"或"附注"的字样可用也可不用。

注释主要有两类：

1. 引文注释

这是最常见的注释类型，其功能是注明论文引文资料的出处。

不同出版机构和学术期刊引文注释的编写格式或略有差异，但其基本内容大致相同。若引用著作，一般应包括：责任者与责任方式、文献题名、出版地名、出版者、出版时间和引文页码这六要素。例如：

洪子诚《当代诗歌的"边缘化"问题》的一处引文和引文注释：

论文正文：

在80年代,"由于时间差——意识形态解体和商业化浪潮到来前的空白","诗人戴错了面具:救世主、斗士、牧师、歌星"④。

引文注释:

④ 北岛:《失败之书》,汕头:汕头大学出版社,2004年,第168页。

此论文的文后注释④,说明了正文中引号里的直接引语的来源。

若系引用期刊论文,注释内容则应包括:责任者、文献题名、期刊名、年期(或卷期)、有的还要求证明论文所刊的页码。例如:

贾平凹:《一封荒唐信》,《文学评论》1985年第5期。

上述引文注释格式是目前国内人文社科期刊和著作中较通行的范例。

2. 补充注释

有一些需要补充说明的内容,由于正文不便容纳,便在注释中记述。例如:洪子诚《当代诗歌的"边缘化"问题》中一处补充注释:

论文正文:

诗集出版的艰难,诗作稿酬的微薄人所共知②。

补充注释:

② 例子之一是,笔者和程光炜编选的诗歌选集,出版社付给诗人的稿酬是每行一元。

此注释是补充说明的例证,为读者深入理解论文,如将其写入正文,会影响行文的简洁流畅,因此放进注释。

又如,程千帆《张若虚〈春江花月夜〉的被理解和被误解》中一处补充注释:

论文正文:

《旧唐书·文苑传上》云:"杨炯与王勃、卢照邻、骆宾王以文词齐名,海内称为王、杨、卢、骆,亦号四杰。"这一记载说明四杰是初唐代表着当时风会的、也被后人公认的一个流派。⑥

补充注释:

⑥ 闻一多《四杰》一文(载《唐诗杂论》,《闻一多全集》第三册)认为王、杨长于五律,而卢、骆长于歌行。因此四杰应当分为两组,是不对的。刘开扬《论初唐四杰及其诗》已加辨证,我们同意刘先生的意见。

此注释补充说明文中论点背后隐含的问题:学术歧见和作者立场。

(三) 参考文献的撰写

参考文献是指为撰写论文而引用的有关文献信息资源。参考文献的位置一般在全文最后。有关参考文献撰写格式,国家标准《文后参考文献著录规则》有如下明文规定:

专著著录格式：主要责任者. 题名：其他题名信息［文献类型标志］. 其他责任者. 版本项. 出版地：出版者, 出版年：引文页码。示例：余敏. 出版集团研究［M］. 北京：中国书籍出版社, 2001：179—193.

专著中的析出文献著录格式：析出文献主要责任者. 析出文献题名［文献类型标志］. 析出文献其他责任者//专著主要责任者. 专著题名：其他题名信息. 版本项. 出版地：出版者, 出版年：析出文献的页码. 示例：马克思. 关于《工资、价格和利润》的报告札记［M］//马克思. 恩格斯. 马克思恩格斯全集：第44卷. 北京：人民出版社, 1982：505.

连续出版物著录格式：主要责任者. 题名：其他题名信息［文献类型标志］. 年, 卷（期）—年, 卷（期）. 出版地：出版者, 出版年. 示例：中国图书馆学会. 图书馆学通讯［J］. 1957（1）—1990（4）. 北京：北京图书馆, 1957—1990.

连续出版物中的析出文献著录格式：析出文献主要责任者. 析出文献题名［文献类型标志］. 连续出版物题名：其他题名信息, 年, 卷（期）：页码. 示例：李晓东. 张庆红. 叶瑾琳. 气候学研究的若干理论问题［J］. 北京大学学报：自然科学版, 1999. 35（1）：101—106.

文献类型和标志代码：普通图书 M；会议录 C；汇编 G；报纸 N；期刊 J；学位论文 D；报告 R；标准 S；专利 P；数据库 DB；计算机程序 CP；电子公告 EB。

中文学科学术论文的"参考文献"应尽可能按国家标准格式撰写。

小结：本章着重就学术论文选题中常见的思考向度及切入点，学术论文构思的环节与要点，学术论文内容架构中绪论、本论、结论各部分常见的写作模式进行了全面总结和分类指导，并就学术论文的摘要、关键词、引文注释、参考文献等方面的学术规范与撰写格式进行了系统的说明，这些知识是中文专业学生在学年论文、学位论文写作之前必须具备的重要基础。

【思考与训练】

1. 简要说明葛晓音《略论杜甫君臣观的转变》与程千帆、莫砺锋《忧患感：从屈原、贾谊到杜甫》论文中所采用的主要理论方法有何不同之处？

2. 收集某一专题的相关论文五篇，写一个简要的综述，不少于1000字。

3. 试就某一论题撰写提纲，内容应包括标题、中心论点、分论点、论据和相关材料等，不少于800字。

4. 绪论撰写

（1）试写一则侧重点明文章主旨的绪论。

（2）以高屋建瓴的表达模式试写一则绪论。

5. 本论撰写

（1）试写一个并列式本论的提纲。

（2）试写一个递进式本论的提纲。

6. 结论撰写

（1）试写一则侧重总结概括全文基本论点的结论。

（2）试写一则侧重指出需要补充说明某些问题的结论。

7. 试为自己的论文撰写一段300字的摘要。

8. 关键词撰写

（1）根据下列摘要内容，分别为两文选取关键词：

① 本文紧密联系古代诗歌创作，探讨"诗眼"概念的形成与内涵、诗眼的语言技巧、诗眼的消解与提升。作者认为：诗眼不仅是指用禅宗的法眼审视诗歌，更多是说诗人如何炼字炼句。历代诗论家论述了诗眼的实字与虚字、健字与活字、拗字与响字，诗眼的自然和工巧、平常与奇险，诗眼的位置和数量等问题。尽管有人冷淡并要消解诗眼，但苏轼、刘熙载、王国维把诗眼锤炼与意境创造结合起来，从而提升了它的意义。①

② 句法结构，又称词组。本文从研究汉语句法结构出发，发现日本早期汉语课本大多从词组入手学习汉语。这种教材的编排，实际上采用的是"以词组为基点的语法体系"，体现了"词汇法"的教学理论，也符合学习过程中的认知心理学原则。文章展现了句法结构在汉语社会生活和第二语言教学中的广泛应用，并借鉴我国传统语文教学的经验，提出运用汉语词组进行初级汉语教学的构想与思路。②

（2）辨析下列论文的关键词选择是否存在问题？若有问题，请修改。

① 陈保亚《语言接触导致汉语方言分化的两种模式》

关键词：对话状态、母语干扰、母语转换、转型、汉语方言。

② 韦凤娟《魏晋南北朝"仙话"的文化解读》

关键词：仙话、神仙信仰、肉身不坏、洞天福地。

9. 引文与注释撰写

（1）试拟一段直接引文和注释。

（2）试拟一段间接引文和注释。

（3）试拟一段补充注释。

---

① 陶文鹏：《论"诗眼"》，《文学遗产》网络版2010年第4期。
② 赵金铭：《汉语句法结构与对外汉语教学》，《中国语文》2010年第3期。

第三部 实用写作

第十八章 实用写作综论

学习提示：实用文在日常工作、生活中应用非常广泛，大到国家机器的运转，小到日常生活的水、电、气管理，都要以实用文作为工具和手段。在本章里，我们首先要了解实用文和实用写作的基本内涵，并理解实用写作的基本原则。这些原则对学习具体实用文体的写作有指导作用。

第一节 实用文与实用写作

叶圣陶先生曾说："大学毕业生不一定要能写小说诗歌，但是一定要能写工作和生活中实用的文章，而且非写得既通顺又扎实不可。"[①] 这句话虽然写于1981年，但于当前这个时代尤为适合。这是一个高速发展的信息时代，国家政务繁忙，机构事务繁多，工作关系复杂，一切都亟须各种实用文来管理事务、指挥工作、沟通信息。任何一位大学毕业生，不管是出身何种专业，从事何种性质的工作，都将遇到写作实用文的情况。实用文写作已经成为现代社会一项必备的基本技能。

什么是实用文，正如叶圣陶先生所说，就是"工作和生活中实用的文章"。"实用"二字使它和文学作品区分开来。它不探讨审美问题，不思考终极关怀，它直接干预生活、影响社会，讲求直接的实用价值。因为"实用"，它不追求形式技巧的精妙，常常采用惯用的文章体式，以便于写作、阅读和处理。

与文学作品流传广泛、脍炙人口相比，实用文难得为人们争相传阅，大家所熟悉的《出师表》、《谏太宗十思疏》、《讨武曌檄文》、《祭十二郎文》等经典的实用文，只是当做文学作品去学习，对其实用文的价值和意义，少有人问津。而事实上，实用文之于人类的意义，绝不亚于文学作品。在人类发展史上，实用文产生的过程也就是人类文明诞生的过程，结绳记事可以看成是实用文写作的萌芽，殷商时期甲骨文则是实用文的雏形，《尚书》实质上就是一部实用文的汇编。两千多年来，实用文的运用涉及国计民生的各个领域，大到经邦治国，小到记录备忘，无时无刻不在维系着文明社会的正常运转。

[①] 叶圣陶：《作文要道》，《写作》1981年第5期。

实用文的写作，也就是实用写作。简而言之，它是为处理社会生活及日常工作中的具体事务或传递某种社会信息而进行的一种写作活动。与以审美为主要功能，以抒情、叙述为主要表现方式，提倡虚构、彰显个性的文学写作相反，实用写作以实用为目的，以客观真实为原则，力避主观化，简洁准确，不求夸饰，直接反映、报道或解决工作、生活中出现的现象、问题及事件。

实用写作是一个内涵宽泛的范畴，它包含了用于解决日常工作和生活中各领域实际问题的多种写作活动，诸如用于处理党政公务的机关公文写作；用于实施经济管理，处理经济事务的经济文书写作；用于处理日常具体事务的日常事务文书写作；用于传播信息的新闻写作；用于处理各种法律事务的法律文书写作等。每一个领域的实用写作，又包含了多种不同文体的写作。如机关公文写作，包含了《党政机关公文处理工作条例》规定的15种公文的写作。又如经济文书写作，包含经济合同、市场调查报告、可行性研究报告、审计报告、投标书、招标书等若干种类的写作。有学者将现今通行的实用文做过统计，约有三百余种，可见其种类之多。随着时代发展的步伐，社会生产生活的领域还将不断扩展，实用写作的使用范围还将逐渐扩大，其种类自然也会日益增多。

本部分，我们将学习三类常用实用文体的写作：一是新闻类实用写作，主要包括消息、通讯等常见文体的写作。二是机关公文写作，涉及的是党政机关常用法定公文的写作，包括决议、决定、命令（令）、公报、公告、通告、意见、通知、通报、报告、请示、批复、议案、函、纪要等文体。三是日常事务文书写作，包括计划、总结、调查报告、告启类文书等。本单元后面三章将分别论述。

第二节 实用写作的原则

虽然实用写作涵盖广、种类多，但其"实用性"这一根本性质决定了各类文体的写作又有很大的一致性，并遵循着相同的原则。一般情况下，实用文的写作过程中，都应遵循以下原则：

一、实用性原则

实用文直接用于传递信息，交流情况，协商工作，处理与解决社会事务中的具体问题，为人们的实际工作和日常生活服务。作为一种社会工具，其基本价值就在于实际的应用。一篇实用文，不管其格式如何规范，语言如何简练，行文如何流畅，如果不实用或者达不到实用的要求，就是没有价值的文章。因此，在实用写作过程中，首先应该遵循实用性原则，既要把实用性作为实用写作的出发点，也要作为其归宿；既要作为写作的目的，也要作为检验其优劣的标准。例如经济合同的写作过程就清晰地体现了这一特征。根据《中华人民共和国经济合同法》第二条规定，"经济合同是法人之间为实现一定经济目的，明确相互权利、义务的协议。"经济合同的款项中必须体现合同双方各自的经济目的，并通过相应的权利、义务规定，保证这一目的按时、按地、按质、按量地实现，同时还要明确违约责任。在合同拟定的整个过程中，实用性原则一直贯彻始终。

实用性原则对实用写作提出了相应的要求。首先，实用写作应缘事而发，根据现实的需要开展写作活动。决不写空文、假文，决不讲大话、套话，可写可不写，坚决不写。其次，行文务必直截了当，切忌繁复。文学写作通常要运用象征、隐喻等多种表现手法，通过意境的创造或形象的塑造，间接而婉曲的表情达意，展现主旨。直陈观点，往往使得文学作品流于观念而寡淡无味。同时，文学作品也允许读者有多种理解，可以"一千个读者有一千个哈姆雷特"。与此相反，实用文讲求以理服人，在确凿的事实基础上，平铺直叙，直接提出解决问题的方法或制定某种具有制约性的规定。在表意效果上，一篇实用文，只传达出一种意义，不让读者产生误解，事情始末、规定要求，一看便知、一目了然。这便要求实用写作应该把如何简明、准确、直接地表达主旨放在第一位，并要时刻考虑到实用文的阅读、理解、传播等因素。只有直截了当，实用文的实用性才能及时地、有效地实现。

再次，沿用惯用格式，形式创新需谨慎。惯用的格式是人们经过反复的社会实践摸索出来的易于阅读接受的形式，是全社会约定俗成或政府机关的硬性规定。为确保实用性得以实现，实用写作不可为了标新立异，随意改变约定俗成的行文习惯和文体格式规范。例如，在机关公文的写作中，公文的文面格式是法定的，不允许随意更改。在日常事务文书中，公务书信都是由标题、称谓、正文、落款四个部分构成，而称谓总是左起顶格，落款总是居于正文右下方。一旦改变这些形式要素，即刻便会造成陌生感，使受文对象不知所措，影响文件的交际通行，也影响办事的效率。

二、真实性原则

真实是写作的基本要求，但在不同类型的写作中，真实的内涵也不同。一般来说，真实包括客观真实和艺术真实（或主观真实）。文学创作讲究的是艺术真实，作者可以凭空虚构人物、事件或情节，借此表情达意，如卡夫卡的《变形记》，不拘现实，就把人变成虫子；文学写作还可以采用夸张的手法，表达一种强烈的情感，如李白诗歌"白发三千丈"，为了夸张忧愁之多之长，也全然不顾头发的实际短长。在实用写作中，是决不允许这样的虚构与夸张的，要表达人的异化问题，只能靠客观事实或数据，来不得半点"变形"；头发实际有多长，也绝不会因为忧愁、欢乐增减一点。任何来自现实的事实，包括时间、地点、人物、事件，以及资料、数据等，都必须有根有据，精确无误。例如新闻报道，在六要素（何时、何地、何人、何事、为何、如何）的任一个要素上出现了不符合事实的误报，都会直接影响到该新闻的价值。近年来，不断有假新闻引发热议，虽然最终被揭穿，但终究造成了一定的不良影响。诸如 2009 年《国考最热岗位报录比超 4700：1》，2010 年《中国每年有 220 万青少年死于室内污染》、《西安市已被确定为国家第五个直辖市》，2011 年《年终奖计税方法调整》等皆系捕风捉影的假新闻，都背离了真实性原则。

三、规范性原则

实用写作的各种规范是人们根据长期实践和社会发展的需要总结出来的。而规范的普遍运用，一方面是约定俗成的，一方面是在约定俗成的基础上法定的。诸如书信礼仪文书、告启文书、新闻文体的写作，通常都遵循着约定俗成的格式规范。而党政机关公文，则有法定的文种和文面格式。具体而言，实用写作的规范性原则包括三个方面：文体选用的规范性，文章体例的规范性，语言运用的规范性。

文体选用的规范性指的是正确使用不同的实用文体，各种实用文体在社会实践中反映不同的目的和要求，承担不同任务和功用，在选用文体时，首先要明确写作的目的和内容与所选文种的适用性。例如某单位派人外出调研，单位开具的应该是"介绍信"，而不是"证明信"。又如某知名人物去世，需要发布"新闻式讣告"，而在追悼会或遗体告别仪式上宣读的是"悼词"。这些都是约定俗成的习惯，不能随意改变。如果是机关公文，文种选用更为严格，必须符合国家相关的文件规定，不仅要考虑文种本身的属性，还要兼顾机关之间的隶属关系及发文机关的职权范围。

文章体例的规范性。文章的体例指的是文章的组织形式。实用文在结构组织上具有相对的稳定性，这同样是社会约定俗成的结果。同一种文体，在实际使用中，不管内容如何不同，其体例、模式的变化总是极为有限的。例如，起诉状写作的规范格式是：首部（标题、当事人基本情况）—请求事项—事实和理由—尾部—附项。虽然行政、民事、刑事等不同类型起诉状各有侧重，但基本结构总是一致的。又如"请示"基本模式是：标题—主送机关—正文（请示缘由、请示事项、请示结语）—落款。实用写作稳定性、规范性的体例是实用文的实用性本质决定的。采用约定俗成的规范体例既便于写作，又便于理解、处理，能够切实提高工作效率。

语言运用的规范性。实用文主要用于交流联系、处理事务、解决实际问题，具有很强的政治性、时事性、现实效用性。因此，实用写作的语言运用应当做到准确、简明、平实、得体。准确是实用文语言最基本的特征和要求。实用写作务必做到每个词、每句话都有明确的含义，用词造句切合文章的内容，合乎语法规范。还要善于辨析词义，区分词语褒、贬、中性的感情色彩，根据具体语境恰当用词。写出来的文章要"让人家不折不扣地了解你所说的是什么"（叶圣陶语）。简明就是要言简意赅，明白易懂。要求在写作过程中从行文的目的出发，只写必要的话，杜绝空话套话，力戒浮词冗言，多用行业的专用词语。在涉及事实依据时，尽量使用缩略语、数据、图表等。这样写出来的文章，既准确简洁，又使人一目了然，也才能达到文约、事丰、意明的效果。平实是指语言朴实无华，平易通俗，表述平直。要求选择表达方式以说明、叙述、议论为主，少用或不用描写和抒情，句式多用陈述句，用词多用本义、直言义，修辞适度，拒绝夸饰，以阐述需要为准。所谓得体，指的是实用文的语言切合写作主体的身份地位，符合接收对象的理解习惯及社会文化的传统规范。

达到实用写作语言的规范要求，不仅要求写作者具有较高的语言文化素养，还要有长期的写作实践经验和严谨的写作态度，否则不免出错。例如，在1982年第3号《国务院公报》上的《中华人民共和国国境口岸卫生监督办法》中就有这样一句不合规范的话："国境口岸的生活垃圾应该日产日清，设置的固定垃圾场，应该定期清除。"其中，"产"作为动词是"生产"或"出产"的意思，用于"垃圾"显然是用词不当。"设置的固定垃圾场"的表述也不够简洁。"垃圾场"自然是人工设置的、固定的，没有必要作这样的修饰限制。而"设置的固定垃圾场，应该定期清除"更是语义模糊。原文意思本来是"要定期清理垃圾"，这样表述，变成"定期清理'设置的固定垃圾场'"，就文不达意了。

四、时效性原则

实用文是为了反映、处理现实生活或工作的问题而写的，而现实总在不断地发展变化，这就决定了实用文的写作和使用要受时间限制，要遵循时效性原则。具体而言，时效性原则要求实用写作应注重以下两个方面事项。其一是写作的及时性。一部小说可以写几十年，一首小诗也可以反复修改数月，但一篇实用文务必在特定的时间范围内及时完成。例如会议通知的写作，务必在会议召开之前完成，并让与会人员有充足的准备时间，会议已经召开或已结束，会议通知也就失去了实际效用。完成一项任务艰巨、费时较长的调查报告，也必然要在限定时间内完成，否则，时过境迁，就丧失其写作的意义。对于消息而言，迅速及时与否甚至决定了其价值的有无，正如美国新闻学者希伯特所说："我们常说没有比昨天的报纸更老的东西了。报纸的新闻只有一天的寿命。"其二是处理好效用的特定性与时代发展的关系。一般而言，实用文总是着眼于现实效用的，一旦完成了它的现实使命，也就失去时效。例如，1950年，我国颁布了第一部《婚姻法》，成为新中国公民婚姻和家庭关系的有力保障，但是到了1980年，时代发生巨大变化，旧《婚姻法》难以应对新的现象和情况，也就随之废止，出台了新《婚姻法》。随着社会迅速发展，公民的婚姻、家庭又有新问题出现，于是2001年4月28日《中华人民共和国婚姻法》诞生了。1980年的《婚姻法》也随之失去现实效用。社会总是在不断前进，相应的社会事务不断变化，处理方式也相应变化，实用写作从内容到形式都必须与现实紧密结合，与时俱进，适应时代不断更新的需求。

小结：实用写作强调实用性，因此它与文学写作、学术论文写作及政论文写作都不同。它不追求丰富的想象、不要求严密的推理过程，不煽情、不夸饰，而是实实在在地布置任务，传达信息。这一个根本特点，决定了实用写作的实用性原则，要求实用写作要"缘事而发"，不说空话，直截了当，切忌繁复，为了便于写作和阅读，还提倡沿用惯用的文体格式。实用性的特点也决定了实用文真实性、规范性、时效性等写作原则。掌握这些原则，实际上就掌握了实用写作的精髓。

【思考与训练】
1. 请结合实例，分别从宏观和微观两个方面谈一谈实用写作的作用。

2. 请结合近几年网络、地方小报等媒体上的假新闻,谈谈实用写作的真实性原则。

3. 结合下面一则消息,谈谈实用写作的语言特点。

餐馆"获权"谢绝顾客自带酒水

昨日,一份刚出炉的《武汉餐饮行业经营规范》成了媒体记者关注的焦点。"餐饮企业有权谢绝消费者自带酒水、有权对自带酒水收取服务费……"在由武汉餐饮业协会、武汉市消协和武汉市个私协召开的新闻发布会上,看到上述条款,参加发布会的十多名媒体记者面面相觑,有媒体记者当即发问:"这是中消协多次炮轰过的霸王条款,为何能成为武汉餐饮行业的规范?"

被媒体记者质疑的条款,在《武汉餐饮行业经营规范》(简称《规范》)中还有:"餐饮企业提供的菜点发生质量和卫生问题,消费者投诉后最多可获菜点的2倍赔偿",有记者指出:"现行《食品安全法》规定,消费者可要求10倍赔偿,《规范》的赔偿额为何远低于国家法律规定标准?"

对此,武汉餐饮业协会有关负责人在回答记者提问时表示,禁止自带酒水主要是为防范食品安全隐患;制定"2倍赔偿"主要参照了现行《消费者权益保护法》双倍赔偿的规定。

从2004年起,中消协曾多次炮轰过餐饮业"谢绝自带酒水"等霸王条款。2007年11月,中消协副秘书长武高汉在接受本报记者采访时表示,一些地方的餐饮行业协会制订规定,将酒店"禁止自带酒水"合理化,成为商家态度强硬的后台。2008年4月,武汉江岸工商部门还在全市率先叫停"谢绝自带酒水"。消费者黄小珊获悉这一条款后反应强烈:"餐馆里的酒水价格太高,为什么我们不能自己带?"

而据记者了解,目前,武汉市餐饮业的酒水价格,最高可达市场价的四倍。

《武汉餐饮行业经营规范》由武汉餐饮业协会、武汉市消协和武汉市个私协联合制定,将在下月1日试行。

中南财经政法大学教授乔新生认为,《规范》之所以引起争议,作为制定者之一的餐饮业协会上,有既是裁判员又是运动员之嫌。而且,全国有些地方出现的所谓"谢绝自带酒水联盟"正在瓦解。(选自2010年4月22日《楚天金报》)

4. 阅读材料并思考问题。

(1) 某商业单位派业务员到别的单位推销宣传自己的产品,为了便于联络和了解,该业务员应该携带什么文件?说说理由。

(2) 某市因为修建地铁线路,需要调整两条公交汽车行驶路线,要将此事告之市民,应该什么文种?说说理由。

(3) 某地方重要人物逝世,需要将此消息郑重告知公众,应该使用哪一种实用文体?

(4) 某地公安局拟向上级汇报打击贩毒团伙的各项材料,应该使用什么文种?

第十九章　公务文书举要

学习提示：本章所谈的是狭义公务文书，即党政机关常用的法定公文。它是广义公务文书的核心构成部分。我们首先要了解的是公文的概念及分类，并识记公文的格式规范。然后，根据不同的分类，掌握常用公文写作的结构及方法。因为实用写作讲究实际的应用性，所以不能单纯地依靠识记概念、理论来学习这一章，必须联系实际，通过具体的实践训练来培养和提高写作的能力。本章所涉及的公文分类及相应规范均依据2012年4月6日中共中央办公厅、国务院办公厅联合颁布，并于2012年7月1日开始执行的《党政机关公文处理工作条例》。

第一节　公文概述

一、公文的概念

公务文书，也就是通常所说的公文，是国家党政机关及其他法定社会组织在处理公务过程中使用的具有法定效力和规范体式的文字材料，是实施领导和管理，进行公务活动的重要工具。

公文有广义、狭义之说，广义的公文是指国家机关、社会团体、企事业单位在行使职权、办理公务时所使用的文书。凡是公务活动中所使用的文书可统称为公文。既包括机关法定公文，也包括计划、总结、调查报告等事务性实用文种。狭义的公文专指法定公文，是党政机关用规范性文件的正式发布的实用文种，具有权威性和法定效力，一经发文机关制发，有关组织及个人必须严格遵守，不能违反。法定公文通常用套红的文件版头行文，因此又常被称为"红头文件"。

现行机关使用的法定公文一共有15种。根据2012年4月6日中共中央办公厅、国务院办公厅联合印发的《党政机关公文处理工作条例》（以下简称《条例》）规定，这15种公文分别是：（一）决议、（二）决定、（三）命令（令）、（四）公报、（五）公告、（六）通告、（七）意见、（八）通知、（九）通报、（十）报告、（十一）请示、（十二）批复、（十三）议案、（十四）函、（十五）纪要等。

《条例》对每种公文的适用范围都做了明确的规定，并限定了发文机关的资格和权限，要求发文单位应依照有关规定及公务性质正确选用文种，依法行文。在制发程序上，起草、审核、签发都要严格按规定运行，不可违规操作。2012年6月29日中华人民共和国国家质量监督检验检疫总局、中国国家标准化管理委员会联合发布的《党政机关公文格式》国家标准（GB/T 9704—2012）（以下简称《国标》）规定了党政机关公文通用的纸张要求、印制要求、公文中各要素排列顺序和标识规则，不仅适用于国家各级党政机关制发的公文，其他团体、单位的公文也可参照执行。《条例》、《国标》是机关公文写作规范的基本依据。

二、公文的分类

从不同的角度对公文进行分类，便于认识、把握公文写作和使用的规律。常见的公文分类主要从公文的行文关系、使用范围、性质作用等方面划分。

从行文关系划分，公文可以分为上行文、下行文和平行文。所谓行文关系即发文机关和收文机关之间的公文往来关系，这种关系决定于"隶属关系和职权范围"（见《条例》第十四条）。机关之间根据组织系统、领导关系和职权范围可以分领导关系、指导关系、平行关系、不相隶属关系。上行文适用于领导关系和指导关系中的下级机关、下级业务部门向它所属的上级领导机关、上级业务主管部门行文。相反，下行文就是上级领导机关、业务主管部门，对下级机关、下级业务部门发出的公文。平行文用于平行关系和不相隶属关系。发文机关与收文机关在同一组织系统，属平级的平行机关，如国务院各部之间、同一省内的各厅之间都属于平行关系。而不属于同一组织系统的各机关之间都属于不相隶属关系。

常用的机关法定公文中，报告、请示属于上行文；命令（令）、决定、决议、公告、通告、通知、通报、公报、批复等属于下行文。函是最常用的平行文。有些公文行文方向并非固定不变的，例如通知、函、纪要等。意见更是具有兼容性，可下行、可上行、也可平行。

从公文来源不同看，可以把公文分为发文、收文和内部公文。发文是指本机关向其他机关发出的公文。收文指本机关收到外机关制发的各类公文。内部文件则是由本机关制成，用于管理本机关工作，并只在本机关内部使用的文件。

从公文的涉密与否看，可以把公文分为涉密公文、普通公文。涉密公文指内容涉及国家机密，需要限定阅读范围和对象的公文。它又分绝密、机密、秘密三种等级。普通公文指不涉及党和国家秘密的公文。一般也分为三种，对外公开件，国内公开件，内部使用件。

按办理时限，又可分为特急公文、加急公文和常规公文。特急公文是指在办理时间上要求特别紧急的公文，必须在一定时间内办理完毕。加急公文是指在办理时间上要求紧急的公文，其时间要求没有特急公文紧迫。常规公文，是指按照常规正常速度办理的公文，时间上没有特别要求。

就公文的性质和作用而言，可分为指挥性公文、报请性公文、知照性公文、记录性公文。

指挥性公文是体现领导机关的决策意图，领导和指导下级机关工作的公文。如命令（令）、决议、决定、批复等。报请性公文是下级机关用来向上级机关汇报和请示工作、提出意见和建议、请求指示和批准的公文。诸如报告、请示、议案等。知照性公文，是指向有关方面发布需要周知、遵守或办理事项的公文，如公告、通告、通报、通知、公报、函等。记录性公文，是指真实地记录会议情况和议定事项的公文，如纪要。

三、公文的格式规范

公文格式指机关常用公文正本的构成要素和文面格式，具有规范性和稳定性。根据《条例》、《国标》规定，公文正本的各要素及其位置安排与制作要求都是确定的，不能随意增删。其中《条例》列举18项要素。《国标》则规定了各要素的排列位置及字体、字号等。

《国标》将公文的文面格式分为版头、主体、版记三个部分。版头部分，包括公文份号、密级和保密期限、紧急程度、发文机关标志、发文字号、签发人等构成要素。主体部分，与版头之间以一条红色分隔线隔开，包括标题、主送机关、正文、附件说明、发文机关署名、成文日期、印章和附注等。版记部分包括抄送机关、印发机关和印发时间、页码等。

不同公文视文种和内容的不同，要素构成也有所不同。例如上行文版头部分须有签发人，下行文及平行文则无；涉密公文要标注秘密等级及保密期限，普通公文则不必标注；有抄送单位的公文，版记部分须有抄送栏，没有抄送单位，则无须设置。但诸要素中，发文机关标志、发文字号、公文标题、主送机关、正文、发文机关署名、成文日期和印章、印发说明等是一般公文的固定组成部分，除特定公文外都必须具备。公文格式各要素的使用规范详见《条例》、《国标》等文件规定，不一一论述，这里仅就一般公文的固定组成部分，稍加阐述。

发文机关标志，由发文机关全称或规范化简称加"文件"构成。例如："中共中央文件"、"国务院办公厅文件"、"××人民政府文件"等。也可以直接使用发文机关全称或规范化简称。

发文字号是发文机关编排的文件代号，一份公文只有一个代号，由发文机关代字、年份、发文顺序号三部分构成。机关代字是机关全称的简缩语，一般只有两三字，精炼、集中，能够明确地指代该机关。例如国务院文件的机关代字中"国"代表"国务院"，"国办"代表"国务院办公厅"。年份即发文的年度，用阿拉伯数字标注，并置于六角形括号〔 〕中，位于机关代字和序号之间。序号用于标注该年份内发布公文的序数，不加"第"，不编虚位（即1不编为01）。例如"国发〔2010〕9号"，代表国务院2010年第9号发文。此外，同一地区（县、市），不能有重复的发文字号。

公文标题由发文机关名称、事由、文种三个要素构成，应简洁、明确，使人一目了然。事由部分要能够概括公文的主要内容，前面通常要加事由语"关于"。为了阅读和管理，公文标题一般要求三要素齐全。例如：《国务院关于大兴安岭特大森林火灾事故的处理决定》。在实际运用中，也有省略的情况：省略机关的，如《关于核准××年一季度油品价格的批复》；省略事由的，如《国务院办公厅公告》。机关、事由同时省略的，例如机关内部的通知、通告、法院公告等只用文种作为标题。这类公文多是公布性公文，面向对象明确的或范围广大的群体。公文标题省略情况并非随意的，任何情况下，都不得省略文种。而标题完整会使公文更为庄重、严肃，也便于受文机关引用。

主送机关，也称受文对象，是公文的主要受理机关。下行文除批复外，一般有多个受文对象，通常使用统称，如："各乡、镇人民政府"，"各市（州）人民政府，省级各部门"。上行文一般只有一个主送机关，应使用单位全称或规范化简称。有些公文是面向社会公众发布，知照全体社会或全体民众，如公告、通告及一些条例、规定等，没有必要再写受文对象。有的公文则是在单位内部使用，受文对象明确，也可不写。如一些单位内部的通知、决定等。

正文是公文的主体部分，承载公文的具体内容，体现发文的根本意图，是公文的核心所在。其基本结构为：导语—主体—结语。导语部分简要说明制文的根据、目的或者原由。通常使用"据"、"根据"、"按照"、"为"、"为了"等词语开头。主体是公文正文最重要部分，是公文所要表达的主要问题及主张。因具体公文写作对象、目的及文种不同，其写作内容和要求也各不相同，没有固定的模式可借鉴。但总的来说，主体部分都应表述简洁准确，主旨突出，层次分明，结构严谨。结语是正文的结尾，应言尽意止，自然结篇。不能拖泥带水，更不能"言有尽而意无穷"。各种公文一般都有与之适应的习惯性结语，应根据行文关系、行文目的及文种选用或写作结语。

成文日期，是公文形成的时间，即公文由会议通过或者发文机关负责人签发的日期。要注意的是，联合行文的公文以最后签发机关领导人的签发时间为准。成文日期书写使用阿拉伯数字，年份应标全称，月、日不编虚位（如：1不编为01）。

发文机关署名及印章，发文机关应署全称或者规范化简称，并加盖发文机关印章。印章要求与署名机关相符。有特定发文机关标志的普发性公文和电报可以不加盖印章。例如一些通告、公报等。联合行文时一般将各发文机关署名按照发文机关顺序整齐排列在相应位置，并将印章一一对应、端正、居中下压发文机关署名，最后一个印章端正、居中下压发文机关署名和成文日期，印章之间排列整齐、互不相交或相切。

抄送机关指的是除主送机关外需要执行或者知晓公文内容的其他机关，应当使用机关全称、规范化简称或者同类型机关统称。如果主送机关太多，需要移至版记，要将"抄送"二字改为"主送"。既有主送机关又有抄送机关时，将主送机关置于抄送机关的上一行，二者之间不加分隔线。

印发机关不是指公文的发文机关，而是负责公文印制的主管部门，一般是各机关的办公厅（室）或文秘部门。印发日期使用阿拉伯数字标注，年份应标全称，月、日不编虚位，后加"印发"二字。

公文写作的格式规范反映了公务处理过程中的实际需要，它便于加强公文自身的管理，发挥公文的作用，更有利于提高办公的效率。

此外，本单元所举实例，主要是为了学习公文正文部分的写作。本书编写时，新

《条例》和《国标》刚刚实施（2012年7月1日），因此，本单元所举实例还会涉及过去的公文，有些格式上的不同，并非错误，而是所依文件不同的缘故。特别是公文的成文日期的书写方式，有很大的不同。按照1999年的国家标准，成文日期要用汉字标注，"零"字一律写成"〇"，而2012年的新国标则要求一律写成阿拉伯数字，例如，过去的成文时间"二〇一二年十月十二日"，现在要写成：2012年10月12日。希望大家在学习时不要误解。①

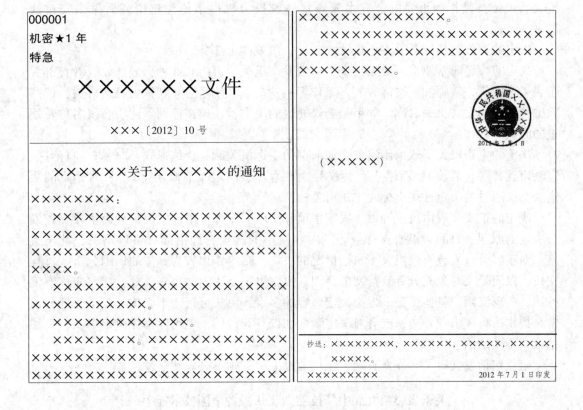

第二节 指挥性公文写作

指挥性公文都是下行文，它是传达、贯彻党和国家的方针、政策，发布规章制度，布置指导工作的重要工具；也是下级机关开展工作的根本依据。主要包括命令（令）、决议、决定、批复及部分意见、通知、纪要等。本节将重点谈谈指挥性公文中普遍使用的决定、批复、意见的写作。

---

① 2012年实行的 GB/T 15835—2011《出版物上数字用法》规定，用汉字或者阿拉伯数字均可。

一、决定

《条例》规定：决定"适用于对重要事项作出决策和部署、奖惩有关单位和人员、变更或者撤销下级机关不适当的决定事项"。

决定是党政机关对重要事项或重大行动做出决策和安排的指挥性公文。任何机关、团体、企事业单位都可以在职权范围内使用决定，但使用决定处理的事项对于本机关、单位都是相当重要的，应由领导集体或权力机构集体讨论研究后做出安排或部署。

决定的写作包括标题、主送机关、正文、落款四个部分。

决定的标题通常要求三要素俱全，即由发文机关、事由和文种构成。如《教育部关于表彰全国优秀教师和全国优秀教育工作者的决定》。有时也可以省去发文机关，但落款中务必注明发文机关名称。如果是会议通过的决定，还应在标题下注明会议名称及通过的时间。

决定的主送机关一般采用泛称，如前例的主送机关就是泛称形式："各省、自治区、直辖市教育厅（教委），新疆生产建设兵团教育局，解放军总政治部"。针对个案的决定及会议通过的决定往往不标注主送机关。

决定的正文一般由决定理由、决定事项和结语三个部分组成。决定理由主要交代发布决定的原因、目的、根据或背景等。内容简单的决定，理由部分可以略写，甚至省略；对于事关重大或下级机关不熟悉情况的决定，则应作出较为具体的原因分析或过程交代，以便受文对象充分理解行文的意图。决定事项是决定的核心部分，行文应该态度鲜明，条理清晰，具体明确。根据决定内容的多少，可长可短，不必拘泥。结语部分通常是提出执行要求或希望，或者对决定事项加以补充说明，也可以写完决定事项，自然结篇，不做结语。

落款包括发文机关和成文日期。会议通过的决定则不必标注落款。

关于表彰第九届中华技能大奖获得者全国技术能手和国家技能人才培育突出贡献奖获奖单位的决定

各省、自治区、劳动保障厅（局），新疆生产建设兵团劳动保障局：

根据《中华技能大奖和全国技术能手评选表彰管理办法》有关规定，经各省、自治区、直辖市劳动保障部门和国务院有关部门、行业协会、中央大型企业推荐，由第九届中华技能大奖和全国技术能手专家评审委员会评审，并经社会公示，人力资源社会保障部决定：

一、授予王连友等20名同志"中华技能大奖"获得者荣誉称号，颁发中华技能大奖奖章、证书、奖杯和奖金。

二、授予徐伟等300名同志"全国技术能手"荣誉称号，颁发全国技术能手奖章、证书、奖牌和奖金。

三、授予北京一轻控股有限责任公司等80家单位"国家技能人才培育突出贡献奖"获奖单位荣誉称号，颁发证书和奖牌。

希望受表彰个人以此为新的起点，继续努力学习，再攀高峰，不断提高技能水平，积极参与自主创新，更好地运用知识、技术和技能，创造新业绩，并积极做好"传帮带"工作。希望受表彰单位进一步强化完善高技能人才培养工作，充分发挥企业的主体作用和院校的基础作用，培养造就更多具备良好职业道德、掌握精湛技艺技能的高技能人才。希望广大劳动者向中华技能大奖获得者和全国技术能手学习，刻苦钻研技能，立志岗位成才。希望各级人事、劳动保障部门和社会各有关方面在认真贯彻落实中共中央办公厅、国务院办公厅《关于进一步加强高技能人才工作的意见》（中办发〔2006〕15号）精神基础上，切实加强高技能人才培养各环节的工作，为推动我国高技能人才队伍建设做出更大贡献。

中华人民共和国人力资源和社会保障部
二〇〇八年十二月二日

这则例文的标题由事由、文种构成。主送机关采用泛称。正文开头，决定理由部分交代了做出决定的依据。接下来，交代决定事项，分三条列写，明确具体。最后一段提出四条希望作为结语。落款使用发文机关全称，十分规范。

又如下面一则例文，标题三要素齐备，主送机关采用泛称形式。正文首段先写决定的缘由，紧接着交代决定事项。结语部分提出希望。

国务院关于表彰全国"两基"工作先进单位和先进个人的决定

国发〔2012〕46号

各省、自治区、直辖市人民政府，国务院各部委、各直属机构：

1986年义务教育法和1988年《扫除文盲工作条例》施行以来，在党中央、国务院正确领导下，各地区、各部门高度重视、真抓实干，社会各界积极参与、齐心协力，我国"两基"（基本普及九年义务教育、基本扫除青壮年文盲）工作取得重大成就，2011年全面实现九年义务教育，青壮年文盲率下降到1.08%，改变了中国教育的基本面貌，实现了教育发展的历史性跨越。在实施"两基"巩固提高和"两基"攻坚过程中，涌现出一大批先进单位和个人。为表彰先进，激励和动员全社会进一步重视、关心、支持教育事业，推动教育改革发展，国务院决定，授予北京市朝阳区教育委员会等300个单位"全国'两基'工作先进单位"称号，授予徐万厚等500人"全国'两基'工作先进个人"称号。

希望受到表彰的先进单位和先进个人珍惜荣誉，再接再厉，为义务教育工作再上新台阶作出新的更大贡献。各地区、各部门以及关心支持教育事业的社会各界要向受到表彰的先进单位和先进个人学习，深入贯彻落实《国家中长期教育改革和发展规划纲要（2010—2020年）》，坚持把教育摆在优先发展位置，巩固义务教育普及成果，促进义教育均衡发展，推动教育事业在新的历史起点上科学发展，为建设教育强国和人力资源强国、实现中华民族伟大复兴而努力奋斗。

附件：1. 全国"两基"工作先进单位名单
      2. 全国"两基"工作先进个人名单

国务院
2012 年 9 月 5 日

二、批复

《条例》规定：批复"适用于答复下级机关请示事项"。

批复是答复下级机关请示事项的下行公文，只用于答复请示，不用于其他文种，并且一定是先有请示，再有答复。一文一批，请示什么问题、事项，就答复什么问题、事项。批复作为指挥性公文，是下级机关处理公务的依据，其答复问题必须态度明确，指示清楚。

批复的写作包括标题、主送机关、正文、落款四个部分。

批复的标题一般也要求三要素齐全，例如：《国务院关于同意重庆市和四川省人民政府联合勘定的行政区域界限协议书的批复》；也可以省去发文机关，由事由和文种构成，例如：《关于广东省设立顺德市的批复》。批复的标题可以表明态度和主旨，如前例中"同意重庆市和四川省人民政府联合勘定的行政区域界限协议书"；也可以说明批复的事项，不做表态，如后例。

批复正文一般先引述来文的标题和文号，简述来文的请示事项，然后以"现批复如下"等惯用过渡语引出下文。接下来，对请示事项给予具体答复或明确指示，态度要鲜明。答复态度通常有三种情况：一、同意或批准；二、基本同意或原则上同意；三、不同意、不予批准。除第一种情况外，其他两种都需说明理由和依据。

批复的结语常采用惯用语，如"此复"、"特此批复"。

落款要写明日期并加盖发文机关印章。

国土资源部关于同意命名吉林长白山火山国家地质公园和
吉林乾安泥林国家地质公园的批复
国土资函〔2012〕741 号

吉林省国土资源厅：

《关于长白山火山、乾安泥林国家地质公园建设验收的请示》（吉国土资环发〔2012〕47 号）收悉。部组织专家组对 2 个地质公园分别进行了实地验收，依据部相关文件要求及专家组验收意见，批复如下：

一、同意命名吉林长白山火山国家地质公园和吉林乾安泥林国家地质公园。

二、吉林长白山火山国家地质公园和吉林乾安泥林国家地质公园要以科学发展观为指导，遵循"保护中开发，开发中保护"的原则，做好园区内地质遗迹资源的保护和开发利用，开展公众地学科普教育和科学研究，并按照国土资源部相关规定和国家地质公园建设指南要求，加强国家地质公园管理，完善国家地质公园建设，为促进地方资源、环境和经济的协调发展做出贡献。

三、你厅要加强对吉林长白山火山国家地质公园和吉林乾安泥林国家地质公园建设的指导，监督和检查地质公园及其主管部门按照国家相关法律规范开展各项活动。

国土资源部
2012 年 9 月 24 日

这则例文标题三要素齐全，主送机关是请示来文的发文机关"吉林省国土资源厅"，正文开头先引述来文，再以"批复如下"过渡到批复事项，"同意命名"并提出补充意见。最后自然结篇，没有结语。

下面也是一则规范的批复例文。其基本结构，如前所述。

国务院关于同意建立金属非金属矿山整顿工作部际联席会议制度的批复

国函〔2013〕19 号

安全监管总局：

你局《关于建立金属非金属矿山整顿工作部际联席会议制度的请示》（安监总管〔2012〕152 号）收悉。现批复如下：

同意建立由安全监管总局牵头的金属非金属矿山整顿工作部际联席会议制度。联席会议不刻制印章，不正式行文，请按照国务院有关文件精神认真组织开展工作。

附件：金属非金属矿山整顿工作部际联席会议制度

国务院
2013 年 1 月 30 日

三、意见

《条例》规定：意见"适用于对重要问题提出见解和处理办法"。

意见是党政机关法定公文中的新兴文种，在机关工作中的使用频率逐渐增多，体现出党政机构的民主作风。《国务院办公厅关于实施〈国家行政机关公文处理办法〉涉及的几个具体问题的处理意见》（国办函〔2001〕1 号）规定："意见可以用于上行文、下行文和平行文"。可见意见作为法定文种在使用上的平等性、多用性。作为上行文，意见可以针对某一重要问题或某一方面的工作提出建议性意见，呈报上级批准或批转；作为下行文，是领导机关直接对重要问题发表意见，用于安排部署工作；作为平行文，主要是职能部门或专业机构就某方面工作或问题，提出鉴定或评估意见供对方参考。

意见的写作,在基本结构上与决定、批复大体一致,内容方面与指示相近。具体见例文:

国务院关于进一步加强和改进最低生活保障工作的意见
国发〔2012〕45号

各省、自治区、直辖市人民政府,国务院各部委、各直属机构:

最低生活保障事关困难群众衣食冷暖,事关社会和谐稳定和公平正义,是贯彻落实科学发展观的重要举措,是维护困难群众基本生活权益的基础性制度安排。近年来,随着各项相关配套政策的陆续出台,最低生活保障制度在惠民生、解民忧、保稳定、促和谐等方面作出了突出贡献,有效保障了困难群众的基本生活。但一些地区还不同程度存在对最低生活保障工作重视不够、责任不落实、管理不规范、监管不到位、工作保障不力、工作机制不健全等问题。为切实加强和改进最低生活保障工作,现提出如下意见:

一、总体要求和基本原则

(一)总体要求

最低生活保障工作要以科学发展观为指导,以保障和改善民生为主题,以强化责任为主线,坚持保基本、可持续、重公正、求实效的方针,进一步完善法规政策,健全工作机制,严格规范管理,加强能力建设,努力构建标准科学、对象准确、待遇公正、进出有序的最低生活保障工作格局,不断提高最低生活保障制度的科学性和执行力,切实维护困难群众基本生活权益。

(二)基本原则(略)

二、加强和改进最低生活保障工作的政策措施

(一)完善最低生活保障对象认定条件(略)

(二)规范最低生活保障审核审批程序(略)

……

(七)加强最低生活保障与其他社会救助制度的有效衔接(略)

三、强化工作保障,确保各项政策措施落到实处(略)

四、加强组织领导,进一步落实管理责任(略)

国务院
2012年9月1日

这是国务院2012年9月1日发布的一份指导性工作意见。其基本结构为:标题—主送机关—正文—落款。其中,正文部分,开头先简要阐述撰文的原因、目的、意义。接下来提出四项具体意见。最后自然结篇。

作为上行文的意见,通常是职能部门就某方面工作提出设想和安排,呈送上级审

定,请上级批转或转发各下级部门执行。上级机关在批转或转发时,一般采用通知的形式。例如下面一则例文,就是国务院办公厅对教育部等部门呈报意见的转发通知:

**国务院办公厅转发教育部等部门关于做好进城务工人员随迁子女
接受义务教育后在当地参加升学考试工作意见的通知**

国办发〔2012〕46号

各省、自治区、直辖市人民政府,国务院各部委、各直属机构:

  教育部、发展改革委、公安部、人力资源社会保障部《关于做好进城务工人员随迁子女接受义务教育后在当地参加升学考试工作的意见》已经国务院同意,现转发给你们,请认真贯彻执行。

国务院办公厅
2012年8月30日

第三节 报请性公文写作

  报请性公文主要有报告和请示,用于向上级机关汇报工作、反映情况、请示问题或请求批准事项,是下情上传的重要工具。除报告、请示外,议案也是常用的报请性公文。《条例》规定议案仅"适用于各级人民政府按照法律程序向同级人民代表大会或者人民代表大会常务委员会提请审议事项"。此外,根据《宪法》、《中华人民共和国全国人民代表大会组织法》等法律规定,人大主席团、常务委员会、各专门委员会等国家权力机关的有关机构及人员以及人大代表可以使用议案。议案作为一种特殊的公文,其使用主体受限较多,本节不做详细阐述。以下分别谈谈报告与请示的写作。

  一、报告

  《条例》规定:报告"适用于向上级机关汇报工作、反映情况,回复上级机关的询问"。

  报告是下级机关经常使用的陈述性公文,便于上级机关及时了解情况,把握全局,发挥领导、指挥作用;同时也便于上下沟通,避免下级机关工作出现差错和问题。从内容涉及的范围看,报告有综合报告、专题报告之分,综合报告用于反映阶段性的工作情况汇报,多属于例行报告,如各单位的年终报告等。专题报告是就某一方面工作、某个问题或某件事专门写的报告,一般一事一报,注重专一性,实际工作中,这类报告使用十分广泛。

  报告的宗旨是汇报情况,因此写作上就要求报告务必要把情况或问题陈述清楚,把观点表达清晰。此外,报告属于事后行文,通常在工作结束或在工作告一段落时撰写,且要及时、迅速,力求尽快向上级机关反映新情况。

报告的写作，包括标题、主送机关、正文和落款几个部分。

报告的标题由发文机关、事由、文种组成，也可写成事由加文种的形式，如果报告事项紧急，还可在标题中，加上"紧急"二字。如：《关于雅安市姚桥镇金鸡关垃圾场严重隐患的紧急报告》、《关于西门粮库动迁问题的紧急报告》。

报告的主送机关一般是发文机关的直属上级机关，力求单一，不能多头主送，如有相关部门需要知情，可在抄送栏中标识。

报告正文一般先写报告的缘由，简明陈述报告事项的概况，说明报告的原因、目的和依据，如无必要，也可不写。然后以"现将有关情况报告如下"、"现报告如下"等常用过渡语转入报告的主体部分。报告内容的写作可以根据报告性质的不同，有所侧重。一般包括基本情况、措施与结果、成效与问题等等。报告的结语，常用"特此报告"、"请审阅"等作结，也可以不写结语。

关于淮河流域水污染防治工作情况的报告

按照环保总局、国家计委、水利部联合制定的《淮河流域水污染防治2000年规划目标完成情况核查办法》（环发〔2000〕205号），环保总局会同国家计委、财政部、水利部、监察部、建设部、农业部、法制办等8个部委组成核查组，于2001年2月25日至3月5日对淮河流域水污染防治工作进行了全面核查。现将有关情况报告如下：

一、淮河流域水污染防治工作的完成情况

核查组先后赴河南、安徽、江苏、山东四省（以下简称四省）17地（市），实地抽查了淮河干流及主要支流水质、城市排污口、城市污水处理设施、工业企业污染治理设施、饮用水保证工程、河道清淤及生态保护等情况，并就淮河流域水污染防治工作进展、存在问题和下一阶段拟采取的措施进行了研究。

（一）总体评价

"九五"期间，沿淮四省和国务院有关部门高度重视淮河流域水污染防治工作，认真组织实施《淮河流域水污染防治规划及"九五"计划》（以下简称《规划和计划》），关停了近5000家污染严重的小企业，工业废水排放达标率从1994年的30%提高到目前的90%，入河主要污染物排放总量大幅度削减，淮河干流和主要一级支流水质基本达到《规划和计划》确定的2000年水质目标，……

（二）目标完成情况

《规划和计划》要求，到2000年底淮河水体变清，具体指标有1项水质指标、1项总量控制指标、67座城市污水处理工程和380个治理建设项目。

……

二、存在的主要问题（略）

三、下一步工作安排（略）

……为适应上述转变，下一步淮河治污重点要抓好以下六项工作：

（一）尽快制定《淮河流域水污染防治"十五"计划》。结合"九五"规划各项工作的实际完成情况和南水北调东线工程需要,明确淮河"十五"治理目标和治理措施。

……

(六)加强水资源的合理开发利用和节约。做好水资源开发利用总体规划,实现水资源优化配置。根据水情状况,继续实行污染联防制度,制定水库水闸水量调度方案,明确主要闸坝生态环境用水量,增强水体的自净能力。同时加大节水力度,落实农业灌溉节水措施,制定污水资源化利用和实施方案,进一步利用经济杠杆促进城市节水工作。

国家环境保护总局
××××年××月××日

二、请示

《条例》规定:请示"适用于向上级机关请求指示、批准"。

请示作为上行文,是下级机关向上级机关请求批准或指示的报请性公文。下级机关遇到无权或无力解决,以及按规定应由上级机关决断问题都应向上级机关行文请示。而凡在下级机关职权范围内,通过努力能够处理的问题,应该自行解决,不能动辄请示,逃避责任。

与报告相反,请示属于事前行文,工作已经开展再向上级请示,就失去了请示的意义,也违反了工作原则。请示写作要求一文一事,不能多头主送,也不能越级主送,如需同时知照其他机关,可以采用抄送形式,但不得抄送下级机关,以免在上级答复前造成工作上的混乱。如遇特殊情况,如重大灾情、险情或检举控告直接上级等,需要越级主送,则需抄送被越过的上级。

请示的写作包括标题、主送机关、正文、落款四个部分。

标题一般由发文机关、事由、文种构成,也可以写成"事由加文种"形式。需注意的是,日常生活中,常将"报告"、"申请"或"请示报告"用于需用请示行文的事项,这是不妥的,根据《条例》规定"报告不得夹带请示事项"。"申请"、"请示报告"都不是公文文种。同时,"请示"一词本身含有请求、申请之意,标题也不能拟为"关于请求(或申请)×××的请示"。如《××省人民政府关于申请设立中国辛亥革命博物馆的请示》就犯了词义重复的问题。

请示的主送机关通常是发文机关的直接从机关。受双重领导的机关,应根据请示事项所属的职权范围选择一个主送机关并抄送另一个领导机关。

请示的正文包括请示缘由、请示事项、请示结语三个部分。请示缘由是请示获得批准的前提,因此,一定要简明而充分的陈述原因、依据等。必要时还需举事实、列数据加以说明。请示的事项,首先是切实可行的,"无理要求"不可能得到上级的认可。其次,要考虑全局,不提过分的要求,再次,在自己能力范围内可以解决的问题,不必向上级提出帮助解决的请求。不论何种事项,写作时都应实事求是、具体明确,谦虚委婉、语言得体,决不可使用要挟性的语言。请示结语采用惯用语,如:"特此请示"、"妥(当)否,请批示(指示、批准)"、"以上请示,如无不妥请批准"、"请审批"、"以上当否,请批示"等。

下面是国家经贸委等十三个部门联合上报国务院的一则请示。正文部分先简述请示的缘由,然后提出六条建议请求批准,该请示条理清晰,具体明确,有理有据、切实可行。呈报后,很快得到国务院的批准。

关于加强麝香资源保护和商场管理的请示

国务院:

麝香是一种常用的名贵中药材,是常用急救中成药的主要原料。近年来,由于多头经营麝香,出现竞相抬价抢购,不法分子掺杂掺假,走私活动猖獗等问题,致使国家计划不能完成,药用十分紧张,麝(过去误称野獐)资源也遭到严重破坏。据测算,五十年代中期全国约有麝三百万头,现不足一百万头。为了加强麝资源保护和麝香市场管理,根据《药品管理法》和《国务院关于严格保护珍贵稀有野生动物的通令》(国发〔1983〕62号)精神以及赵紫阳同志对麝香"要严格禁止走私。应有一套办法查禁,违者重处"的批示,建议作如下规定:

一、认真贯彻"加强资源保护,积极繁殖饲养,合理猎取利用"的方针,采取有效措施保护麝资源。(略)

二、麝香是国家计划管理品种。授权中国药材公司按照国家计划统一收购,统一经营。(略)

三、中国药材公司在各省、自治区、直辖市指定麝香收购单位凭国家医药管理局发给的"麝香收购许可证"到企业所在地工商行政管理机关办理登记或变更登记手续后,方可收购。(略)

四、各收购单位必须建立严格的质量自检验收制度,严防收假收错。(略)

五、未经国家批准禁止麝香出口。(略)

六、对违反上述规定,掺假制售伪劣麝香,到产区抬价抢购非法倒卖以及走私贩私麝香的单位和个人,由医药、卫生、海关、林业、物价、工商行政管理部门按分工范围,一律没收其物品和全部非法所得,并处以罚款。情节严重触犯刑律的,由司法机关依法处理。国家工作人员利用职权进行或参与倒卖、走私麝香活动的,依法从重处罚。

过去有关规定与本文有抵触的,以本文规定为准。

以上如无不妥,请批转各地、各有关部门执行。

国家经济贸易委员会
(此处略去国家发展计划委员会等12个单位)
1986年6月27日

第四节 知照性公文写作

知照性公文是国家党政机关、企事业单位或其他社会团体用来宣布事项、发布规章、商洽工作、通报情况的重要工具。包括公告、通告、通报、通知、公报、函等。公告、通告是行政机关法定公文，通报、通知则是党政机关通用公文。公报是党的机关公文，用于公开发布重要决定或者重大事件，与公告相似，发文机关的级别高，具有权威性，行政机关及企事业单位很少使用，在此不作详细阐述。

一、公告通告

《条例》规定：公告"适用于向国内外宣布重要事项或者法定事项"。通告"适用于在一定范围内公布应当遵守或者周知的事项"。

公告和通告都是周知性公文，内容不涉密，以公开的方式向社会发布信息。相较而言，公告适用范围广，一般通过新闻媒体向全世界发布。通告涉及的范围小，可以通过新闻媒体向一定范围发布，也可以在特定范围通过张贴的方式公布。公告一般由级别较高的国家权力机关发布，涉及的是重要事项，在写作上，必须严肃谨慎，严格按章办事。通告公布社会各方面应当遵守或周知事项，在一定范围内，自然也是重要的事项，因此也应严肃对待。

从内容上看，公告和通告都可以分为两大类：一是涉及法定事项的公告、通告，一是知照性的公告、通告。

涉及法定事项的公告主要是指根据法律、法规规定使用的专门事项公告。如《中华人民共和国企业破产法》规定的破产公告、《中华人民共和国商标法》规定的商标公告等。涉及法定事项的通告主要指政府部门依法发布的，具有强制性和约束力的通告。知照性的公告、通告旨在告知群众或有关人员重要信息，不具强制性和约束力。

公告和通告的写法基本一致。基本结构都包括标题、正文和落款。

标题的写法比较自由，可以采用三要素齐全的规范形式，如《中华慈善总会关于紧急开展抗震救援行动的公告》、《北京市人民政府关于北京奥运会残奥会期间在部分区域实施局部无线电管制的通告》；可以采用"事由加文种"的形式，如《关于中国航空器材进出口集团公司更名的公告》、《关于部分中央企业规范简称的通告》；也可以采用"发文机关加文种"的形式，如《国务院办公厅公告》、《成都市民政局通告》；还可以直接以文种为题，如《公告》、《通告》。

公告、通告的正文写作一般包括公布缘由、公布事项和结尾三个部分。缘由部分通常交代发布的目的、依据、原因，内容比较简单的公告、通告，采用篇段合一结构，不写缘由，直接公布事项。公布事项部分是主体，要具体明确，条理清晰。结尾部分通常采用"特此公告"、"此告"、"特此通告"或"本通告（公告）自公布之日起施行（生效）"等惯用语作结。

质检总局关于防止新型冠状病毒传入我国的公告

世界卫生组织9月23日报告，英国确诊1例人感染新型冠状病毒病例，该病例发病前具有去往沙特阿拉伯王国旅行史，发病期间曾在卡塔尔多哈一家医院救治。此前沙特阿拉伯曾报告1例感染新型冠状病毒的死亡病例。为防止该型病毒传入我国，保护我国前往上述地区人员的健康安全，根据《中华人民共和国国境卫生检疫法》及其实施细则的有关规定，现公告如下：

一、来自上述地区的人员，如有发热、咳嗽、气促、呼吸困难等急性呼吸道症状，入境时应当主动向出入境检验检疫机构口头申报。……

二、检验检疫机构应当加强对来自上述地区人员的体温监测、医学巡查等工作，对申报或现场查验发现有上述症状的人员应当仔细排查，对发现具有急性呼吸道症状的嫌疑者，应当及时按规定程序采取医学措施。

三、检验检疫机构应当在口岸利用显示屏、广播和发放宣传册等多种形式告知出入境旅客有关感染冠状病毒疫情信息和防病知识，增强出入境人员防病意识。……

四、前往上述地区的人员应当保持良好的个人卫生习惯。如果出现较重的感冒、发热症状应当立即就医。

本公告自发布之日起生效，有效期3个月。

质检总局
2012年9月27日

上海市人民政府关于本市高考、中考规定时间内禁止建筑施工作业的通告
沪府发〔2006〕14号

为了防治环境噪声污染，给参加高考、中考的考生营造一个良好的复习迎考和考试环境，市政府决定，在本市高考、中考规定时间内禁止建筑施工作业，现将有关事项通告如下：

一、今年高考复习迎考和考试期间（5月31日至6月9日）以及中考复习迎考和考试期间（6月10日至6月17日），本市范围内禁止从事产生环境噪声污染的夜间建筑施工作业。

二、今年高考（6月7日至6月9日）及中考（6月17日至6月18日）考试时段，禁止考场周围100米内昼间建筑施工作业。

三、以后每年高考、中考期间及考前一周，本市范围内禁止从事产生环境噪声污染的夜间建筑施工作业；高考、中考考试时段，禁止考场周围100米内昼间建筑施工作

业。禁止建筑施工作业的具体时间届时由市环保局通告。

上海市人民政府
2006 年 5 月 30 日

二、通知

《条例》规定：通知"适用于发布、传达要求下级机关执行和有关单位周知或者执行的事项，批转、转发公文"。

通知是应用范围十分广泛的党政机关公文，可以用作上级机关对下级机关、组织对所属成员的下行文，也可以用作平行机关之间、不相隶属机关之间知照事项的平行文。根据其内容及用途不同，可以分为指示性通知、知照性通知、批转转发性通知、事务性通知等几类。指示性通知用于对下级工作发出指示、布置任务、提出要求。知照性通知用于设置机构、更正文件、迁址办公、任免干部等专门事项通知。批转、转发性通知主要用于批转下级机关的文件、转发上级、同级或不相隶属机关的文件。事务性通知用于处理日常事务，如开会、放假、缴费、停水、停电等。

通知的基本结构包括标题、主送机关、正文、落款四个部分。

标题一般由发文机关、事由、文种构成，如《重庆市人民政府办公厅关于切实做好农民工返乡回流有关工作的通知》，也可以写成"事由加文种"的形式，如《关于印发〈医疗机构落实老年人优待工作的实施细则（试行）〉的通知》。有些单位内部的事务性通知，也可以直接以文种作为标题。批转、转发性通知要在标题中以"批转"或"转发"替代"关于"，如果被批转、转发的文件是"通知"，为了行文简洁，通常用"文件"替代被转发文件标题中的"通知"二字。标题中批转、转发的文件除法规、规章文件以外，都不加书名号。如：北京市人民政府办公厅以通知形式转发《全国防治非典型性肺炎指挥部关于加强对过氧乙酸等危险化学品及消毒剂监督管理的紧急通知》时，标题拟为《北京市人民政府办公厅转发全国防治非典型性肺炎指挥部关于加强对过氧乙酸等危险化学品及消毒剂监督管理文件的通知》。如有必要，文种还可写成"紧急通知"、"重要通知"、"补充通知"等。

通知的主送机关多是具体的对象，不像公告、通告只是针对一个范围。因此，通知的主送机关即便采用泛称的形式，也需明确对象的身份。如"各区、县人民政府，市政府各委、办、局，各市属机构"、"各市中小企业局（办），各乡镇企业统计调查直报点"等，不能含糊地写成"各相关部门"。

正文写法，因通知类型不同，各有侧重。指示性通知一般先写通知缘由，阐明行文的目的、依据，或者介绍背景、分析形势，相当于引言部分，再以"现将有关事项通知如下"或"特做如下通知"过渡到主体部分。这一部分包括通知事项和执行要求，二者可以结合起来写，也可以先列事项，再提要求。

北京市人民政府关于加强地下文物保护工作的通知

京政发〔2012〕27号

各区、县人民政府，市政府各委、办、局，各市属机构：

北京是世界著名的古都和历史文化名城，拥有三千余年的建城史、八百余年的建都史，地下文物遗存十分丰富。近年来，北京进入城市基本建设的快速发展时期，协调和处理好地下文物保护与基本建设的关系，已成为日益突出和亟待解决的问题。

地下文物保护工作是大力践行"北京精神"、建设"人文北京"和中国特色世界城市的一项重要工作，是各级政府、各部门、各单位共同的责任和义务。为进一步加强地下文物保护工作，依据《中华人民共和国文物保护法》、《北京市实施〈中华人民共和国文物保护法〉办法》等法律法规的规定，现就有关事项通知如下：

一、完善协调机制，加大保护力度……

二、加强监督管理，确保工作效率……

三、加强法制建设，加快立法步伐……

四、加强宣传工作，树立保护意识……

地下文物是前人留给我们的宝贵精神财富和物质财富，一旦毁坏不可再生；地下文物属于国家所有，保护成果属于全社会，保护地下文物是历史赋予我们这一代人的责任和使命。全市各级政府、各部门、各单位都要以强烈的历史责任感和使命感，承担起保护地下文物的职责；每个单位和个人都应依法履行保护地下文物的责任和义务。要通过落实政府、部门、单位和个人在文物保护方面的责任和义务，使"保护文物人人有责"成为社会共识，努力形成全民关心地下文物保护工作的良好氛围。

北京市人民政府
2012年8月30日

知照性通知重在告知，缘由部分只做简单说明，只要把具体事项告知受文对象即可。其结尾，常以"特此通知"作结。

国务院办公厅关于成立国务院教育督导委员会的通知

国办发〔2012〕45号

各省、自治区、直辖市人民政府，国务院各部委、各直属机构：

为贯彻落实《国家中长期教育改革和发展规划纲要（2010—2020年）》，进一步健全我国教育督导体制，国务院决定成立国务院教育督导委员会。现将有关事项通知如下：

一、主要职责

研究制定国家教育督导的重大方针、政策；审议国家教育督导总体规划和重大事项；统筹指导全国教育督导工作；聘任国家督学；发布国家教育督导报告。

二、组成人员

主　任：×××

副主任：×××，×××

委　员：×××，×××，×××，×××

国务院教育督导委员会办公室设在教育部，承担委员会日常工作。

委员会成员因工作变动等需要调整的，由所在单位向办公室提出，报委员会主任批准。

国务院办公厅
2012 年 8 月 26 日

批转、转发性通知以被转发或被批转的文件为主，通知本身只起到发布和按语的作用。其正文写作比较简单，写明被转文件名称及文号，表明批转、转发的态度和要求即可。

中共中央办公厅、国务院办公厅
关于印发《党政机关公文处理工作条例》的通知
中办发〔2012〕14 号

各省、自治区、直辖市党委和人民政府，中央和国家机关各部委，解放军各总部、各大单位，各人民团体：

《党政机关公文处理工作条例》已经党中央、国务院同意，现印发给你们，请遵照执行。

中共中央办公厅
国务院办公厅
2012 年 4 月 16 日

事务性通知正文结构上多采用篇段合一的写法，格式简单，自由灵活，这里不再赘述。

三、函

《条例》规定：函"适用于不相隶属机关之间商洽工作、询问和答复问题、请求批准和答复审批事项"。

在实际使用中，函主要用于平行机关之间、不相隶属机关之间的沟通交流，但有时也会用于上下级机关之间就一些事务性的具体问题的询问和答复。机关单位对个人的公务联系，通常也使用函，例如答复群众来信等。

函的分类可以从不同角度划分。根据文面规格不同，可以把函分为公函和便函。公函属于正式公文，其制发过程要严格遵照公文的相关规定。便函不属于正式公文，用于处理非正式的公务活动，写作上具有较大的灵活性。

根据函的往来关系，可以分为发函和复函。机关单位根据实际工作需要，主动发出函件，即为发函。而根据收到的函件要求、被动做出答复的函，则为复函。

根据内容和用途不同，可以把函分为四类：商洽函、询复函、请批函、知照函。商洽函主要用于机关之间联系公务、商洽工作、讨论问题，例如洽谈业务、联系参观、邀请指导、协商合作事宜等。询复函包括询问函和答复函，用于一般事务性或业务性问题的询问或答复，例如：咨询或答复不明确的问题，询问或告知工作情况等。请批函与请示同样具有请求批准的功能，但不同的是，请示是向具有隶属关系的直接领导机关请求批准。请批函则用于向不相隶属的职能部门或业务部门请求批准事项。知照函的主要功能在于告知，用于向不相隶属机关告知相关事项。

函的基本结构包括标题、主送机关、正文、落款四个部分。标题的写作由发文机关、事由和文种构成，也可以是事由加文种的形式，如："文化部文化市场司关于征集中国文化娱乐业协会共同发起单位的函"、"关于商借体育馆的函"。如果是复函，标题中通常要标明"复函"，如："国务院办公厅关于同意设立江西赣州出口加工区的复函"。函的主送机关比较明确、单一，一般不抄送其他机关。正文部分写作，不同类型的函件写法不同，一般而言，大致包括缘由、事项、结语三个部分。缘由部分主要交代行文的原因、依据、目的或背景。若是复函，开头要先引述来函的标题和发文字号，再说明缘由。这一部分结束时，常以"现将有关问题说明如下"或"现将有关问题函复如下"过渡到下文。事项部分则根据不同类型的函写明需要联系、商洽、咨询、答复、请求批准或知照的事项。如果是复函，则必须针对发函的事项有针对性的答复，不可节外生枝。结语部分，商洽函、询复函一般用"盼复"、"望函复"、"请即复函"等作结，请批函则多以"请批准"、"请协助为盼"、"望准予……是荷"等收尾。知照函通常以"特此函告"、"特此函达"结束正文。落款部分标识发文机关印章和成文时间。

下面是一则商洽函的例文。公文第一段交代发文的缘由，第二、三、四段交代该学院办学的相关情况，第五段提出商洽的事项，在缘由和情况介绍部分已经对该事项做了足够的铺垫和交代，因此，这一部分的商洽内容不仅简洁，也十分明确。

关于合作开展计生干部远程学历教育的商洽函

××省计生委人事处：

为满足新形势下我国人口与计划生育工作对建设高素质计生干部队伍的需求，我院决定在开展现有专业学历教育以外，发挥远程教育资源共享的优势，充分利用我们的教学资源、教学理念、教学经验、教学模式，积极筹备开展"人口与计划生育管理"专升本的网络学历教育。

××大学医学网络教育学院成立于2000年10月10日，是实施医学远程教育的实体学院。医学网络教育学院隶属于××大学，由医学部负责管理。我院至今开设有护理学、应用药学、卫生管理、医学信息管理等专业，开办层次有专科、专升本，目前在校生已达到9600余人，毕业学生达4000余人。××大学医学网络教育学院为广大在职医务工作者提供了优质的高等教育服务，得到了社会的认可及好评。

我院是教育部批准的三所教学质量管理试点的网络教育学院之一，于2003年获得ISO9001：2000质量管理体系认证证书。学院有自主设置专业、自主招生的权利。学生在规定的时间内，修完教学计划规定的最低学分数，成绩合格，可取得教育部高等教育学历文凭电子注册资格，获得××大学成人教育毕业证书（加注"网络教育"字样），国家承认其学历。符合学位授予条件者可获得××大学颁发的学位证书。

"人口与计划生育管理"专升本教育，采取我院现有的远程教育模式，实行学分制管理，拟开设必修课20门，选修课10门，招收在职干部非脱产学习，学制3—5年，详见附件《招生简章》。

我们有能力配合贵处，共同促进贵省计划生育干部队伍的建设和发展。

特此商洽，盼复。

附件：××大学医学网络教育学院"人口与计划生育管理"（专升本）招生简章（草案）

××大学医学网络教育学院
××××年××月××日

下面是卫生部办公厅的一则复函，标题由发文机关、事由、文种构成。正文的开头，先引述来函的标题及发文字号，并以"现函复如下"作为过渡。接下来就来文有关问题给予答复，态度明确，表述准确。

卫生部办公厅关于预包装饮料酒生产日期标注问题的复函

卫办监督函〔2012〕470号

质检总局办公厅：

你厅《关于请明确进口预包装饮料酒标签标注有关事宜的函》（质检办食函〔2012〕363号）收悉。经研究，现答复如下：

根据《预包装食品标签通则》（GB7718—2011）规定，预包装食品应当清晰标示预包装食品的生产日期，生产日期指食品成为最终产品的日期，包括包装或灌装日期，预包装饮料酒标签生产日期可以标示为生产日期、包装日期、灌装日期或包装（灌装）日期。

专此函复。

卫生部办公厅
2012年5月23日

函是一种具有平等性的公文，就函件所处理的事务而言，发文机关和受文对象之间是一种平等的关系，其主要的功能在于沟通。因此，函的写作要特别注意措辞的规范，不能高高在上、盛气凌人地指挥或指示，也不宜曲意客套、低眉折腰地请求或汇报，要力争做到语气恳切、态度谦逊、彬彬有礼。同时，函也要求一事一文，一般不在一份公文中商洽或请批多个事项。此外，关于函的法定效力常有误解，国务院办公厅在《关于实施〈国家行政机关公文处理办法〉涉及的几个具体问题的处理意见》中专门强调："函作为主要文种之一，与其他主要文种同样具有由制发机关权限决定的法定效力。"

小结：公文是国家党政机关及其他法定社会组织在处理公务过程中使用的具有法定效力和规范体式的文字材料。公文主体部分的形式构成通常包括标题、主送机关、正文、落款等几个部分。常见的正文结构为：导语—主体—结语。导语部分简要说明制文的根据、目的或者原由。主体部分陈述问题或主张。结语或强调、或总结、或提出要求。决定、意见、报告、请示、批复、公告、通告、通知、函等几种公文在机关单位使用的频率非常高，实用性强，学习时需要切实掌握其外在形式构成和内在行文结构。

【思考与训练】

1. 根据公文分类的不同方式，请分别指出下列公文的类别。
（1）关于调整国家人口计生委兼职委员的请示
（2）国务院关于西部大开发"十二五"规划的批复
（3）关于同意调整国家人口和计划生育委员会兼职委员的函
（4）关于北京奥运会期间天安门广场管理措施公告
（5）北京市政府关于在中关村科技园区开展政府采购自主创新产品试点工作的意见
（6）中共中央国务院关于加快水利改革发展的决定
（7）关于清理北京市社区街巷长期停放废旧汽车的通告
（8）关于加强建筑工地安全保卫工作的紧急通知
（9）卫生部办公厅关于征求《食品添加剂标识通则》等30项食品安全国家标准（征求意见稿）意见的函
（10）关于2008年"安全生产月"活动情况的报告
（11）四川省农业厅关于加强农村统一灭鼠的意见（报送省政府）
（12）抓住机遇扩大开放——沿长江五市对外开放研讨会纪要
（13）国务院办公厅关于部分地区违反国家棉花购销政策的通报
（14）中华人民共和国主席令

2. 请分别指出下面这则公文上标注各处格式要素的名称。

×××市经济委员会文件 ①

×经发〔2012〕19号 ②

关于转发《××省经济委员会
关于推荐优秀中小企业开展管理信息化 ③
活动的通知》的通知

④

县、区经贸委、市属各有关企业：

现将《省经委关于推荐中小企业开展管理信息化活动的通知》转发你们，请符合条件的企业于8月16日前将"财源道中小企业管理信息化获赠企业申请表"报市经委技术科。

联系人：×××　　　联系电话：＊＊＊＊＊＊

附件：×××省经济委员会关于推荐优秀中小企业开展管理信息 ⑤
化活动的通知

二〇一二年八月二十二日 ⑥

抄送：××××、×××××、×××××、×××× ⑦

××市经济委员会　　　　　　　　　　　　　2012年8月22日印发 ⑧

3. 上面例文中，格式及内容上存在一些错误，请分别指出并改正。
4. 下面这篇实用文摘自于某企业网站，存在不少问题，请一一指出并更正。

公　告

兹有生产部员工陈××于2012年10月11日晚未经过主管批准的情况下擅自离岗不加班。其行为已违反本公司《车间员工规章制度21条》中的第20条，影响极其恶劣。现处以罚款30元并记小过一次，望各位同事引以为戒！

行政部
二〇一二年十月十一日

5. 2009年9月国务院常务会议讨论并原则通过《促进中部地区崛起规划》，10月，国务院印发了《关于促进中部地区崛起规划的批复》，正式批准实施《促进中部地区崛起规划》。发展改革委2010年8月会同相关部门研究制定了《促进中部地区崛起规划实施意见》。请代拟一份通知，将这份实施意见转发给中部地区山西、安徽、江西、河南、湖北、湖南6省人民政府及国务院有关部门。

6. 2010年2月26日晚，广东普宁一户村民因非法燃放烟花引起爆炸事故，导致21人死亡、48人受伤。请通过网络查阅该起事件的相关情况，代拟一份事故情况报告。

7. 广州市为迎接第九届全国体育运动会的举办，建设以了内环路为代表的一批市政基础设施项目，同时大力加强城市环境综合整治工作，为保障"九运会"的成功举办提供了良好的场馆、环境和设施，受到了中央领导和"九运会"组委会以及各体育代表团的肯定和赞扬，并被国际组织评为"国际花园城市"。为此，中华人民共和国建设部决定授予广州市迎"九运"城市基础设施建设及环境综合整治特别奖称号。请根据以上材料，代拟一份表彰决定。

8. ××村一所小学校在今夏一场洪灾中被冲坏，已无法使用。为做好九月的开学工作，村委会一面将村委会的办公室、会议室改造成临时教室，一面着手在学校原址上重建校舍。初步预算经费八十万元。村委会依靠村企收入，能够自行解决四十万元，余下四十万元需请求镇政府拨款解决。镇政府请专家审查了村委会附送的《××村小学重建方案及经费预算》，同意重建校舍，但认为重建方案存在一些问题，村里应以教育为本，学校建设当有长远眼光，要建就建禁得起时间检验的房子。故对村委会建设方案提出了几点修改意见，并同意拨款。

（1）请根据以上材料，代××村委会拟一份拨款建校的请示。

（2）请根据你所写的请示及上述材料的内容，以镇政府的名义拟一份同意拨款的批复。

9. ××省无线电管理委员会办公室根据有关法律、法规规定，拟对该省境内设置、使用无线电台，生产、进口、销售无线电设备情况进行清理整顿。涉及人员及事项如下。一、凡在这省境内除军事系统外，设置/使用的各类无线电台和生产、进口、销售无线电设备的单位和个人。二、任何单位和个人未经国/省/市无线电管理机关批准，不得擅自转无线电频率。三、设置/使用无线电台，必经事先提出书面申请。

请问，如果××省无线电管理委员会办公室拟将清理整顿的信息告知相关人员，应该使用哪一种公文？请代××省无线电管理委员会办公室拟此公文。

第二十章　事务文体举要

学习提示：事物文书也是公务文书的一种，不同的是，它主要用于处理日常事务，不是法定的文种。但在使用频率上，并不比法定文种低。其应用广泛，种类繁多，写作上比较灵活。本章主要介绍计划、总结、调查报告、简报、启事、声明的写作。每种文体都有较为稳定的或常用的结构模式和格式规范，这是学习时首先要掌握的。在此基础上，才可以灵活运用该类文体去处理日常的事务工作。

事务文体是与法定的党政机关公文相对应的实用文体，是党政机关、企事业单位、社会团体在日常事务活动中广泛使用的、具有惯用格式的实用文。它和法定公文一起，作为机关团体处理公务的必要工具，在社会生活中发挥重要作用。

事务文体种类众多，包括计划、总结、简报、调查报告、述职报告、启事、声明、海报、大事记、介绍信、证明信、慰问信、感谢信、公开信、推荐信、申请书、决心书、倡议书、聘书、祝贺词、开幕词、闭幕词、祝酒词、讣告、悼词、唁电等等。

与法定公文相比，事务文体不具备法定的权威性和执行的强制性，没有严格的处理程序和规范体式。内容上偏重于日常事务，常用于协调关系、沟通信息、总结经验，也可以指导工作、规范行为，反映问题，但只有被正式文件批准颁布或批转、转发，才具有行政约束力。写作上比较灵活。作者可以是法定机构，也可以是个人，例如各类书信体实用文。格式常用约定俗成的惯用形式，但也允许稍作变易。有些事务文体，本身就包含多种类型，写法上也就没有固定的范式。比如"计划"，通常所说的打算、设想、安排、方案、要点、意见、纲要、规划都可以纳入计划的范畴。

当然，所有事务文体都是在长期的社会实践中逐渐固定成型的，其约定俗成的体式也是集体习惯的体现，为了便于办公、提高效率，实用写作通常应遵守惯用的文章体式，不提倡形式创新。

第一节　计划、总结

计划是党政机关、社会团体、企事业单位为了实现一定的目标，对将要进行的工作、生产、学习或其他活动做出的筹划、部署与安排。与总结相反，计划总是对未来的预见。总结是党政机关、社会团体、企事业单位对已经开展的工作、生产、学习或其他活动取得了一定进展或完成任务时，进行的回顾、反思和分析研究，旨在找出成绩与问题、经验与教训。总结是对过去的认识。二者相辅相成，都是获得成果的有力保障。

一、计划

"凡事预则立,不预则废",制订计划,是科学的工作方法。无论何种工作,有了计划,就有了行动的目标和依据,就有了实现目标的方式和保证。因此,在实际工作中,各机关团体都会在开展工作前制定各种各样的计划。

计划的种类繁多,包括通常所说的打算、设想、安排、方案、要点、意见、纲要、规划等等。打算时间短,设想较长远,但二者都是非正式的计划;安排与方案是强调具体工作的计划;要点是政府机关常用的提纲式计划;意见是计划类的法定公文;纲要、规划着眼于宏观,是长远计划。

计划因使用广泛,涉及领域多,其种类几乎难以穷尽。对其进行分类,也有各种各样的标准,以时间长短为标准进行划分:有长期的规划(或纲要),一般五年以上。如《中国教育改革和发展纲要》、《国家中长期科学和技术发展规划纲要(2006—2020年)》;有中期计划,一般三年左右;有短期计划,一般是一年或一年以内,如年度计划、季度计划;按内容划分:有生产计划、工作计划、教学计划、科研计划等等。

计划的写作有惯用的结构:标题—引言—主体(目标或任务—措施与步骤—执行要求)—结尾—落款。

下面结合2009年卫生部印发的《全国新生儿疾病筛查工作规划》(以下简称《规划》),谈谈计划的写作。

全国新生儿疾病筛查工作规划

为了提高出生人口素质和减少先天残疾发生,推动新生儿疾病筛查工作健康发展,依据《新生儿疾病筛查管理办法》,制定本工作规划。

一、指导思想、基本原则和工作目标

(一)指导思想

以邓小平理论和"三个代表"重要思想为指导,深入学习实践科学发展观,将新生儿疾病筛查工作作为促进基本公共卫生服务逐步均等化的重要内容,积极实施干预措施,减少出生缺陷和残疾发生,提高出生人口素质。

(二)基本原则

坚持预防为主,依靠科技进步,实行防治结合。

坚持政府主导、部门合作,动员社会广泛参与。

坚持公益性质,注重公平、效率和可及。

坚持知情同意,尊重个人意愿。

(三)工作目标

到2012年,基本建立以省为单位的新生儿疾病筛查服务网络;东部地区、中部地区和西部地区新生儿遗传代谢病筛查率分别达到90%、50%和40%,新生儿听力筛查率分别达到80%、40%和30%。努力提高确诊病例的治疗率。新生儿遗传代谢病筛查实验室和听力障碍筛查及诊断机构质量控制率达到100%。以省为单位的新生儿疾病筛查工作基本实现信息化管理。

到2015年,完善以省为单位的新生儿疾病筛查服务网络;东部地区、中部地区和西部地区新生儿遗传代谢病筛查率分别达到95%、80%和60%,新生儿听力筛查率分别达到90%、60%和50%。进一步提高确诊病例的治疗率。建立新生儿疾病筛查质量管理体系。以省为单位的新生儿疾病筛查工作全面实现信息化管理。

二、保障措施

(一) 组织管理(略)

(二) 健全服务和信息网络(略)

……

(六) 保障经费投入(略)

建立稳定的财政保障机制,将新生儿疾病筛查防治工作经费纳入本单位财政预算。设立新生儿疾病筛查工作的专项经费,加大新生儿疾病筛查的必要设备设施、人才培养、科学研究、社会动员、健康教育、技术服务等投入力度;根据基本公共卫生服务逐步均等化要求,落实新生儿疾病筛查的公共卫生服务财政补助政策。各地要合理制订收费标准,保证新生儿疾病筛查服务项目正常开展。通过多种渠道解决确诊患儿的治疗费用补偿,对困难家庭应给予医疗救助。

三、考核与评估

严格按照《新生儿疾病筛查管理办法》的规定,设置新生儿疾病筛查中心。各级卫生行政部门定期对开展新生儿疾病筛查的机构进行监督检查,对违反《新生儿疾病筛查管理办法》和《新生儿疾病筛查技术规范》的机构和人员,按照国家有关规定予以处罚。

……

卫生部组织专家对各地新生儿疾病筛查实施情况进行定期督导评估,评价目标落实情况,发现存在的问题,提出整改措施,确保新生儿疾病筛查工作健康、可持续发展。

这是一则长期规划。其标题由两部分构成,计划的内容"全国新生儿疾病筛查工作"和文种"规划"构成,是计划标题的常用方式。一般情况下,计划标题包含机关名称、适用时限、内容类别、计划类型四个要素。如果把此《规划》名称的要素补全,则可以写作《卫生部2009—2015年全国新生儿疾病筛查工作规划》。

《规划》正文开头,是引言部分,简要地阐述了制订计划的目的和依据:

为了提高出生人口素质和减少先天残疾发生,推动新生儿疾病筛查工作健康发展,依据《新生儿疾病筛查管理办法》,制定本工作规划。

接下来,分三项阐述计划的主要内容。第一项"指导思想、基本原则和工作目标"。指导思想是计划制定的方向依据,作为卫生部的工作计划,应确保方向正确。基本原则具有普适性,是计划制定和实施的要求和保障。工作目标是这一部分的重心,分为两个阶段,一是从计划日期到2012年,一是2012年至2015年,分别从建立筛查服务网络、提高筛查率、治疗率、建立质量管理体系及实现信息化管理等多个方面提出具体的工作指标和任务。

第二项"保障措施"。计划目标的实现，各项具有可操作性的措施是保证。采取何种措施，安排怎样的步骤，都要做好预先的周密设计。此部分，分别从六个方面做出了全面的部署：（一）组织管理。（二）健全服务和信息网络。（三）加强专业人才队伍建设。（四）质量管理。（五）开展科学研究。（六）保障经费投入。

第三项"考核与评估"明确提出各级卫生行政部门依法监督检查的任务，省级卫生行政部门制订考核评估方案，每年考核评估和卫生部组织专家定期督导评估三个方面的要求，确保《规划》顺利实施，并按质按量完成。

这是一份具有前瞻性和可操作性的计划，目标、任务、措施、步骤、评估、要求都明确具体，结构层次清晰，语言表述准确、规范，是计划写作的一份范例。

这份规划是以《卫生部办公厅关于印发〈全国新生儿疾病筛查工作规划〉的通知》的形式下发各执行部门的，这是事务文体的公文发挥行政作用的常用方式。

二、总结

总结是做好工作的重要环节。一项工作按照计划开展以后，不管成功与否，都应及时的回顾、检查、分析、总结，从中吸取经验或教训，以促进和指导当前及将来的工作，提高执行者的水平，并为决策者提供可靠依据。

总结的写作都是对自己工作的回顾和评价，应该立足于现实，以客观、务实的态度，从具体的实践活动中认识事物发展的本质，找出规律性的东西。如果好大喜功，故意夸大成绩，忽略不足，撇开教训，妄谈经验，只能误己、误人、误了工作。在材料使用上，力求全面、翔实、可靠，不论是成功的经验还是失败的教训，都不能泛泛而谈，都要立足材料，用事实说话，这样才有说服力。写作风格上，要求语言平实，文风朴素，不可浮夸、吹嘘，也不应过于谦虚，含糊其辞。

总结的写作没有固定的格式，因内容、对象及作者身份不同，有多种写法。

标题的写法和计划基本一致，包括机关名称、时间、内容和文种，为了简洁，有时可以省去机关名称或时间。但必须保留内容和文种。例如：《广东省2009年依法治省工作总结》、《后备干部队伍建设工作总结》。

正文的开头，通常要写一段引言（也称前言、导语），对总结对象加以介绍。不同类型的总结有不同的写法，有的交代基本情况，有的对内容进行概括，有的先提出结论等等。《广东省2009年依法治省工作总结》这样写：

2009年，我省依法治省工作在省委的正确领导下，坚持以邓小平理论和"三个代表"重要思想为指导，深入贯彻落实科学发展观，围绕"三促进一保持"和保增长保民生保稳定的主题，开拓创新，扎实推进，在地方立法、依法行政、公正司法、法治广东宣传教育等方面有了新突破，取得了新成效。特别是在充分运用法律手段化解国际金融危机带来的影响和冲击上经受住了考验，为我省经济平稳较快发展和社会和谐稳定提供了有力保障。

这段引言采用的概括内容的方式,下文的主体部分都是对这个引言的展开。

主体部分常用的结构方式有三种:四项分层式、条文并列式及阶段展开式。其中,阶段展开式适用于周期长、阶段性明显的工作,按照时间或事物发展的顺利,分期总结各阶段的工作特点,使用的范围不广。四项分层式是最常见写法,包括工作情况介绍,做法、成绩与经验,存在的问题与教训,设想及努力方向四个方面。例如下面一份总结采用的就是四项分层式,一、二、三部分都是情况介绍,第四部分介绍成绩及经验,第五部分阐述问题及建议。第六部分新一年的工作设想。

国家粮食局组织实施的国家科技成果重点推广计划项目2004年度工作总结

一、项目总体进展情况概述(略)
二、主要开展的工作及执行情况(略)
三、经费使用情况(略)
四、主要取得的成效(略)
五、面临的问题及相关建议(略)
六、2005年度工作安排(略)

条文并列式是经验性总结常用的方式,对取得的宝贵经验分条进行陈述,构成并列结构,使人一目了然。这种结构也可以用于一般性的总结,按照工作项目分条,在介绍该项工作情况的同时,引出经验教训。下例是一则并列式经验总结的结构,分别从五个方面阐述了2009年依法治省的成果和经验:

广东省2009年依法治省工作总结

(引言略)
一、依法治省工作机制不断健全
(一)各级党委进一步加强领导。(略)
(二)各级人大常委会充分发挥主导作用(略)
(三)各级"一府两院"充分履行执法主体责任。(略)
二、法治环境建设取得新突破
(一)为实施《珠江三角洲地区改革发展规划纲要》提供法律支撑和创造良好法治环境。(略)
……
(四)着力解决农村民主法治建设突出问题。(略)
三、依法治省工作规范化制度化建设开局良好
(一)全面启动法治市县创建活动。(略)
(二)着手制定法治评价指标体系。(略)
四、法治文化建设顺利推进
(一)构建法治广东宣传教育大格局。(略)

（二）稳步推进普法工作。（略）
......
五、依法治省工作机构、队伍建设得到加强
（一）依法治省工作机构得到巩固，作用进一步发挥。（略）
（二）加强依法治省工作队伍培训。（略）

下面是民盟北京市委组织部工作总结的节选。例文以实事求是的态度，可靠的数据材料和大量的工作实绩，总结了民盟北京市委组织部两年来所取得的成绩，同时也坦诚地指出工作中存在的不足。具体可信，有说服力，对将来工作极具参考价值和指导意义。

后备干部队伍建设工作总结

近年来，民盟市委对后备干部队伍建设工作十分重视，把它作为一项经常性的工作常抓不懈，并把组织发展工作与后备干部队伍建设结合起来，通过发现、选拔、培养、推荐等一系列的工作程序，为有发展前途的后备干部人才搭台铺路，创设阶梯，提供施展才华的舞台。经过多年的积累和培养、锻炼，已有相当一部分后备干部人才脱颖而出，在各项盟务工作和参政议政工作的两个舞台上发挥了重要作用。

一、中青年盟员的整体状况

在组织发展工作中，民盟市委注重发展政治素质好、知识层次高、代表性强的中青年知识分子加入到盟组织中来。经过近几年的努力，一批知识层次高、有政治热情的、有活力的、朝气蓬勃的中青年盟员正在成为整个盟员队伍的主体。

目前，民盟市委52岁以下的中青年盟员有2770人，占全市盟员总数的37.5%。其中：36—45岁的盟员有1397人，占中青年盟员总数的50.4%。大学以上学历的盟员有2339人，占中青年盟员总数的84.4%，包括硕士772人，博士330人。具有高级职称的盟员1565人，占中青年盟员总数的56.5%。教育界的盟员有1332人，占中青年盟员总数的48.1%。担任政府部门县处级以上领导职务的盟员有203人。
......

二、后备干部队伍的基本情况
......

经过各区和基层组织的推荐，以及民盟市委在工作中的考察和了解，已初步建立了第一批后备干部队伍人才库。目前，共有后备干部273人，占中青年盟员总数的9.9%。其中：36—45岁的后备干部179人，占后备干部总数的65.6%；大学以上学历的后备干部252人，占后备干部总结的92.3%，包括硕士56人，博士84人；具有高级职称的后备干部193人，占后备干部的70.7%。教育界的后备干部136人，占后备干部总数的49.8%。担任政府部门县处级以上领导职务的后备干部8人。
......

三、后备干部队伍建设工作的主要做法和体会

在后备干部队伍建设工作中，我们注重借鉴以往工作中的成功经验，并进一步强调了工作的规范化、制度化。

在工作的指导思想上，……

在对后备干部的选拔上，……

在工作程序上，……

在后备干部的培养和推荐工作中，……

通过两年来的工作，在现有后备干部人才中，有市、区人大代表7人，全国政协委员1人，市、区政协委员12人，党派中央委员2人，市委委员3人，区委、区工委委员和基层组织负责人109人，有33人参与盟市委专委会工作和各项调研工作，有6人担任各级特约人员工作。

在后备干部队伍建设工作中，我们有以下感想和体会：

1. 要把后备干部队伍建设工作作为党派的日常工作，常抓不懈。……
2. 要把后备干部队伍建设工作贯穿于党派整体工作的始终，抓紧抓好。……
3. 后备干部队伍建设工作要紧密依靠各级基层组织的支持和帮助。……

四、后备干部队伍建设存在的主要问题

1. 后备干部的培养机制不健全，培训方式单一。……
2. 对后备干部队伍的分层、分类管理不明确。……
3. 在后备干部队伍建设工作中，与各级党组织和政府行政部门的沟通、联系不够，主动推荐的意识不强。……

五、加强后备干部队伍建设的对策和思考

……

要采取灵活、多样的，中青年盟员乐于接受的方式加强对后备干部队伍的整体培训，要在工作中主动争取中共党组织及统战部门的支持和帮助，使后备干部的培训工作能够取得实效。

要创造条件使盟的各级组织的后备干部成为各项盟务工作的骨干，积极主动推荐后备干部担任各类社会兼职和各级政府、司法部门的实职工作，为盟内人才提供更多的锻炼机会，能够发挥更大的作用。

各级组织还应定期了解和掌握后备干部在本职工作和盟务工作中发挥作用的情况及工作表现，不断充实、调整、完善后备干部档案，逐步形成完整的后备干部队伍人才库。

民盟北京市委组织部
二〇〇四年十一月十九日

第二节 调查报告

一、概念

调查报告是机关、团体、企事业单位使用频率很高的事务文体。它是在实际调查、研究基础上写出的反映客观真实的书面报告。它是调查与报告的结合体，调查是前提、依据、根本，报告是调查结果的表现形式。有调查可以不写调查报告，没有调查就没有发言权，就没有调查报告。

在实际工作中，调查报告的作用主要体现在三个方面：一是反映真实的社会情况，为领导部门提供科学决策、制定方针、政策的重要依据；二是揭露真相，澄清事实，明辨是非，引导社会健康发展；三是发现新生力量，推动社会前进。社会发展过程中新生力量的出现意味着社会发展拥有新的动力，及早发现并加以推广，能够更快促进社会变革、进步。

调查报告是通用文体，社会各领域都可以使用，其种类也不可计数，划分的标准也各种各样。但从其所发挥的作用而言，只有两种类型：一是反映情况的调查报告，诸如揭示社会群体生存状况的调查报告、反映企业生产、销售情况的调查报告、揭示各类社会事件真相的调查报告等；二是介绍典型的调查报告，如反映制度改革成效的调查报告、推广管理经验的调查报告，宣传新人新事新风貌的调查报告等。这两类报告在写作上，侧重不同，前者常作为决策依据，重心在客观地反映现实，后者常用于管理借鉴重心在于揭示成功经验。

调查报告的写作有两个显著特点。一是明确的针对性：即调查报告都是针对现实问题满足现实需要而写，有着明确的写作目的。就写作过程而言，调查课题的立项、方法的确立、材料的收集、整理、分析、综合以至最后成文，都要紧紧围绕调查目的加以展开。无的放矢，只会徒劳无益。二是客观的真实性：即调查报告必须立足真实的调查、真实的结果，反映真实的情况、问题或经验、规律。切忌先入为主、心怀成见，为了观点寻找材料。正如毛泽东同志在《反对本本主义》一文中所说："一切结论产生于调查情况的末尾，而不是它的先头。"真实性是调查报告的生命，刻意求真是调查报告写作的灵魂。

调查报告的写作分为两个阶段：收集写作材料的调查阶段和分析、运用材料的写作阶段。

二、调查

前期的调查工作是否到位，是调查报告成败的前提。任何调查报告的写作，都要重视这个重要的环节。

首先，要明确调查目的。这里要分清调查的目的和结论之间的区别，在调查之前或之中，所有调查报告的目的都指向真实的调查结论，但目的不是结论，目的只是方向，结论才是终点，只有调查结束，才能确认结论。否则，把结论当成目的，就犯了先入为主的错误。

其次，制订调查方案。包括确定调查对象及范围、调查的具体内容、方式、方法，安排时间和工作进度，预算各项费用等。方案的制订视调查的广度、难度有所不同，简单的调查可以从简，复杂的调查就要精心安排。

再次，展开调查工作。实际调查过程中，选择恰当的调查方法十分关键。常见的调查方法有：问卷法、座谈法、访谈法、观察法、统计法、实验法、普查法、文献调查法、抽样调查法等。在调查过程中，要灵活把握，可以把几种方法结合起来使用。

最后，整理材料。调查到的原始材料可能很多，往往都是分散的、零乱的，不可能全部写进报告，要根据写作需要，运用科学的方法，对资料分类编排，然后去粗取精，选择重要的、典型的材料。

至此，可以着手调查报告的写作了。

三、调查报告的写作

调查报告的写作可以用第一人称写法，也可以用第三人称写法。其基本框架由标题、署名、前言、主体、结尾等五个部分组成。下面我们结合卫生部妇幼保健与社区卫生司2004年的《关于八省（自治区）婴幼儿营养健康状况调查报告》及其他例文，具体谈谈调查报告的写法。

标题的写法有两种，一种是公文式标题，即由调查对象或内容加文种组成。例如：《安徽省2004年小麦质量调查报告》、《关于农村中小学收费问题的调查报告》。另一种是新闻式标题，写法灵活，形式自由，可以采用单标题，如《国有大型企业连年亏损的原因何在？》、《家庭暴力犯罪不容忽视》；也可以采用双标题，如《在欧洲经营足球不轻松——欧足球市场调查报告》、《谁该接受大火的拷问？衡阳特大火灾坍塌事故现场调查报告》等。例文《关于八省（自治区）婴幼儿营养健康状况调查报告》的标题由"调查内容"加"文种"构成，这是政府机关常用形式。

调查报告一律要求署名，可以是机关单位或临时组成的调查小组，也可以是个人。一般署于标题下方，同时注明写作时间。也可以署在文末，如例文《关于八省（自治区）婴幼儿营养健康状况调查报告》。

前言也称引言、导语，通常是针对调查情况的说明。例文中的前言分为两个部分，一是调查目的。先交代调查的起因："安徽阜阳暴发的儿童因食用劣质奶粉导致急性营养不良事件引起各级领导的高度重视。"再写调查目的："为了解不同地区儿童的营养健康状况，摸清现状和存在的主要问题，提出改善儿童营养状况的政策建议"。最后交代开展调查的依据、主体、时间及总体思路。二是调查范围。包括调查的地点、对象及人数。这个前言写得简明扼要，是调查报告惯常的写法。前言部分也可对调查结论加以概括。例如：《安徽省2004年小麦质量调查报告》的前言这样写道：

近期安徽省粮食局组织对阜阳、亳州、宿州、淮北、淮南、蚌埠、滁州、合肥和六安九个小麦主产市今年种植的小麦品种、质量情况进行了调查检测。调查检测结果表明，今年安徽省小麦丰产、丰收、质量好。

这里直接概括调查的结果：今年安徽省小麦丰产、丰收、质量好。紧扣标题，一目了然。此外，前言部分还可以介绍调查对象的概况、阐述调查的意义、提出问题引发读者思考等等，写法多种多样，作者可以根据需要有不同侧重和取舍，甚至不写，直奔主体，不必拘泥于陈规。

主体部分是调查报告的重心。运用调查材料，陈述真实情况，并作客观的分析、总结。这部分的写作的成功与否决定调查成果能否得以体现，也决定文章本身的价值。从行文方式上看，主体部分一般常用以下几种结构：

横向结构，也叫并列式结构。按照事物内在的联系，或问题的不同方面把材料归纳为若干类，分条加以陈述。也可以采用对比的方式，将事物发展作前后左右的对比，这种结构多用于涉及面较广的综合性调查报告。写作时要注意各部分之间彼此独立又相互联系的关系。例文《关于八省（自治区）婴幼儿营养健康状况调查报告》就是采用这种结构。

关于八省（自治区）婴幼儿营养健康状况调查报告

一、调查目的
二、调查范围
（以上为前言部分）
三、调查结果
（一）儿童生长发育情况：……
（二）婴幼儿营养状况：……
（三）婴幼儿的喂养状况：……
（五）儿童断奶情况：……
（四）辅食添加情况：……
（六）劣质奶粉饮用情况：……
（七）儿童保健服务提供情况：……
（以上为主体部分）
建议
（以上为结尾部分）

这个结构中的（一）到（七）项之间是明显的并列关系。但仔细分析便会发现，所有这七项都在中心问题"婴幼儿营养健康状况"的包含范围内，都是为这个共同目标服务的。而通过七项关系儿童营养健康的问题的调查，其结论自然也就十分明了、可信。

纵向结构。按照事物发生、发展的阶段顺序或者按照调查工作的先后顺序，讲述事件的来龙去脉。揭露真相的调查报告常常采用此种写法：例如 1999 年 12 月 16 日《人民日报》发表记者李忠辉的调查报告《暗访北京站前发票非法交易》就是采用这种结构。文章按照调查时间的顺序展开，如下：

1. 12 月 6 日 15 时 30 分，记者扮作旅客在北京站东侧出站口遇到第一个卖发票的人。

2. 离开她往东边走，准备横过马路，又有几个人围了过来（卖发票的）。

3. 记者在过马路前，又碰上四五个卖发票的小伙子（卖发票的）。

4. 过了马路，记者沿路边由东向西而行，在距地铁站口大约 30 米的地方，被一个穿棕色皮衣的男青年拦住（卖发票的）。

5. 在站前丁字路口东北侧靠近围栏的一排座椅上，坐着几个卖发票的男女（卖发票的）。

6. 记者随后又转了几个地方，16 时 10 分从北京站前离开。在这 40 分钟里，碰见了大约 20 名卖发票的不法人员。

采用纵向结构，以事实说话，有助于读者了解事件的过程，能够引起强烈的现场真实感，具有说服力。

块状结构。由三个板块构成：取得的成绩及经验，存在的问题及教训，提出建议或作出总结。这是类似于总结的结构模式，但不是总结，这里的成绩和问题，经验和教训，不是来自于对过去的反思和总结，而是来自于调查，来自于材料。例如：山西省住宅与房地产业现状调查组的《全省住宅与房地产业现状调查报告》就是采用这样的结构。

全省住宅与房地产业现状调查报告
山西省住宅与房地产业现状调查组
（2002 年 3 月 19 日）

前言
一、住宅与房地产业成绩显著
（一）住宅建设稳步发展，居住水平明显提高
（二）产业规模不断壮大，市场秩序日趋规范
……
（五）2001 年全省房地产市场明显活跃
二、存在的主要问题
（一）宏观调控力度不够
（二）投资环境不够宽松
（三）住房二级市场不够活跃
（四）房地产开发企业规模小，产业外向度低

三、政策建议

（一）加快编制并认真实施城市住区规划

（二）建立土地储备制度，垄断土地一级市场

……

（七）加强对住宅与房地产业工作的领导

这种结构常用于政府部门对某项政策的实施效果或某项的工作开展情况进行调查，其优点在于，把成绩和问题分开陈述，直接揭示经验和教训，主题突出，对比分明，层次清楚，有助于执政者快速把握问题的本质。

结尾是调查报告的结论部分，写法多样。可以总结全文内容，深化主题；也可以给出建议，引起关注，敦促问题的解决或供领导参考；还可以提出问题，引人思考，给人以启迪等等。有的调查报告没有专门的结尾，主体部分写完就自然结篇。采用块状结构的调查报告，建议或总结部分实际上就是全篇的结尾。

关于八省（自治区）婴幼儿营养健康状况调查报告

一、调查目的

安徽阜阳暴发的儿童因食用劣质奶粉导致急性营养不良事件引起各级领导的高度重视。为了解不同地区儿童的营养健康状况，摸清现状和存在的主要问题，提出改善儿童营养状况的政策建议，根据部领导指示，卫生部与中国疾病预防控制中心营养与食品安全所共同制定调查实施方案，于2004年8—11月开展了本次调查工作。

本次调查的总体思路是：通过对婴幼儿家长的问卷调查，了解婴幼儿喂养及营养状况；通过对婴幼儿的体格测量，了解婴幼儿的生长发育状况；通过调查各级妇幼保健机构以及儿童保健人员的基本状况，了解提供儿童保健服务情况。

二、调查范围

本次调查选择江苏、山东、黑龙江、河南、湖北、湖南、广西、贵州等8个省、自治区，各选择一个城市和一个农村为调查点。调查对象为0～5岁婴幼儿和家长。同时，每省各抽取10个妇幼保健机构进行儿童保健服务情况调查。

本次共调查婴幼儿17081人，其中城市婴幼儿8438人，农村婴幼儿8643人；男性9300人，占54.4%，女性7781人，占45.6%。

三、调查结果

（一）儿童生长发育情况：各月龄组婴幼儿平均体重高于1995年九市儿童体格发育调查结果，平均身高相差不大。5岁以下婴幼儿的体重、身高在第一年的增长速度最快，以后逐渐减缓。在同月龄组中婴幼儿体重、身高的性别差异较大，均为男童高于女童。在出生后4个月内，城市与农村婴幼儿的生长发育状况无明显差异，4个月后城市婴幼儿的体格发育开始逐渐超过农村婴幼儿。

（二）婴幼儿营养状况：5岁以下婴幼儿低体重率、生长迟缓率、消瘦率分别为7.19%、7.78%和3.27%，低于2002年全国营养调查结果。1～2岁为营养不良高发

期，此时期的低体重率、生长迟缓率、消瘦率分别达到8.91%、9.12%和5.69%。……说明儿童营养改善工作的重点仍然在农村，特别是西部老少边穷地区。

（三）婴幼儿的喂养状况：6个月内婴幼儿母乳喂养、混合喂养、人工喂养的比例分别为64%、30.5%和5.5%。……母乳喂养率在4个月后开始下降，说明对母亲进行继续母乳喂养知识的宣传教育非常重要。

……

（七）儿童保健服务提供情况：本次共调查妇幼保健机构98个，其中城市46个，农村52个。调查发现，省市级妇幼保健机构平均有儿保人员6.19人，区级4.83人，县级3.60人，乡级1.01人。

……

四、建议

本次调查结果表明，我国儿童的生长发育状况有了提高，营养不良发生率逐年降低，母乳喂养率有所回升，儿童辅食添加日趋科学合理。但是，儿童营养不良，在广大农村地区依然存在。要实现《中国儿童发展纲要（2001—2010年）》提出的各项目标任务十分艰巨。当务之急是提高母乳喂养率、降低儿童营养不良发生率、改进婴儿辅食添加方法等。在农村要切实加强儿童保健工作，儿童食品安全不容忽视。建议：

（一）加强对儿童父母营养与喂养知识的健康教育。大多数的儿童营养不良与营养性疾病是由于父母缺乏科学知识引起的，因此应通过各种途径，对儿童父母进行儿童营养与喂养的健康教育与指导。

……

（五）重视和加强儿童保健工作和专业队伍的建设。各级卫生行政部门应定期检查和监督各医疗保健机构开展儿童保健工作情况，特别是将婴幼儿营养列入工作议程，定期进行调查研究与分析，积极开展儿童营养不良的防治，切实改善婴幼儿营养与健康状况。

卫生部妇幼保健与社区卫生司

第三节　简报及其他

一、简报

简报是机关、团体、企事业单位用来汇报工作、反映问题、交流经验的事务文书。一般限于系统内部交流使用，也叫内部参考、工作通讯、情况交流、摘报、动态、快报等等。

简报这个文种产生较晚，其名称起于1955年国务院文件《关于所属各部门工作报告制度的规定》，用于国务院各部门向总理"明白、扼要地报告所掌握的范围内重大问题的处理、工作中的重要情况和经验。"时至今日,简报一直发挥着下情上报的功能,同时也用于上情下达和平级之间沟通信息、交流经验。

简报传递的信息类似于新闻,要求及时、新颖。编写简报要善于发现工作中的新情况、新热点、新动向,迅速及时的编印发送,以供领导掌握新动态。为了尽快传达信息,简报编写还要求文字凝练、表意明确,并尽量做到篇幅短小,一事一报。要注意的是,简报之新是事实之新,不是一味猎新,简报之简,更不是"简而化之"。

简报种类繁多,具体运用时,各单位称谓也有所不同,至今没有统一规范。从报道内容的不同,可以把简报分为:工作简报和会议简报。二者在写作的格式,基本一致,包括报头、报体、报尾三个部分。

报头包含简报名称、简报期号、主编单位、编发时间等要素。保密的简报还要注明密级和编号。具体位置安排,见下面图例。

内部刊物 注意保存		
	简　报 第×期	
××市××局××办公室		2001年×月×日
按语:××××××××××××××××××××××××××××××× ×××××××××××××××××××××××××××× 标　题 ×××××××××××××××××××××××××××× ××××××××××××××××××××××××(正文)		
报:××× 送:××× 发:××		
		共印××份

报体是简报的主体部分。由按语、标题和正文三个部分组成。按语是编者对简报材料的介绍、说明、提示或评论。标题拟定比较自由,可以使用单行标题,也可以用正副双行标题,一般要求准确、简洁、醒目。正文的写作可以采用新闻式的写法,按照导语、主体、结尾的结构模式报道新近发生的情况。也可以采用分条列写的手法,按照对象内在的逻辑关系,分成若干类,分条阐述。采取何种写法、何种结构,对于简报并不重要,只要能准确、简洁、及时地传达信息就好。

下面是全国治理车辆超限超载领导工作小组的一则工作简报,报道了全国各地治理车辆超限超载的做法和情况。

全国治理车辆超限超载工作简报

第（2）期

全国治理车辆超限超载领导工作小组　编　　　　　　　　2004年5月18日

认真贯彻落实全国治超电视电话会议精神治理
车辆超限超载各项准备工作迅速在全国展开

　　5月11日，全国治理车辆超限超载工作电视电话会议后，各省（市、区）交通主管部门高度重视，立即根据电视电话会议精神和国家七部委制定的《实施方案》对各地治超工作进行了统一调整和统一部署，并结合各地实际，提出了贯彻落实的具体措施和意见。截至目前，全国治超办共收到27个省（市、区）交通主管部门报来了工作计划和《实施方案》，其他省（市、区）也正在抓紧落实、部署。其主要做法：

　　一、领导高度重视。电视电话会议后，新疆、广东等许多省（市、区）交通厅（局、委）当天下午就召开了厅（局）长办公会，并立即向当地省（市、区）政府部门的分管领导进行了汇报，受到当地政府主管领导的高度重视。……

　　二、成立治超领导小组。截至目前，全国已有27省（市、区）成立了治理超限超载工作领导小组。其中北京……

　　……

　　六、对其他工作进行积极研究、探索和推广。如山东加快了计重收费制度的实施步伐，计划6月10日在全省4个收费站实施，10月1日在全省高速公路推广。各省（市、区）普遍建立健全了应急预案机制，妥善处理突发事件。注重研究和完善运输市场的准入、退出和监管机制等等。

　　北京：召开治超工作会议积极落实全国治超工作精神……
　　山东：从五方面落实全国治超电视电话会议精神……
　　湖北：采取切实措施认真贯彻落实全国治超工作会议精神……
　　广东：将出台治超工作具体实施方案……

抄送：国务院办公厅、交通部、公安部、国家发改委、国家质检总局、国家工商总局、国务院法制办、国家安监，局各省、自治区、直辖市和计划单列市人民政府，新疆生产建设兵团，各省、自治区、直辖市交通厅（局、委），天津市政工程局，上海市政工程管理局，新疆生产建设兵团交通局

审批：×××　　核稿：×××　　编校：×××　　　（共印100份）

二、启事

　　启事是机关团体、企事业单位或个人向社会公众公开告知某种事项，并希望获得给

予支持或协助办理的事务文体。一般内容短小，一事一文。常见的有告知类启事，如：开业、更名、庆典、迁址、鸣谢等；征招类启事：征稿、征订、征婚、招聘、招领、招商等；寻找类启事：寻人、寻物等。各类启事的写作结构基本相同，包括标题、正文、落款三个部分。标题一般由"内容加文种"构成，如：《招聘启事》、《征集校歌歌词启事》、《××超市开业启事》等。也可以直接由内容或启事单独构成标题，如《寻找钥匙》、《征稿》或《启事》。正文写作根据内容而定，简单的启事往往篇段合一，直接告知说明事项。涉及内容较多，则可从启事缘由、事项和结语三个方面去写。落款应写明发文的单位名称、时间。因启事不仅仅是告知情况，还希望告知对象参与或给予支持，所以正文中或落款处还应留下详细的联系方式。

安全生产理念用语征集启事

为进一步推动安全文化建设，繁荣安全文化事业，传播先进的安全生产理念，大力宣传党和国家有关安全生产的方针、政策，提高人们的安全意识，营造"关爱生命、关注安全"的舆论氛围和社会风尚，充分发挥每一个公民关注安全、参与安全、享受安全的积极性和创造性，为全面建设小康社会贡献力量。按照"全国安全生产月"活动组委会批准的2005年"全国安全生产月"活动安排，全国安全生产月活动办公室决定开展安全生产理念用语征集活动。为动员社会各界积极参与这次活动，对征集的安全生产理念用语进行评奖，并对获奖作品汇编出版。

一、组织机构

"全国安全生产月"活动办公室。

二、内容要求

1. 征集内容为有关安全生产方面的标语、口号、警句、谚语、格言、座右铭等，包括新创作的原创作品和收集历年来的作品。

2. 应征作品需围绕"遵章守法、关爱生命"这一主题，立意新颖、语言凝练、寓意深刻、易于传播。

三、时间安排

5月份开始征集，7月底截稿，8月底评奖，10月底出版优秀作品集。

四、奖励及评奖办法

1. 奖励：本次征集活动设一、二、三等奖和优秀奖，……

2. 评奖办法：……

五、投稿方式

1. 有关征稿活动背景资料可以在国家安全生产监督管理总局政府网站（www.chinasafety.gov.cn）上查阅。

2. 征稿一律挂号邮寄，请在每一条作品后注明"收集作品"或"原创作品"，否则按收集作品计算积分。投稿人须在应征作品上写清真实姓名、联系地址、电话等，并在信封上注明"安全生产理念用语征集"字样。

3. 征稿截止日期：2005年7月31日（以寄出地邮戳日期为准）。
4. 邮寄地址：……邮编：……联系人：……电话/传真：……

全国安全生产月活动办公室
二〇〇五年五月十六日

三、声明

声明是国家政府、党派、机关、团体、单位或个人就某一事项或问题公开表明态度、立场、观点或说明真相的事务文体。如用于阐述政府主张的外交声明、会谈声明，用于企事业单位的澄清真相声明、致歉声明等，还有用于个人的遗失声明等等。不管是哪一类声明，表明立场、态度、观点是其根本目的，因此，声明写作往往旗帜鲜明、语气坚定，严肃庄重。

声明的结构包括标题、正文、落款。标题一般采用"单位名称加声明"的形式。如《中华人民共和国外交部声明》、《中美联合声明》。也可以由"单位名称加事由加声明"构成。如《××公司关于商标使用权的声明》。有的声明只用文种作为标题，如《声明》、《郑重声明》。声明正文首先要写明缘由、事实的经过、是非真相，然后明确表明自己的立场、态度、观点。

中华人民共和国外交部声明

2010年9月7日，日方在钓鱼岛海域非法抓扣中国15名渔民和渔船，并将船长扣押至9月24日。对这一严重侵犯中国领土主权和中国公民人权的行径，中国政府表示强烈抗议。

钓鱼岛及其附属岛屿自古以来就是中国的固有领土，中国对此拥有无可争辩的主权。日方对中国渔民渔船的扣押、调查以及任何形式的司法举措都是非法和无效的。日方必须就此次事件向中方作出道歉和赔偿。

中日两国互为近邻，坚持发展战略互惠关系的方向，符合两国人民的根本利益。双方应通过对话协商解决中日关系中的问题，维护两国关系大局。中方的这一立场没有也不会改变。

二〇一〇年九月二十五日

人民日报社声明

近来，网络上不时有人冒用人民日报之名，发表言论，混淆视听。人民日报社在此郑重声明，任何单位和个人，均不得冒用人民日报之名。如有冒用，本报将依法追究责任。

人民日报社

小结：机关、团体、企事业单位的日常工作都要大量使用到事务文书的各种文体，本章主要介绍使用频率最高的几种文体的写作，包括计划、总结、调查报告、简报、启事、声明等。事务文体没有固定的写作模式，但通常有惯用的体式结构，我们应该在把握基本规律的前提下，积极思考、探索每种文体多种写法。例如，计划的惯用的结构是：标题—引言—主体（目标或任务—措施与步骤—执行要求）—结尾—落款。但具体到不同计划，如纲要、规划、方案、要点等就会有不同的写法。这就需要我们能够把握原则，举一反三。

【思考与训练】

1. 调查报告常用的结构主要有横向结构、纵向结构、块状结构，请问除此之外还有其他结构方式吗？请举例说明。

2. 请指出下面这则计划存在的问题，并改正。

×××公司2011年安全生产计划

本公司注册于2001年，全球领先的专业显示设备提供商之一，为消费者提供电脑显示器、液晶电视、公共显示等视讯类产品。公司产品远销欧洲、亚太、北美以及非洲、中东地区在内的全球主要国家和地区，取得了可喜的成果。如今我公司正以崭新的形象，以创新为动力，以市场为导向，以专注、专业和专精的态度来经营视讯设备产品，并将持续地致力于社会公益事业，以及善尽社会责任，借以回馈社会，从而实现旗下品牌的永恒发展。

为了为了规范安全生产工作，提高服务区员工的安全素质，带动整个公司安全生产管理的提升，降低或避免生产性意外伤害事故的发生。切实搞好安全生产培训教育工作，特制定2011年安全生产培训计划。

一、培训内容

1. 基本知识：安全生产的概念、方针，安全生产的法律法规依据，《安全生产管理办法》、《安全管理员工作标准》、《安全生产管理规定》、《消防安全管理制度》《企业安全文化建设方案》以及企业安全生产标语等等。

2. 专业知识：各项应急预案，对应特种作业人员专业知识、安全达标规范等专业知识和操作技能。

二、培训步骤

1. 一月：安全生产的法律法规依据……
2. 二月：安全生产管理制度……
3. 四月：消防安全学习制度……
4. 五月：消防安全应急预案……
5. 七月：食品安全知识及应急预案。……
6. 八月：员工在安全生产中的权利与义务……

7. 十月:"黄金周"期间安全生产应急预案……
8. 十一月:冬季锅炉技能及防火培训……

三、培训目标

过去一年里,公司发生了几起安全事故,险些酿成重大灾难,给公司造成了不可预估的损失,今年我们将加强安全生产管理,全体工作人员安全培训率必须达到100%,未经培训的工作人员一律不得上岗,领导也不例外。

3. 下面是某医院的2011年的工作总结的结构,请指出存在的问题。

××县人民医院二〇一一年半年工作总结

导言
一、基本情况介绍
二、工作开展情况
(一)医疗业务和经济指标完成情况
(二)抓思想政治教育,营造良好政治氛围
(三)加强医院行风建设,树立良好社会形象
(四)积极推行院务公开工作,取得明显成效
(五)抓好医疗质量规范化管理,促进医疗业务发展
(六)强化管理,抓好抗病毒治疗及中医药治疗艾滋病工作
(七)精心组织协调,做好传染病防治工作
(八)积极实施国家基本药物制度,切实降低药品价格
(九)认真开展农合工作,为参合患者服务
(十)加快人才培养步伐,更新医疗设备,开展新技术
(十一)着力解决群众"看病难"问题
(十二)整体搬迁项目前期工作情况
(十三)认真开展岗位设置工作,完成全员岗位聘用
(十四)积极参加及组织各种活动,丰富职工文化生活
三、下一步工作计划

二〇一一年六月三十日

4. 有计划的学习并阶段性总结学习的经验和教训,是有效学习的重要保证。在过去的学习生活中,你制定过学习计划吗?你做过阶段性的学习总结吗?在参加本次自学考试之前,请你为自己的这一阶段的学习,制定一份学习计划,并对过去一阶段的学习做一份总结。

5. 请根据下列材料,写一份简报(写出简报主体部分即可,报头、报尾略去)。

7月10日,孝感市孝昌县丰山镇长春村,由青年农民程志初捐款30万元兴建的一条水泥公路,正式建成通车,全村2000多村民敲锣打鼓庆祝。他们的农产品可以直运

孝感市区、省城武汉，再也不用为运输犯愁了。

捐款的程志初1986年初中毕业后，就离开长春村老家，外出哈尔滨、宜昌等地建筑工地打工。由于丰山镇属贫困山区，落后的交通条件是制约该镇经济发展的瓶颈，也是当地乡亲的一块心病。程志初当时就立下誓言："等我赚钱了，一定要把村里的道路修通。"

在哈尔滨建筑工地，他从抹灰、粉墙开始，逐步搞起了单项承包，慢慢地做起项目来。1989年，他到北京发展，通过自己的努力，于2002年成立了一家房地产公司，打工农民当上了老板。2004年底，听到家乡人说起国家扶持乡村路网建设的优惠政策，程志初觉得是报效家乡的机会。要修通长春村至丰山镇的水泥公路，需资金40多万元，国家和县里只能补15万，资金缺口30万元。2005年5月8日，程赶回老家，给了村里15万元，5月22日又从北京汇15万元给村里。该路从5月9日开工，到7月10日竣工，并经县交通局验收合格。

程志初一个人捐款30万元修路的事一下子传遍全镇和全县。目前，丰山镇23个行政村共有50多个在外打工的农民向家乡捐款80多万元修路，已有15个村修了村级水泥公路。

（摘自2005年7月13日《楚天都市报》）

6. 某同学在打完篮球后，不慎将帆布书包遗忘在球场边，回去寻找时，书包已不见踪影。书包里有《力学》教材一套，《大学英语》一本，另外，学生证也放里面。

（1）请代该同学写一则寻物启事。

（2）该同学学生证遗失以后，需补办新证，按照学校要求，必须在校报或其他公开发行的报刊上登载遗失声明，才予以补办，请代该同学写一则遗失声明。

7. 对你所在的学校或工作单位进行调查，写一篇反映固定群体的文学阅读情况的调查报告。

第二十一章　新闻文体举要

学习提示：这一章我们主要学习新闻文体中的消息和通讯的写作。首先应该了解消息的特点和分类，这是写作消息的前提。但具体写作技能的形成及写作能力的提高，还需要进行反复的训练。通讯写作也应该先了解通讯概念的内涵和特点，重点把握最常见的人物通讯和事件通讯的写法。通讯写作中文学手法的运用尤其值得关注。本章在介绍两种文体的写作模式和方法时，列举了大量的例文，学习时如果能够通过互联网或其他途径查阅全文，将会事半功倍。

第一节　消　　息

一、消息概述

消息是迅速、简要地报道新近发生事件的新闻文体。它是报纸、广播、电视及新兴的网络媒体最常用、最主要的一种体裁，是新闻报道的主角。另外，消息也是最基本的新闻文体，是通讯、新闻评论、深度报道等文体产生与发展的基础。

与其他新闻文体相比，消息写作更突出新、快、短的特点。"新"是新鲜。一是指时间上最新发生的事件或最新发现的过去事件。例如，美军在越战中制造的"美莱村大屠杀"是在事件发生后一年半才报道出来，但仍然是新鲜的，报道一出，即刻引起全世界的反响。二是指采用新的视角看问题。同类事件可能会反复发生，如果反复报道也就失去了新鲜性，但转换视角，往往能在司空见惯的事件背后发掘出新的认识、新的价值，例如温州电台记者采制的消息《智广人为何难圆军旅梦》就是巧妙选取视角的佳作。消息从智广村人无法参军切入，引出了环境污染造成智广村民身体健康遭到严重损害的事实。本来是环境污染的老话题，因为切入角度新颖，再次引发深刻的反思。

"快"是消息的生命，没有速度就没有消息。传播越快、越及时的消息，其价值与作用也就越大。正如人们常说的那样："今天的消息是金子，昨天的消息是银子，前天的消息是垃圾。"例如在1984年的第23届奥运会上，射击选手许海峰夺得该届奥运会第一块金牌后，新华社用英文最早发出了获奖消息，比世界最知名的通讯社路透社、美联社分别快15分钟和20分钟，这是新华社在世界新闻竞赛中的一次了不起的壮举。而这则名为《我国选手获得奥运会第一块金牌》也荣获了1984年全国好新闻特等奖。

"短"指的是消息写作的篇幅精短。只有短，才能达到"快"的效果，才能不断地传递新的信息。同时，在信息化社会的快节奏中，人们希望在最短时间内获得更多的信息量，这也决定了消息写作要缩短篇幅，增加容量。当然，短不是绝对的，应着眼于语言叙述的精练和结构安排的精当，追求短小精悍的效果。不能因为求短丧失了消息的明确性、真实性。

消息的类型划分有多种标准，常见的划分有：

按照篇幅长短划分，有一句话新闻、简讯（200字以内）、短消息（500字以内）、长消息（1000字以内）等。

按照消息的载体不同划分，有报纸消息、广播消息、电视消息、网络消息等。

按照写作的角度不同划分，有动态消息、人物消息、综合消息、经验消息（典型报道）、述评消息等。这是我国新闻界比较通行的分类方法，下面分别介绍。

动态消息是对新近发生事件及其发展变化进程的报道。强调时间性，多是一事一报，篇幅短小。例如报纸上的"简明新闻"、"要闻简报"、"体育简讯"及电视广播中的"简讯"等都属于此类别。

人物消息是对新闻人物的活动、事迹或成就的报道。它通常选择具有典型性的事件或场景来展示人物的时代精神面貌，具有较强故事性和感染力。例如新华社1989年的一篇人物消息《中国人的骄傲——"杂交水稻之父"袁隆平》就是通过袁隆平生活工作中几个典型事例，表现他无私奉献的爱国之情。

综合消息是围绕一个中心，综合报道一定时间、空间范围内的若干同类或近似事件的新闻。它不拘于固定的时间或地点，也不限于固定的一个人、一件事，而是着眼于全局，注重点与面的结合，既要占有丰富的材料，又要选取典型的事件，并进行事实分析，有一定的深度。

经验消息也叫典型报道，它是对具有典型意义的地方、单位或个人事迹的针对性报道。在报道事实的同时，经验消息还要从中引出规律并得出结论。

述评消息采用夹叙夹议的方法对新闻事件展开报道。兼有叙述事实和发表评论两种功能，常以叙述为主，融评论于叙述之中，但最终以评述的方式引出或揭示消息的意义及价值。

西方新闻界对新闻的划分方法，也值得我们思考。例如，按照新闻反映的事件性质不同，分为事件性新闻和非事件性消息。前者是对新近发生事件的报道，强调时间性，后者是对一段时间内或不同空间里发生的诸多事实、情况的综合反映。前者类似于动态消息、现场特写性的消息。后者类似于综合消息、经验消息、述评消息等。此外，还有硬新闻、软新闻之分。硬新闻通常指那些写法严肃、题材重大的事件性新闻，例如关于重大事故、战争、灾难的报道。软新闻强调娱乐，通常指那些不太重要又生动有趣的新闻，常常采用文学性的手法，风格轻松活泼，富有吸引力。

二、消息的基本构成

一则消息通常由标题、导语、主体、结尾及必要的背景构成。标题、导语、主体、结尾是消息结构的常项，背景则不同，根据消息写作的实际需要，它可有可无，可多可少。

1. 标题的写作

"好题一半文",标题是消息的眼睛,是展示消息内涵、吸引读者的第一道风景。读者的阅读都是从标题开始,一个平淡无奇的标题,很可能让读者轻易地就错过了这条消息。

从标题结构看,消息的标题分为单一型标题和复合型标题。单一型标题通常只有一行,只有正题,没有辅题,如:《肯尼迪遇刺》、《法警背起生病被告》等。有时候,单一型标题会有两行,但两行之间表达的是承接或并列关系。例如:《长街无处不飞花 万紫千红扮京华》。一行标题过长,也会拆分为两行,例如:

纪念中美上海公报发表
二十五周年座谈会在京举行

在第七届世界杯体操大赛中
谁是"最紧张的观众?"

复合型题由正题和辅题构成。正题是主标题,独立、完整,揭示标题中最重要的内容。辅题包括引题、副题。引题又叫肩题、眉题,位于正题之上,起到对正题揭示、说明、引导的作用。副题又称子题、下辅题,居于正题之下,对主题起补充、解释、印证的作用。

例1:　　　　　治病?骗钱?————————————正题
　　　　——发生在哈传染病医院的怪事————————副题

例2　　　　发挥示范作用,加快城乡联动————————引题
　　　　　　扎实推进我市社区建设——————————正题

例3　　　　中共十六届五中全会昨在京闭幕————————引题
　　　　　　全会通过"十一五"规划建议——————————正题
　　　会议由中央政治局主持,胡锦涛总书记作重要讲话————副题

消息标题的拟定要做到精练准确,生动醒目。精练,能以最少的文字表述丰富的内涵;准确,能够无误地传达消息的内容;生动,能够使读者产生兴趣;醒目,能够吸引更多的关注。总而言之,就是要有"个性"。

2. 导语的写作

中国古代写文章有"凤头、猪肚、豹尾"之说,"凤头"就是能够令人读后立刻产生兴趣、欲罢不能的开头。消息的导语就相当于"凤头",很多资深记者在导语的写作上无不煞费苦心,反复推敲。有一种比较流行的说法是:如果记者不能在导语中表现出水平,他就是没水平。可见导语写作的重要性。

导语即消息的开头部分,以简练的文字引导阅读、引起兴趣或引发关注,通常是消息开头的第一句话或第一段话。导语写作最初要求新闻六要素齐全,称之为"全型导语",具有很强的概括性,阅读导语就能知道消息基本内容,但写作处理不好,往往会

造成冗长、枯燥、不分轻重主次的弊病，于是导语写作又发生了变革，出现了第二代导语，即"部分要素式"导语。这种导语只写最具概括力、感染力的部分要素，简洁明了，也可以写得更新颖。至今，这种写法还比较普遍。但随着时代发展，导语新的写法还在不断翻新，已有第三代、第四代导语之说。总体看来，导语写作呈现突破固定模式的趋势，其重心由提炼内容逐渐转向了吸引读者。因此，"读者的接受"已成为当前导语的写作必须面对的问题。

导语写作有多种方法，常用的有以下几种：

叙述式，也叫概述式、摘要式。采用叙述的方法，简要地把消息中最具新闻价值的事实或思想，直接表述出来。如《14名下岗工竞得道路保洁权》的导语：

本报青岛讯（记者于晓波毕华德） 3月24日上午，随着青岛市教师之家礼堂中一声声清脆的拍卖槌声，青岛市市南区14条道路保洁权被下岗职工和失业人员在竞标中夺走。这是青岛市首次用拍卖形式对环卫岗位招标。

——1998年3月30日《大众日报》）

描写式。以生动具体的描写入手，通过新闻事实的某个最具特色的侧面或场景，造成身临其境的效果。如新华社的一则人物消息《万米红霞》的开头：

新华社南京（1996年）5月7日电（记者杨明） 身穿红衣、红裤的王军霞依然没有抖开神秘的面纱。这位被誉为"东方神鹿"的姑娘不动声色地站在跑道上。

评论式。在概述新闻事实的同时，对人物或事件展开评论，揭示新闻的价值或意义。如第10届中国新闻奖一等奖消息作品《"天体大十字"预言宣告破产》的导语：

新华社北京1999年8月18日电 世界各地的天文学家证实，8月18日没有发生特殊的天文现象，更没有发生地球毁灭这样的大劫难。世界各地的人们像往常那样度过了平静的一天，"天体大十字"这一"末世论"预言宣告破产。

设问式。以问题的形式，激发读者的好奇与兴趣，然后通过事实的陈述逐渐揭示答案。例如《寻找"血肉"钢板的下落》的导语：

4月18日，清河特殊钢公司。32名工人的生命在瞬间被钢水吞噬，酿成中国钢铁史上最惨痛的事故。在事情尘埃落定后，这块特殊的钢板去向了何方？

——2007年5月24日《南方周末》

引语式。通过引用消息人物的话语或权威性的评论点明题旨，或以俗语、警句、名言的形式引出新闻事实。例如《"院士崇拜"不可过度》的导语：

"也许只是投票时的一票之差，院士与非院士的境遇从此就有了天壤之别。"昨天，聚焦"自主创新"的院士圆桌会议，席间插出一段题外话。中国科协主席、中科院院士周光召甚至当场提议，希望在座的13位院士就现行院士制度联名在明年的两院院士大会上提出改革倡议。

——2005 年 11 月 16 日《文汇报》

导语写作的方法远远不止上述的几种，在实际写作中，作者可以根据对象的不同，灵活运用。不管使用那一种方法，其宗旨不外两个，提炼消息主要事实和引发读者的兴趣。

3. 主体的写作

承接着导语，具体陈述新闻事实的部分，便是消息的主体。根据消息导语揭示内容的情况不同，主体部分或者对导语提到的事实进行阐述和深化，或者补充导语中未涉及的要素，但应力避主体复述导语的问题出现。主体要将消息内容完全展开，并以"用事实说话"的方式揭示新闻的主题。

主体展开的方式主要有以下三种：

第一，按照事物发生、发展的时间先后顺序安排材料，清晰地揭示新闻事实的过程。例如新华社的获奖消息《夏收何必搞仪式，小麦未熟遭剃头》主体展开，有明显的时间顺序："上午 10 时 40 分，仪式开始，……30 分钟后，参加仪式的人们陆续离开……11 时 40 分左右，最后一台收割机也轰响着离开了这块未到收获期的麦田。"

第二，按照事物内在的联系或问题的逻辑关系安排材料，着重揭示新闻事实的本质和意义。新华社的英文稿《火车首次跨越"世界屋脊"》就是按照问题内在的逻辑，从三个方面展开主体，分别揭示了首趟进藏旅客列车开通的三大意义：A dream comes true（梦想成真）、Rewriting history（重写历史）、More than an economic boom（不仅是经济繁荣）。

第三，按照新闻内容的重要程度或读者的关心程度先主后次的安排材料。这种写法在倒金字塔结构的消息中经常使用，便于满足读者了解新闻事件进展的迫切心理。可参见后面例文《东京宣布无条件投降》。

此外，还有将一、二两种方式相结合的方式。主要用于内容复杂的经验消息、综合消息。

主体展开的方式要根据实际写作的需要，因情立体，不必拘泥于常见的范式，作者可以发挥才能，自主创新。

4. 结尾的写作

消息的结尾就是消息的最后一段或最后一句。有的结尾有明显的结构标志，如篇末点题、总结上文、呼应开头、补充说明、展示预告、启人深思等等，而有的结尾则以主体阐述或背景交代的结束为结尾，没有结构上的标志，可谓自然结篇。这样的结尾通常具有双重意味。例如这则《莫斯科出现手纸荒》的结尾：

（合众国际社 1 月 31 日电） 莫斯科居民又碰上了另一种短缺：没有一个地方可找到厕纸。

一名恼怒的莫斯科人星期二说："我们就是到处找不到。店主人只说出现短缺。"

存有厕纸的寥寥可数的商店,挤满人群。

有人说:"有人暂时裁用纸台布或尿片充当厕纸,但这些东西现在也用完了。"

一年多来行之有效的办法,是裁用苏联《真理报》。

——1980年2月4日《参考消息》

例文最后一句与前一段纸台布和尿片"用完了"紧密衔接的同时,以"裁用苏联《真理报》"暗中展开深刻的历史追问。它既是主体的有机部分,又是意味深长的结尾,设计极为巧妙。

消息结尾写作方式多种多样,不管有没有结构标志,其写作都应精心构思,不能草率收尾,也不能画蛇添足,既要完整结篇,也要给人回味。

5. 消息背景

消息写作中通常都要交代一些与新闻事实有密切联系的背景资料。包括新闻事实的历史环境、客观条件、社会局势、人物简历、数据资料等等。相对于新闻的主要事实而言,背景是一种辅助性的材料。从结构形式上看,背景不属于必要的结构要素,有的消息并不交代背景材料。

背景材料运用得好,有利于突出、烘托、深化主题,提高消息的价值和现实意义,增强消息的可读性。毛泽东撰写的消息《中原我军占领南阳》就是一篇善用背景的经典之作。

南阳为古宛县,三国时曹操与张绣曾于此城发生争夺战。后汉光武帝刘秀,曾于此地起兵,发动反对王莽王朝的战争,创立了后汉王朝。民间所传二十八宿,即刘秀的二十八个主要干部,多是出生于南阳一带。

首先,这段背景材料介绍了南阳的史实和传说,有知识性、趣味性。其次,通过史实和传说生动地揭示了南阳的军事价值,从而突出我军占领南阳的战略意义及取得的战略优势。最后,刘秀起兵创立后汉,预示了我军胜利的前景。这则消息诚可谓运用背景的典范。

消息背景的使用,可以穿插在主体展开的过程中,也可以运用在导语或结尾中,没有固定的结构安排。有的新闻事实简单明了,就不必再介绍背景。

三、消息的常用结构

消息的结构形式很多,常用的结构形式有三种:

1. 倒金字塔结构

倒金字塔结构是消息的最常见的结构。它以新闻事实的重要性递减为顺序进行安排结构,把最重要、最引人注目的信息放在导语中叙述,然后按照重要、次重要、次要的顺序展开,顶大底小,头重脚轻,形成倒金字塔的形式。

倒金字塔结构能够满足读者快速获取重要信息的心理,很受读者欢迎。也便于记者快速写作,经常用于动态消息的报道。但倒金字塔结构写作有一个重要前提很不易把握，那就是要对新闻事实的主次轻重做出正确判断，一旦判断失误，就会弄巧成拙。此外，这种结构在写作非事件性新闻及故事性较强的新闻时，就失去了优势。

下面例文是一篇典型的倒金字塔结构的消息：

东京宣布无条件投降
盟军接受日本投降
麦克阿瑟任驻日盟军总司令

（美联社 1945 年 8 月 14 日电）日本投降了！

杜鲁门总统今晚 7 时宣布，日本已无条件投降，造成历史上空前巨大破坏的战争随之结束。盟国陆、海军已停止攻势。

总统说，日本是遵照 7 月 26 日三强致日本的最后通牒所规定的条款无条件投降的。这项最后通牒，是三强柏林会议期间发出的。

八天以前，日本遭到有史以来第一枚原子弹——一种威力最大的炸弹——的轰炸；两天以前，俄国宣布对日作战。在这种情况下，日本被迫于本星期五宣布接受最后通牒中包括的全部条款，但要求继续保留天皇制。

次日，美、英、苏、中四国对此作出答复，声称如天皇接受盟军最高司令部的命令，则可以继续在位。

杜鲁门总统今天还宣布，道格拉斯·麦克阿瑟将军已被任命为占领日本盟军武装部队总司令。

杜鲁门总统说："现在正在作出安排，以便尽早举行接受日本投降的正式签字仪式。"

他说，英国、俄国和"中华民国"也将派出高级将领，代表各自的国家在受降书上签字。

这则消息的导语以一句"日本投降了"，交代最重要的新闻事实，构成倒金字塔的顶部。二、三、四段对导语中的事实加以阐述，五、六、七、八段对导语作补充交代。按照"重要—次要"的顺序构成了完整的倒金字塔结构。

2. 金字塔结构

与倒金字塔结构正好相反，作者按照事件发生、发展的时间顺序或逻辑顺序进行材料的组织安排。这种结构的通常适用于故事性较强的新闻事件。而采用这种结构的消息，在导语写作上一般采用引发读者兴趣的方式。

经济学家赶集

本报讯 3 月 4 日下午，经济学家薛暮桥到北京北太平庄农副产品市场赶集。

这位 75 岁高龄的老人，兴致勃勃地挤进人群，东瞧西看，问这问那。见到卖鲜鱼的，便问是怎么运进城里来的。有几个顾客正和卖主讨价还价，最后达成协议：一元二角一斤。薛暮桥同志高兴地说："好，我也买一条。"卖鱼的拣了一条又大又肥的活胖头鱼，一称，5斤重。薛暮桥一边付钱，一边说："看来还是两个市场好。"买完鱼，又买了一条擀面杖。这时，一个老头在叫卖挖耳勺。他赶忙过去花3分钱买下一个，说："我很早就想买这么个小东西，总买不着，今天算是盼着了。"

赶完集，来到市场管理所。薛暮桥对管理所同志说："这样的市场多开辟几个，分散一些就更方便了，是不是可以让那些较富裕的社队自己投资建市场呢？"管理所同志说，也有个别人搞投机倒把。他说："我看要进行教育，做到公买公卖。我们以国营市场为主，农贸市场作为补充，提倡社队集体卖货，也保留少数商贩。"

——1980年4月25日《市场报》

这则消息写于经济体制改革初期，全国城乡刚刚开始恢复集市贸易，中国"市场经济拓荒者"、著名经济学家薛暮桥亲自来到集市，提出"保留少数商贩"（发展个体经济）的建议。消息从经济学家薛暮桥赶集写起，到赶完集结束，完全按照事件发生的先后顺序展开，截取了老人购物的细节，有很强的现场感。通过老人的看、问、买、说过程的描述，也揭示了发展个体经济的必要性。

（3）悬念式结构

金字塔结构和倒金字塔结构相结合的一种结构方式。采用倒金字塔结构的开头造成具有悬念的开头，再以金字塔结构形式安排消息主体部分的展开。既能立刻吸引读者的关注，又能保持读者了解事件发展过程的兴趣。

夏收何必搞仪式，小麦未熟遭剃头

新华社西安1997年5月30日电（记者张伯达、韩晓晖）几十亩尚未成熟的小麦，昨日在陕西省农机局主办的一个"小麦机械化'东进西征'收获活动开机仪式"上被数台联合收割机"收获"。当地一些干部群众对这种形式主义造成的损失惋惜不已。

在关中东部大荔县朝邑农场一片上万亩的麦田里，12台大型联合收割机参加了这一颇具规模的仪式。上午10时40分，仪式开始，应邀而来的各级领导讲话、剪彩后，一台台收割机驶入麦田开始收割。

30分钟后，参加仪式的人们陆续离开。这时，记者意外地看到3台尚未进地的收割机掉头离去，4台在麦田中间的收割机向回转向，5台收割了有400米左右的收割机也边收边返。

在"龙口夺粮"的"三夏"，为何不一鼓作气持续收割？农场一位负责人告诉我们："这儿的小麦还要三四天才能完全成熟，现在收割有点可惜。省农机局5月26号就派人来打前站，为了应付这个会，我们场140多名干部职工整整准备了3天，兄弟农场支援了5台收割机，向外单位借了6位礼仪小姐。从早晨7点，我们等了3个多小时。"旁边一位戴着眼镜的干部也插话说："今天割的五六十亩麦，因未成熟和湿度太大导致脱粒不净，要影响产量。"据了解，朝邑农场今年庄稼长势喜人，亩产可比去年增产30多公斤，但这样一折腾，增产就要受到影响。

隆隆的机声中，一台台返回的收割机向3台卡车"吐"出"一口口"泛青的麦粒。

一台收割机因麦粒太湿发黏而发生"肠梗阻",3个工人顶着烈日,为此忙乎了半天。一位在农场干了30多年的老师傅指着快装满的卡车对记者说:"唉!麦子熟了才能割嘛,何必要搞什么'仪式'?这样的麦子不光减产,还要费更大的功夫去晒晾。"

11时40分左右,最后一台收割机也轰响着离开了这块未到收获期的麦田。

这则消息一开始便交代"未成熟的小麦"被"收获"的奇怪现象,既揭示了主要的新闻事实,又通过事件自身存在的矛盾性造成了悬念。接下来,按照时间顺序,生动地阐述了事件发生的过程及背景。

这种结构特别要注意的是不能故作悬念。本来平淡无奇却刻意编造荒诞不经的开头,只会引来读者的唾弃。一般情况,悬念式结构只适用于新闻事件本身具有反常性、奇特性和较强冲突性的写作。

消息常用的结构还有散文式结构、并列式结构、集纳式结构等等。写作时可根据实际需要选用,也允许大家积极创新,探索最适合个人写作习惯的结构形式。

第二节 通 讯

一、通讯概述

通讯作为新闻体裁的名称,是我国特有的,相当于西方新闻界的"专稿"、"特稿"(feature)。我国早期的报纸、外埠新闻大都用邮信传递长篇的稿件,与当时的用电报传递消息的"电讯"不同,故称为"通讯"。经过一百多年的发展,通讯已经成为最常用的新闻体裁之一。《辞海》对其定义为:"一种比消息详细和生动地报道客观事物或典型人物的新闻体裁。可以用叙述、描写、议论等多种方法写人纪事,通常用来评介人物、事件,推广工作经验,介绍地方风貌等。"

通讯首先是一种新闻体裁,它和消息一样,具有真实性、新闻性、及时性特征,写作中也同样要交代新闻的"六要素",即who(何人)、what(何事)、when(何时)、where(何地)、why(为何)和how(如何)。但不同的是,消息追求的是新、快、短,重在第一时间告知读者what(何事),通讯则更强调事件发生的过程、细节及意义,决不会仅仅满足于概括性地报道"何事",而更看重how(如何)。相对于消息写作的平面化和程式性,通讯则有更多的自由。其结构灵活多变,可以因写作者的个人擅长而自行安排,不像消息具有基本的结构形态。表现手法多种多样,可以综合运用叙述、描写、议论、抒情等多种表达方式,自由借用各种文学手法。在人称上,除了常见的第三人称写法,还可以用"第一人称"来表述。在篇幅上,通讯一般较长,可以详尽揭示事件发生的过程,深入挖掘人物的内在情感或思想,在报纸、网络上,几千字的通讯是很常见的。因此写作的时间也不像消息那样争分夺秒,而是更讲究发稿的时机和策略,允许一定程度上的滞后。

总而言之,作为新闻体裁的通讯除了新闻性,还具有自身鲜明的文体特征。就文本来看，这种特征表现在以下几个方面：

1. 主题性

所谓主题，就是文章的中心思想，通过材料展示的基本观点。明确的主题往往也带有明确的倾向性。所谓主题性，也就是通讯作品主题集中、明确的特性，它体现着写作者的观念、立场和写作意识。

新闻报道强调客观性，要求真实可信。在消息中，我们经常可以见到贴近现实本身、接近客观材料展示、没有主题倾向的报道。例如《也门一架客机印度洋坠毁》、《韩国总统卢武铉自杀身亡》等消息，只是告知读者这样一件事实发生了，便完成了任务。而不同立场的记者或媒体，此类报道的内容可以完全一致。但通讯不同，同样的新闻事件，通讯在报道时，必须通过对事件过程的揭示、事件性质的分析并站在一定的立场提炼出集中、明确的主题。写人要彰显人物的精神风貌及性格特征，写事重在体现事件的价值和意义，风貌通讯对于社会变迁、风土人情、名胜古迹的报道，也有着明显的价值取向。例如：第十八届中国新闻奖获奖通讯《邓家兄弟不寻常的求学路——一边读大学一边当"猪倌"》通过展示当代大学生人穷志弥坚、学优品更优的典型形象，倡导新的时代风尚；第十四届中国新闻奖获奖通讯《这是在宣扬一种什么文化？——走进"京西灵水第二届举人金榜文化节"》对以弘扬教育为名进行商业炒作的做法提出批评，都具有明确的主题性。通讯写作，其选材无论是关乎全局的大事，还是生活中习以为常的小事，都要提炼明确的主题，或从频发事故中发现深刻教训，或在普通人身上挖掘最美的人性，或于名胜风景中看到时代动向，而不能仅仅展示材料，有了主题，才有通讯。

2. 深入性

通讯要表现新闻事件或人物的本质意义或深层底蕴，因此不能像消息那样做要素式的报道，必须深入新闻事实的内部，既要有全面的、整体的把握，又要做细部的、内在的考量，既要揭示现象、发现问题，还要找出原因、提出建议。

2010年11月23日的《湖南日报》发表的通讯《排污权交易缘何遇冷》，对于企业排污权交易遇冷情况的报道，充分体现了通讯的深入性特点。通讯第一部分"高调启动"介绍了长沙市排污权交易高调启动的热闹场面，第二部分"再无交易"叙述"近两年没有交易"的反常现象。在对2008年开始的3次排污权拍卖状况进行全面的报道后，通讯立即抓住事件的焦点，提出了敏锐的反思：为何在政府充分重视下，体现排污减排政策的"排污权交易"受到冷落？问题出在哪里？紧接着，第三部分便开始深入探讨并发现造成"冷落"的原因：启动时的热闹场面原来是"为了宣传的需要"，"配套制度根本没有建立起来"造成了第二年第三年的冷落，由此提出亟待完善相关配套政策的建议。

深入性不仅表现为发现问题、分析问题、解决问题的逻辑性探讨，还表现在对于新闻事实的深入感知和体验上，《石家庄日报》2009年6月9日刊发的通讯《栾城草农敢闹海》对于农民致富精神的讴歌及农业结构调整意义的抒写，正是基于对栾城农民种草

10年历经酸甜苦辣的深入感知和体验。文章大量引用人物对话，多处逼真的细节描绘，也是通讯由表及里、获得深入性常见的有效手段。

3. 文学性

通讯写作不仅要深入事实的内部，表现鲜明的主题，通常还要借用多种文学的手段，再现事件发生的场景，刻画人物的风采，把抽象的道理形象化，描写景物或环境，塑造典型形象等等。在经典的通讯作品中，通讯的文学性通常表现在两个方面，一是多种文学手法的借鉴。二是生动的形象性。

曾获"中国新闻奖"特别奖的通讯《北京有个李素丽》第一段写道：

雨点如断线的珠子砸在雨伞上，她的脸上、胳膊上都溅上了雨水。她招呼乘客们上车。

拥挤的人群变得有序了：他们一个个在雨伞下跺脚，脱下雨衣，折好雨伞，抖去雨水，依次上车……

李素丽接过钱，还给这位妇女甜甜的一笑。

她就是李素丽。中等身材，30多岁。海蓝色的套装整洁可体，淡妆轻抹的脸上，闪动着一双笑眼。

如果撇开整体，单独看这一段，完全可以当成一篇写人散文来读。第一段借"雨水"写出李素丽忘我工作，有很强的画面感；第二段写"人群变得有序"，一连用了"跺"、"脱"、"折"、"抖"四个动词，形象地写出上车的秩序，实际上是从侧面表现李素丽工作的能力，而第三段的神态描写及最后一段外貌描写，展示了主人公的质朴之美。

这一段对于文学手法的借用很丰富，有自然环境描写、细节描写、侧面烘托、外貌描写等等。一个普通劳动者的美好形象便跃然纸上，读之印象深刻。

前文所举《这是在宣扬一种什么文化？——走进"京西灵水第二届举人金榜文化节"》一文，巧妙地运用了语言描写，通过院士、官员与记者语无伦次的对话，揭示一场商业炒作的闹剧。《栾城草农敢闹海》除了生动的对话和细节描写之外，还大量采用了比喻的手法，形象地把农业结构调整中农民种草致富的热闹场面比作"闹海"，把广阔茂盛的草地比作"大海"，又把农民转型种草经商比作"下海"，把政策的扶持比作"救生圈"，语言朴素又活泼，既刻画出了农民乐观的性格形象，也表现了新政策下农村经济的活力。

获第八届中国新闻奖特别奖的通讯《在大海中永生》则以抒情散文的笔法，记述了伟人邓小平骨灰撒入大海的经过，以下是该文的节选：

一位以自己的一生书写中华民族崭新历史的伟人，今天完成了他人生的最后一个篇章。

……

也许是苍天为之动容，当专机飞临大海时，天空出现一道绚丽的彩虹。

……

飞机盘旋，鲜花伴着骨灰，撒向无垠的大海；
大海呜咽，寒风卷着浪花，痛悼伟人的离去……
……
邓——小——平
——一个铭刻在亿万人民心中不朽的名字，他在大海中得到永生！

通讯叙述生动，情景交融，以浓墨重彩绘出伟人"人生的最后一个篇章"，感人至深。其中"飞机盘旋"一节文中反复出现三次，更是渲染了伟人离去的哀痛。

当然，通讯作为新闻体裁，对文学手法的借鉴是有限度的，新闻的客观真实性是通讯写作不可突破的底线，这也是借用文学手法写作通讯的前提。

通常情况下，人们按照报道的内容，对通讯进行分类，有人物通讯、事件通讯、工作通讯、风貌通讯等。其中工作通讯主要用于报道实际工作的进展状况和经验教训，有很强的现实针对性和前瞻意识，在写作上，与工作总结、工作报告有相近之处。风貌通讯是反映一个地区的社会概况和发展变化，或介绍介旅途见闻、名胜古迹、风俗人情的通讯。其题材多样，写法灵活，瞿秋白的《饿乡纪程》、周恩来的《旅欧通信》、邹韬奋的《萍踪寄语》等等都可以看作风貌通讯。但写作时要注意的是，风貌通讯是通讯中散文化色彩最突出的一种，但不是游记散文、写景散文，新闻性是其与文学作品的界限。

接下来我们分别谈谈最常见的人物通讯和事件通讯的写作。

二、人物通讯

人物通讯是以报道新闻人物为重心的通讯。这里的人物，可以是个人，也可以是群体；可以是顶天立地的英雄，也可以是默默无闻的凡人。但作为通讯中的主角，必须具有突出的新闻价值：即人物或体现时代精神，或具备优良品格，或做出杰出贡献，或引领新的风尚，或作为反面的教材等等。在我国，人物通讯主要用来报道先进人物的事迹和思想，以引导时代风气和社会潮流、培养良好的道德风尚、构建和谐的社会环境。

人物通讯以写人为主，并非简单罗列事迹、歌功颂德，把"人物"作为简单的时代"传声"符号，而是要通过人物的言行、事迹，精心架构，刻画鲜明的形象，凸显人物的精神风貌，以情动人、以事感人，塑造真实的人物典型。因此，人物通讯的写作切忌以模式化刻意制造空洞的"高、大、全"形象，避免动辄把人变成"神"，把事迹变成奇迹，而应该把人物写"活"，通过多种手法塑造有现实感、有生命气息的真实形象，这样才会具有真正的感化人心的力量。2006年2月23日《人民日报》刊发的长篇通讯《乡村医生郑子全》就是这样一篇优秀的例文，通讯生动记述了重庆巫溪的郑子全作为一名乡村医生的人生历程，第一部分有两段这样写道：

病人脱离了危险，郑子全心里一块石头落地，但另一块石头却越来越沉。他一刻也等不及了，小女儿还在病床上躺着呢。此时，雨越下越大，路越来越滑。在山间，他摔倒好几次，险些掉下悬崖。

大约晚上6点，郑子全回到了八寨村。这时，雨渐渐小了，他的脚步也更快了。然而，不幸的事情发生了。当他刚刚跨进家门，一阵撕心裂肺的哭声，如同炸雷一般，在他耳边响起。他知道，天塌了！他的身子一歪，扑到女儿床前。在油灯下，女儿双眼紧闭，脸色苍白，呈现严重失水体征，一个小时前已经去世。郑子全用颤抖的手指，为女儿抹去残留在眼角的泪滴，然后掩面痛哭。

文中郑子全医生的形象无私、高尚，为了救治村人而耽误了救治女儿的机会。但作者没有简单地把郑子全写成一心只为别人、完全不顾亲情的类型化人物，而是从现实人物真实的内心出发，刻画出一个有义有情、活生生的医生形象，在"摔倒好几次，险些掉下悬崖"、"哭声如同炸雷"、"身子一歪"、"掩面痛哭"等细节处，写出了人性之美，也更具感人力量。

因此，写好人物通讯首先要刻画真实鲜活的人物形象。那么如何刻画形象呢？著名新闻记者穆青曾说这样一段话："在严格遵守新闻必须真实这一原则的前提下，一切可用的表现形式和表现手法——文学的、政论的乃至电影艺术的某些表现手法，都可以适当地吸收到人物通讯的写作中来，为表现主题、刻画人物服务。"（《谈谈人物通讯采写中的几个问题》，《新闻散论》，北京：新华出版社，1996年，第182—183页）具体而言，有以下几种方式：

1. 以事写人，通过人物个性化的语言、动作、神态的描写突出人物的性格特征，前面所举的《乡村医生郑子全》多处运用了这种写法。
2. 借环境写人，把人物置于特定的环境背景中，透视其言行变化及成长历程，凸显人物的性格魅力。如通讯《县委书记的榜样——焦裕禄》。
3. 适当的心理描写，或通过外在的语言、行为来揭示人物内心。
4. 结合正面刻画，运用侧面烘托的手法。
5. 其他手法，如，细节刻画、暗示、旁白、特写、蒙太奇手法等等。

在坚持新闻真实性的前提下，对于人物通讯中文学表现手法的运用，大家可以参考本书文学写作部分，这里不做细论。

合理搭建结构是人物通讯写作又一个关键。围绕人物，有很多材料可写，选择哪些材料，怎样安排材料，都涉及结构的设计。合理的结构安排，是写好文章的重要前提。常见人物通讯的结构方法一般有三种：传记式结构（纵式结构）、并列式结构（横式结构）、逻辑性结构（时空组合式结构），选择哪一种结构，要根据主题的需要。

传记式结构通常应用于全人全景的传记式人物通讯。一般篇幅较长，涉及人物生活的时间也长，甚至是对人物一生经历的再现。根据实际报道需要，传记式结构可以从人物的出生写起，按照时间顺序选取人生经历中具有代表性的事件，展开叙述；也可以将人物的成长历程分成多个阶段，按照先后顺序，分别叙述每个阶段的思想、成就，最后作出归结，使人物形象丰满起来。例如《亚洲大陆的新崛起——从李四光走的道路看新中国地质科学的跃进》、《县委书记的榜样——焦裕禄》等都是这类写法。传记式结构强调的是时间顺序，但并非都要写人一生的经历，根据主题需要，也可以节选人物某一阶段的经历或某一个方面的事迹来写。1993年4月20日《新民晚报》的通讯《三次"上书"总书记的普通农民》按照先后顺序，节选1990年、1992年、1993年三个时间段，以"上书"为核心，来写普通百姓的对国家发展的关心及党和政府与民众之间的关系。

并列式结构也叫横式结构，打破时间先后顺序，把材料按性质分类，根据主题需要，撷取人物生平中最具独特性的、代表性的事迹，集中表现人物的个性和品质。例如，在2005年11月24日《羊城晚报》刊发的人物通讯《珍姐：一人独撑"自新中转站"》，选取了四个有代表性的故事凸显餐馆老板"珍姐"的高尚品质，通讯的四个小标题分别为：

给前盗窃犯一个机会　小强由送货员变成厨师
前抢劫犯帮她打理生意　阿坚走了五六次还是舍不得离开
为前盗窃犯做媒牵红线　姑娘不介意阿强的过去
丈夫去世餐厅一度停业　多方帮助下再次开张　情况却不乐观

"珍姐"的饭店被称为"浪子之家"，八年间陆续接收了45名刑满释放人员，感人的事迹很多，但作者没有按照时间顺序一一去写，而是截取"珍姐"和小强、阿坚、阿强之间三个并列的故事，分别从三个方面写"珍姐"对这些"回头浪子"的无私关怀。最后一节写"珍姐"的餐厅停业，获得多方帮助，又从新的角度烘托"珍姐"品质的可贵。四节之间是并列，但都紧紧围绕着主题在写，内在逻辑完全一致。

并列式结构也常用于讲述人物群像的通讯，新华社记者集体采写的《当你们熟睡的时候》，分别通过十个画面，再现"很多夜间工作着的人们"在不同的岗位辛勤劳动的场景，展示新时代的社会风貌。

逻辑性结构，是根据表现主题的需要，兼顾时间、空间的顺序，把纵式结构和并列式结构加以组合的一种结构方法，从整体看，可能偏向纵式结构或并列式结构，但又不局限于此。前文所举的长篇通讯《乡村医生郑子全》就是这种结构法。通讯先写郑子全为救治村人，痛失女儿的感人事迹，事件发生在1978年。接下来，讲述郑子全的学习经历，又从头写起，从他出生、两岁半、十五岁、1975年，一直写到1986年。后文写郑子全种种典型事迹如研制药膏、免费治疗、打预防针、帮别人度过苦难、多缴党费，采用的都是并列式结构。通讯既按时间顺序写出了郑子全一生的风雨历程，又巧妙地截取了多个典型事迹来表现人物的高尚品格，既真实可感又有深度。

人物通讯写作有很强的现实针对性，注重当下的影响作用。在确定写作对象后，首先找到人物与时代精神、社会潮流、现实状况之间的某种联系，这样，人物通讯才会产生影响现实的力量。

三、事件通讯

事件通讯是以报道新闻事件为中心的通讯，是报纸、广播、网络最常见的体裁。与人物通讯重形象、重思想不同，事件通讯重在对事件发生的过程、原因、影响及意义进行全面完整的报道。让社会了解每一个新闻事件及其深层的背景，并以此引导、保护社会的健全发展，是事件通讯写作的义务。

事件通讯的题材十分广泛，国内外的政治、经济、文化、军事等各方各面都不断有事件发生，不断为事件通讯提供丰富的写作素材。但千千万万的事件不是每一件都值得写成事件通讯的，只有具备新闻价值，有典型的启示、教育、认识意义，才能成为写作的对象。

与人物通讯一样，事件通讯的写作也要讲究形象性、生动性，要有可读性和感染力。这就要求，在写作过程中讲究写作的策略和技巧，把故事性强的事件写得引人入胜，而对简单但重大的事件写出它惊心动魄的一面，对那些有价值但不重大也少有故事性的事件，就亟须运用一定的写作技巧加以处理，写出一定的可读性来。同时，对于社会而言，事情本身只是一个符号，在这个符号背后总有值得广泛关注的深层背景，诸如社会价值的转换、人心的背向、文明的异化等等。事件通讯写作不仅能够吸引读者，还应引发人们思考深层的问题。如何做到这一点，这是需要新闻工作者长久思考的问题。

事件通讯的写作虽然很讲究叙述的方式，但并没有固定的模式，下面结合例文简单介绍一下写作中应该注意的事项。

第一，让事件说话。事件通讯主题的确立，决定于新闻事件自身的特点和性质。从写作实践来看，让事件说话，而不是记者说话，让主题来自事件本身，而不是记者的主观意图，是写好事件通讯的关键因素。

如何让事件在叙述中呈现自身所蕴含的新闻价值呢？其根本就在于对所写新闻事件独特性的把握。每个事件的发生、过程、影响都有其独特之处，有的以重大取胜，影响广泛，甚至关系到国计民生、社会发展，例如审判"四人帮"、邓小平南行、5.12大地震等等。有的事件饱含深情，如捐助、救灾、舍己为人，模范事迹等。有的事件具有警戒性，例如经济危机中中小企业倒闭现象，青少年犯罪现象，离婚率逐年增高等。有的事件则情节曲折，故事性很强，有的蕴含深刻的道理，有的新奇陌生。对于不同新闻事件，其独特之处，就是立意的基础。抓住这一点，自然就能写得深入、富有特色，自然也能呈现事件背后的新闻价值。

例如《在大海中永生》，记述的是伟人邓小平骨灰撒入大海这一事件，因是伟人事迹，其写作的角度也就更为多样，但这一篇通讯着眼于"情"，在对事件整个过程的描述中，都笔带深情，读之令人动容。作者刘思扬在创作谈《<在大海中永生>的采写过程》中说"撒骨灰的形式很单一，时间也不长，仅15分钟。但它所包含的，却是大海般的内容，大海般的情怀。"通讯正是抓住了"骨灰撒放"本身所包含的博大情怀，才具有了感人至深的力量。

2008年5.12大地震发生当晚，中国新闻社记者李安江、郭晋嘉、杜远前往灾区采访，但到达现场后，记者立即放弃了采访，投入到救灾队伍中，没有完成既定的采访计划，但写出了另一篇通讯报道《那一夜，我们没有采访》。"没有采访"这一事件本身实际上是人道精神的体现，也是对"救人还是采访"的新闻伦理问题的回答。2009年，这篇通讯获得中国新闻奖二等奖。

第二，要有现场意识。现场意识有两个层面的理解，从新闻采访的角度看，指的是记者赶赴现场搜集第一手新闻素材的职业意识以及捕获现场关键细节的敏感意识。从新闻写作的角度看，是指写作过程中再现事件现场场景的创作意识。有了这种意识，通讯写作才能再现精彩场面和事件细节，令读者如见其人、如闻其声、身临其境。

对于许多焦点事件，诸如战争、灾难、突发事故、纠纷等，读者难以亲临现场，也不能满足于消息报道的短、平、快，事件通讯的场景再现正好能够实现读者对于事件真相的"知情权"。

通讯《激动人心的名古屋之战——亚洲男篮锦标赛中国队夺魁记》（1980年1月11日《体育报》）是再现场景的经典之作，文中再现了赛前准备、赛场上激烈争夺、赛后庆祝等多个场面。其中一段描绘中国对韩国的比赛场面，尤为精彩：

下半时打到11分钟时，追成70平，19分钟时，90比85领先。对方进一球，又罚中1分，90比88。张卫平罚中2分，92比88。对方进攻，投篮，手抖了，未中。还剩17秒，球在中国队手中。"控制住！"吴忻水传下命令。时间一秒秒消逝，对方不顾一切地猛扑过来，就在秒针走向12的一刹那，美国裁判哨响——韩国队犯规！

这段扣人心弦的描写中，作者分别从三个方面再现场景：一、分数的演变，"70平"、"90比85领先"、"90比88"、"92比88"，写出比赛的紧张氛围。二、时间的消逝，从"11分"写到"12秒"，精确到秒，更见激烈程度。三、细节，"对方进攻，投篮，手抖了，未中"，这个动作细节既写出对方的紧张心理，又暗示出现场记者全神贯注的情形。这篇写于八十年代的作品如今读来仍然"激动人心"，有再次身临现场之感。

第三，写好事件中的"人"。事件通讯自然要以写事为主，但"事在人为"，要写好事件，就离不开对与事件紧密相关的人的描写。在人物通讯中，写事件是为塑造人物形象服务的，一切以"人"为中心，同样，事件通讯写人是为写事服务，是为了更生动、更深入地呈现事件的本相，揭示其深层的背景和本质。因此，事件通讯中写人，往往写的是人物群像，如果是个体，也不需要刻画其鲜明的性格特征，而着重写其在事件中的表现和作用。例如《面对生命的呼唤——直击子弟兵驰援四川灾区抗震救灾》、《兴宁事故：123人被困生还希望小》都是借人物群像写事。

前文所举的反映我国"三农"巨变的事件通讯《栾城草农敢闹海》是一个典型的例子，全文除了开头的小序，几乎全部由人物的对话构成，3000多字涉及15个当事人。巧妙的是，通讯在人物对话中，揭示了事件的发生、发展及其意义，避免了一写到国家政策就大而化之或空洞虚无的浮夸弊病，让当事人自言其事，令人信服地展示了农业结构调整后农民收入、生活的改观。文章的三个小标题，也都来自当事人的对话："刚种草时，一离了救生圈就呛水"、"风里浪里长见识"、"俺现在光想往深水里游"。该文篇幅较长，下面节选两段供参考：

"刚种草时,一离开救生圈就呛水。"见到西董铺村村民李书贤的时候,他正在地头修路,他放学回家的儿子前来帮工,在绿油油的草地里开着修草机纵横驰骋。他说的那个"救生圈",既是指政府的优惠政策也是指县里的草业公司。种草的第一年,李书贤地里家里寸步不离技术员,喷灌、灭虫等一招一式都虚心请教。由于悟性好,技术学得快,第二年就把门市部和房产全部抵押上,承包下乡亲们118亩地。"那时候,谁相信种草能旱涝保收呀?如今西董铺村成为种草专业村,村里327户有200多户种草,种粮的收入显然干不过种草的。"

……

"我的体会是三年一个周期,去年草价高,今年价格低迷。凡是能坚持下来的都挣钱了,盖了洋楼,买了轿车。种得多挣得多,因为这是个朝阳产业。种赔的也有,但总是少数,我也有赔的年份,在我们这里挣少了就算赔。既要学会种草,更要学会卖草。在十年卖草过程中我也被皮包商骗过几次,把草倒腾走以后就找不见人影了。有些单位和部门用了草以后迟迟不付款,逼着我学会了依法讨债,学会了诉讼打官司。"说完这些话后,老马就坐上小车陪客户吃饭去了,他给我们留下一个活脱脱的草皮大亨的背影。

第四、恰当地运用叙述技巧。事件通讯是典型的叙事文体,叙事是其最主要的表现手段。如何叙事,是事件通讯写作必须思考的问题。

写作事件通讯不仅要真实反映事件的全貌,把时间、地点、人物、起因、经过和结果交代清楚,还要写得波澜起伏、有声有色,写出生动性和吸引力。这就要求在写作中精心构思、巧妙布局,恰当地运用一些叙述技巧和方法。常见的叙述方法主要有顺叙、倒叙、插叙、分叙等,其中分叙也叫平叙,常用于比较复杂的事件叙述上,可以"花开两朵,各表一枝"。除了叙述方法,叙事人称和视角的选择,也会影响到通讯报道的效果。通讯叙述方法的运用,与文学作品并无多少差异,大家可以参见本书的文学写作部分。

小结:怎样学会写作消息?要从两个方面去把握,一是消息的基本构成:标题、导语、主体、结尾及必要的背景,一是消息的常用结构:倒金字塔结构、金字塔结构、悬念式结构。通讯写作则讲究"六要素"。但实际的写作并无定法,反而提倡创新。比如消息导语的写作,技法一直在不断翻新。人物事件、通讯的写作,也在不断尝试新的叙述方法。总之,在实用文中,新闻文体的写作最灵活自由、最讲究技术性,它可以大量使用文学手法、多种表达方式以及丰富的修辞手法,结构上也比较灵活。

【思考与训练】

1. 分别指出下列消息导语的写作方法。

(1) 本报兖州11月13日讯 今天上午,一个出人意料的消息得到证实:兖州市顺从民意,叫停了境内已完成详勘的小孟煤田,全面封存。此举意味着兖州市损失了一个新的经济增长点——每年减少地方税收5000万元。许多人颇感诧异,兖州人哪根神经搭错了,"到嘴的肥肉"居然不吃?

（2）新华社2004年3月22日电　巴勒斯坦伊斯兰抵抗运动（哈马斯）精神领袖亚辛22日凌晨在以色列武装直升机的轰炸中身亡。他的两名保镖同时丧生。

（3）本报北京6月16日电　我国鸟类起源和早期演化研究再获突破性进展，中美科学家通过大量研究，确认在我国甘肃昌马盆地早白垩世地层发现的甘肃鸟，是目前世界上发现的最古老的今鸟类化石。这一研究成果，将今鸟类的化石纪录提前了约3000万年。美国《科学》杂志于当地时间6月16日，发表中国地质科学院尤海鲁等人撰写的这一科学成果论文。

（4）新华社格尔木/拉萨7月1日电　中国周六创造了历史：第一对满载乘客的列车沿着连接西藏和中国内地的高原铁路首次跨越了"世界屋脊"。

2. 分析下面这则消息的基本构成和结构方式。

荔浦5万农民坐在家里"变"工人

本报荔浦讯（记者骆展胜　通讯员蒋锦华、唐定民）"老太太坐在家里边看电视边削马蹄，一天至少也能挣一二十元钱，全县有5万农民这样为县里4家大型马蹄罐头厂工作。可以这样说，食品工业的发展不仅壮大了荔浦县域经济，而且，给几个乡镇的农民增收带来了最直接的好处。"9月14日，荔浦县中小企业局黄局长说起该县的马蹄产业时，当即就委托有关人员带记者去乡村"眼见为实"。

我们首先走进青山镇长塘村。在村口的一片树荫下，一帮男女正围坐在一起有说有笑，手里还在忙活着什么。"喏，那些村民就是在削马蹄！"带队的小唐老远就指着说，青山镇是荔浦县马蹄产业发展最成功的乡镇之一，有"中国马蹄之乡"的美誉。这些年，马蹄加工几乎成了青山人的"四季活"，现在还不是他们最忙的时候，再过两个来月，等到今年的新马蹄上市了，村里男女老少聚在一起削马蹄的场景那才叫"壮观"呢。

"大爷，您这拉回来的是什么呀？"记者走近削马蹄的人群，79岁的沈大爷笑着回答："马蹄呀，我每天就负责给他们从老板那里运马蹄回来，然后将削好的马蹄帮忙送到罐头厂。"沈大爷的二儿子沈恩林接过话题："老爷子就是闲不住，每天一早起床就去拉毛马蹄，然后发给我们进行削皮，他挣的钱比我还多呢！""这削马蹄可有讲究，一点儿黑斑都不能留，否则，出口到日本就会被打回来。"71岁的范大娘停下手中的活，很认真地讲述着。

"马蹄不是农户自己种的吗？为什么要去老板那儿拉？"见记者有些不解，小唐又把我们带到了青山镇的大街上。沿街门面到处可见正在分拣马蹄的妇女。一位覃姓老板告诉记者，为了保护农户种植马蹄的积极性，每到马蹄上市，县马蹄协会就会以保护价包购并进行集中储存，然后组织当地富余劳动力进行分拣，大果装箱出口或销往广州、上海等市，中小果再发放给农户削皮加工卖给食品厂。

"县里这样引导我们增收，好哇！中央提出建设新农村，农民能实实在在得到好处，我们当然就有积极性。"程大姐边分拣马蹄边向记者感叹，她家4口人不用外出打工，今年靠削马蹄就挣了不少钱。

记者随后来到荔浦志超罐头食品有限公司求证。该企业负责人说,将马蹄加工的首道工序放在千家万户,不仅节约了企业的管理成本和生产场地,质量同样可以保证,"我们刚刚又收到日本的检测报告,通知我厂样品全部符合205项"肯定列表制度"要求,68.9吨清水马蹄罐头已顺利进入日本市场!"

3. 阅读下面这则人物通讯,回答问题。

风雪中,伫立着四位"厚道"的农民工

工人日报 付海厚

打工数月却没拿到一分钱工资,每人每顿饭只吃两个馍,但望着欠薪老板留下的物资,他们却说:这里的任何东西我们都不会损坏,也不会卖掉,这是做人的原则!

打了两三个月的工,却没拿到一分钱工资。没有油了,蜂窝煤也快烧完了,四位农民工每人每顿饭只能吃两个馍。

更要命的是,王营村那家馍店向他们赊了25元钱的馍后,告诉他们:不清账,就不能再赊馍吃了。现在,掏遍四人所有的口袋,摆到桌子上一数,只有6元1分钱。看着案板上仅剩的一棵大白菜,望着窗外纷纷扬扬的鹅毛大雪,接下来的日子他们不知道还能撑多久?

老板欠工资不见踪影

1月17日,来自湖南岳阳的刘先仿到河南省南阳市卧龙区劳动保障监察大队投诉,称他们四人在一家铸造厂打工,但老板拖欠他们共计5780元工资后不见了踪影。1月18日上午,执法人员来到这家工厂。厂内停着几辆自卸车,四名衣着单薄的工人伫立在风雪中,瑟瑟发抖。

据介绍,刘先仿等4人分别于去年的10月5日、11月8日和11月25日到该厂打工,可自去年12月5日起,老板就未发过工资。"要了不知多少次了,一分钱也没要到。"这位老板1月16日中午曾信誓旦旦地对工人承诺第二天发工资,可自那以后就再也找不到人了,连电话也不接。

因找不到该老板,劳动监察大队执法人员无法送达法律文书,执法手段无从施展。目前,执法人员正在积极寻求有关部门帮助,以期尽快解决此事。

农民工坚守做人原则

"这个老板,太不地道!"刘先仿说。刘先仿本来在卧龙乡十二里河街的一家钢厂烧"中瓶炉"(把铁屑熔化成铁水),一个月能拿2700元工资。有一天,这位老板找到刘先仿,求他帮助渡过难关。原来这位老板在车站南路办了一家铸造厂,当时厂内的烧炉工回家收麦子了,又请不到其他的炉工,工厂因此停了产。讲义气的刘先仿听说老板有难,二话没说就投奔了过来。

"我放弃那么高的工资去帮他,结果却被搞得走投无路!"刘先仿气愤地说。

其实,只要刘先仿他们"动一动脑筋",也不是无路可走——原来,厂区仍有一些

化铁水用的铁屑,大概能卖两三千元;半成品的汽车压盘整齐地码在那儿,若当废品可卖9000元,若当半成品可卖20000元。另外还有8辆"解放"牌自卸车存放在院内。

但刘先仿说,虽然未拿到一分钱工资,也要照看好这些物资。

今年47岁的刘先仿是湖南岳阳人,家里生活很困难,因此,他的儿子刘敏也在这里打工。刘先仿的妻子早几年得了白血病,总共花了6万元,花掉家中所有积蓄还欠了3000多元债。

四人中最年轻的是30岁的张海龙,河南南阳邓县元庄乡张井村人。张海龙患中风的父亲76岁,无劳动能力,有一个小女儿11个月大了,一家人靠他打工挣钱糊口。可从去年10月5日到这儿打工,至今一分钱也没拿到,张海龙因此不敢给家里打电话,"也不知道他们过得咋样。"张海龙低着头说。

50岁的李三海,是看门的,湖北襄阳黄集镇人,从去年11月25日来厂里干到现在,不但未拿到一分钱工资,一次老板招待客人时还向他借了200元。

尽管身无分文,但这四位农民工却认真看管着厂区存放的物资。他们说:"这里的任何东西我们都不会损坏,做人要厚道,这是原则!"

(1) 这则通讯要表现的主题是什么?
(2) 这则人物通讯主要运用了哪些手法刻画四位农民工的形象?
(3) 通讯在结构上有何特点?

4. 下面这则通讯曾获第十七届中国新闻奖获二等奖,请结合通讯写作的有关理论知识,谈谈这则通讯写作的特色。

别让新农村卡在细节上——杯金村农民新村见闻
夏先清　陈希

邛崃市卧龙镇杯金村的新农村建设正在如火如荼地进行。今年是农民搬进集中规划新居的第一个黄金周,村民们在新居的生活怎么样?6日,记者走进了杯金村。

无可奈何的小木棚

去年8月实施土地整理时,杯金村村民张金良的老房子就被拆除,地基被整理成耕地。根据政策,张金良一家7口人按人均5500元的补贴,加上自家的积蓄,在统一聚居点建起了新房。一排排整齐崭新的小洋楼看上去很是漂亮。"这也算过上了城里人的生活了。"第一次住进小洋楼的张金良总爱在洁白的墙壁上东摸一下,西摸一下。

但欢喜很快就被现实击碎:小洋楼没有供农民放置耕具和养家禽的地方。

就是这样一个细节的失败,阻止了更多的村民住进新楼。"我把家里放不了的农具和这头牛都放进木棚。"为了解决问题,张金良在被拆掉的老房子旁边搭建一个木棚,木棚里左边是喂牛、放农具,右边则成了老张的"卧室"。

"住在牛圈旁,反倒不如以前的条件好了。"老张笑道。从去年搭棚到今天,老张已经在这个木棚里陪着自己的牛住了近10个月。"我们社13户人家,有12户搭木棚喂牲畜、住人的。"张全良说。

在村里，记者推开村民何庭芳崭新的防盗门，看到的是一个1平方米的鸭圈和满地鸭粪。

"这样不是把新房子给毁了么？"

"不能养猪养鸡养鸭，收入减少了，房子再好又有什么用？"

"以前我一年能养四五十头猪，加上养鸡、养鸭能赚不少钱，牲畜养得多了，地里的庄稼也不缺肥了。"何庭芳觉得住在新房子里，优势没有了。

采访中，村民还表示，现在住的地方离承包地太远，最远的要走好几里路。

卧龙镇副镇长郑述彬介绍，当初上面的指标是项目区30%的村民入住集中规划的新房。但据了解，从邛崃市下到乡镇的入住指标已高达50%，再到杯金村，这一指标更提高到81%！

"多建几处居住点，成本不是更低些吗？"

郑述彬张了张嘴却没有说话。

村民生活没什么改变

郑述彬给记者讲述了该镇蓝图：整理出来的土地将交由企业发展，到2007年建成1500亩猕猴桃基地、1000亩茶叶基地、500亩花卉基地、400亩蔬菜基地。村民既可收取土地租金还可就近打工。

但目前，只有成都金禾农业有限公司建立的猕猴桃基地、成都一公司投资的花卉基地和铁骑力士公司蛋鸡养殖项目进驻杯金村，原本应该出现的其他企业还不见踪影。

能收租金又能就近打工，这样的幸福生活本在村民王家全计划之中。但到今天为止，王家全依然靠种地为生。虽然王家全的新居在中心村口，利用"口岸"开了个小卖部。但是，全家人的收入还是要靠种地。

"才三家企业进村，真正能享受到就近打工的村民很少。我家有7亩地，我就想把地承包出去，一亩地200元都行。我就可以出去打工了。"村里有王家全这样想法的农民不在少数。

记者现场目测，三个企业租用农民土地大约在100亩左右。而在卧龙城南机砖厂旁，一块儿大约被整理出来的3亩多田地，又重新分给4户人家。另一处约13亩土地也分给了12户村民。

"把小田集中成大田，又把大田分成小田。土地没增加多少，土质却被毁了。好好的土地给覆盖上几尺厚的黄泥巴，怎么种哦？"正在地里耕作的村民杨秀华用锄头狠敲着黄土。

据村民介绍，杯金村在由小田集中为大田的过程中推土机填沟平山，远看去一片平原，但近看地里连水稻都种不下。

"所以都改种玉米了。"村民们七嘴八舌。

5. 生活中，每天都有新闻事件发生，请你关注自己身边发生的人和事，并以此为题材，写一则消息或通讯。

第四部　综合运用

第二十二章　申　　论

学习提示：申论是近年来在中国内地的公务员考试中采用的一种新型的命题作文形式。它通常以"给定材料"为写作素材、以"作答要求"为写作指向，要求考生在限定时间内分别完成数种不同形式的组合写作。鉴于这种考试对于毕业生求职具有的特殊意义和它所采用的独特写作形式，我们决定在本教材中增加此部分内容，以期对考生提供一些实际的帮助。本章着重介绍申论写作的特点和方法，使学生懂得如何在这类考试中运用自己已经掌握的写作技能，并正确理解申论这一独特的组合文体的写作规律和基本技巧。因申论在《写作（一）自学考试大纲》里并未列为写作课考试必考内容，所以我们只要求对申论写作模式作初步了解，不单独进行写作训练与考核。

第一节　申论的性质与特点

一、申论的内涵与形式要求

"申论"一语，从字面来理解，"申"为引申、陈述，"论"为阐发、论证，"申论"则指针对特定话题和材料进行延伸分析，提出自己的观点，并展开论述。目前申论已成为中国大陆地区国家公务员录用考试基本科目。主要检测从事机关管理工作应当具备的阅读理解能力、综合分析能力、提出和解决问题能力以及文字表达能力。申论考试常见形式是根据阅读材料命题，要求应试者在阅读若干"给定材料"后，根据"作答要求"进行写作。

从形式上看，申论是一种应试文体，并不具备学术含量。但它与普通的作文考试不同，从考试内容看，申论不仅限于对应试者阅读理解能力和文字表达能力进行考察，更侧重于考察应试者理论联系实际，发现问题和解决问题的实际能力，具有较强的综合性和现实针对性，能让考生通过独立思考，提出问题，分析问题，充分发挥自己的判断力和分析力，展现自己思考的现实深度。

我们之所以将申论的写作列为一个独立的部分加以讨论，是因为它是一种特殊的应试文体。作为专为考试设计的虚拟性题目，它在功能上接近于实用文，但它的主要文体形式又是议论文和说明文，它所考查的分析判断力，逻辑思辨力则接近于学术写作的思想方法。申论考试在一定程度上借鉴了我国古代科举应试中"策论"的考核方式，策论是宋代以后各朝常用作科举试士的项目之一。考试方式是以问题书之于策，令应试者作答，称为"策问"，后发展为就当时政治问题加以论说，提出对策的文章。"策论"通常要求应试者就一些关系到国家大政方针的重大命题发表自己的见解。申论在内容上比"策论"更具有现实针对性，在形式上更加灵活多变，要求应试者从一大堆反映日常社会生活内容的现实材料中去发现问题，分析原因，提出解决方案，论证政策或对策的可行性与合理性，从而全面考察应试者搜集和处理各类日常信息的综合素质与潜能，并侧重于考查应试者综合运用所掌握的知识解决实际问题的能力。

从题型和写作要求看，申论考试总体上分为三大部分：

第一，对给定材料进行理解、分析、整理、归纳、概括、综合，并用限定的篇幅概括出所给背景材料的主题。

第二，用限定的篇幅对主要问题提出见解，提出具有可操作性的解决方案（要体现针对性和可行性）。

第三，用限定的篇幅对见解、方案进行论证。要求：自拟标题，中心明确，内容充实，论述深刻，有说服力。

就文体而言，概括部分可能是记叙文、说明文、议论文、应用文中的某一种形式，也可能综合了多种文体形式；方案部分，则是应用文写作；第三部分自然是议论文写作了。从这个意义上来说，申论测试既考查了普通文体的写作能力，也考查了公文写作能力，测试形式非常灵活、实用。

以《2011年中央、国家机关公务员录用考试申论试卷（省级以上（含副省级）综合管理类）》为例：

一、注意事项（略）

二、给定资料（约7000字，略）

三、作答要求

（一）认真阅读给定资料，简要回答下面两题。（20分）

1. 给定资料4写道："黄河健康生命的主要表现形式就是'三善'，即：'善淤、善决、善徙'，这是一个为几千年历史所反复证明的基本事实。"请结合对这句话的理解，谈谈对黄河自身规律的认识。（10分）

要求：简明、完整。不超过200字。

2. 给定资料5介绍了汉代王景治理黄河的思路和做法。请概括王景治河后黄河安澜800年的主要原因。（10分）

要求：简明扼要，条理清楚。不超过200字。

（二）给定资料3介绍了密西西比河、亚马孙河、尼罗河等流域出现的生态危机以及各国政府的治理举措。请对这些资料进行归纳，并说明我国治理黄河可以从中受到哪些启示。（20分）

要求：内容具体，表述清晰。不超过300字。

（三）国家某部门拟编写一本以"黄河"为主题的宣传手册，作为对青少年进行爱国主义教育的材料。宣传材料由四个部分组成，依次为："黄河之水天上来"、"黄河与中华文明"、"黄河的治理与开发"、"黄河精神万古传"。请参考给定资料，分别列出每个部分的内容要点。（20分）

要求：（1）切合主题；（2）全面、表述准确、有逻辑性；（3）不超过400字。

（四）请参考给定资料，以"弘扬黄河精神"为主题，自选角度，自拟题目，写一篇文章。（40分）

要求：（1）中心论点明确，有思想高度；（2）内容充实，有说服力；（3）语言流畅，1000字左右。

由上例可见，申论是以"给定材料"为写作素材，以"作答要求"为写作指向的一种独特的命题写作。

二、申论写作的基本特点与基本原则

申论考试形式决定申论写作具有以下基本特点与基本原则：

（一）带着"镣铐"的"舞蹈"

申论写作的一切活动，都必须在"给定材料"与"作答要求"所限定的范围内进行，从这点来说，申论写作是带着"镣铐"的舞蹈。带着"镣铐"的舞蹈这一基本特性，决定了申论写作的以下三点基本原则：

第一，必须认真阅读，准确理解"给定材料"与"作答要求"。"给定材料"与"作答要求"是申论写作的基础，申论写作的基本素材、基本观点，以至某些论点论据，都包含在"给定材料"和"作答要求"之中，认真阅读、准确理解"给定材料"与"作答要求"就成为写作的申论前提和保障。写作者只有把"镣铐"的特点摸清，才可能较好地完成"舞蹈"——写作任务。

第二，必须紧扣"给定材料"与"作答要求"进行写作。申论写作必须在"给定材料"与"作答要求"的范围内进行写作，切忌脱离"给定材料"与"作答要求"随意发挥想象，更不能胡编乱造。

第三，在充分理解材料和要求的基础上，要通过自己独立的判断和思考，站在统揽全局的高度，发现问题、分析问题，提出合理的解决方案，尽可能展现出一个"舞蹈者"的优秀素质和独立见解。

（二）模拟"角色"的表达

申论考试不同于一般作文考试之处，就在于它针对某类公务员岗位需要、模拟该岗位工作的方式，考查应试者的各项能力。因此，应试者在写作时，一定要有鲜明的角色定位，即认定自己是一名公务员。在全部写作过程中，时时处处要明确公务员身份，要从一名公务员的视角去观察问题、思考问题、分析问题、发表见解、提出对策、解决问题。模拟"角色"这一基本特性，决定了申论写作的以下两点基本原则：

第一，要体现政府职能。应试者应从管理、服务等政府主要职能的视角，去观察、思考"给定材料"与"作答要求"所涉及的问题。如面对《2011年国家公务员申论试卷》"黄河治理与开发"问题，就要站在政府的高度，思考如何吸取前人及外国经验教训，出台更好的政策，管好黄河资源，服务人民，造福子孙，有力地贯彻落实科学发展观。

第二，要切实解决问题。政府不是清谈馆，不是辩论会，更不是作秀场，而是高效运作的行政管理机构。申论写作时，切忌对社会问题夸夸其谈，慷慨陈词，义愤填膺，谴责声讨，而是要从"给定材料"中，找出问题的关键所在，提出切实可行的对策，使问题有可能得到妥善解决。

第二节 申论写作的阅读理解

申论写作的基本素材、基本观点，以至某些论点论据，都包含在"给定材料"和"作答要求"之中，"给定材料"和"作答要求"的阅读理解成为申论写作的前提和基础。而阅读理解的过程也是申论写作的审题过程和构思过程。申论试卷"注意事项"一般提示"建议阅读资料为40分钟，作答时间为110分钟"，就是提示应试者要用充足时间阅读理解材料，进行审题构思。只有读懂、读通、读透"给定材料"和"作答要求"，才可能构思立意清晰，写作顺畅。往年有不少应试者把申论写作视为一般性作文，不重视阅读理解的环节，匆匆浏览，急急下笔，大谈特谈自己的"创新意识"，甚至是"施政纲领"，结果往往是天马行空，离题万里。

快速阅读、准确理解"给定材料"和"作答要求"的基本方法是：

一、紧抓关键词语和核心语句

紧抓关键词语和核心语句，有利于快速把握材料的基本内容、基本意义、基本倾向，为构思写作打好基础。

关键词语，是材料中反复出现的、使用频率最高的词语，也是常常处于主语或定语位置的词语。如《2011年国家公务员申论试卷》"给定材料"和"作答要求"中："黄河的治理开发与管理保护占有重要的地位"、"毛泽东同志历来重视水利建设，治理黄河更是他牵肠挂肚的一件大事"、"黄河治理事关我国现代化建设全局"、"给定资料5介绍了汉代王景治理黄河的思路和做法"等语句，都显示着关键词语是"治理黄河"，由此可以确定"治理黄河"是此申论写作的核心话题，为立意构思打好基础。

核心语句，主要指主题句、段旨句。主题句，说明全文的中心论点，一般在开头提出，在结尾重申。段旨句，说明每个自然段或意义段的段意，一般在段首或段尾。抓住核心语句，有助于快速把握每个自然段、每个意义段、每条资料及全部材料的意义。如《2011年国家公务员申论试卷》"给定材料1"，篇幅较长，但只要抓住最后一段："在黄河文化演进发展的历史过程中，黄河的治理开发与管理保护占有重要的地位。从某种意义上说，广大人民群众的治黄实践活动，是黄河文化发展的沃土和源泉，而黄河经济的发展又为黄河文化建设提供了雄厚的经济基础"，就可以把握全部材料的内容。此前的所有文字都是为了说明最后的观点，换言之，最后一段是对前面几段的概括。

在阅读理解时，可边读边画线，将"关键词语"和"核心语句"标示出来，为写作的立意构思做好准备。

二、抓住主线，深挖内涵，全面深入理解材料

"给定材料"通常是围绕某一热点社会问题、或某一具体社会事件给出的，貌似一盘散沙，但实有内在联系。阅读时要抓住主线，抓住材料的基本指向，由此在散落的材料之间建立联系，纲举目张，统揽全局，并在此基础上深挖主线内涵，这样做有利于对申论材料全部内容的把握理解更全面更准确，同时也更有利于对每条材料的作用和用意的把握更准确更深入。

"作答要求"中一般暗含着统领全部"给定材料"的主线。以《2011年国家公务员申论试卷》为例，通观"作答要求"所有语句，不难确定"治理黄河"是写作的主线。但是，仅仅围绕黄河治理来写，还没有真正达到材料所给予和提示的思想高度。深入全面地把握"作答要求"的语句内容，深入挖掘与写作主线相关的关键词语，如"黄河健康生命"、"对黄河自身规律的认识"、"生态危机"、"黄河精神"、"黄河与中华文明"等，就不难看出，这次申论考试是要求应试者站在以黄河文明为代表的中华文明的承传发展高度，来思考黄河治理问题，理解至此就不难写出高水平的作文了。

三、确定"作答要求"的基本类型

每一"作答要求"都是针对阅读理解能力、综合分析能力、提出和解决问题能力和文字表达能力的检测而设计的，其试题主要类型有以下几种：

1. 阅读理解型

阅读理解型写作，侧重考查应试者的阅读理解能力，通常要求以100—200字小作文形式完成。例如：《2011年国家公务员申论试卷》"作答要求（一）1"（见前）。

2. 概括分析型

概括分析型写作，通常用"概括分析"等字眼陈述"作答要求"，侧重考查应试者的综合分析能力，通常要求以100—200字小作文形式完成。例如：《2011年国家公务员申论试卷》"作答要求（一）2"（见前）。

3. 综合分析与提出对策型

综合分析与提出对策型写作，通常用"进行归纳"、"提出对策"等字眼陈述"作答要求"，侧重考查应试者的综合分析能力、提出和解决问题能力，通常要求以300—400字中作文形式完成。例如：《2011年国家公务员申论试卷》"作答要求（二）"、《2011年国家公务员申论试卷》"作答要求（三）"（见前）。

4. 申说论述型

申说论述型写作，通常要求完成一篇议论文，全面考查各种能力，尤其是文字表达

能力，一般要求以约1000字大作文形式完成。例如：《2011年国家公务员申论试卷》"作答要求（四）"（见前）。

总之，申论写作者在写作前，一定要明确不同"作答要求"的针对性，根据其不同类型特点准备申论写作。

第三节 三类申论文的写作

申论写作依据篇幅长短可分三类：小作文、中作文、大作文。

一、小作文的写作

小作文一般字数在100—200字之间，通常涉及阅读理解或概括分析。小作文写作的基本方法是：

1. 理解概括，不离语境

阅读理解或概括分析时，一定要紧扣"给定材料"，在"给定材料"语境中，完整准确理解"作答要求"的含义，抓准考试要求的写作范围或对象，以保证作答完整准确。

2. 概括分析，提取主干

概括分析时，注意提取最能显示主要观点的语句，按原文语义逻辑连缀成文。

3. 结构方式，先总后分

小作文常使用先总后分结构：即第一句为总括句，随后是分述。

4. 语言表达，简明扼要

语言表达上，注意省略可有可无的修饰语、语助词等，严格控制字数，保证字数在规定范围内。

例如：《2011年国家公务员申论试卷》"作答要求（一）1"（见前），是一道侧重考查阅读理解的小作文题，有考生如此作答：

黄河的特点是"三善"：善淤、善决、善徙，即黄河容易淤积泥沙、容易决口、容易改变河道。这三者是有联系的：由于黄河流经黄土高原等比较干旱的地区，含沙量大，泥沙很容易淤积下来，使河床不断增高，升高到一定高度，就会造成河水决口，改变河道。黄河这三个特征是由其所处地理位置、土壤植被等条件决定的，这是黄河的自身规律。几千年来黄河三年两决口、百年一改道，冲积出了华北大平原，孕育了中华文明，同时也造成流域内河患频仍。(202字)

这篇小作文比较完整准确地理解了写作要求，既解释了"三善"的字面意思，又结合这句话深入说明了黄河自身规律形成的情况。全文以总括句开始，随之展开分述，条理清晰，语言简明。

《2011年国家公务员申论试卷》"作答要求（一）2"（见前），是一道概括分析小作文题，有考生这样写道：

(1) 政府重视，投入大量人力、物力和财力治理黄河。

(2) 王景治理黄河的措施得当，兴修黄河大堤和汴渠，选择河身较短、地势较低的较优行河路线，建设和利用沿河大泽放淤的工程。

(3) 这一时期自然环境发生变化，黄河中游地区大暴雨较少，下游分支较多，两侧又有较多的湖泊洼地，使黄河下游水患减少。

(4) 社会人文环境发生变化，这一时期黄土高原人口减少，植被一定程度上得到恢复，使黄河输沙量减少。（189字）

该作文对"作答要求"的理解不够准确，如"(1) 政府重视，投入大量人力、物力和财力治理黄河"，不属于"汉代王景治理黄河的思路和做法"，与写作要求无关。

概括分析小作文写作的关键是要认真审题，要紧扣关键词语，在"给定材料"语境中完整准确理解"作答要求"含义和写作要求。从"给定材料"看，"王景治河后黄河安澜800年的主要原因"，包括两个大的方面：一是主观原因，即王景治黄工程本身的原因；一是客观原因，即这800年间的环境情况。上文虽也谈到这两方面原因，但不够完整。另外此文如有概括段意的总括句，则条理更清楚。

概括分析小作文一定要紧扣"给定材料"，提取概括主干——能显示主要观点的语句，并按原文逻辑结构安排，不必节外生枝，也不必另行结构。仍《2011年国家公务员申论试卷》"作答要求（一）2"为例，"王景治河后，黄河相对安澜800年"以下语句，和"王景治河后黄河安澜800年的主要原因"有关。下面是与本题写作相关的"给定材料"，我们在重要句子下划线，并用序号标注用于概括的句子：

<u>王景治河后，黄河相对安澜800年</u>，据分析与(1) <u>王景所选定的东汉故道河身较短、地势较低，因而行河路线较优</u>有关；另外，"十里立一水门，令更相回注"所描述的可能是一种(2) <u>利用沿河大泽放淤的工程措施</u>，这对于延长行河年限也有一定作用。以上所述主要是从治黄工程的角度看问题，但据黄河水文、植保专家的研究，<u>王景治河至隋代的500多年间</u>，为黄河史上又一阶段，其特点是(3) <u>黄河下游河患相对较少</u>，在此期间，黄河中游地区大暴雨的记录较少，<u>这一时期黄河下游有分支，两侧又有较多湖泊洼地</u>；但其中 (4) <u>更重要的原因就是那时黄河输沙量的减少</u>，否则，王景所开新河道（如汴水），也会很快被淤积，从而使河床不断淤高，降低其泄洪能力。这一时期黄河输沙量的减少并不是推论，而是有以下诸条事实，即在这一时期有关黄河水清的记载较多，且有"黄河清复清"的民谣。这一时期<u>黄河输沙量的减少主要归因于黄土高原人口减少，植被得到一定恢复</u>。安史之乱后，农牧界线又迅速北移到河套以北，大片草原又变为农田，又一次加剧了水土侵蚀，黄河下游灾害增多。五代、两宋至元、明时期，农牧界线一直游移于陕北和内蒙古之间，至清乾隆之后，农田植被更逐渐推移至阴山以北，这时整个草原几乎全部为当年栽培作物所取代，水土流失非常严重，陕北风沙加剧，黄河下游水患频繁。王景治河后黄河安澜800年，他的治黄思路和做法很值得今

人研究与借鉴。

只要从中提取关键语句，最后将其摘出按顺序排列，并用文字稍加修饰就基本完成该小作文写作任务：

王景治河后黄河安澜800年的主要原因包括：
（1）王景选定的东汉故道河身较短、地势较低，行河路线较优。
（2）可能有利用沿河大泽放淤的工程措施。
（3）王景治河至隋代的500多年间，黄河下游河患相对较少，中游地区大暴雨的记录较少，下游有分支，两侧又有较多湖泊洼地。
（4）更重要的原因就是那时黄河输沙量的减少，黄河输沙量的减少主要归因于黄土高原人口减少，植被得到一定恢复。

当然，上文只是大致完成写作任务，随后还应再加一些过渡语或修饰语，使文章表达更为完整准确。

二、中作文的写作

中作文的字数约300—400字，通常要求综合分析与提出对策。有时单独考查综合分析，有时单独考查提出对策，也有时将综合分析与提出对策结合起来。

中作文的写法方法主要是：

1. 细读材料，提取重点

综合分析时，仔细研读给定材料，从给定材料中提取重点语句，并在重点语句下划线，便于撰写综合分析时使用。

2. 找出问题，提出对策

提出对策时，要充分利用给定材料，从给定材料中寻找需要制定对策加以解决的问题，确定对策的具体内容，并在此基础上提出针对性、可行性强的对策。

例如：《2011年国家公务员申论试卷》"作答要求（二）"（见前），这道题将综合分析与提出对策结合在一起，作答要求包括两部分：一是综合归纳密西西比河、亚马孙河、尼罗河等流域生态危机情况以及各国政府的治理举措；二是说明对我国治理黄河的启发。两点紧密相连，只有把前面一点归纳清晰，才可能说得明白后面的启示和对策。具体操作方法是边研读"给定材料"，边将关键语句画线标出。研读结束后，将画线语句提取，加以整理，并提出相应对策。有考生这样作答：

密西西比河因过度开发，导致水质污染、湿地减少，生态系统遭到破坏。虽然美国政府一直十分重视治理，但执行不力，治理工程建设滞后，同时缺乏整体规划的考虑。亚马孙河流域由于森林砍伐、农药化肥污染等原因，生态系统受到威胁，对此巴西政府制定了专项法规，但宣传不到位。尼罗河流域曾污染严重，生态系统遭到严重破坏，埃及政府科学规划，建设人工湿地工程，有效治理水质污染，逐步恢复了尼罗河生机。

以上情况启示我们，治理黄河要坚持统筹规划，正确处理人与自然的关系，做好综合治理。具体说来：一、建设人工湿地工程，保护森林、草原等植被，有效治理农药等造成的水质污染。二、制定专项法律，并加大环保执法力度。三、加强宣传，营造全民关注环保的良好氛围。（312字）

这篇中作文较好完成了作答要求，但对照上文画线部分，可以看出仍有一些遗漏和不完整之处。

又如：《2011年国家公务员申论试卷》"作答要求（三）"（见前），是一道综合分析与提出对策相结合的试题。作答要求指出"参考给定资料"，就是告知写作者要以"给定资料"作为写作素材，从中摘取提炼写作内容。

下面是一位考生的作文：

《黄河之水天上来》的内容要点：
1. 黄河的源头及其流经地情况。
2. 以壶口瀑布为例，介绍黄河的自然景观。

《黄河与中华文明》的内容要点：
1. 古代黄河流域中华文明的印记，如宫殿、青铜器、甲骨文等。
2. 黄河流域出现的历史伟人。
3. 黄河流域出现的一些文化现象，如：秦腔、豫剧等。

《黄河的治理与开发》的内容要点：
1. 历史和当代黄河的治理情况。
2. 历史和当代黄河的开发情况。
3. 党和国家领导人毛泽东、邓小平、江泽民、胡锦涛关于黄河治理和开发的思想和做法。

《黄河精神万古传》的内容要点：
1. 指出黄河精神的内容——在治理和开发的过程中注意人与自然的和谐相处。
2. 号召人们维护和发扬黄河精神。（285字）

这篇作文基本切合题意，所列要点较为全面，但是表述欠准确，内容欠丰富，字数过少。如《黄河的治理与开发》内容要点中，把治理和开发分别介绍，并不符合"给定资料"的实际情况，"给定资料"中两者是结合在一起叙述的。根据"给定资料"的实际情况，应该表述为：

（1）黄河的特性和治理的复杂。
（2）古人治黄的成就、经验和问题。
（3）新中国治黄历程。
（4）新中国治黄成就，面临的问题以及治黄新思路。

《黄河之水天上来》内容要点表述层次不够恰当，"给定资料"中段首主旨句"'黄河之水天上来，奔流到海不复还'，黄河第一景观该是那闻名天下的壶口瀑布"，已提示《黄河之水天上来》这一部分，最好从壶口瀑布谈起。《黄河精神万古传》的内容要点,也没有能够准确清晰地揭示出"黄河精神"。从这篇不太成功地作文可以看出,写作这类作文一定牢牢抓住"给定资料",特别是抓住每个自然段的表明段意的主旨句,抓住主旨句整个文章大的段落层次就清晰了。此文虽是纲要,内容表述也不可过于简单,可充分利用"给定材料",使表达丰富。如"黄河流域出现的历史伟人"这句可改为"黄河流域地灵人杰,出现过众多伟大历史人物,如思想家荀况、政治家蔺相如、军事家廉颇、卫青、霍去病、文学家司马迁、杜甫、白居易、关汉卿,还有革命烈士杨靖宇、吉鸿昌等"。修改后,总括句表达比原来丰满,句后适当列举,丰富了内容,保证了字数。

如果是单纯考查对策的试题,就要把对策写得充实一些,例如:《2010年国家公务员考试申论[市(地)以下综合管理类和行政执法类]试卷》"作答要求二":

针对W市在进一步建设"宜居城市"中出现的问题,根据给定资料,提出解决这些问题的具体建议。要求:1.准确全面,切实可行;2.条理清楚,表达鲜明,不超过300字。

有考生这样作答:

针对"宜居城市"建设出现的问题提出如下建议:

一、要考虑社会的协调发展,不能只关注短期利益,要满足人民生活水平和质量的双重需求。

二、要变简单的产业迁移为综合的产业整合,避免迁移带来新的污染。宜居建设不能简单扩大范围,更要注重质量。

三、要树立"生态经济治理"的发展思维,不能只搞"景观治理"。发展旅游资源的同时要兼顾传统产业发展,保护支柱产业;污染治理要做到"以人为本",避免因治理影响经济发展和人民生活水平。

四、要根据地方资源和地理特色合理定位发展方向,避免不科学的投资和项目建设以及以牺牲环境为代价的经济发展。

五、要兼顾经济发展与环境保护,以经济增长带动居民生活水平的提高,以生态改善塑造良好的经济发展氛围。(304字)

这篇中作文,根据给定材料中显示出来的W市在建设"宜居城市"中出现的问题,有针对性地提出相应对策,全面准确,可行性强。

三、大作文的写作

大作文字数约1000字,通常是进行申说论述的作文。大作文一般是议论文形式,或有讲话稿、调查报告等应用文体。大作文基本写法,与一般议论文及讲话稿、调查报告等应用文体写法相同,本书仅就申论考试特点讲几点写作原则。

(一)大作文的主题

大作文的主题要鲜明,重点要突出。肯定什么,否定什么,要具体鲜明,不能模棱两可，更不能空洞无物。

要注重大作文主题的确立。作答要求常常仅提供话题，能否从话题中提炼升华出可供申述的恰当主题，事关申论大作文成败。即使是标明"主题"的试题，也常常只是指出一个论述的大致范围，至于文章的中心论点仍需写作者构思提出。

以《2011年国家公务员申论试卷》"作答要求（四）"（见前）为例，该题以"'弘扬黄河精神'为主题"，在中心论点的确定上，可以有两种选择：一种是把"弘扬黄河精神"作为目的，如考生作文《传承民族经典　弘扬黄河精神》，是通过某一行为达成"弘扬黄河精神"的目的。一种是把"弘扬黄河精神"作为条件，如考生作文《弘扬黄河精神　推动社会主义现代化事业不断进步》，是通过"弘扬黄河精神"，达到更高层次的目的。前一种，将"弘扬黄河精神"设为最终目的，就限制了论述的深度和广度。后一种，将"弘扬黄河精神"作为前提条件，就为后面的论述打开广阔空间，有利于写出层次较高的文章。

目的的选择确定也有讲究，如选择不当，也无法达到希望的效果。如以《弘扬黄河精神　维持黄河健康生命》为题的文章，虽然将"弘扬黄河精神"作为前提条件，但仍然显得论述浅，气势小。究其原因，是由于写作者将目的设置得太低，这就使文章的层次变低，气势变小。因此，目的一定要等同或超越条件，如《弘扬黄河精神　推动社会主义现代化事业不断进步》这篇作文，作为目的的"社会主义现代化事业"，在分量上是可以等同黄河及黄河精神的，如此设计主题及中心论点，有助于写出深刻大气的好文章。

（二）大作文的标题

标题如画龙点睛，非常重要。申论大作文的标题应该新颖独特，鲜明醒目，能够先声夺人，引人关注。"文章写到老，标题总难好。"一叶落而知天下秋，人们可从标题字数的多少、韵味的有无等，来感受和判断作者的语文水平乃至文学水准。因此，一定要调动全部心力来设计标题。

1. 标题设计注意三点

（1）总括全文，不大不小。

（2）字数越少越好。

（3）讲究平仄和韵味。

2. 常见标题写法有两种

（1）开门见山，点明主题

申论文常用这类标题，有利于凸显文章主旨，让读者一目了然。如《必须实现粮食恢复性增长》、《加快建设节约型社会》等。

（2）概括话题，指出范围

这种写法有利于凸显文章内容和范围，使读者一下就能把握文章的基本内容。如《论解决我国农村农民问题的两种思路》、《如何建设创新型社会》等。

标题可以先写。标题确定后，可以顺着标题的思路，随后展开论述。标题也可以后写。后写的好处是，全文写完，文章烂熟于心，再经过提炼、压缩、概括，设计一个完美的标题，既生动、凝练又醒目，像一顶帽子，戴在文章的头上，往往一次成功。

（三）大作文的结构

申论大作文的结构形式不如记叙文那样多样化，这是由申论大作文的说理性或者说严肃性决定的。一般记叙文所表现的内容轻松活泼，因而与之相应的结构形式也灵活多变；而议论文重在摆事实、讲道理，因而与之相应的结构形式便相对凝重、严整。

申论大作文的结构形式，最常见的是"总分总"大三段论式。

第一层（总1）：总论1，是文章开始的引论，一般提出问题、亮明主旨，由一、二个自然段组成。

第二层（分）：分论，是作为文章主体的本论，一般分析问题、深入阐释，由若干自然段组成。

第三层（总2）：总论2，是文章收尾的结论，一般解决问题、总结概括，由一个自然段组成。

如下图所示：

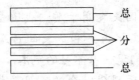

"总—分—总"形式，还可有两种省略形式：

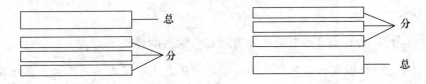

提升国民文明素质　增强中国"软实力"
——谈国民文明素质的提高

国民素质是提升国家软实力的需要。对于国家来说，除了优美的城市环境和独特的风景外，国民素质也是至关重要的。外国人来到中国，要让他们感受到这里不仅有优美的环境，深厚的历史文化底蕴，还要让他们体会到新时期中国人民良好的精神风貌。因此，提升国民的整体精神文明素质，让互相关爱的、人与自然及社会和谐共生的、理性的现代文明素养，体现在中国人民的日常生活和行为中，对于真正实现中国整体形象品位，是非常重要的。

［以上（总1）：总论—引论—提出问题、亮明主旨］

建设"学习型"社会，提升国民文明素质。讲学习、爱学习、会学习，是民族自立、自强的内涵所在，全民阅读水平衡量着一个国家的文明程度。从材料中可以看出，我国公民的不文明行为多集中在"文化素质较低"的群体。因此提升国民素质，党和国家要进一步倡导全民学习、终身学习，把创建学习型社会列入全面建设小康社会的奋斗目标。把开展群众性的读书学习活动作为加强精神文明建设、发展社会主义文化的重要内容和重要工作，由此提高人们的思想道德素质和科学文化素质，为贯彻科学发展观、构建和谐社会奠定扎实根基。

[以上（分）：分论点1—本论—分析问题、深入阐释]

建设"志愿型"社会，提升国民文明素质。提升国民素质，不仅是国家政府的责任，还是广大公民的义务。国家政府要鼓励各种民间组织、民间团体协助政府开展多种宣传教育活动，制发文明礼仪小册子，制作各国风情风貌以及法律礼仪的宣传片，提升国民的文明素质。同时广泛推广社会监督形式，各地根据民情开展多种形式的社会监督，充分发挥"舆论"的监督作用。

[（以上（分）：分论点2—本论—分析问题、深入阐释]

建设"礼仪型"社会，提升国民文明素质。我国是具有五千年文明史的古国，我们的祖先留给我们丰富的非物质文化遗产和优良的传统美德。四书五经之《礼记》详细介绍了公民的文明礼仪，是我们现代人学习的范本。我们应充分利用祖先留给我们的这些遗产，将《礼记》中仍适用于现代社会的条目解析整理，形成图文并茂的学习手册，全国上下掀起学习新版《礼记》的热潮，提升国民的文明素质，展现我国"礼仪之邦"的形象。

[以上（分）：分论点3—本论—分析问题、深入阐释]

国民素质是一个国家的名片。国民素质是一张具有丰富内涵的名片，是国家精神的浓缩，能使你在有限的空间里，体会到无限而又独到的意蕴。国民的文明举止是中国文明的体现。文明带来和谐，亲善产生幸福，美德唤醒良知，信任滋润快乐，友谊营造温馨。我们就是要通过文明建设，弘扬文明新风，彰显道德力量。国民素质不仅仅是个人的事情，更是一个国家的"软实力"。提高全体市民的文明素质，让全体国民养成良好的文明习惯，让文明行为成为国民日常生活的自觉行为，这才是真正的文明国家。

[以上（总2）：总论—结论—解决问题、总结概括]

（四）大作文的开头和结尾

1. 开头常见方法

第一种，由远及近式（渐入主题式）

例1：我国大陆海岸线长达1.84万公里，拥有渤海、黄海、东海和南海四大海域。我国拥有领海权的海域面积37万平方公里，管辖的领海、毗邻区、专属经济区和部分国际海底区域面积近300万平方公里，相当于我国陆地面积的1/3。

点评：谈有关海洋资源保护问题，先不就事论事，而是先从远处、从海洋谈起，缓缓说来、渐渐深入。这样的好处是从容进入主题，不给人造成突兀的感觉。

第二种，俗语破题式（突兀而起式）

例2：民以食为天，古今中外概莫能外。粮食是关系国计民生的重要物资，确保粮食生产和粮食安全是国家的头等大事。

点评：谈粮食安全问题，上来第一句话就是"民以食为天"。这句俗语突兀而起、从天而降，一下子进入粮食主题。用俗语开头的好处，恰如"警车开道"，醒脑开窍，进入主题快，不拖泥带水、干净利落。

第三种，虽然但是式（先好后坏式）

例3：改革开放30年来，我国社会发生了翻天覆地的变化，经济发展迅速，人民生活水平不断提高，综合国力不断增强。虽然我们取得了巨大的成就，却不能高枕无忧、鼓腹而歌，应该看到我们面临的困难是艰巨的，我们每前进一步都是艰难的。

点评：不难看出，这样的开头很多见，先"虽然"（讲大好形势），后"但是"（讲存在问题）。这样开头，虽然没什么新意，更说不上有什么创意，但它的好处也是显而易见的：既稳妥而又不难掌握，虽然"无功"却也"无过"，是一种保险系数高的开头方法。

第四种，开门见山式（直奔主题式）

例4：怒江水电开发问题由来已久，自提出以来就引起广泛注意，争议的焦点主要是围绕着经济建设与生态环境建设的关系展开。透过争论，面对经济建设与资源环境之间的矛盾，我们必须清醒地看到全面落实科学发展观，建设生态文明，大力发展循环经济，实现经济与资源环境的协调、持续发展，刻不容缓，势在必行。

点评：这样的开头，上来就把主题词（关键词）端出来，把争议的焦点亮出来。好处是开宗明义，废话不说，直奔主题。

第五种，直爆问题式（毫不隐瞒式）

例5：随着工业化、城市化的快速发展，全球海洋污染愈益严重。海洋污染治理的难度极大，特别是像渤海这样的内海。海水封闭性强，自身交换能力差，一旦污染，它的自我更新周期至少需要15年。

点评：这样的开头，没了不必要的客套，少了欲盖弥彰的虚伪，直接爆出问题，直接从问题切入，毫不隐瞒，干脆痛快。成绩不讲少不了，缺点讲了多不了，给人的感觉率直和朴实，这样的开头值得提倡。

2. 结尾常见方法

第一种，概括总结，收束全文。对全文进行概括总结，要准确无误，文字简洁。

例1：因此，我们的领导干部，一定要讲政治、讲正气，抛弃私心杂念，坚持"四化"标准和德才兼备的原则,把人用好。符合"四化"标准和德才兼备的"能人"用得越多,我们党的事业就越有希望。

例2:常言道,亡羊补牢,未为迟也。我们一再亡羊,我们的"牢"为什么补不起来呢?关键是"腐败"这块"臭豆腐"在起作用。

第二种,前后配合,首尾呼应。在收尾时,对题目或开头说的话加以发挥或强调,使文章一脉相承,结构紧凑,起到深化主题的作用。

例1:纪念品的变味现象,应当引起人们的注意。倘若以"纪念"的形式把送礼合法化,那就等于纵容"不给好处不办事"的不正之风,等于默认非法获取物质利益的合理性。在加强精神文明建设的热潮中,对纪念品的变味也应当予以清理,还它以本来面目。

例2:在第三次全国打假工作会议上,国家有关部委负责人指出,地方保护主义是假冒伪劣商品屡禁不止、打而不绝的深层原因。对支持、纵容、包庇制假售假的各级干部和执法人员,一经查明严肃处理。如果各地都能尽快遵令而行,看谁还敢护假?

第三种,提出建议,满怀期待。结尾时表示感召或期待,要有启发性和感染力。

例1:笔者以为,要想真格的反腐倡廉、转变干部思想作风,很有必要重建干部下乡吃"派饭"制度。

例2:机关部门遍设"助理",与机构改革精神相悖,弊多利少。精简机构和人员,应减"长官"、"副官",尤其该减"助理"。同时,对各级各类"助理"的设置、遴选、考查、任免、管理、监督,以及职数的限额,应尽早作出具体明确的规范。

最乏味的结尾,是不管什么内容,什么文体,总喜欢在结尾处喊这样的口号:"让我们……奋勇前进吧!"或者喊:"朋友,让我们……吧!"这里"朋友"的呼唤,在作者看来似乎满怀激情;但凭我们的感觉,这里的"朋友",往往是声嘶力竭,底气不足,纯属拼凑字数。

对结尾的最低要求是完整。几乎每一类作文考试,我们都能发现一些没有结尾的作文。有的考生在卷尾甚至这样写:"老师,对不起,没时间了。"因无结尾而丢分实在可惜。

我们一定要树立结构完整的观念。而要做到结构完整,除了列提纲外,还要学会采取紧急补救措施。即使时间再紧张,也要设法结尾,哪怕只有一句话也好。可以另起一段,用总括的语言(把第一段或全文压缩)写一句话作结。好不好暂且不说,总比不完整要好。

(五)大作文的语言

申论语言的基本要求是准确、规范、通顺、清晰。为此,有必要关注以下四点:

1. 注意选好动词,力求准确,没有歧义

一个意思只能用一个动词来表现,必须竭尽全力找到这个词。不能模棱两可,不能含混不清。尤其是动词与宾语搭配时，格外要注意动词的准确性。

比如，"违反"和"违犯"是一组同义词，在下面一个句子中："把那些（违反 违犯）党纪国法，敢于顶风作案的干部移交司法部门处理"，需要费一番思索。当我们用"违反"时，违反的是纪律；当我们用"违犯"时，违犯的是法律，两者截然不同。经过一番推敲，显而易见用"违犯"是对的，因为紧接着的是"党纪国法"，这样搭配才是严密的。

又比如，在"徐霞客三十年如一日，对我国的地理、气候等作了（观察 考察），足迹遍及大半个中国"，这里应该用"考察"而不能用"观察"。

再比如，在"据研究人类寿命的科学家（推断 推测），人的正常寿命可能是在120岁到150岁之间"，这里应该用"推测"而不能用"推断"。

2. 注意用好"动宾结构"

申论的语言属于论证语言，论证语言使用"动词+宾语"的情况为多。也就是说，《申论》的语言"动宾结构"居多，既需要我们注意，也需要我们会用。

比如，上举题目中句子"推动社会主义现代化事业不断进步"，就存在动宾搭配不当问题，"推动"一般不和"进步"搭配，或可改为"前进"，即"推动社会主义现代化事业不断前进"。

可关注常见"动宾结构"句式：

实现节能减排，发展循环生产。
发挥政府作用，保护粮农利益。
规范征地程序，严惩非法操作。
加快体制改革，加强金融监管。
深化经济体制改革，提高对外开放水平。
健全廉租住房制度，加快廉租住房建设。
强化安全生产工作，加大源头治理力度。
加强民主法治建设，促进社会公平正义。

3. 注意用好判断句

《申论》要写的文章，基本上属于政论文。政论文的特点之一，是判断句式居多。所谓判断句，指"xx是xx"这种句式。例如：

就业是民生之本。
教育是民族振兴的基石。
中华民族是热爱和平的民族。
新时期最显著的成就是快速发展。
教育公平是社会公平的重要基础。
中国始终是维护世界和平的坚定力量。
合理的收入分配制度是社会公平的重要体现。
坚持一个中国原则是两岸关系和平发展的政治基础。

为此，有必要常练习这样的句式：

什么是什么的基础

什么是什么的核心

什么是什么的保障

什么是什么的体现

什么是什么的前提

什么是什么的本质

什么是什么的途径

4. 注意语言鲜活而规范

《申论》所考是社会热点话题，为了体现语言的鲜活性，就要尽量使用反映时代特色的词语，但又要注意慎用网络语言，因为网络语言一般不够规范。要在写作中，注意用好鲜活而有时代特色的规范词语，比如：

理念、平台、诉求、机制、整合、资讯、效益、激活、缺位、底线、准入、适时、壁垒、双赢、瓶颈、制约、推介、拉动、启动、接轨、热点、回归、个案、互动；公信力、知情权、助推器、数字化、一体化、潜规则、不作为、互联网、共同体、软环境、防腐剂、防火墙、参照系；负面效应、长效机制、经济调控、以人为本、执政为民、公平正义、注重实效、预警机制、示范效应、自我修复、理清思路、审时度势、多极世界、网络时代、社会定位等。

（六）范文例释

下面是一篇根据《2011年国家公务员申论试卷》"作答要求（四）"（见前）完成的大作文：

弘扬黄河精神　推动社会主义现代化事业不断进步

"九曲黄河万里沙，浪淘风簸自天涯。"自古以来，黄河就以其源远流长、奔涌咆哮的磅礴气势吸引着无数人驻足，为其吟诗颂词、谱曲歌唱。她孕育出光辉灿烂的华夏文明，哺育了一代又一代炎黄子孙的成长，是中华民族的摇篮。尤其，她培育和锻炼出来的"团结、务实、开拓、拼搏、奉献"的黄河精神，为人们克服困难提供了源源不绝的动力，激励着中国人民不断进取拼搏。黄河精神，是历代仁人志士在治河过程中用不屈的生命意志、顽强的生存精神锤炼出的精华，是一笔宝贵的精神财富。在全面建设小康社会的今天，我们仍需秉承黄河精神，将其传承、发扬光大，来推动我国社会主义现代化事业的不断进步。

弘扬黄河精神，需要我们秉承先贤之志，奋发有为。"黄河平、天下宁"，黄河安危，事关治国兴邦。自古至今，许多先贤之志就以根治黄河为己任，在极为艰难的条件下，呕心沥血，多年奔走在大河上下。如大禹治水，身执耒锸，以为民先，终于平息水患；清代河道总督栗毓美，30余岁履任，40余岁卒于任上。十年之间，驰驱大河上下，不辞劳瘁，筑堤疏渠，积劳成疾，但仍抱病不息，死时家无余财，只有祖传的几间老屋。历代先贤之志不惧劳苦，治河过程中培育出来的黄河精神，激励着我们在开展现代化建设、夺取全面建设小康社会新胜利时，也要传承和弘扬这种自强不息、百折不挠、艰苦奋斗、敢于抗争的大黄河精神，拼搏进取，奋发有为，为社会主义现代化事业努力奋斗。

弘扬黄河精神，需要党员干部身体力行、率先垂范。党员领导干部是党的事业的中坚力量，是整个党员队伍的骨干，在社会主义经济建设、政治建设、文化建设、社会建设和党的建设各项工作中承担着重要职责，其思想和言行对广大党员和群众具有重要而直接的示范和导向作用。因此，领导干部要率先示范，起到弘扬黄河精神的表率作用，坚持艰苦奋斗的优良作风，时刻以"团结、务实、开拓、拼搏、奉献"的黄河精神鼓舞、激励自己，坚持做到"权为民所用、情为民所系、利为民所谋"。并且要坚持党和人民的利益高于一切，个人利益服从党和人民的利益，吃苦在前，享受在后，克己奉公，勤政为民，不断推进党政廉明建设，推动社会主义现代化事业的不断进步。

黄河精神是我们发展先进文化的重要内容之一，它对于大力加强精神文明建设，不断丰富人民的精神生活，增强人们的精神力量，反对一切腐朽思想的侵蚀，增强人们的自立、自尊、自强、自信精神，具有重要的现实意义。在全面建设小康社会的今天，我们要承先贤之志，启今人奋进，深入学习实践科学发展观，传承弘扬"团结、务实、开拓、拼搏、奉献"的黄河精神，那么，中华民族精神将在新的历史条件下焕发出新的光芒，黄河的开发管理工作也会再树辉煌，我国社会主义现代化建设的进程也必将不断前进！（1127字）

这篇大作文将"作答要求"限定的主题"弘扬黄河精神"作为前提条件，将"推动社会主义现代化事业不断进步"作为达到的目的，由此构成文章中心论点。文章立意较高，并用"弘扬黄河精神　推动社会主义现代化事业不断进步"作为标题，直接点名文章主题，凸显文章主旨，鲜明醒目，让读者一目了然。文章采用总分结构，先总说"黄河精神"的内涵与实质，再分三段分说怎么"弘扬黄河精神"，以及所要达到的目的，条理清晰，逻辑性强。文章用词比较恰当准确，句子大都通顺，语言整体上比较顺畅，但也存在一些瑕疵。例如，标题"推动"一般不和"进步"搭配，或可改为"前进"："弘扬黄河精神　推动社会主义现代化事业不断前进"。文中"历代先贤之志不惧劳苦，治河过程中培育出来的黄河精神，激励着我们在开展现代化建设、夺取全面建设小康社会新胜利时，也要传承和弘扬这种自强不息、百折不挠、艰苦奋斗、敢于抗争的大黄河精神，拼搏进取，奋发有为，为社会主义现代化事业努力奋斗"语句，存在较多语病："历代先贤之志不惧劳苦"，显然"之志"多余。整个语句存在逻辑混乱、句式杂糅的问题，应改为"历代先贤在不惧劳苦的治河过程中培育出来的黄河精神，激励着我们在开展现代化建设、夺取全面建设小康社会新胜利时，自强不息，艰苦奋斗，百折不挠，敢于抗争，拼搏进取，奋发有为，为社会主义现代化事业努力奋斗"。"承先贤之志，启今人奋进"，对偶句不够工整。"黄河的开发管理工作也会再树辉煌"用词不当，应改为"黄河的治理开发工作也会再创辉煌"。申论写作字数限制一般有个10%的浮动，过高或过低都会扣分，该文多出字数超过10%，应再精练一下。

小结：本章系统介绍了申论的性质与特点、分析了此类考试的目标、形式与要求，进而结合历年的实际考题，具体分析了申论材料阅读理解的基本方法以及三类申论文字的写作方法，使学生对申论写作有一个全面系统的了解。

后　　记

经全国高等教育自学考试指导委员会同意，由文史类专业委员会负责高等教育自学考试汉语言文学专业教材的审定工作。

《写作（一）》自学考试教材由西南交通大学艺术与传播学院徐行言教授担任主编，编写组成员包括西北大学吴宝玲教授、苏喜庆博士，北京交通大学田卫平副教授，西南交通大学吴德利副教授、周东升讲师，中国人民大学尹振海副教授。

参加本教材审稿讨论会并提出修改意见的有华东师范大学齐森华教授，北京师范大学李怡教授，四川师范大学马正平教授，西南交通大学汪启明教授。全书由徐行言教授修改定稿。

全国高等教育自学考试指导委员会
文史类专业委员会
2013 年 3 月